金融发展与区域经济增长研究丛书

黑龙江省哲学社会科学研究规划项目，批准号：15JYE02；项目名称：黑龙江省农业保险新常态发展模式构建路径研究；主持人：范玲；证书号 2018414

责任保险利益论

范　玲　著

中国财经出版传媒集团

中国财政经济出版社

图书在版编目（CIP）数据

责任保险利益论/范玲著．—北京：中国财政经济出版社，2019.6
（金融发展与区域经济增长研究丛书）
ISBN 978－7－5095－8998－4

Ⅰ.①责…　Ⅱ.①范…　Ⅲ.①责任保险－研究－中国　Ⅳ.①F842.686

中国版本图书馆 CIP 数据核字（2019）第 092081 号

责任编辑：马　真　　　　责任校对：徐艳丽
封面设计：陈宇琰

中国财政经济出版社出版
URL：http：//www.cfeph.cn
E－mail：cfeph＠cfeph.cn

社址：北京市海淀区阜成路甲 28 号　邮政编码：100142
营销中心电话：010－88191537
北京财经印刷厂印刷　各地新华书店经销
787×1092 毫米　16 开　17.5 印张　375 000 字
2020 年 1 月第 1 版　2020 年 1 月北京第 1 次印刷
定价：56.00 元
ISBN 978－7－5095－8998－4
（图书出现印装问题，本社负责调换）
本社质量投诉电话：010－88190744
打击盗版举报热线：010－88191661　QQ：2242791300

前　言

《责任保险利益论》以责任保险中的保险利益为研究对象，此乃一个我从未想要触及的领域，或者说一个从未为我意识到的领域，当然也是一个未为学术研究所关注的领域。学者们对于保险利益的研究成果虽可谓是硕果累累并已达到一个相当高的程度，但对于具体险种之保险利益的研究仍付之阙如。原因何在？答案或许为其不具独特性而无研究价值。我又为何要涉足这一“无人区”？乃是缘于黑龙江大学法学院董惠江教授之启发与点拨。但吾亦深知学术研究从无捷径可走，对于一些未开发地带更要保有学术研究的好奇心与勇于探索的决心。因此，我以《责任保险中的保险利益研究》为博士毕业论文的题目开始了对于责任保险之保险利益的艰难探索，本书则是在博士论文基础上进一步完善而得以完成。

在我国的保险体系中，责任保险与财产损失保险是同被划归到财产保险范畴的。既然同为财产保险，责任保险中的保险利益与普通财产损失保险是否无区别？责任保险中的保险利益是否有其独特到需要对其进行单独研究的必要性？这个问题让我思忖了无数个日日夜夜。似乎答案就在它原本的地方，而我却碰触不到。追本溯源，或许可行。于是，从保险之起源出发去探寻保险所保障之根本——保险利益，研究它们的历史与现状，使得我对它着迷到不行。

责任保险是对被保险人应依法承担的民事损害赔偿责任提供保险保障的财产保险险种。该险种以被保险人的整体财产和预期利润所构成之整体为保险标的物，此等标的物承载着责任保险中的保险利益。不过，从利益的本质以及风险事故的作用机理出发，责任保险中的保险利益仍应属于积极保险利益范畴。但较之普通的财产损失保险而言，因责任保险在实现分配正义和矫正正义、提升社会保障水平以及产生正外部效应方面所具有的独特的社会价值，责任保险中的保险利益在利益载体、归属主体、存在时间以及利益量的影响因素等方面都不能无障碍地适用财产保险之保险利益的一般性理论。尤其是发生被保险人破产、责任保险强制投保以及保险人、被保险人和第三人之间形成利益冲突等情形的时候，责任保险中保险利益的异质性特点就更加明显。但是，理论界以及我国的保险立法实践却并未认识到责任保险中保险利益所具有的独特之处，不免令人遗憾。因此，从明确责任保险中保险利益的积极利益属性、增容责任保险之保险利益归属主体以及构建完善的利益冲突解决机制等方面进行立法的完善，于责任保险之理论与实践的发展实属有益。

本书仅为本人拙见，定会在日后进一步深入研究以期望揭开蒙在责任保险面前的神秘面纱，亦望各位同仁不吝赐教。

作者　范玲

二零一九年五月于冰城夏都哈尔滨

目　录

绪论 …… (1)

第一章　保险概述 …… (13)
第一节　保险的本质 …… (13)
第二节　保险的经济学基础 …… (24)
第三节　保险的种类 …… (34)
第四节　保险与类似概念的区别 …… (40)
本章小结 …… (44)

第二章　保险的基本原则 …… (45)
第一节　最大诚信原则 …… (45)
第二节　近因原则 …… (52)
第三节　损失补偿原则 …… (57)
第四节　损失补偿原则的派生原则 …… (65)
本章小结 …… (73)

第三章　保险合同 …… (74)
第一节　保险合同概述 …… (74)
第二节　保险合同的分类 …… (83)
第三节　保险合同的订立、生效、履行与变更 …… (89)
第四节　保险合同的争议处理 …… (98)
本章小结 …… (103)

第四章　保险利益的理论基础 …… (104)
第一节　保险利益的内涵 …… (104)
第二节　保险利益的功能 …… (117)
第三节　保险利益的种类 …… (123)
第四节　保险利益的存在时间及归属主体 …… (131)
本章小结 …… (138)

第五章　责任保险的理论基础……………………………………（139）
第一节　责任保险的起源与发展…………………………………（139）
第二节　责任保险的价值…………………………………………（143）
第三节　责任保险的责任基础……………………………………（150）
第四节　责任保险的承保范围……………………………………（157）
第五节　责任保险的主要险种……………………………………（167）
本章小结……………………………………………………………（174）

第六章　责任保险中保险利益的一般性考察……………………（176）
第一节　责任保险中保险利益的理论基础………………………（176）
第二节　责任保险之保险利益对责任限额的效力………………（188）
第三节　责任保险之保险利益在“量”上的影响因素　…………（192）
第四节　保险利益变动与责任保险合同效力的关系……………（201）
本章小结……………………………………………………………（206）

第七章　对责任保险中保险利益的深度剖析……………………（208）
第一节　责任保险中保险利益“有”“无”之争　………………（208）
第二节　破产法语境下责任保险中的保险利益考察……………（212）
第三节　强制责任保险中的保险利益……………………………（219）
第四节　利益冲突与责任保险之保险利益的关系………………（223）
本章小结……………………………………………………………（230）

第八章　我国责任保险中保险利益立法的考察与完善…………（232）
第一节　对我国责任保险中保险利益立法之现实考察…………（232）
第二节　责任保险中保险利益之体系完善………………………（235）
本章小结……………………………………………………………（257）

结　　论……………………………………………………………（259）

主要参考文献………………………………………………………（261）

绪　论

一、问题的缘起

保险利益，是主体与保险标的物之间所具有的利害关系。此种利害关系，或表现为财产上的利害关系，或表现为人身上的利害关系。但无论其具体表现为何，保险利益都是被保险这一人类互助共济之风险分散方式所保障之利益。从立法政策言，保险利益之必要性在消极方面可预防赌博、防止道德危险或防止犯罪的发生，积极方面则可以发挥保险填补损害、避免社会资源浪费的目的①。从保险实践而言，保险利益之概念，其所涉及者，非只是保险契约效力而已，更是决定保险标的、保险价值、损害之发生、复保险、超额保险及保险契约利益转移之准绳②。因此，鉴于保险利益于保险立法以及保险实践方面所具有的重要作用，学者们对于保险利益有着十分浓厚的研究热情。有关保险利益的学说，也经历了由一般性保险利益学说到技术性保险利益学说，再到经济性保险利益学说的历史发展过程。但遗憾的是，迄今为止，诸如保险利益的概念、界定标准、存在时间以及归属主体等等问题，仍未形成定论。各国保险立法、司法以及实践之中所采取的态度也不完全一致。例如，就保险利益的概念而言，我国台湾学者桂裕认为保险利益可从广义和狭义两个层次上加以定义，广义者保险利益是要保人在保险标的上所有得失之关切也，狭义者为保险法所规定之若干种利益③；我国台湾学者施文森认为，所谓保险利益是指要保人或被保险人对于标的所存有之一种利害关系，要保人或被保险人因标的之存在而获益，因标的之毁损而受损失④。我国学者徐卫东则认为保险利益指法律规定的投保人对于保险标的所具有的法律上的利益⑤。英美国家学者则很少对保险利益的概念加以界定，主要因为他们认为保险利益具有动态变化之特质，很难对其加以统一界定，很多情况下需留待司法实践对其加以认定。但英美法系主要国家保险立法仍对其进行了定义，例如1906年英国《海上

① 刘宗荣著．新保险法：保险契约法的理论与实务［M］．北京：中国人民大学出版社．2009年，第82页．

② 江朝国著．保险法基础理论［M］．北京：中国政法大学出版社．2002年，第47页．

③ 桂裕著．保险法论［M］．台北：三民书局．1984年，第53页．

④ 施文森著．保险法论文集（第一集）［M］．台北：三民书局．1988年，第19页．

⑤ 徐卫东著．保险法论［M］．长春：吉林大学出版社．2000年，第271页．

保险法》以及《纽约州保险法》《加利福尼亚州保险法》等分别对于保险利益的概念给出了明确的界定。与英美国家不同，大陆法系的法国及日本等国家的立法中对保险利益鲜有明文解释。再如，对于保险利益的归属主体，亦是存在着究竟是属于投保人还是被保险人的争论。我国台湾学者郑玉波认为，被保险人须有保险利益，较要保人须有保险利益，尤为重要[①]。学者李玉泉则认为对保险标的具有可保利益的人才具有投保人的资格[②]。言下之意，保险利益的归属主体应是投保人。不过基于人身保险与财产保险的不同，对于保险利益之深入研究以及立法仍是分别进行的。另外，对于保险利益在存在时间上的要求亦不完全相同。如，《意大利民法典》第 1904 条规定："在保险应当开始时，被保险人对损害赔偿不存在保险利益的，该损害保险契约无效。"而加利福尼亚《保险法典》第 286 条则规定："财产保险上之可保利益须于保险契约生效及损失发生时存在，但无须于两者之间有其存在。"诸如此类问题，乃不一而足。

恰因目前有关保险利益之理论研究、立法和司法实践中仍有许多争议存在的事实，笔者选取了保险利益这一研究视角。然而，之所以以责任保险中的保险利益作为本书的具体研究方向，除了要对保险利益进行深入的理论研究，以对保险利益的立法以及司法实践提供助益之外，乃是因为现有之理论研究以及立法实践忽略了责任保险这一具体险种的特性，而认为责任保险是以被保险人应依法承担的民事损害赔偿责任为保险标的，被保险人于责任保险中所有之保险利益应属于消极保险利益的范畴，被保险人因承担赔偿责任而将减少其现有财产，或者失去应得之利益，从而与其赔偿责任的承担具有经济上的直接利害关系[③]。该利益"并非针对被保险人现存之特定标的，而是为防止任何因法律规定、契约义务、事实上之必要费用而产生被保险人财产上负担而设"[④]。既然责任保险与财产损失保险、信用保险以及保证保险同属财产保险，那么有关财产险之保险利益的理论与法律条文自然可以无障碍地适用于责任保险之中，且因责任保险并不以被保险人的特定财产为保险标的，责任保险的保险利益自不会受到保险标的物价值的限制，当然也不存在超额保险抑或是重复保险的现象。但经本书细致研究后发现，责任保险在其产生与发展的过程中，因承载了过多的社会性使命，使得责任保险不仅可以对被保险人提供保险保障，而且还被认为具有利益第三人的特性，甚至有学者认为对责任事故的第三人提供保险保障才是责任保险的根本所在。因此，责任保险中保险利益的归属主体除了投保人、被保险人以外，是否还应包括第三人？在责任保险的实践环节，保险公司不但将保单中列明的主体作为被保险人，而且还将被保险人的家属或者使用与保单约定责任之产生有关之物的主体作为附加被保险人，那么责任保险中保险利益的归属主体是否亦应包括附加被保险人？另外，责任保险的承保方式有期内发生制与期内索赔制的区别，在这两种承保方式下，如何界定保险利益的存在时间？既然现有理论认为责任保险并不存在超额保险以及复保险之可能，那么

---

① 郑玉波著．刘宗荣修订．保险法论［M］．台北：三民书局．2007 年，第 52 页．

② 李玉泉著．保险法（第 2 版）［M］．北京：法律出版社．2003 年，第 75 页．

③ 邹海林著．责任保险论［M］．北京：法律出版社．1999 年，第 132 页．

④ 江朝国著．保险法基础理论［M］．北京：中国政法大学出版社．2002 年，第 107 页．

对于投保人与保险人之间的权利义务关系又该如何进行有效的平衡？复保险之各承保人间的责任究应如何划分？责任保险索赔环节中各方当事人的诉讼策略会对被保险人的保险利益维护产生何等影响等等一系列的问题，现有之理论对其已是无能为力。

《中华人民共和国保险法》（以下简称《保险法》）在其第二章保险合同之第一节——“一般规定”的第12条规定，保险利益是指投保人或者被保险人对保险标的具有的法律上承认的利益。其中，人身保险的投保人在保险合同订立时，对被保险人应当具有保险利益。财产保险的被保险人则应在保险事故发生时，对保险标的具有保险利益。另外，该法第95条规定，财产保险业务，包括财产损失保险、责任保险、信用保险、保证保险等保险业务。有关责任保险之相关法律条文亦是出现在该法的第二章保险合同之第三节的“财产保险合同”部分，但对于责任保险进行规定之法律条文仅有两条（第65条、第66条）而已。因此，从体系结构上讲，我国保险立法亦是认为责任保险之保险利益与财产损失险并无不同，因而应与财产损失保险适用相同的法律规定。如此的法律规定，对于责任保险实践的发展造成了不小的阻滞。

正因目前之理论研究以及保险立法对于责任保险之保险利益特殊性的忽视，及其现有之理论已无法满足责任保险实践发展需求现状之双重原因，本书以责任保险中的保险利益为视角展开了具体的论证过程。

二、研究目的

保险利益的要求不是与保险行为相伴而生的，也就是说在14世纪海上保险发展初期，并无保险利益的要求，即使相关主体对于保险标的物无丝毫利害关系，也可以为之投保保险并在出险之时获得一笔保险金的给付，且法律并不以其为非法而加以干涉。随后这种现象蔓延到了人身保险领域，进而引发了大量的故意杀害被保险人、故意损毁被保险财产以及赌博泛化现象出现。有鉴于此，英国的几部法律诸如《1746年海上保险法》《1774年人寿保险法》《1845年赌博法》等都不同程度要求相关主体必须对保险标的具有利害关系即保险利益才可以投保，至《1906年海上保险法》中对保险利益作出经典定义之后，保险利益才正式被立法所确立并逐渐应用到其他保险险种，成为至今仍规范保险实践发展的基本制度之一。可以说，保险利益制度的形成乃是立法对于保险实践的响应。通过保险利益制度作用之发挥可以在很大程度上避免无利益主体对于保险标的及被保险人人身之恶意损害行为发生，规避赌博现象泛化，使得真正的利益主体通过保险这一人类互助共济形式迅速恢复生产和生活，因此有学者将保险利益称之为“保险法上的精灵”。

然而，随着保险实践的飞速发展，曾经推动保险实践良性发展的保险利益制度在很多方面却成为保险实践进一步发展的阻碍。尤其是责任保险中的保险利益问题，更是制约着责任保险发展完善的桎梏之一。尽管责任保险属于财产保险的范畴，但是责任保险在保险利益问题上却有着很多不同于普通财产保险的地方，例如责任保险中是否需要保险利益的存在，责任保险的保险利益有哪些方面不同于一般财产保险中的保险利益，为什么责任保险中保险利益具有更强的变动性，责任保险中的经济损失原则以及主体之间的利益冲突是如何影响责任险中的保险利益的，除上述因素之外责任保险中保险利益的影响因素还有哪些等等。故此，本书即致力于通过考察其他国家保险利益制度的理论与实践，并结合我国的实际情况，以期解决目前我国责任保险中保险利益制度中存在的以下几个方面问题，推动保险理论与实践的进一步发展完善。

第一，对保险利益原则进行系统的梳理以及深层次探究。

保险利益原则是保险正当性的基础以及目的所在，二者之间是一种“源”与“流”的关系。然而，由于保险利益原则本身存在着诸如概念不清、利益范围界定标准不一致、归属主体不符合实践发展要求、对合同效力影响不明等种种问题，导致其对于具体险种的基础性指导作用不能得以很好的发挥。因此，要开展责任保险中保险利益问题的研究，首先要解决的问题就是从上述问题出发，探寻保险的足迹，追寻保险利益原则的历史演进过程，并结合保险行为的本质对于保险利益原则进行系统的梳理，且以此为基础对其进行更深层次的探究，为责任保险中保险利益问题之研究奠定坚实的理论基础。

第二，从法理学、社会学以及经济学的角度分析责任保险的性质。

要解决责任保险的保险利益制度中存在的种种问题，除了要对保险利益原则进行系统梳理之外，另外一个关键问题就是要解决责任保险的性质究竟是怎样的？分析它对于被保险人而言究竟是一种保证还是保险行为。因为，只有深入了解责任保险的性质，才能在结合保险利益原则基本理论的基础上，考察保险利益的基本原理在责任保险中的适用性问题，即责任保险中的保险利益究竟是全盘适用保险利益原则的一般规则，还是有其独特之处。针对这一问题，需要深入探究保险发展的历史，考察保险行为的本质，并在追寻侵权责任法发展历史的基础上，结合法理学、社会学以及经济学的理论对责任保险的性质加以深刻细致的分析才足以得出可靠的、令人信服的结论。

第三，在责任保险中对保险利益的一般性原则进行修正。

尽管责任保险属于财产保险的范畴，在原则上应该遵循保险利益制度在财产保险中的一般性规定，但由于责任保险在险种的性质等方面都有着和一般财产保险很大的不同，因此体现在保险利益方面亦有着与一般财产保险不同的地方。如此一来，研究责任保险中的保险利益问题，需要将保险利益的一般性原则在责任保险中进行修正。笔者即将以此为出发点，对于责任险种的保险利益在例如保险利益的价值、保险利益的归属主体、保险利益的构成要素以及保险利益的存在时间等方面作出修正。

第四，对于责任保险中的保险利益进行深层次的考量。

虽然责任保险中的保险利益在很多方面都不能适用保险利益原则的一般性规定，需要在责任保险中对保险利益原则作出更加符合责任保险本质以及时代发展需求的修正，而且除基本项目的修正之外，责任保险中的保险利益还受到了其他特殊因素的影响，而这些因素对于责任保险中保险利益制度的重构更可谓是意义重大。因此，笔者从责任保险之保险利益的“有”“无”之争、破产法语境下的保险利益以及利益冲突对保险利益的影响等方面展开对于责任保险中保险利益的特殊考量。

第五，对于责任保险中的保险利益制度进行立法完善。

解决上述问题的最终目的，在于对我国责任保险中保险利益制度进行立法完善，这对于促进责任保险中保险利益制度的完善乃至整个保险利益制度的完善都是非常重要的。所以，在对国内外责任保险中保险利益问题进行现实考察分析的基础上，笔者提出了在明确责任保险中保险利益性质、确定保险利益界定标准等方面完善我国责任保险中保险利益制度的几点对策及建议。

三、文献综述

（一）国内外研究概况

就保险利益的理论研究，代表性的著作主要有：桂裕的《保险法论》、江朝国的《保险法基础理论》、林群弼的《保险法论（修订三版）》、郑玉波的《保险法论（修订七版）》、刘宗荣的《新保险法：保险契约法的理论与实务》、徐卫东的《保险法论》、孙祁祥的《保险学》、樊启荣的《保险法》、樊启荣的《责任保险与索赔理赔》、许谨良的《财产和责任保险》、张洪涛的《责任保险理论、实务与案例》、陈欣的《保险法》、李秀芬的《保险法新论》、王卫耻的《实用保险法》、MALCOLM A. CLARKE 的《保险合同法》、王萍的《保险利益研究》、杨芳的《可保利益效力研究》、施文森的《保险法论文集（第一集）》、施文森的《保险法总论》、施文森的《保险法判决之研究（总则篇）》（上、下册）、邹海林的《责任保险论》以及魏华林和林宝清的《保险学（第二版）》等等。

有代表性的中文论文主要有：曾东红的《论保险利益的法理观》、姚菊芬的《从英美国家保险利益原则的理论发展看我国立法之完善》、朱文胜的《保险利益原则是保险合同成立的前提条件》、高薏的《论可保利益与保险利益的关系》、孙积禄的《保险合同效力研究》及《保险利益原则及其应用》、荆真的《论可保利益的检验标准》、邹海林的《论保险利益原则及其适用》、高宇的《保险合同权利结构与保险利益归附之主体——评〈中华人民共和国保险法（修改草案送审稿）〉》、孙玉芝的《财产保险的保险利益》、温世扬与黄菊的《保险利益的法理分析——以人身保险为重点》、邢海宝的《从法律上可保利益到经济可保利益》、宋金辉的《试论保险利益对保险合同效力的影响》、郭峰和胡晓珂的《强制责任保险研究》、赵正堂与徐高峰的《从经济学视角看责任保险归责原则的变迁》、周学峰的《论责任保险的社会价值及其对侵权法功能的影响》、曹兴权的《走出责任保险伦理困境的观念路径》等。除此之外，还有邵海的《责任保险影响下的现代侵权法的嬗变》、梁研的《医疗责任保险法律制度研究以及张磊的《中国强制责任保险制度研究》等几篇博士学位论文。

外文的代表性论文主要有：Nelson，Sydney B.：“Insurance – Insurable Interests”、Dahl，Paul R.：“Insurable Interest and Incontestability”、Seng，Lee Kiat.：“Insurable Interest in Singapore”、Harnett，Bertram and Thornton，John v.：“Insurable Interest in Property”、Swift，

James P.："Insurable Interest Changes"、Best, Franklin L. Jr.："Defining Insurable Interest in Lives"、Fuchs, Stanley.："Significance of Insurable Interest"、Gibb, G. Stegmann.："Insurable Value in Marine Policies"、Mcfee, John R.："What Is an Insurable Interest"、Hollman, Telford F.："Doctrine of Insurable Interest"、Pinzur, Robert Stuart.："Insurable Interest: A Search for Consistency" 以及 Taylor, Herman Leroy.：" Law of Insurable Interest in North Carolina" 等等。

（二）主要研究内容及理论观点

因对责任保险之保险利益特殊性的忽视，理论界多是将对财产保险之保险利益的研究成果应用于责任保险之中。对于保险利益的研究也是多集中在保险利益的功能、保险利益的界定标准、保险利益的归属主体、保险利益的存在时间以及保险利益变动对合同效力的影响等几个方面。

1. 保险利益的功能

对于保险利益的功能，学者之间的观点颇为一致，大多认为，保险利益可以避免使保险沦为赌博的工具、更好地实现对被保险人损失的补偿以及防范故意损毁标的物以获取保险赔付之道德风险。例如，我国台湾学者江朝国在其所著《保险法基础理论》一书中曾提及，于保险利益学说发展之初期，保险利益之概念在于区分有社会经济作用之保险和纯投机之赌博行为。后来技术性保险利益学说将其功能转换为区分同一物之上之各种不同保险利益，使一物可多重保险而无复保险之存在，……，依"损害为保险利益之反面"原则，于损害保险（财产保险）范围内，保险利益概念具有将保险赔偿给予真正受损害人之功能[①]。我国台湾学者施文森在其所著的《财产与人身之保险》中论证到，保险契约之所以严格要求人对于保险标的须有保险利益，其理由无外乎要禁止借保险之形式而达赌博之目的、限制损害赔偿之数额以及以致要保人或被保险人故意毁损标的以受领保险金[②]。我国台湾学者林群弼在其所著《保险法论》一书中曾言，订立保险契约，要保人或被保险人须具有保险利益，法律之所以如此规定者，主要基于被保险人损失之衡量、赌博行为之避免以及道德风险之防止这样的三个目的[③]。另外，我国学者魏华林、徐卫东、樊启荣、邹海林以及许谨良等对于保险利益之功能亦是持有相同之理论观点。

2. 保险利益的界定标准

理论界对于保险利益的界定标准，存有法律权利论与经济利益论的分歧。法律权利论认为，只有法律上予以认可之权利才得以成为保险利益，而经济利益论则认为只要欲投保之利益属于经济利益且不违反社会公共政策即为已足。在保险制度发展初期，法律权利论曾长期占据主导地位，但随着人们对于保险本质的挖掘的不断加深，经济利益论已经成为司法实践以及保险实务环节的主要指导理论。

---

① 江朝国著．保险法基础理论［M］．北京：中国政法大学出版社．2002 年，第 68－69 页．

② 施文森著．财产与人身之保险［M］．台北：正中书局．2007 年，第 42 页．

③ 林群弼著．保险法论（修订三版，［M］．台北：三民书局．2008 年，第 126－127 页．

在作为法律权利论之支持者的我国台湾学者施文森以及英国学者 Lord Eldon 看来，期待利益可以成为保险利益的前提是，期待须以法律上之权利为其基础。否则，仅属一种凭空之期待[①]。然而，在经济利益论的支持者看来，法律权利论不仅漠视了当事人多样化的保险需求，而且亦与保险之本质不相契合。例如，在经济利益论的支持者美国学者克拉克看来，在订约时，承保的危险可能发生而且可能影响到被保险人是足够的，除非这种可能性像一个人空想那样遥远[②]。而邢海宝教授亦在其所作之名为《从法律上可保利益到经济可保利益》一文中，以 FOB 以及 CFR 的国际贸易方式为例阐明了他对于经济利益标准的认可。另外，李琳和游桂云在其合作发表之《保险中的法律利益原则与经济利益原则》一文中认为，从操作层面看，各国立法及实践证明，经济利益原则在实践中是完全可以操作的，不会产生所谓的利益不确定问题[③]。学者 Pinzur, Robert Stuart 亦是在其发表的“Insurable Interest: A Search for Consistency”一文中，表达了对于经济利益论的肯定态度。

3. 保险利益的存在时间

就财产保险中保险利益的存在时间问题，理论界的观点并不一致，有认为应于损失发生之时存在者，亦有认为应于保险事故发生时存在者，当然亦有更严格要求保险利益须于投保至保险事故发生时的整个过程存在者。例如，美国学者约道·F. 道斌曾言，“只要被保险人在损失时具有保险利益，补偿原则的目的就能完全实现。要求被保险人在投保时具有保险利益，就可能排除了在投保以后获得财产的保险。它要求合同当事人每天取得一个新的建筑工程保险，以增加对前一天的建筑的保障。它可能排除于航程中某一较后的时点被装上船的货物的海上保险单。……由于可能丧失对投保后获得的财产进行承保这一有利可图的营业，保险人一般不会提出在投保时缺乏保险利益的抗辩，即使保险人可以获得这样的抗辩，保险人也不会提出抗辩”[④]。另外美国新泽西州最高法院在审理 Sun Insurance Office of London v. Mertz 一案时亦是持有保险利益须于损失发生时存在的观点。我国台湾学者林群弼在其所著《保险法论》中认为，财产保险之保险利益于保险契约订立时不必存在，但于保险事故发生时必须存在。樊启荣教授则认为，如果保险利益在合同订立时存在，但在事故发生时已经丧失，则投保人或被保险人对于保险标的已无利害关系，自然保险人也无损失和补偿的义务，故保险合同即应失效。而我国学者魏华林在其与林宝清教授共同主编之《保险学（第二版）》中却认为，“财产保险不仅要求投保人在投保时对保险标的具有保险利益，而且要求保险利益在保险有效期内始终存在，特别在发生保险事故时，被保险人对保险标的必须具有保险利益”[⑤]。

但要求保险利益即存在于合同订立之时，又存在于损失发生时的观点已日渐式微。恰如美国学者 William 在其撰写的“Insurable Interest: When It Must Exist in Property And Life

---

① 施文森著．财产与人身之保险［M］．台北：正中书局．2007 年，第 46 页．

② ［英］MALCOLM A. CLARKE 著．保险合同法［M］．何美欢　吴志攀等译．北京：北京大学出版社．2002 年，第 122 页．

③ 李琳，游桂云．保险中的法律利益原则与经济利益原则［J］．齐鲁学刊．2006（6）：159.

④ ［美］约翰·F. 道斌著．美国保险法［M］．梁鹏译．北京：法律出版社．2008 年，第 58 页．

⑤ 魏华林，林宝清主编．保险学（第二版）［M］．北京：高等教育出版社．2006 年，第 82 页．

Insurance”一文中论证到的，于财产保险，要求保险利益于损失发生时存在的观点已被普遍接受。一些法院要求保险利益于合同订立时以及损失发生时均须存在的做法，将无法解决保险合同成立后保单所有人之保险利益于损失发生前失而复得的问题①。

4. 保险利益的归属主体

在保险实践发展的初级阶段，社会公众多基于自身利益保护的目的与保险人签订保险合同，投保人兼具投保人与被保险人的双重身份。此时将投保人界定为保险利益的归属主体并无任何问题。但随着保险实践发展进程的加快，投保人与被保险人之身份相脱离的现象日益普遍，若此时再将保险利益的归属主体界定为投保人，则会造成理论与实践发展的脱节。其实，对于财产保险而言，唯有被保险人可依照保险合同请求保险人填补损害，被保险人对保险标的必须具有保险利益，投保人对保险标的是否有保险利益并无实际意义，而且要求投保人对保险标的具有保险利益，还会增加实务上的困扰②。保险法所关注的是依何原则合理配置法律资源，恰当地保障被保险人的人身或财产利益。保险法所追求的资源配置原则（即权利义务配置准则）决定着保险合同权利的制度构造。对其人身或财产受保险合同保障的人（即被保险人）的利益保护和命运关怀是保险法的核心理念，保险合同的权利配置应以是否有利于受保险保障之人（被保险人）的利益为判断标准来安排设计③。亦如我国台湾学者刘宗荣在其所著《新保险法：保险契约法的理论与实务》中认为，在财产保险，只要要保人或被保险人对于保险标的的安全与否具有经济上的利害关系，这种利害关系可以是法律上的利害关系（legal relationship）也可以是事实上的利害关系（例如占有）④，财产保险既然以填补损害为目的，则因为保险事故发生可以受领保险给付之人，必然也是因保险事故之发生而遭受损害之人，因此被保险人对保险标的物是否遭受毁损灭失必须存在有利害关系，也就是说被保险人必须有保险利益⑤。

但于责任保险，此处所指被保险人，不仅包括具名被保险人，而且还包括附加被保险人。

5. 保险利益对合同效力的影响

我国台湾学者桂裕先生在其著作《保险法》中曾指出，保险利益为保险契约之效力要件。若要保人对于保险标的无保险利益者，保险契约无效；初有保险利益，嗣后无之者，契约失效⑥。邹海林教授亦是在其所著《责任保险论》中阐释到，保险利益原则，是投保人（被保险人）对保险标的应当具有保险利益，不具有保险利益的，保险合同无效⑦。而董彪在其撰写的《保险利益与合同效力的关系》一文中认为，在财产保险合同中，订立合

① Vukowich, William T. Insurable Interest: When It Must Exist in Property and Life Insurance [J]. Willamette Law Journal, Vol. 7, Issue 1, pp. 12.

② 吴荣清著．财产保险概要保险法论［M］．台北：三民书局．1992年，第30页．

③ 高宇．保险合同权利结构与保险利益归附之主体——评《中华人民共和国保险法（修改草案送审稿）》第12条、33条、53条之规定［J］．当代法学．2006（7）：70．

④ 郑玉波著．刘宗荣修订．保险法论［M］．台北：三民书局．2007年，第80页．

⑤ 郑玉波著．刘宗荣修订．保险法论［M］．台北：三民书局．2007年，第85页．

⑥ 桂裕著．保险法论［M］．台北：三民书局，1984年，版第53页．

⑦ 邹海林 著．责任保险论［M］．北京：法律出版社．1999年，第132页．

同时投保人不需要具有保险利益，即保险利益并非保险合同订立时的有效要件或生效要件。保险合同生效后，维持合同拘束力的有效要件并不完全等同于保险合同订立时的有效要件。为了防止赌博行为发生、防范诱发道德危机，法律应当规定保险事故发生时，被保险人应当具有保险利益，反之，保险合同失效成为无效合同①。但徐卫东教授则认为，保险利益是存在于特定的标的物之上的一种利益，按照保险合同所拥有的对人合同的性质，合同当事人的变化会导致合同关系无效，……，这种观点符合保险的原理，但失之过严，有可能造成不利于更好地促进经济发展和社会稳定的后果。出现了很多貌似公正但实际不利的情况，证明有必要进行某些调整②。

6. 责任保险中的保险利益

理论界对于责任保险之保险利益的研究可谓是凤毛麟角，现有研究仅停留在对其消极利益属性的认定上。除此之外，均认为因责任保险属于财产保险范畴，于保险利益问题上自应适用财产保险之保险利益的一般性理论无疑。如我国台湾学者桂裕认为，责任保险之保险利益固亦有寄存于有形之物体者，但大部分则属抽象的期待责任，被保险人对于因特定意外事故之发生，在法律上有无可拒却之责任者，对此责任有保险利益。责任保险之保险利益究属何如，殊难得一确切之概念：有关于物之存亡者，有关于行为或不行为者，有关于法定事故之发生或不发生者，不一而足③。樊启荣教授在其所著之《责任保险与索赔理赔》中指出，责任保险以被保险人对第三人承担的民事损害赔偿责任为保险标的。被保险人因承担赔偿责任而将减少现有的财产，或者失去应得之利益，从而与其赔偿责任的承担具有经济上的利害关系。被保险人对责任保险的标的，具有保险利益④。邹海林教授亦在其所著《责任保险论》中提及，被保险人对第三人的赔偿责任，因有发生的可能性，被保险人在订立保险合同时，具有保险利益。

另外，就责任保险中的保险利益问题，理论界存在着肯定论和否定论两种理论观点。否定论之代表 Hagglund、Clarance E. ，在其发表于1963年《保险评论杂志》第30期上的一篇名为 Insurable Interest as Applied to Liability Insurance 的论文中，即认为因保险利益之积极功能在责任保险中不得以完全实现之事实，于责任保险之自无适用保险利益要件的必要。不过迄今为止，肯定论仍牢牢占据着主流地位。本书对此亦是持有肯定的态度。

直接性资料的匮乏，曾一度使得本书的研究陷入困顿之中。但条条道路通罗马，理论研究的开展必不能一帆风顺。因此，本书开始从其他途径去探寻责任保险之保险利益的真实面目。本书就此所做的研究具体包括探寻利益的内涵、责任保险的社会价值、责任保险之保险利益在“量”上的影响因素以及利益冲突与责任保险之保险利益的关系等等多个方面。具体参考借鉴的研究成果主要包括余立力的《信赖利益新论》、霍尔巴赫的《自然的体系》、张江河的《论利益与政治》、吴从周的《概念法学、利益法学与价值法学：探索

① 董彪．保险利益与合同效力的关系［J］．全国商情．2009（3）：112.

② 徐卫东著．保险法论［M］．长春：吉林大学出版社，2000年，第275页．

③ 桂裕著．保险法论［M］．台北：三民书局，1984年，第336页．

④ 樊启荣编著．责任保险与索赔理赔［M］．北京：人民法院出版社，2002年，第70页．

一步民法方法论的演变史》、马约翰·罗尔斯的《正义论》、张军所著之《价值与存在》、汉斯—贝恩德·舍费尔与克劳斯·奥特合著的《民法的经济分析》、曾世雄的《损害赔偿法原理》、杨立新所著《〈中华人民共和国侵权责任法〉精读》以及肯尼斯·S. 亚伯拉罕所著的《美国法原理与实务（第四版）》等等。

四、研究内容和研究方法

（一）研究内容

本书的研究内容主要包括以下几个方面，具体研究以保险利益之基础理论为主线。

第一部分，保险概述。这部分围绕保险的本质、保险的经济学基础展开，一般性地阐释了保险的基本种类以及保险与相似概念（或行为）的区别，以铺垫后文之论证基础。

第二部分，保险的基本原则。最大诚信原则、保险利益原则、近因原则以及损失补偿原则是保险的四大基本原则，是对于保险制度发展的“约束”与“指引”。本部分详述了保险的这四大基本原则以及由损失补偿原则引申出的派生原则。

第三部分，保险合同。风险受体与保险人之间保险关系的形成，主要借助于“合同”的形式。本部分从保险合同主体、客体以及内容等基本要素出发，阐释了保险合同的种类以及保险合同的签订、生效、履行和变更等问题，并就保险合同条款的解释以及当事人之间的纠纷解决方式都加以阐释，以使得读者能够从“合同”角度窥保险合同之貌。

第四部分，保险利益的理论基础。保险利益，乃是避免将保险作为投机赌博之工具、防止恶意损毁财物或他人身体之恶性事件的发生以及实现损失填补目的之利器。然而，因对保险利益之“利益”本质认知的不足以及对社会公共秩序维护的担心等方面之原因，对于何为保险利益仍存在着法律权利论以及经济利益论上的分歧。因此，本章从保险的本质出发，结合保险利益的发展历史，去探究保险利益的内涵。并在此基础上，详尽阐释了保险利益的功能、种类以及存在时间和归属主体等问题。明确了保险利益的利益属性，应以经济利益标准进行保险利益的界定；保险利益应归属于被保险人；财产保险中的保险利益应于损失发生时存在。

第五部分，责任保险的法理基础。通常认为，责任保险是以被保险人应依法承担的损害赔偿责任为保险标的的一类财产保险险种，责任保险对于被保险人所面临的法律风险提供保险保障。虽曾一度因被认为使得责任人逃避了侵权法律的制裁而饱受争议，但责任保险却也因具有较为积极的社会价值和经济价值而迅速发展壮大起来，并成为衡量一个国家和地区保险业发展水平的主要指标之一。而且责任保险发展至今，责任保险的险种亦是丰富起来，主要包括机动车辆责任保险、公众场所责任保险、环境污染责任保险、雇主责任保险以及职业责任保险等。如此丰富的责任保险品类，不但承保侵权责任，而且还对于当事人之间约定的合同责任进行承保。

第六部分，责任保险中保险利益的一般性考察。本章以保险利益理论为基础，结合责任保险之特性，对于责任保险中的保险利益进行了包括概念、特征、归属主体、利益范围以及存在时间方面的研究。经研究发现，责任保险仍是以被保险人之财产为保险标的物的险种，只不过其标的物并非是被保险人的某项特定财产。而且从利益之本质出发，责任保险之保险利益亦应属于“积极”保险利益范畴无疑。责任保险的保险利益除了归属于被保险人之外，还包括附加被保险人，甚至是责任事故中的第三人，只要上述主体在损失发生时具有保险利益即可以获得相应的保险赔付。不过，申请赔付的数额要受到保险利益额度以及责任限额的限制。其中，保险利益的数额又要受到赔偿方式、物价变动情况、被保险人行为范围以及当事人的诉讼策略选择等因素的影响。因此，本书提出了一个影响责任保险利益量的函数关系式：

$$F(x) = f(x_1, x_2, x_3, \cdots, x_n, u)$$

其中 x_1，x_2，x_3，$\cdots x_n$代表以上所阐述的各主要影响因素，U 为其他不确定性的未知因素。

本章的最后，从立法以及实践角度就保险利益变动与合同效力之间的关系进行了深入的考察。

第七部分，对责任保险中保险利益的深度剖析。本部分是对责任保险中保险利益本质的更深层次挖掘，此乃因为责任保险与普通的财产损失险相比有着太多的不同，其中的不同不仅表现在利益归属主体、利益量的影响因素以及责任限额的确定等几个方面。除此之外，在保险利益的功能以及发生被保险人破产、强制责任保险投保甚至是当事人利益冲突的时候，责任保险中的保险利益都会表现出强烈的异质性特性。因此，甚至有学者主张在责任保险中放弃对保险利益的要求。但基于我国责任保险发展的历史以及现状，本书并不主张放弃责任保险中的保险利益要件，而是寄希望于在完成特殊性考察的基础上，进行相应的体系性完善。

第八部分，对我国责任保险中保险利益的考察与体系完善。本部分对我国责任保险之保险利益的立法情况进行了一个整体性的考察，得出的结果即是：基于责任保险之特殊性认知的不足，我国并不存在专门规范责任保险之保险利益的法律规定。就保险利益，责任保险乃是与财产损失保险、信用保险以及保证保险通用相同的法律规范，以至于责任保险的实践环节出现了不小的问题，进行相关的立法完善已是迫在眉睫。因此，笔者建议于《保险法》中设专章的形式，来准确界定保险利益之概念、明确责任保险之保险利益的属性、增容责任保险之保险利益归属主体、明确界定责任保险之保险利益的存在时间、扩大责任保险中保险利益的责任范围、构建完善的利益冲突解决机制、明确保险利益的合同效力要件强度以及协调保险法与破产法之间的关系。

（二）研究方法

本书采取了以下的几种研究方法：

一是比较法。保险利益原则发轫于英美国家的保险实践，英美国家于此方面理论研究亦是较为先进。对其成功经验进行借鉴，无疑是一种比较有效的行为方式。但借鉴亦应是有选择地进行，切不可盲目照搬。因此，本书采用比较法，立足于我国的现实情况，对于其他国家的经验进行了选择性的借鉴。

二是历史考察法。探究责任保险中的保险利益，不可脱离保险利益发展的历史。否则，理论研究就会成为无本之木、无源之水。因此，本书采用历史考察的方法，对于保险利益以及责任保险的发展历史进行了系统性的考察，以期在历史发展的脉络中把握其发展动因和生命力所在。

三是语义分析法。语言作为信息的载体，为人们提供了认识世界的手段。语言同样也是人们对于事物本质以及固有规律的总结。本书采用语义分析法，通过对利益以及保险利益等基本概念进行深入分析，来探寻保险利益之本来面目。

四是经济学方法。自20世纪70年代以来，经济学的分析思维开始被广泛用于分析深藏于法律背后的经济逻辑，分析每一项法律的效益得失，甚至“立法应当以效益作为分配社会资源的标准”已经成为法学家的口号和政府制定政策的原则①。本书以经济学方法，分析了责任保险的社会价值以及经济价值，并以此作为出发点，审视了责任保险之保险利益的本质属性，并构建了影响责任保险中保险利益量的函数关系式。

① 朱富强．法经济学在立法中的应用审视——主流的经济分析法学之批判［J］．北方法学．2007（7）：71.

保险概述

第一节　保险的本质

一、保险的概念

“保险”，来源于日语中由日本学者借用汉字翻译而来的外来语，该词的英语表述为“Insurance”或“Assurance”，德语表述为“Versicherung”。“Insurance”的词源为“sigurare”，源于公元14世纪意大利海上贸易的商业文件用词，具有抵押、担保、负担等含义，后逐渐应用到海商法并扩大应用于海上保险实践。

保险（Insurance）之意义，历来学者颇多不同的解释，立说纷纭，各有短长。保险学说，大致可以分为两类：以损害观念为保险理论的中心者，称为损害说；此外，另以保险的其他特质，说明保险的意义者，称为非损害说[①]。故而，保险的概念也有来自于法律层面以及经济层面的不同界定。

于法律层面而言，亦存在着广义和狭义的两种不同解释。广义层面的保险，乃是指为了偿付自然灾害和意外事故带来的经济损失，以充分的物质准备来保障社会安定，建立专门用途的后备基金的一种经济活动方式，包括社会保险（Social Insurance）、商业保险（Commercial Insurance）与合作保险（Cooperative Insurance）[②]。狭义的保险，则是指保险合同，且特指商业保险合同[③]。我国《保险法》第2条规定：“本法所称保险，是指投保人根据合同约定，向保险人支付保险费，保险人对于合同约定的可能发生的事故因其发生所造成的财产损失承担赔偿保险金责任，或者当被保险人死亡、伤残、疾病或者达到合同

① 陈云中著．保险学（第五版）．五南图书出版股份有限公司．2002年，第21页．

② 范键，王建文，张莉莉著．保险法［M］．北京：法律出版社．2017年，第2页．

③ 如无特别说明，作者所论证之保险皆为商业保险。

约定的年龄、期限等条件时承担给付保险金责任的商业保险行为。”

经济层面的保险，是一种具有“人人为我（all for one）”和“我为人人（one for all）”属性的经济互助形式，通过保险人和投保人的友好合作，合理分担保险费用，投保人自愿交纳保险费以建立社会共济或者补偿基金，从而将集中于个别社会成员或群体的危险，在同类危险的投保人之间分担，或是计入产品成本或者服务费用而由全社会来分担。通过这样的设计和运用，可以有效地满足转移或者分摊危险的社会需求①。也就是，处理可能发生的特定偶然事件，透过多数经济单位之集合方式，并以合理计算为基础，共筹资金，公平负担，以确定经济生活之安定为目的之一种持续性经济制度②。

假设一主体财富总量为 W，效用函数为 $U(W)$，且发生损失 L 的概率为 p，另保险费为精算纯保费（损失期望值为 Lp），则其投保时的效用函数为 EU_1：

$$
\begin{aligned}
EU_1 &= pU_1(W - pL - L + L) + (1 - p)U_1(W - pL) \\
&= U_1[p(W - L) + (1 - p)W] \\
&= U_1(W - pL)
\end{aligned}
$$

不投保时的效用函数为 EU_2，则：

$$EU_2 = pU_2(W - L) + (1 - p)U_2(W)$$

可知，$EU_2 < EU_1$，只要保险产品的价格按照精算纯费率确定，社会主体进行充分投保后的预期效用大于不投保时的预期效用水平。

二、保险的性质

理论界对于保险的认识一直存在争议。目前，关于保险性质的学说主要有损失说、非损失说以及二元说三大流派。

（一）损失说

损失说，以“损失”为关键词构建其学说并剖析保险的性质，是对“无损失，无保险”的理论化构建。

1. 损失赔偿说

损失赔偿说认为，保险是一种对于被保险人因保险事故所生之损失进行赔偿的合同。恰如德国学者马修斯（E. A. Masius）所言：“保险是约定当事人的一方，根据等价支付或商定，承保某标的物发生的危险，当该项危险发生时，负责赔偿对方损失的合同。”英国学者马歇尔（S. Marshall）认为：“保险是当事人的一方收受商定的金额，对于对方所受的损失或发生的危险给予补偿的合同。”

损失赔偿说认为，保险是一种对于被保险人之损失进行赔偿的合同。但该学说将保险界定为当事人之间的损失赔偿“合同”，亦即将其定义为当事人之间的契约法律关系，这

---

① 邹海林著．保险法教程（第二版）［M］．北京：首都经济贸易大学出版社．2004 年，第 2 页．

② 陈云中著．保险学（第五版）［M］．台北：五南图书出版股份有限公司．2002 年，第 23 页．

未免有失偏颇。实则，保险不仅仅是一种法律安排，更是一种具有经济意义的理财安排或者危险管理方法，即“保险可定义为，一种危险理财之安排，借由汇集多数不确定危险，重新分配意外损失之成本，并以法律契约之方式，约束危险对价（保费）与损失补偿之支付，以达成分散危险之目标。”① 保险合同仅应为当事人为“保险”的法律形式，并不足以定性保险本质。

2. 损失分担说

德国学者华格纳（A. Wagner）也是损失说的支持者，他认为，“从经济意义上说，保险是把个别人由于未来特定的、偶然的、不可预测的事故在财产上所受的不利结果，使处于同一危险之中，但未遭遇事故的多数人予以分担以排除或减轻灾害的一种经济补偿制度。”而且，他认为无论是财产保险还是人身保险，无论是他保还是自保，均如此②。

华格纳从经济角度探究了保险的本质，跳出了保险契约的藩篱。他认为保险是风险受体将其未来可能遭遇之财产损失在风险共同体内予以分担转嫁的一种经济上的补偿方式，是主体进行风险管理的一种经济手段。但华格纳认为人身保险甚至是自保亦是属于保险范畴这一观点实有不妥。恰因“人本无价”，主体虽因风险事故而会遭受不利结果，但非为“财产上”所受损失也，另外，自保与他保实难统一适用“危险分担”的属性界定。

3. 危险转嫁说

首倡危险转嫁说的学者是美国的魏兰脱（A. H. Willett）。他认为，“保险是为了资本的不确定损失而积累资金的一种社会制度，它依靠将多数的个人风险转嫁给他人或团体来进行。”另一位美国学者克劳斯塔（B. Krosta）也是危险转嫁说的支持者。

危险转嫁说是目前流行于风险管理领域的经典学说之一，该学说阐明了以保险方式进行风险管理的“动因”，即转嫁风险。亦即，将某一风险受体之未来可能遭遇之风险事故所生不利结果在风险共同体之间进行危险转嫁以达风险管理之目的。危险转嫁说，未以“损失”或“财产损失”进行学说性质的界定，避免了保险性质在人身保险和财产保险上的适用性。

（二）非损失说

非损失说认为，损失说仅以“损失”来界定保险的性质是无法涵盖所有的保险类别的，人身保险即为例证。因此，需要抛开“损失”的概念来界定保险，于是部分学者提出了以“技术说”“欲望满足说”以及“相互金融机关说”为代表的非损失说。

1. 技术说

技术说的代表是意大利著名学者费芳德（C. Vivante）。他认为，保险不能没有保险基金，在计算这种保险基金时，一定要使保险人实际支出的保险总额和全体被保险人缴纳的净保险费总额相等，这种保险基金要通过特殊技术，保持保险费和保险价值的平衡。保险

---

① 陈云中著．保险学要义［M］．瑞明彩色印刷有限公司．1995年，第46页．

② ［日］园乾治著．保险总论［M］．李静之等译．北京：中国金融出版社．1983年，第6页．

的特性就在于采用这种特殊技术，科学地建立保险基金[①]。

技术说，从保险基金建立的技术层面考察保险的性质。该学说认为，保险需以保险基金的成立为前提，该笔保险基金的建立要确保保险费和保险价值的平衡，即在被保险人和保险人之间满足对价平衡的关系。该学说并未提及“损失”或“补偿”，未与损失说形成正面的理论对抗。但笔者认为，技术说仅从保险基金之必要性角度界定保险的性质仅使我们窥视到了技术运作角度的保险，并未能够对保险是什么这一本质有明确的界定。

2. 欲望满足说

最早于1894年由意大利学者戈比（Gobbi）提出，后为德国学者马纳斯（Manes）所发展。该学说认为，保险是保障保险事故引起意外事故而产生财产上欲望的一种组织，保险的本质在于满足人们因意外事故造成经济损失或资金困难而产生的需要。欲望满足说倡导者之一的拉扎路斯认为：“保险是以赔偿和满足经济需要为其性质的，是当意外事故发生时，最少的费用满足该偶发欲望所需要的资金，并予以充分可靠的经济保障。”欲望满足说的支持者威尔纳（G. Worner）曾说：“保险是同样处于经济不安定的情况下，许多企业经营单位把偶发的且能够计算出来的金钱上的欲望，根据互助原则予以保障的手段。”

欲望满足说将保险界定为一种经济需要满足之组织，将保险与“自保”间划分出了明确的界限。但是，欲望满足说仍不能适用于人身保险，尤其是具有储蓄性质的长期人寿保险以及年金保险。

3. 相互金融机关说

相互金融机关说的代表人物是日本的米谷隆三和酒井正三郎。该学说认为，保险费的积累在经济上是投保人让渡保险费所形成的风险基金，从保险运作的角度，保险的性质即在于集体成员为相互融通资金而结成的多数人之间的联系，进而强调保险不只是准金融机关和辅助金融机关，而是真正的金融机关。相互金融机关说，是从“我为人人”之保险原理出发对保险进行定性的，该学说认为保险是由社会主体间组成的“金融机关”。但是，相互金融机关说将保险的性质定位于一种金融机关实则混淆了保险公司与保险行为之间的界限。虽然保险公司属于金融机构，但并不等同于保险这种经济行为亦属于金融机构的范畴。保险是一种行为，“机关”乃是一主体。而且，金融机关说也无法适用于具有储蓄性质的长期人寿保险之情形以及其他互助形式的保险行为。

（三）二元说

二元说认为，鉴于财产保险与人身保险存在诸多不同之处，很难对财产保险和人身保险进行统一的定性，而应对人身保险和财产保险分别定性才更加妥贴。在二元说形成以及发展的过程中，形成了较有代表性的否认人身保险说和择一说等学派[②]。

1. 否定人身保险说

否定人身保险说认为，因在人身保险中完全无法体现保险的损失补偿性质或者损失补

---

① 魏华林，林宝清编著．保险学（第四版）[M]．北京：高等教育出版社．2017年，第22页．

② 李玉泉编．保险法 [M]．北京：法律出版社．1997年，第8页．

偿的性质极少，人身保险不过是一种储蓄或者投资的手段。例如，在否认人身保险说德国学者科恩（Cohn）看来，因为人身保险之中损失赔偿的性质极少，它不是真正意义上的保险，而是混合保险。或者如学者威特（J. D. Witt）以及埃斯特（L. Elster）所认为的，保险不过是一种投资或者储蓄。

否定人身保险说主要是从人寿保险所具有之储蓄属性出发进而否定人身保险之“保险”属性的。笔者认为，人寿保险，尤其是长期的人寿保险虽然具有储蓄或是投资的属性，但就其本因而言乃是出于死亡之必然性以及主体需求满足角度而得以形成之属性。因此，从其本质属性而言与财产保险之风险转移目的并无二致。

2. 择一说

与否定人身保险说不同，择一说并不否认人身保险与财产保险一样具有保险的属性，但择一说认为因财产保险更多体现的是财产的损失补偿，而人身保险则更多表现为定额给付，因此并不存在一个对于人身保险和财产保险进行统一定性的可能，而应该是对于人身保险和财产保险的属性进行分别的界定。

德国学者艾伦贝堡（V. Ehrenberg）认为：“保险合同不是损失赔偿的合同，就是以给付一定金额为目的的合同，而这只能择一。”

三、保险的作用

保险，无论是在微观经济还是在宏观经济方面，均能发挥其重要的作用。

（一）保险在微观经济中的作用

1. 经济安定的保障

保险，于微观经济层面对于恢复社会主体的生产、生活，保障经济安定方面具有十分积极的作用。

2015 年，我国财产险业务累计赔款支出 4194. 17 亿元，同比增长 10. 72%。其中，企业财产保险赔款支出 216. 39 亿元，同比增长 0. 54%；机动车辆保险赔款支出 3335. 58 亿元，同比增长 10. 20%；责任保险赔款支出 129. 25 亿元，同比增长 19. 99%；货运保险赔款支出 46. 18 亿元，同比增长 5. 71%；农业保险赔款支出 237. 05 亿元，同比增长 15. 19%。人身保险方面，2015 年人身保险业务赔款与给付支出 4479. 97 亿元，同比增长 30. 69%。其中，寿险业务给付金额 3565. 17 亿元，同比增长 30. 67%；健康险业务赔款与给付金额 769. 97 亿元，同比增长 33. 58%；意外险业务赔款支出 151. 84 亿元，同比增长 18. 24%[①]。

2018 年 1 至 8 月，产险公司原保险保费收入 7810. 26 亿元，同比增长 13. 17%；人身险公司原保险保费收入 19639. 27 亿元，同比下降 5. 37%。产险业务原保险保费收入

① 数据来源：《2016 中国保险年鉴》。

7106.07 亿元，同比增长 11.24%；寿险业务原保险保费收入 15832.56 亿元，同比下降 9.35%；健康险业务原保险保费收入 3796.43 亿元，同比增长 18.83%；意外险业务原保险保费收入 714.51 亿元，同比增长 17.98%。

产险业务中，交强险原保险保费收入 1281.90 亿元，同比增长 9.59%；农业保险原保险保费收入为 462.38 亿元，同比增长 18.77%。另外，人身险公司未计入保险合同核算的保户投资款和独立账户本年新增交费 5717.04 亿元，同比增长 27.32%。

2018 年 1 至 8 月，产险业务赔款 3625.35 亿元，同比增长 16.03%；寿险业务给付 3127.49 亿元，同比下降 8.23%；健康险业务赔款和给付 1039.51 亿元，同比增长 36.34%；意外险业务赔款 172.25 亿元，同比增长 21.87%①。

2. 经济核算的加强

保险，于微观经济层面的另一个作用即在于经济核算的加强。

自保与他保，均是风险管理的方式。自保，主要是通过成立自保基金的方式实现的，如储蓄等。自保基金，是指自行筹集并补偿灾害事故损失的基金。因此，相较于他保手段而言，自保方式的风险管理手段存在着效率低以及保障基金规模有限方面的劣势，对于风险受体而言意味着更高的财务压力。而保险，却能够把不确定性的风险损失转化为少量且确定的保险费支出，从而减轻主体的财务压力。具体而言，保险这种风险转移手段能够把企业不确定的巨额灾害损失化为固定的少量的保险费指出，并摊入企业的生产成本或流通费用，这是完全符合企业经营核算制度的。因为企业通过缴付保险费，把风险损失转嫁给保险公司，保证了企业财务成果的稳定②。尤其是政策性保险，于此方面的作用更加明显。例如，黑龙江省于 2004 年开始了政策性农业保险试点，是全国首批进行农业保险试点的 9 个省份之一，亦是首批被纳入农业保险中央财政补贴范围的省份之一。按照《黑龙江省农业保险保费补贴管理办法》规定，种植业农业保险保费的分担比例是中央、省、市县三级财政合计补贴总保费的 80%（分别是 40%、25% 和 15%），农民自负比例为总保费的 20%；养殖业保费补贴为中央财政负担 50%，市县财政负担 30%，养殖户自负 20%③。

3. 信用水平的提高

信用是市场经济的生命，现代市场经济中的大部分交易都是以信用为中介的交易。因此，现代市场经济从本质上而言是一种信用经济，即一种建立在信用基础之上，以信用为纽带维系生产、交换、分配、消费诸环节的经济组织形式④。

保险，有助于提高债务人的信用水平，例如保险合同的被保险人，对于其债权人提高担保之信用保险（Credit Insurance），即是以保险手段，增高其个人信用。又如企业向金融机构请求时，亦须有抵押物之海上保险或火灾保险单，亦可直接用保险方法予以增高企业信用⑤。

---

① 数据来源：中国银行保险监督管理委员会网站公布数据。

② 谷杰．保险在宏观经济和微观经济中的作用分析［J］．时代经贸．2006（11）：50.

③ 范玲．供给侧结构性改革背景下的农业保险发展对策研究［J］．求实学刊．2018（3）：65－66.

④ 骆玉鼎著．信用经济中的金融控制［M］．上海：上海财经大学出版社．2000 年，第 3－4 页．

⑤ 陈雲中著．保险学［M］．台北：五南图书出版股份有限公司．2002 年，第 32 页．

据《中国官方出口信用保险机构政策性职能履行评估报告》发布数据显示，2017 年，中国信保出口信用保险拉动我国出口金额超过 6000 亿美元，占同期出口总额的 26.6%，对 GDP 的贡献率为 4.9%，当年拉动就业超过 1500 万人。对“一带一路”建设支持作用突出，对企业面向沿线国家的出口和投资的承保金额达 1298.5 亿美元。2017 年，中国信保出口信用保险覆盖面进一步扩大，出口渗透率达到 19.3%，同比提高 0.34 个百分点，为该公司成立以来首次超过 19%。小微企业覆盖率达 25.38%，同比提高 4.12 个百分点，连续两年超过 20%。在支持企业开拓市场方面，中国信保出口信用保险对我国向新兴市场出口的覆盖面达 23.74%，同比提高 0.92 个百分点；对新兴市场业务的承保金额占全年出口信用保险承保金额的 46.60%，同比提高 0.89 个百分点。

另据《人民日报》消息，2018 年上半年，我国政策性出口信用保险覆盖面进一步扩大。2018 年前 6 个月，中国信保承保金额达 2903.6 亿美元，同比增长 12.8%；与 257 家银行合作，支持企业获得保单融资约 193 亿美元。其中，中国信保对“一带一路”沿线国家的承保规模占到总承保金额的 1/4，对高新技术、机电产品、医药、农产品、船舶、纺织、汽车等行业出口的承保规模占总承保金额的近 60%。

4. 民事赔偿责任的履行

保险有助于民事赔偿责任履行方面的作用主要体现在责任保险之情形。民事损害赔偿作为侵权责任主体承担侵权责任的一种具体方式，其功能在于补偿受害人遭受的损失，即通过损害赔偿使受害人所遭受损害的财产或人身尽可能恢复到受害前的状况。但上述之情况的“恢复”，在很大程度上取决于侵权责任人的赔偿能力。而责任保险，其保险标的即为被保险人的民事损害赔偿责任，全部或部分转嫁于保险人的原被保险人之民事损害赔偿责任无疑将提高侵权责任主体的赔偿能力，进而确保其民事赔偿责任的履行。尤其是在责任保险中保险人先行垫付义务以及第三人直接支付请求权等的作用下，责任保险对于被害第三人的救助就更为明显。

2014 年 8 月 10 日，国务院以国发〔2014〕29 号文形式印发《关于加快发展现代保险服务业的若干意见》（以下简称《若干意见》），提出要发挥责任保险化解矛盾纠纷的功能作用。强化政府引导、市场运作、立法保障的责任保险发展模式，把与公众利益关系密切的环境污染、食品安全、医疗责任、医疗意外、实习安全、校园安全等领域作为责任保险发展重点，探索开展强制责任保险试点。加快发展旅行社、产品质量以及各类职业责任保险、产品责任保险和公众责任保险，充分发挥责任保险在事前风险预防、事中风险控制、事后理赔服务等方面的功能作用，用经济杠杆和多样化的责任保险产品化解民事责任纠纷。

（二）保险在宏观经济中的作用

1. 宏观经济发展之“稳定器”与“助推器”

保险在宏观经济领域的首要作用即表现为宏观经济发展之“稳定器”与“助推器”方面。目前研究基本共识：宏观经济增长能够推动保险业增长，经济发展水平与保险业增长息息相关，经济的快速发展不仅能提高保险的现实购买力，而且通过经济规模增长将增多社会风险载体，释放更多的保险需求。很多文献实证研究了保险业增长与经济增长之间存在着正相关关系，两者互相促进[①]。如，邵全权等（2017）通过 DSGE 模型分析了财产与健康风险及保险对中国经济波动的解释能力，以及其对宏观经济波动的影响，其研究结果表明，保险制度的存在可以降低技术冲击、财产损失概率冲击及健康损失概率冲击对经济波动的影响程度，将主要宏观经济变量的波动变得更加缓和[②]。

根据中国银保监会发布的数据显示，2018 年前 11 个月，保险业共提供保险金额 6463.31 万亿元。在赔款和给付方面，2018 年前 11 个月，保险业赔款和给付支出 11092.45 亿元，同比增长 9.93%。

2. 金融市场发展之重要力量

保险资金尤其是寿险资金往往带有储蓄性质与功能，能够积聚形成大量稳定的、具有长期性的货币资本，其投资遵循安全性前提下的收益性，是各国资本市场机构投资的重要资金来源。在美国，寿险公司已经成为仅次于商业银行和共同基金的第三大机构投资者。

据银保监会网站日前发布数据显示，2018 年前两个月，保险业总资产达 168852.22 亿元，较年初增长 0.81%。其中，产险公司总资产 24270.91 亿元，较年初下降 2.77%；寿险公司总资产 134831.08 亿元，较年初增长 2.03%；再保险公司总资产 3161.41 亿元，较年初增长 0.37%；资产管理公司总资产 493.97 亿元，较年初增长 0.51%。保险业资金运用余额 149992.94 亿元，较年初增长 0.53%。其中，银行存款 19083.03 亿元，占比 12.72%；债券 52413.57 亿元，占比 34.94%；股票和证券投资基金 19263.77 亿元，占比 12.85%；其他投资 59232.57 亿元，占比 39.49%。截至 2018 年 11 月底，保险业资金运用余额为 160303.68 亿元，较年初增长 7.44%；总资产 180068.02 亿元，较年初增长 7.51%；净资产 19905.25 亿元，较年初增长 5.63%。

3. 社会保障水平提高之辅助

社会保障，是以国家或政府为主体，依据法律规定，通过国民收入再分配，对公民在暂时或永久失去劳动能力以及由于各种原因生活发生困难时给予物质帮助，保障其基本生活的制度。商业保险与社会保障都是应对人类自身风险的管理机制，但又分属于市场机制与社会机制。商业保险与社会保障制度一同构成了保障社会安定和人民生活水平的保障体系，“任何夸大社会保障的作用而忽略商业保险的发展，或夸大商业保险的作用而让其取代或部分取代政府的职能，都将导致社会保障制度的重大缺陷”[③]。全国人大常委会前副委员长成思危也在 2003 年 10 月 19 日的第二届“中国健康保险发展论坛”上指出，保险业应当成为我国社会保障体系不可或缺的重要组成部分，如果只依靠社会救助、社会福利、社会保险三个层次，不依靠商业保险，则不足以建立一个有效的社会保障体系[④]。

---

① 卓志，朱衡．宏观经济、保险制度变迁与保险业增长［J］．保险研究．2017（4）：4.

② 邵全权，王博，柏龙飞．风险冲击、保险保障与中国宏观经济波动［J］．金融研究．2017（6）：14－15.

③ 郑功成等著．多难兴邦——新中国 60 年抗灾史诗［M］．长沙：湖南人民出版社．2009 年，第 14 页．

④ 黄桃源，成思危：加快发展商业保险，完善社会保障体系［N］．金融时报．2003 年 10 月 20 日．

1996 年 3 月 17 日，全国人大八届四次会议通过的《国民经济和社会发展“九五”计划和 2010 年远景目标纲要》指出：“加快养老、失业、医疗保险制度改革，初步形成社会保险、社会救济、社会福利、优抚安置和社会互助、个人储蓄积累保障相结合的多层次社会保障制度。在大力发展社会保险的同时，积极发展商业保险，发挥对社会保障的补充作用。”这是我国首次以官方文件的形式将商业保险列为社会保障的补充手段。

四、保险的特征

（一）保险的自愿性

风险管理的手段除保险之外，尚包括有自留、转嫁、规避等，选择何种方式方法进行生产生活的风险管理取决于多种因素。一般而言，具有损失发生概率较小而预期损失程度比较大等特性的风险较为适合通过保险的方式进行风险管理，而风险概率较大但损失程度较小的风险则较为适用于采取自留以及规避等风险管理手段。当然，风险管理手段的选择还需要满足经济可行性的前提。总之，面临众多的风险管理手段，风险受体究竟如何选择需要贯彻自愿性原则以尊重主体主观意志，保险之手段的采取自不例外。

马克思在谈到商品交换时指出，“商品监护人必须作为有自己的意志体现在这些物中的人彼此发生关系，因此，一方只有符合另一方的意志，就是说每一方只有通过双方共同一致的意志行为，才能让渡自己的商品，占有别人的商品[①]。我国《保险法》第 11 条：“订立保险合同，应当协商一致，遵循公平原则确定各方的权利和义务。除法律、行政法规规定必须保险的外，保险合同自愿订立。”不过，由于事实上合同当事人可能存在不同的影响力，当事人存在着事实上的不平等，这种不平等如果纯粹地依当事人的自愿原则，则有可能使合同仅具“自愿”的面纱。因而，在特定情势下，法律强调自愿是有前提的[②]。

商业保险的自愿性属性，与强制性保险形成了非常鲜明的对比。商业性强制保险，通常是指政府为了实现特定的政策性目标而强制投保人与商业性保险机构订立的保险，其强制性集中体现在投保强制性、承保强制性、附加条件之禁止，以及解除契约之原则禁止等几个方面，而强制下的社会利益实现乃是强制保险的价值诉求以及合理性证成。目前，我国实施的机动车辆强制责任保险即属于强制保险范畴。按照《机动车交通事故责任强制保险条例》（以下简称《交强险条例》）第 2 条的规定：“在中华人民共和国境内道路上行驶的机动车的所有人或者管理人，应当依照《中华人民共和国道路交通安全法》的规定投保机动车交通事故责任强制保险。”

---

① 《马克思恩格斯全集》第 23 卷，第 102 - 103 页。

② 王海明．合同自由与自愿三重辨析［J］．浙江学刊．2015（6）：173.

（二）保险的互助性

保险制度之“人人为我（all for one）”和“我为人人（one for all）”，系依“危险分散”（distribution of risk）及“负担平均”（equalization of losses）两大理论而产生，需有多数经济单位之加入，始能达到“危险分散”及“负担平均”之目的[①]，此是“保险”的经济属性。任何一个保险皆以一共同团体（Gemeinschaft）之存在为先决条件，此团体乃由各个因某种危险事故发生而将遭受损失之人所组成[②]。经济体内各主体以支付保险费的方式形成风险保障的后备基金，此后备基金即充当对于全部风险受体之风险保障功效。所有与保险人订有保险契约的要保人，其因缴交保险费所造成的负担，将会反映在成本上面，而且透过调高工资、提高成本……等价格机能，进一步转嫁到所有消费者，由社会大众分摊。总之，保险是将特定人的损失，透过保险、再保险或联保契约，以及价格转嫁机能，而化解于无形的过程[③]。2013—2017 年中国保险业务经营情况见表 1－1。

表 1－1　　2013—2017 年中国保险业保险业务经营境况　　（单位：亿元）

年份	原保费收入		赔款支出	
	财产险公司	寿险公司	财产险	寿险
2013	6481. 16	10740. 93	3439. 14	2253. 13
2014	7544. 40	12690. 28	2728. 43	2728. 43
2015	8423. 26	15859. 13	4194. 17	3565. 17
2016	9266. 17	21692. 81	4726. 18	4602. 95
2017	10541. 38	26039. 55	5087. 45	4574. 89

数据来源：根据中国银保监会公布数据整理。

（三）保险的附条件性、附期限性

保险的附条件性以及期限性是指保险金的支付需要满足一定的条件或者是等待保险合同约定期限的到来。

所需满足的条件有：投保人以及被保险人等履行合同义务、发生保险合同约定范围内的风险事故且造成保险利益损失。如《保险法》第 16 条：“投保人故意不履行如实告知义务的，保险人对于合同解除前发生的保险事故，不承担赔偿或者给付保险金的责任，并不退还保险费。投保人因重大过失未履行如实告知义务，对保险事故的发生有严重影响的，保险人对于合同解除前发生的保险事故，不承担赔偿或者给付保险金的责任，但应当退还保险费。”再如《德国保险合同法》第 26 条（1）：“如果由于投保人故意违反本法第 23 条第 1 款规定的义务致使危险增加并导致保险事故发生，则保险人可以拒绝承担保险责任。”

保险合同于期限性特性方面主要表现为保险合同通常约定有明确的合同起讫时间，或以公历年月日方式表示或者是以事件始末为保险期限，但仅有合同始期的终身寿险例外。

① 林群弼著．保险法论（第三版），台北：三民书局．2008 年，第 50 页．

② 江朝国著．保险法基础理论［M］．北京：中国政法大学出版社．2002 年，第 20 页

③ 刘宗荣著．新保险法（第二版），台北．翰庐图书出版有限公司．2011 年，第 3 页．

保险期限是确定保险人是否承担保险责任的时间性条件，只有保险期限内发生或未发生约定保险事故，保险人才承担相应的保险责任。前者如火灾保险、意外伤害保险等，只有保险期限内发生火灾或者被保险人遭受意外伤害才引发保险人的保险责任；后者主要是以年金保险合同以及养老保险合同为代表，此类保险中，只有约定保险期限结束而被保险人依然生存，即约定期限内未发生被保险人的死亡事件，被保险人才可以获得保险金。

（四）保险的双务性

《法国民法典》第 1102 条规定："如缔约人双方相互负担义务时，此种契约为双务契约。"第 1103 条规定："如果一人或数人对于另一人或数人承担义务而后者不承担义务时，此种契约为单务契约。"就此，以合同双方是否互负义务为标准，合同可以分为单务合同和双务合同。所谓双务合同，是指双方当事人的义务互为对待给付或对价关系的合同。这种对待或对价关系意味着，双方当事人互相享有债权，并互相负有债务，一方当事人履行给付是另一方当事人履行给付的条件和前提，一方之所以负有给付义务，在于换取对方的对待给付[①]。双务合同的本质就在于双方当事人的给付之间存在牵连性或对待性。通常认为，进行双务合同与单务合同分类的意义即在于确立以及如何运用对待给付义务的规则规制合同主体之间的权利义务关系。

保险，作为保险法律关系主体之间的契约，亦是具有双务性之特征。一方面，投保人负有缴纳保费、如实告知、危险增加通知以及出险报案等义务，同时享有保险金支付请求权；与之相对应，保险人享有收取保费的权利并负有保险金给付等主要义务[②]。保险实务中，保险人通常在合同中将投保人支付保险费约定为保险合同生效的前提，保险事故发生前或者直至保险合同期限届满，投保人均未缴纳保险费的，保险人不承担保险金给付的义务。需注意的是，投保人如约支付保险费却并不一定会获得来自保险人的保险金支付。保险给付是要满足一系列的前提条件的，最根本的即在于保险事故的发生或者约定期限的到来，合同有限期内保险事故未发生，保险人将不负有支付保险金的义务且不退还保险费。因此，保险合同的双务性受到了一定程度的质疑。对于无保险金给付情况下保险双务性的质疑，实则是并未把握合同"对价"的本质，也未能理解保险的本质。首先，对价≠等价。投保人以支付保险费的形式从保险人处让渡来保险商品的使用价值，而保险商品的使用价值在于无形的保险保障，而非被狭义理解的保险金支付。保险事故的发生具有不确定性，在保险事故发生之前，为了随时应对可能发生的保险事故，保险公司需要按照保险法律法规的规定提取各项责任准备金，而且为保障投保人、被保险人和受益人的权益，保险人需要缴纳保险保障基金以应对保险公司被撤销或者被宣告破产时，向投保人、被保险人或者受益人提供救济；第二，保险费≠保险金。保险金源自于保险费，但保险金并非单一

---

① 温世扬，黄芬，江君．双务合同中的同时履行抗辩权［J］．荆州师范学院学报．2003（3）：27.

② 《保险法》第 10 条："保险合同是投保人与保险人约定保险权利义务关系的协议。投保人是指与保险人订立保险合同，并按照合同约定负有支付保险费义务的人。保险人是指与投保人订立保险合同，并按照合同约定承担赔偿或者给付保险金责任的保险公司。"

投保人的保险费累积。无论保险事故发生与否都将获得保险金支付的诉求，混淆了保险互助与风险受体自力救济之间的本质区别。

第二节 保险的经济学基础

一、保险需求

（一）保险需求的含义

保险因其具有以损失补偿为集中体现的、经济保障方面的有用性而成为买卖对象，继而成为商品[①]。商品是价值和使用价值的矛盾统一体，使用价值的获得以支付商品价值为前提。保险商品的使用价值，以保险费之缴付为对价，以保险商品的保障功效为具体表现形式，集中表现为相关主体的保险金给付请求权以及保单的现金价值所有权。保险消费者让渡保险商品价值以获得保险商品的使用价值，保险人则以收获保险商品价值为前提让渡保险商品的使用价值给保险消费者。通常，投保人作为保险合同的当事人负有支付保险费的义务，由此而成为保险消费者，拥有保险商品的“所有权”。当然，作为保险商品的“所有权”人，投保人可以让渡部分权能给其他主体，如受益人或者被保险人[②]。保险是一种以经济保障为使用价值之集中表现的商品，它通过保险人这一“中介”将风险社会中承诺共担风险的主体以分摊损失金的方式聚集起来，共同应对不确定性风险事件之发生，获得保险产品使用价值的对价为单独主体的分摊金，即保险产品的价格。基于己身权利处置的能动性，保险商品的购买者可以决定自留抑或让渡保险商品的使用价值给他人。于是，保险实践中日益普遍地存在着投保人、被保险人以及受益人等非同一性之多元主体并存的情况。又因保险契约之目的在于保障保险利益，那么保险利益之所有人既然为保险事故中真正受到损害之人，则其当然应获得保险给付并拥有该保险给付之相关处分权能[③]。

保险需求，即是对于保险商品的需求，是指在一定时期内全社会期望从保险得到的经济补偿总量，是保险消费者愿意购买的保险商品的总量。保险需求可以分为两种：一种是由自然界和社会经济生活中客观存在的风险损失总量所产生和决定的对保险的需求，即保险的自然需求；另一种是同需求者的购买能力相联系的需求，即保险的有效需求[④]。但是，经济学意义的保险需求是针对消费者的保险商品购买能力而言的，即指在一定价格（保险

---

① 马克思．资本论（第1卷）［M］．中共中央马克思恩格斯列宁斯大林著作编译局译．北京：人民出版社．2004年，第48页．

② 范玲，董惠江．论去遗产化的投保人之保险金权利本体地位［J］．学术交流．2018（4）：102.

③ 林建智，彭金隆，杜冠民．论寿险保单让售与保险法相关问题［J］．保险专刊．2010（1）：46.

④ 吴江鸣，林宝清．我国保险需求模型的实证分析［J］．福建论坛（经济社会版）．2003（10）：26.

费率）条件下，以一定的支付能力为基础，消费者愿意、能够并且打算从保险市场上购买的保险商品数量。

（二）保险需求的影响因素

保险商品对于保险消费者的使用价值主要表现在保险保障方面，因此，保险商品对于保险消费者需求的满足主要有两方面的表现形式，即有形保障与无形保障。就保险之有形保障效用和无形保障效用而言，影响保险需求的因素主要包括以下几方面：

1. 风险

风险，是保险经营的对象，是保险业务得以开展的前提与基础，可谓是无风险即无保险。

危险是客观存在的，而风险是社会建构的，客观存在的风险使得风险社会中的每一个主体形成风险感知。风险感知是个体对存在于外界各种客观风险的主观感受与认识，或是风险厌恶（Risk Aversion），或是风险中立（Risk Neutralness）或是风险偏好（Risk Preference）。尤其是在遭受巨灾冲击后，个体的应对行为特别是风险决策将会因风险感知的变化而产生变化①。发生于 1666 年的那场致使英国伦敦 2/3 面积过火的重特大火灾事故所催生的火灾保险即是一个很好的例证。

可以说，对于传统意义上的保险，风险因素是影响主体保险需求的最为主要的因素。

2. 消费者效用

效用是商品满足消费者之欲望或需求的一种能力，消费者消费该商品过程中需求或者欲望的满足程度是衡量该种商品效用的基本指标之一，消费者会依据商品效用的大小选择实行效用最大化的商品购买决策。

Bernoulli 效用函数很好地表明了效用与风险的关系：

（1）若 $\frac{1}{2}U(X_1)+\frac{1}{2}U(X_2)<U_2\left(\frac{X_1+X_2}{2}\right)$，则 $U_1(X)$ 为风险厌恶型效用函数；

（2）若 $\frac{1}{2}U(X_1)+\frac{1}{2}U(X_2)>U_2\left(\frac{X_1+X_2}{2}\right)$，则 $U_2(X)$ 为风险偏好型效用函数；

（3）若 $\frac{1}{2}U(X_1)+\frac{1}{2}U(X_2)=U_3\left(\frac{X_1+X_2}{2}\right)$，则 $U_3(X)$ 为风险中立型效用函数。

由于在保险这一风险管理手段之外，风险管理手段还包括风险自留、风险避免以及风险抑制等，因此，在众多的风险管理手段面前，风险受体将会以“效用”为行为指导。

3. 保险产品价格

保险产品的价格即为保险费率 $F(x)$，$F(x)$ 由纯费率（$F(x_1)$）和附加费率（$F(x_2)$）构成，即：

$$F(x)=F(x_1)+F(x_2)$$

$$F=PF(x)$$

① 周志刚，陈晗．风险感知与保险需求波动——基于最优保险模型的理论证明［J］．保险研究．2013（5）：14.

$$= P(F(x_1) + F(x_2))$$
$$= PF(x_1) + PF(x_2)$$

其中，F 为保险费，P 为保险金，$PF(x_1)$ 为纯保费，$PF(x_2)$ 为附加保费。纯费率（$F(x_1)$）是计算精算保费的基准，附加保费则用于保险人营业成本以及预期利润的实现。

通过分解保险费的构成可以发现，保险产品的价格由客观部分（纯保费）与主观部分（附加保费）构成。因此，该价格对于保险消费者的影响亦是由这两部分综合作用的结果。但基于风险概率的客观性，保险费部分的变动一般出现在附加保费部分。这一部分的保险费变化，体现了保险人保险经营绩效。

如图 1－1 所示，D 为保险商品需求曲线，Q 为保险商品需求量，P 为保险商品的价格。依曲线 D，保险商品的价格与需求量之间成反比，当保险商品价格由 P_0上涨到 P_1，保险商品需求量由 Q_0下降到 Q_1。保险商品价格变动引起的需求量上的变动程度，取决于需求曲线 D 的斜率。

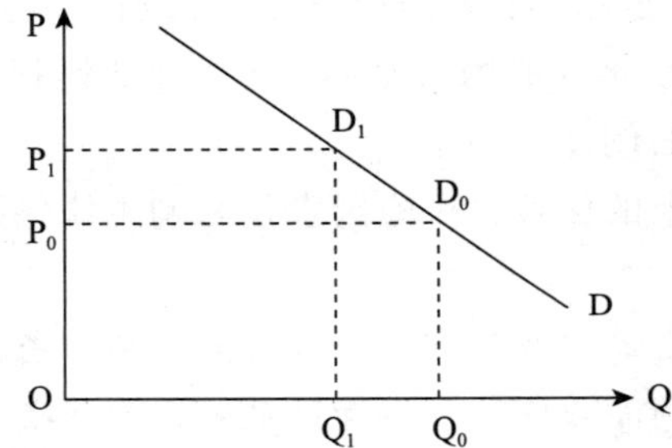

图 1－1　保险商品需求曲线

4. 收入水平与收入结构

一般而言，收入水平以及收入结构是影响保险需求的重要因素。经典消费理论认为收入是消费的决定性因素，并在消费函数中把收入作为最主要且往往是唯一的解释变量，现有文献也表明我国保险业的增长是典型的收入带动型[①]。但就保险商品的边际消费倾向而言，低收入和高收入者的边际保险消费倾向较低，而中等收入者的边际消费倾向较高。

$$e = \frac{(P_{t+1} - P_t)/P_t}{(G_{t+1} - G_t)/G_t}$$

e 为保险需求收入弹性；P_t 为第 t 年保费收入，P_{t+1} 为第 $t+1$ 年保费收入；G_t 为第 t 年 GDP，G_{t+1} 为第 $t+1$ 年 GDP。“收入弹性系数”是用来反映经济发展水平与保险需求之间的相互关系。它表示当国内生产总值增加或减少 1 个百分点时，保费收入增加或减少的百分点，即其相应变化的程度。

收入结构一般包括工资性收入、经营性收入、财产性收入和转移性收入等。以农业保险为例，农业属于典型的资源约束型，农业生产终将受到“耕地资源”瓶颈的制约，以农

① 李存存．我国保险业增长分析［J］．经济研究．2004（1）：25－32.

业生产为主的家庭经营性收入注定无法成为农民收入持续增长的源泉。随着社会的快速发展，农村居民进城从事二产、三产的人数逐年增多，农村家庭居民的人均收入已不再局限于经营性收入。总的收入结构中，工资性收入、财产性收入以及转移性收入所占比例逐年加大，名义经营性收入增速放缓（剔除物价上涨因素后的增速进一步放缓）。农村家庭居民逐渐呈现出一种以代际分工为特征的“半工半耕”的社会再生产模式。收入结构的改变，使得登记为农村户籍簿上的人口不再是狭义上的、靠天吃饭的农民。工资性收入的比重加大，意味着他们受到农业风险的影响逐渐减小，两者之间具有反向相关关系。另外，在农业保险的外溢性特征和当下农村社会保障制度不健全的现实环境下，农村居民有着太多的诸如子女教育、医疗以及养老方面的风险需要规避，满足了当前积累和消费后的可支配额所剩无几，名义收入的增长对于农业保险的需求仅仅起到了极为有限的拉动作用。

恰如塞缪尔·波普金在其所著《理性的小农：越南农村社会政治经济学》一书中指出的，农民作为“经济人”比起任何资本主义企业家并不逊色。他们是能够在综合权衡其所面临的长短期利益之后，为追求效用最大化而作出合理生产行为选择的人。

5. 政策因素

一个国家或地区在收入分配、金融、财政以及社会保障等方面的各项政策都会对保险需求产生或大或小的影响。例如，许多国家对于人寿保险的保险金免税或者实行延迟征税政策，这在一定程度上刺激了公众之保险产品有效需求的提升。再如税收方面，个人所得税征收起点的提高可以增加可支配收入，进而提高保险需求。

以人口老龄化为例，根据国家统计局数据显示，中国人口的老龄化程度正在加速加深。2017 年，全国人口中 60 周岁及以上人口 24090 万人，占总人口的 17.3%，其中 65 周岁及以上人口 15831 万人，占总人口的 11.4%。60 周岁以上人口和 65 周岁以上人口均比 2016 年增加了 0.6 个百分点。根据预测，我国从进入老年型社会开始，到 2020 年 65 岁以上老年人口占比 12.5%，用时 20 年，是其他发展中国家的 1/2；2030 年这一比例上升至 17.4%，用时 30 年，是全部发达国家的 1/2。总体而言，我国目前的人口老龄化呈现出老龄化速度较快、城乡和地域发展不均衡以及未富先老等特点。且因我国经济尚不发达，现代化尚未实现，应对老龄化的措施也未完善，老龄化的到来，不仅给经济带来巨大冲击，也给老年人养老、医疗等方面带来压力。

2014 年，保监会发布《中国保监会关于开展老年人住房反向抵押养老保险试点的指导意见》（保监发〔2014〕53 号），决定在北京、上海、广州、武汉四地试点实施老年人住房反向抵押养老保险，试点期间自 2014 年 7 月 1 日起至 2016 年 6 月 30 日止，投保人群为 60 周岁以上拥有房屋完全独立产权的老年人。

为贯彻落实《国务院关于加快发展养老服务业的若干意见》（国发〔2013〕35 号）、《国务院关于加快发展现代保险服务业的若干意见》（国发〔2014〕29 号）、《国务院办公厅关于加快发展商业养老保险的若干意见》（国办发〔2017〕59 号）等有关要求，进一步深化商业养老保险供给侧结构性改革，积极发展老年人住房反向抵押养老保险，对传统养老方式形成有益补充，满足老年人差异化、多样化养老保障需求，2018 年 8 月 8 日，银保监会发布《中国银保监会关于扩大老年人住房反向抵押养老保险开展范围的通知》，决定将老年人住房反向抵押养老保险扩大到全国范围开展。

6. 互补品和替代品种类以及价格

互补品与保险需求呈现正向相关关系，即互补品数量越多、需求越大，则保险需求也就更加旺盛。例如，机动车数量增长与机动车第三者责任保险之间即是此种关系。

与互补品和保险需求之间的关系相反，替代品与保险需求之间呈现负相关的关系：替代品越多则保险需求就越少。例如，银行存款利率的提高，将会使得社会公众对于储蓄性人身保险产品的需求下降。

7. 人文和社会环境

人文和社会环境对于保险需求的影响主要体现在人口数量（出生人口以及死亡人口数量）、就业人数、人口受教育程度以及消费习惯等方面。

以人口出生数为例，出生人口数量的增加将会一定程度上促进婚嫁金保险以及教育金保险等的需求。

二、保险供给

保险供给是在一定保险价格水平下，保险市场上各家保险公司愿意且能够提供的保险商品数量总和。保险金额是对保险供给加以数量化衡量的具体指标。

保险公司的供给取决于保险公司保费收入和公司盈利能力与面临风险的最优均衡[①]。一般情况下，各家保险公司都是通过“成本—收益”比较，将其供给控制在最佳水平与最优规模上[②]。总体而言，影响保险供给的因素主要有：

（一）保险需求

恩格斯在《国民经济学批判大纲》中提出，“需求和供给始终力图互相适应，而正因为如此，从未有过互相适应。双方又重新脱节并转化为尖锐的对立。供给……和需求永远不相适应”[③]。马克思也曾说，商品价值从商品体跳到金体上，是商品的惊险的跳跃。这个跳跃如果不成功，摔坏的不是商品，但一定是商品占有者[④]。从供给与需求的力量配比上，当供给大于需求时，保险市场呈现出买方市场态势；当供给小于需求时，保险市场呈现出卖方市场态势。因此，对于同样具有商品属性的保险而言，保险需求是考察保险供给有效性的唯一方式。

但不能忽略的是，保险产品因其具有较为独特的“无形性”特征而使其供给压力较之有形商品而言更为巨大。保险商品的供给，绝不应该是没有有效需求的“曲高和寡”，保

① 许闲. 保险公司偿付能力风险信息对称性与市场供求［J］. 保险研究. 2011（5）：64.

② 杨立旺，袁兵兵，沈雪莲，魏培元. 对保险供求均衡判断标准的探讨［J］. 中国保险管理干部学院学报. 1995（4）：5.

③ 马克思恩格斯文集第1卷［M］. 北京：人民出版社. 2009年，第74页.

④ 马克思恩格斯文集第8卷［M］. 北京：人民出版社. 2009年，第127页.

险产品的设计和开发需要全面、综合地考虑消费者的需求，在产品定价、保险条款设计以及客户体验等方面提升供给质量。

如图 1－2，S 为保险商品供给曲线，D 为保险商品需求曲线。其中，Q 为商品数量，P 为商品价格（保险费率）。在曲线 S 和曲线 D 相交点 O，保险费率为 P_0，P_0 为供需均衡时的保险费率。如果价格上升到 P_1，供给下降到 Q_2，需求减少到 Q_1，需求缺口为（Q_2-Q_1），需求改变将迫使保险人降低产品价格从而使保险商品的供需恢复到原有均衡状态。

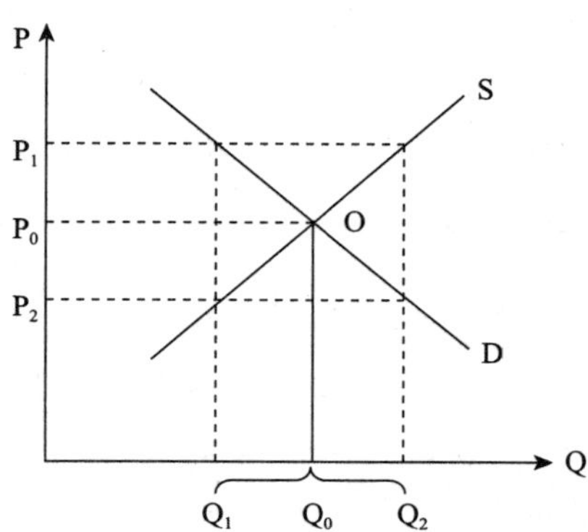

图 1－2 保险商品供求关系图

（二）保险费率

保险费率与保险金相乘的结果即为保险费，也就是特定保险商品的“价格”。可见，保险费率是确定保险商品价格的基础。保险费率高，则保险费高；保险费率低，则保险费相对较少。一般而言，保险费率与保险产品供给之间呈现负相关关系。

保险费率由纯费率以及附加费率构成。其中，纯费率以风险事故发生概率为精算依据，附加费率则以保险人的营业成本以及预期利润为确定基准。因此，从纯费率以及附加费率的角度，保险费率的制定需要遵循树立原则以及商业性原则。当然，为力保实现保险法律关系中当事人之间的平等，保险费率的制定还需要遵循法律原则。如《保险法》第 106 条规定：“商业保险的主要险种的基本保险条款和保险费率，由金融监督管理部门制定。保险公司拟订的其他险种的保险条款和保险费率，应当报金融监督管理部门备案。”

（三）承保能力

承保能力（Underwriting Capacity），是指保险公司承担风险、接受风险的能力，是主要受到实际偿付能力、自留风险能力和获得再保险的能力等制约的“能力”。保险公司的承保能力具体体现在法定承保能力与理论承保能力两方面。

法定承保能力方面，保险公司必须满足与其所开展之保险业务相匹配的最低偿付能力，认可资产减去认可负债的差额不得低于保险监督管理机构规定的数额。如我国《保险法》第 102 条：“经营财产保险业务的保险公司当年自留保险费，不得超过其实有资本金加公积金总和的四倍。”同法第 103 条第 1 款：“保险公司对每一危险单位，即对一次保险事故可能造成的最大损失范围所承担的责任，不得超过其实有资本金加公积金总和的百分之十；超过的部分应当办理再保险。”

至于理论承保能力可以参考财务稳定系数（K 值）加以确定：

$$K = \frac{\sigma}{P} = \frac{a\sqrt{nq(1-q)}}{anq} = \sqrt{\frac{1-q}{nq}}$$

其中，P 为净保费总额，σ 为净保费总额均方差，即可能发生的赔付 ± 一个偏差，越小越好[①]。不过，保险公司的承保能力并不是一个单维度、非紧密相关意义上的概念，它应包括实收资本金、公积金加总、法定可自留保费、实际自留保险费、实际自留保费占法定自留保费比和每一危险单位可承担责任的一种复杂的相互影响、相互依存的关系[②]。

（四）保险从业人员的数量与质量

保险从业人员，如保险精算师、承保人员、理赔人员以及保险中介主体等，其数量与质量对于保险供给而言有着明显的推动作用。我国现在有着人数众多的保险从业人员队伍，据《中国保险年鉴》公布的数据显示，截至 2015 年末，我国共有保险从业人员 578.65 万人，其中营销人员数量为 471.3 万人（2011—2015 年保险从业人员数量见表 1-2）。但就目前而言，我国保险从业人员的整体素质并不很高，尤其是保险营销人员。

表 1-2　2011—2015 年保险从业人员数量　（单位：万人）

年份	保险从业人员	保险营销人员
2011	353.83	279.6
2012	365.9	275.63
2013	377.42	290.07
2014	420.31	325.29
2015	578.65	471.3

数据来源：根据《中国保险年鉴》2012—2016 年公布数据整理。

职业素质，主要表现为从业者的职业兴趣、职业能力、职业个性及职业情绪以及职业道德等，是受到从业者个人受教育程度、实践经验、社会环境、工作经历等显著影响的，从业者对其所从事职业的了解程度与适应能力的一种综合体现，保险从业人员职业素质的高低直接影响到保险企业的经营绩效。在竞争日益激烈的保险市场中，保险从业人员职业素质的高低不仅仅是制约保险企业发展的“掣肘”，而且还是保险业良性发展的关键因素之一。

（五）市场竞争状况

保险市场的竞争状况也是影响保险供给的主要因素之一，通常情形是激烈的市场竞争使市场供给充足而商品价格趋于均衡。

---

① 林宝清．保险供给定量分析［J］．金融研究．1992（2）：26.

② 景丽英．中国非寿险公司承保能力的实证分析［J］．重庆大学学报（自然科学版）．2006（3）：156.

竞争，促使保险商品价格的合理化以及保险服务的优化，但是竞争也使得保险市场由卖方市场转变为买方市场。据中国保险监督管理部门发布的数据显示，截至 2018 年 11 月，我国大陆地区共有保险集团控股公司 12 家，人身险保险公司 96 家，财产险保险公司 88 家以及 12 家再保险公司。在市场竞争格局下，单一保险公司并不具备垄断市场价格或者保险商品供给的能力，利润空间趋同明显，保险公司面临在市场份额与利润之间的艰难取舍。

（六）其他因素

除上述影响保险供给的因素外，一国或地区的政策环境、城镇化水平，甚至生态环境变化等都将对保险供给产生明显的影响。

三、可保风险的理想构成要件

可保风险，即可以通过或者说适合通过保险方式进行管理的风险。风险社会之风险烦乱复杂，是否所有的风险都可以通过保险方式进行管理？是否所有的风险都适合通过保险的方式进行转嫁？无疑，答案是否定的。特种风险是最终能通过保险的方式进行风险的转嫁，需要从风险之转出和接受，即保险的需求和供给两个角度进行综合衡量。即，如果保险的供求双方能在市场上以合意的价格就某一风险转移达成交易，那么称该风险可保亦即具有可保性①。因此，综合考量的结果是可保风险需要满足以下几方面的条件：

（一）具有经济上的可行性

可保风险，首先要满足一方愿意移转风险，而接受方愿意接受风险的前提，这需要从风险发生的不确定性入手。从理论上说，风险事件的不确定性，不仅仅是指风险发生概率问题，同时也包括损失程度大小上的不确定性。总体而言，风险概率和损失程度之间有以下的四种组合关系（详见表 1－3）：

关系一（X_1）：发生概率高，损失程度大；

关系二（X_2）：发生概率高，损失程度小；

关系三（X_3）：发生概率低，损失程度大；

关系四（X_4）：发生概率低，损失程度小。

X_1，满足如此要求的情况在现实中并不多见，亦不罕见，如战争时期的人身伤亡与财产损失。但因其同时具有损失程度比较大的特点，保险人并不愿意承保，此种情况不满足保险供给要件；

X_2，满足如此要求的情况在现实中十分多见，如学生丢失文具。虽然该种情况频繁发生，但却因其损失程度并不足以对风险受体产生明显的影响，因此出于经济可行性的原因，风险受体并不愿意通过保险方式转嫁，而是有意无意地选择了风险自留，此类风险不

---

①　卓志，丁元昊．巨灾风险：可保性与可负担性［J］．统计研究．2011（9）：75.

满足保险需求要件；

X_3，发生概率较低但损失程度比较大的风险事件一般即为人们经常提到的“灾”，如飞机失事。虽然此概率较低，风险受体并不需要对正常的生产生活亦步亦趋，但又因其一旦发生将会造成重大损失，因此，此种情况十分适合采取保险方式进行风险规避。另外，亦是因其不确定性较大，保险人也愿意承保这样的风险；

X_4，此为双低风险事件，如雨天遗失雨具。通过以上分析可知，此种情况既不会产生保险需求，也不会形成保险供给。

马克思说“他们的需要即他们的本性”[①]，人类区别于动物的特性亦是通过人的需要表现出来。所以，以上分析仅从理性经济人角度出发，是否采取保险的方式管理风险取决于保险供需双方的“需要”。但是，保险实践发展过程中偶出之新型保险产品，对于可保险风险于经济可行性上的要件有所背离。如2013年中秋前夕，我国某保险公司推出了我国历史上首款“中秋赏月险”。保险合同约定，如果在中秋节当日，被保险人因遭受意外伤害事故导致身故、残疾或烧烫伤，保额最高为10万元；附加保险责任为中秋节当日20：00至24：00，被保险人指定的赏月城市的天气情况是阴或雨导致被保险人不便赏月，则保险人向被保险人支付赏月不便津贴。

表1-3　可保风险经济可行性关系

风险事件损失情况	概率（高/低）	损失程度（大/小）
X_1	高	大
X_2	高	小
X_3	低	大
X_4	低	小

（二）满足大数法则要求

保险，不仅存在于主观需求与供给意愿方面，更应存在于可操作层面。简言之，保险需求与供给双方不但要有风险转移的意愿以达成协议，除此之外尚需以明确的价格履行协议，该价格即为保险费。保险费，通过保险费率与保险金额相乘计算得出。其中，保险金额于补偿型保险之中以保险利益为量值参考，于给付性保险之中则以当事人的保险需求以及财务能力为标准；保险费率，则需要以风险事件发生概率为基础。因此，大数法则的应用对于保险费率的确定至关重要。

大数法则（Laws of Large Number），又称大数定理，作为概率论与数理统计学的基本定理之一的大数法则是关于随机变量序列的算术平均值向常数收敛的一系列极限定理的统称。其表达方式主要有：切比雪夫大数法则、贝努利大数法则和泊松大数法则。大数法则应用于保险，最重要的结论之一是：当有足够多的标的物时，实际损失结果与预期损失结果的误差将很小。基于大数法则，把不确定的数量关系向确定的数量关系转化，而确定性

---

① 《马克思恩格斯全集》第3卷，第514页.

的大小，决定了误差的大小，即确定性越大，误差越小；确定性越小，误差越大[①]。以泊松大数法则为例，泊松分布是当 $p \to 0, n \to \infty$，且 $np = \lambda$ 称为常数时的二项分布的极限形式。

假定 $p \to 0, n \to \infty$，λ 为正的常数，即：

$$p = \frac{\lambda}{n}$$

可得下列极限：

$$\lim_{n \to \infty} P(x) = \lim_{n \to \infty} \frac{n(n-1)\cdots(n-x+1)}{x!}\left[\frac{\lambda}{n}\right]^{x}\left[1-\frac{\lambda}{n}\right]^{n-x} = \frac{\lambda}{x!}\exp(-\lambda)$$

假设某一时间在第一次实验中出现的概率为 p_1，第二次出现的概率为 p_2，…，第 n 次出现的概率为 p_n，M_n 为某事件在 n 次实验中发生的次数，根据泊松分布则有：

$$\lim_{n \to \infty}\left\{\left|\frac{M_n}{n} - \frac{p_1 + p_2 + \cdots + p_n}{n}\right| < \varepsilon\right\} = 1$$

泊松分布表明，当实验次数无限多时，某一事件发生的概率与实验结果无限接近。

（三）预期损失的可确定

损失补偿事关被保险人利益恢复程度以及保险人经营绩效，是保险关系中的核心要素之一。通过对损失程度的估计，投保人得以确定合理的投保比例，保险人也将据此对合同责任以及经营成果进行预估。

但除追溯保险外，保险合同是对未来发生之不确定性事件提供风险保障的，因此，此处所言的预期损失的可确定并非是指绝对可确定，而是一种相对可确定，是通过风险发生概率和期望损失加以计算得出的预期值。

（四）损失发生的偶然性

保险，是投保人与保险人之间的一种博弈。投保人一方希冀因风险事故所致损失可以通过来自保险人的保险给付加以弥补；保险人一方则寄希望于风险事故不发生或者实际发生率低于预期概率以实现获利之经营目标。因此，从保险商品供给角度，损失发生的偶然性对于供给意愿有着十分显著的影响。下面以财务稳定系数，简单说明损失发生不确定性对于保险供给的影响。

$$K = \frac{\sigma}{P} = \frac{a\sqrt{nq(1-q)}}{nq} = \sqrt{\frac{1-q}{nq}}$$

其中，K 为财务稳定系数（K 值越小，经营越加稳定），P 为净保费总额，σ 为净保费总额的均方差，q 为净费率。

通过上式可知，当保险标的数量 n 相等时，净费率 q 的值越高，$\frac{1-q}{nq}$ 越小，经营越稳

---

① 魏华林，林宝清编著．保险学（第四版）［M］．北京：高等教育出版社．2017 年，第 261 页．

定；当净费率 σ 确定时，n 值越大，$\frac{1-q}{nq}$ 越小，K 值越小，经营越稳定。

因损失发生的偶然性，保险人在现有业务水平下提高经营稳定性的办法即是提高净费率（q），但此做法同时会使得保险人丧失市场竞争优势。因此，保险人更为愿意接受损失发生偶然性相对较小的风险事件。

（五）巨灾的非常态化

保险人利用大数法则，通过集合多个独立同分布的保单以分散风险去实现盈利。但是，大数法则发挥作用的前提是集合风险相关度足够低的众多同质风险，以便能够估算概率分布，否则破产概率会很高①。因此，保险人对于风险存在一个可负担性上的选择。但巨灾风险并不符合"大数定理"的基本假定。一方面，巨灾风险个体之间并不独立，反而呈现高度的正相关性；另一方面，巨灾风险属于小概率、高损失事件，因而在理论上属于"厚尾分布（Heave Tailed Distribution）"。这种厚尾特征也使得风险集合分散的可能性大大下降，极端情况下，甚至可能会出现"分散陷阱（Diversification Traps）"。此时，个体风险完全无法相互抵消，保险公司也不会提供任何保险保障②。

第三节　保险的种类

一、人身保险与财产保险

对于保险进行人身保险与财产保险之划分，是以保险标的的不同为划分口径的。《保险法》第 12 条规定："人身保险是以人的寿命和身体为保险标的的保险。财产保险是以财产及其有关利益为保险标的的保险。"我国台湾地区"保险法"第 13 条："保险分为财产保险及人身保险。财产保险，包括火灾保险、海上保险、陆空保险、责任保险、保证保险及经主管机关核准之其他保险。人身保险，包括人寿保险、健康保险、伤害保险及年金保险。"

（一）人身保险

人身保险（Personal Insurance）是以人的寿命和身体为保险标的，"真正之人身保险保险标的之关系连接对象，应为特定之生命或身体，该特定人即为被保险人。保险人之目的在于填补该被保险人生命身体于保险事故发生后，所受之无法以金钱价值计算之'抽象性

① 卓志，丁元昊．巨灾风险：可保性与可负担性［J］．统计研究．2011（9）：76.

② 张庆洪，葛良骥，凌春海．巨灾保险市场失灵原因及巨灾的公共管理模式分析［J］．保险研究．2008（5）：13.

损害'"[①]，当被保险人在保险合同约定期限内发生死亡、年老、疾病以及伤残，或者被保险人在约定时点仍生存时由保险人给付保险金的险种。而按照保险事故之不同，人身保险又可划分为人寿保险、健康保险、意外伤害保险以及年金保险四种。

人身保险中之“人”，一般指代的是被保险人，可为未成年人，可为无民事行为能力人，但须以已出生且具有生命为前提。因此，胎儿或是尸体并不得为被保险人。但为保障无民事行为能力之被保险人的生命安全，以其为被保险人的死亡保险合同将受到保险金额方面的限制。如我国《保险法》第33条：“投保人不得为无民事行为能力人投保以死亡为给付保险金条件的人身保险，保险人也不得承保。父母为其未成年子女投保的人身保险，不受前款规定限制。但是，因被保险人死亡给付的保险金总和不得超过国务院保险监督管理机构规定的限额。”

由于人身保险以被保险“人”的生命或身体为保险标的，不得对人身定价的原则使得人身保险中保险金的确定并不具有可计量的标准，往往以保险费支付能力为依据加以确定。

（二）财产保险

财产保险（Property Insurance），亦称为产物保险，乃指以财产为保险标的之保险。财产保险之保险标的即为财产。财产，乃指具有经济价值之财货而言，可为动产，亦可为不动产[②]。当然，随着保险实践的纵深发展，财产保险的保险标的物除了物质财产之外，还包括与物质财产有关的经济利益和损害赔偿责任。

财产保险，主要有财产损失保险、责任保险、信用保险和保证保险等种类。财产损失保险的构成如图1－3所示。

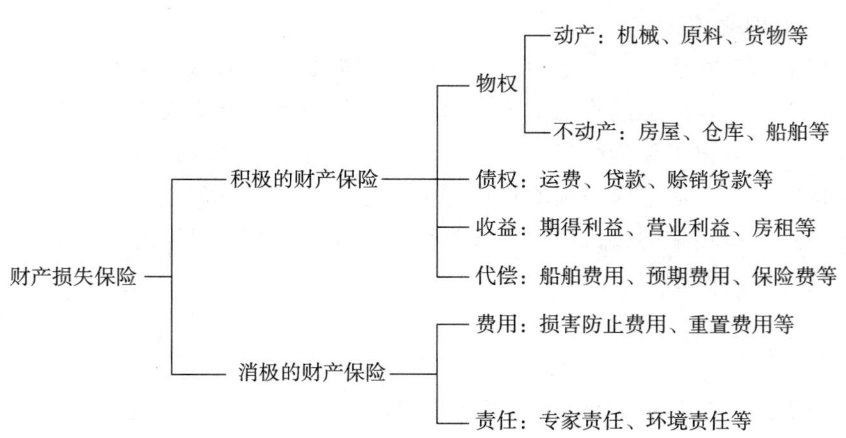

图1－3 财产损失保险构成

① 江朝国著．保险法基础理论［M］．北京：中国政法大学出版社．2002年，第69页．

② 林群弼著．保险法论（第三版）［M］．台北：三民书局．2002年，第12页．

二、定值保险与不定值保险

定值保险与不定值保险，是以是否在签订合同时明确约定保险标的物价值为依据进行划分的，两者之区分涉及保险价值估定的标准与时点问题。又因保险价值仅属于有形财产损失保险中特有范畴，故定值保险与不定值保险的区分在人身保险以及责任保险中并无适用之余地。

（一）不定值保险

不定值保险（Unvalued Insurance），是当事人在订立保险合同的时候保险标的物的价值仅作为约定保险金额以及计收保险费的依据，而风险事故发生时需要再次核查标的物的价值以确定最终的保险赔付数额。我国《保险法》第55条第2款："投保人和保险人未约定保险标的的保险价值的，保险标的发生损失时，以保险事故发生时保险标的的实际价值为赔偿计算标准。"但我国《保险法》并未就何为保险价值给出明确的定义。原中国保险监督管理委员会2007年9月28日批复的《关于机动车辆保险条款相关问题的复函》指出："定值保险合同在现行保险法律法规中并无明确的界定。从保险理论与保险实务经营看，判定保险合同是否为定值保险合同，主要看保险条款对赔偿处理的约定，即是否按保险合同约定的保险价值或实际损失进行赔偿，而保险单上是否约定并载明保险价值并非认定定值保险合同的充分条件。"《德国保险合同法》第88条规定："除非双方当事人另有约定，保险价值应被认为保险事故发生时替换或修理费用减去保险标的物折旧之费用。"

因保险标的物存在磨损、自然损耗以及市场价格变化等情形，于不定值保险情形需要在出险时刻再次核定保险标的物的市场价值并以此作为对被保险人为保险补偿的依据，这种补偿方式充分体现出了保险的风险"补偿"之意，且计算指标的时点口径一致。

不定值保险充分考虑了保险标的物价值变化之实际，在一定程度上剔除了保险之补偿功能得以实现环节中存在的投机风险而成为财产保险之常态。但不定值保险在实务操作中也存在着手续烦琐的弊端。

（二）定值保险

何为定值保险（Valued Insurance）？依据我国《保险法》第55条第1款："投保人和保险人约定保险标的的保险价值并在合同中载明的，保险标的发生损失时，以约定的保险价值为赔偿计算标准。"

不定值保险易引发一个问题，即有些保险价值之估定并非易事，可能因双方当事人相互争执而拖延时日，使保险理赔时间不确定地延后，使被保险人之损失无法及时得到填补，直接影响保险功能之发挥。"为避免此一缺点，'定值保险'之概念于焉产生，即在缔约时事先将保险价值经双方当事人之同意而估定，待将来保险事故不幸发生时，保险人即以原先定值之数额为理赔之依据，免除了再为估价之麻烦”①。正如我国台湾地区著名保险法学者江朝国教授所言：“为了避免保险事故发生时确定保险价值之困扰，保险法允许当事人于订立契约时即约定保险价值，而以之为保险事故发生时计算损害之标准，此即定值保险之功能”②。因此，定值保险满足了商事交易对效率价值的诉求。

虽然定值保险较具效率性，但也存在着约定超额保险现象。因此，在保险实务中，只有当保险标的物属于“独一无二”的类型，除合同另有约定外，那么法律一般不会以市场价值限制该财产的估价，允许当事人约定保险价值③。《德国保险合同法》第 76 条规定：“投保人与保险人可以协商确定保险价值。保险价值同时也应当按照保险事故发生时的实际价值计算，除非在那时其显著超过了保险金额。如果保险金额低于保险价值，则保险人应根据保险金额与保险价值的比例承担保险责任，即使保险价值被高估时也是如此。”

三、足额保险、不足额保险与超额保险

按照风险转嫁程度的不同，保险可以分为足额保险、不足额保险和超额保险。此分类中提到的“额”，意指保险金额。需注意的是，人身无价，此等分类只适用于具有补偿性质以及保险标的物价值可确定之保险，于非补偿性保险以及责任保险之中并无适用此等分类的余地。

（一）足额保险

足额保险是指将保险标的物价值全部进行投保而订立的一种保险合同，保险合同中预估确定的保险金额与保险标的物价值相等，足额保险即意味着投保人将保险标的物损失的全部风险向保险人进行了合同转嫁。但是，以保险标的物价值与保险金额之间的大小关系来判断风险转嫁程度并不十分精准。理论上，如果财产按照费率厘定中所假定的投保程度（金额或者价值比例）投保，那么就是足额保险（Head，1971）。

有学者认为风险转嫁程度的不足会造成被保险人之间的不公平以及引发逆向选择和道德风险的激增，因此，要研究如何选择和设计相应的机制来促使投保人按照费率计算中所假定的投保程度投保，进而实现足额保险④。就此，以共保条款、共保惩罚、共保比例确定和共保费率计算等多项内容为核心的共保机制进入了学者们的研究视域。当然，亦有学者认为按照财产保险合同的一般原理，投保人或被保险人可以根据保险标的物价值大小、风险概率、标的物预期损失额度以及支付保费的能力，自主地在保险标的物价值范围内与保险人协商确定保险金额，不论被保险人选择的保险金额相当于保险价值的多少比例，保险人均应在保险金额范围内根据财产的损失情况作出赔偿，并且赔偿数额的多少应当与保

① 江朝国著．保险法论文集（一）［M］．台北：台湾瑞兴图书股份有限公司．1994 年，第 176 页．

② 江朝国著．保险法基础理论［M］．北京：中国政法大学出版社．2002 年，第 318 页．

③ ［美］约翰·F. 道宾著．美国保险法（第 4 版）［M］．梁鹏译．北京：法律出版社．2008 年，第 221 页．

④ 胡宏兵．“足额保险”问题研究［J］．上海金融．2006（1）：47.

险金额以及被保险人为之支付的保险费数额相适应①。

（二）不足额保险

不足额保险，是指保险合同中约定的保险金额小于保险标的物价值的保险。一般而言，不足额保险产生的原因可以归结为主客观两个层面。主观层面，投保人基于对出险概率以及预期损失的评估而主动选择不足额投保以减少保险费支出；客观层面，不足额保险的出现一般是因为标的物市场价格的变化所导致。对于财产保险而言，合同中约定的保险金额是以签订合同时标的物的市场价格为参考预定下来的，也是用以按照一定保险费率下计收保险费的依据。但是，基于保险的风险保障以及损失补偿功能，对被保险人出险时的产生的财产权益损失进行保险补偿才是保险的根本之意。《保险法》第 55 条第 2 款：“投保人和保险人未约定保险标的的保险价值的，保险标的发生损失时，以保险事故发生时保险标的的实际价值为赔偿计算标准。”《德国保险合同法》第 75 条：“保险事故发生时，如果保险金额显著低于保险价值，则保险人仅应按保险金额与保险价值的比例承担保险责任。”

保险实务中，不足额保险损失补偿的方式主要有比例赔偿方式以及第一危险赔偿方式两种。

比例赔偿方式下，保险赔款 = 损失金额 × 保险金额/出险时实际价值；第一危险赔偿方式下，保险赔款的计算需要比较保险金额和实际损失的大小，保险赔款为保险金额与实际损失中的较小者。

相较于比例赔偿方式而言，第一危险赔偿方式对于被保险人有“赔偿过度”之嫌，但对于抗风险能力较弱之非法人等风险受体的保障程度更高。

（三）超额保险

超额保险是指保险合同中约定的保险金额超过保险标的物价值的保险。与不足额保险相类似，超额保险的出现也无外乎主客观两个原因。主观上，投保人投保超额保险有善意和恶意之分，善意超额保险源于投保人对于保险原理以及标的物价值认知不清所致，恶意超额保险多是出于获得超额补偿之用意；客观原因形成的超额保险则是基于风险事故发生时标的物市场价格跌落所造成。超额保险制度是以财产保险的“损失补偿原则”为法理，当约定的保险金额高于保险价值，投保人或被保险人有可能获得额外的利益，产生不当得利，为法律所禁止。

各国保险法律规范对于超额保险的规制一般是认定超过保险标的物价值部分的保险保障无效。如我国《保险法》第 55 条第 3 款：“保险金额不得超过保险价值。超过保险价值的，超过部分无效，保险人应当退还相应的保险费。”不过，我国《保险法》对于超额保险的处置并非区分投保人的主观意愿，对于善意超额保险与恶意超额保险的处置并无区

① 韩长印．不足额保险比例赔付的逻辑误区及其校正［J］．法学．2008（11）：100.

别。但《德国保险合同法》针对超额保险情形下投保人的善意或是恶意有着不同的规定。《德国保险合同法》第74条："（1）如果保险金额显著超过保险价值，则为了避免超额保险，投保人和保险人可以达成降低保险金额或者减少保险费的协议，并且上述协议立即生效。（2）如果投保人为获取不合法的金钱利益而订立超额保险合同，则保险合同应归于无效；保险人可以保有自合同成立时起至保险合同无效时止的保险费。"

四、原保险和再保险

按照保险业务承保方式的不同，保险可以分为原保险和再保险。原保险（Original Insurance），又称直接保险，是指保险人与投保人直接签订保险合同以成立保险关系的保险。再保险（Reinsurance），又被称为分保，是指保险人以其所承保之危险向其他保险人进行保险的保险形态，是保险人的一种风险管理手段。《保险法》第28条："保险人将其承担的保险业务，以分保形式部分转移给其他保险人的，为再保险。"美国《加利福尼亚州民法典》将再保险界定为："再保险是保险人使第三方承担由于原保险所产生的保险责任的一种方式。"分出业务的保险公司称为分出公司、分保分出人或原保险人，接受再保险业务的保险公司称为分入公司、分保接受人或再保险人。原保险人和再保险人之间并无固定的上下游关系，原保险人同样可以接受再保险的分入业务。

再保险以原保险为基础，以原保险人分散原保险业务的经营风险为前提。因此，原保险和再保险有着相辅相成的联系。但是，再保险与原保险之间仍然存在着比较大的区别。

（一）主体不同

原保险的主体是保险人和投保人，再保险合同的主体均为保险人。需要注意的是，保险人作为投保人投保的非以原保险合同为基础的保险合同并非再保险。原保险合同与再保险合同既然为两份独立合同，故原则上，原保险合同之投保人或被保险人与再保险合同之再保险人间不产生任何权益关系[①]。再保险人不得向原投保人请求交付保险费，原保险人所应承担之保险给付义务，也应依其与投保人所签订的原保险合同决定，而并不论其是否办理了再保险。

（二）保险标的不同

原保险，可为人身险，可为财产险，相应地保险标的为被保险人的生命、身体和健康或财产以及财产利益；再保险的保险标的为原保险人对被保险人承担的保险合同责任的一部分或者全部。

《保险法》第103条："保险公司对每一危险单位，即对一次保险事故可能造成的最大损失范围所承担的责任，不得超过其实有资本金加公积金总和的百分之十；超过的部分应

---

① 梁贤宇著．保险法［M］．台北．三民书局．1995年，第183页．

当办理再保险。”

（三）合同性质不同

保险标的不同，原保险合同的性质亦是不同。当保险标的为人的生命、身体或健康时，保险合同即为人身险保险合同；当保险标的为财产或是财产利益时，保险合同即为财产保险合同。而再保险合同的性质，理论界存在分歧。有学者认为再保险应为合伙合同或民法上其他有名合同，亦有学者认为再保险与原保险性质无异或是认为再保险应定性为责任保险较为合适。笔者认为，再保险无关原保险人的财物，是将原保险人对被保险人承担的保险责任的一部或者全部作为保险标的，因此，再保险属于责任险，在大的类别上属于财产保险。

第四节 保险与类似概念的区别

一、保险与赌博

赌博是以财物作注比输赢的活动，是依将来或会发生之偶然事件以决定输赢的行为。赌，即以偶然事实决定输赢；博，即指博取财物①。赌博具有如下的特点：第一，赌博是人以输赢为目的、有意识的行为；第二，对输赢起决定性作用的因素具有偶然性，即行为人互争胜负的结果取决于偶然的事实；第三，赌博的标的物是财物或财产性利益，即赢者取得财物或财产性利益，输者交付财物或财产性利益。

赌博与保险都具有或然性，但是赌博与保险却有着根本的区别。

（一）意义不同

保险，无论在宏观层面，抑或是在微观层面，都具有积极的正向意义。赌博，除了无助于社会财富的增加，还具有很强的负外部性。除了娱乐刺激外，赌博不会产生任何新的商品或服务，反而会因占用资金而产生巨大的机会成本②。

（二）条件不同

保险的成立以保险利益的存在为必要条件，而赌博并无此限制。《保险法》第 12 条：“人身保险的投保人在保险合同订立时，对被保险人应当具有保险利益。财产保险的被保险人在保险事故发生时，对保险标的应当具有保险利益。”

---

① 赵秉志主编．扰乱公共秩序罪［M］．北京：中国人民公安大学出版社．2003 年，第 463 页．

② 许德风．赌博的法律规制［J］．中国社会科学．2016（3）：149.

（三）目的不同

保险是以支付风险概率条件下少量保险费的形式将不确定的危险损失予以社会化分散的风险管理手段，是风险共同体之间的一种互助共济，参加保险的目的在于获得生产生活稳定性的保障；而赌博的目的是财物上的输赢，因此赌博也叫赌博财物。所谓赌博财物，是指以偶然的事实决定输赢而博取财物。换句话说，即行为人互争胜负以决定财物的输赢系取决于偶然之事实，这些偶然的事实有共赌者本身参与者，亦有取决于他人或他物之胜负或变化等事实者[①]。

（四）结果不同

保险制度，将不确定性的危险化为确定性的保险保障，制度运行的结果可以减少或者避免风险受体的损失，于己于人都是值得鼓励和推崇的；而赌博则是以小博大，通过确定性的赌资以期博取不确定性的赢输，其结果往往招致危险，社会民众无事生产，于己于国都是负面消极之事。

（五）法律性质不同

在法律上，保险是一种合法的经济制度或者行为，行为主体之间的保险法律关系以及权利诉求受到国家法律法规的保护；而赌博则是要受到法律的惩处。《中华人民共和国刑法》（以下简称《刑法》）第 303 条："以营利为目的，聚众赌博、开设赌场或者以赌博为业的，处三年以下有期徒刑、拘役或者管制，并处罚金。"

二、保险与保证

保证，是指第三人和债权人约定，当债务人不履行其义务时，第三人按照约定履行债务或承担责任的担保方式，此处的第三人即为保证人。保证和保险同样都具有降低风险、保障交易成功的作用。但是，保证与保险虽同为一种权利"保障"，却存在较为明显的不同。英国保险法学者就认为，保险与保证两者动机不同，一者在于利润，一者在于友谊[②]。

（一）功能定位不同

担保，是以确保债权的实现而设立的，法律定位其首先是一种担保机制，其主要功能是保障一般或特定债权的实现，具体包括债的一般担保和特别担保，旨在维护信用和交易秩序；而保险的功能则在于转嫁风险，是分散风险、消化损失的一种经济补偿制度。相较而言，保险能够更有效地实现风险的分散与损失的转移，而担保则更强调为债权提供

---

① 董玉庭．赌博犯罪研究［J］．当代法学．1999（4）：28.

② Nicholas Legh－jones，Andrew Long more Jone Birds，David Owen. MacGillivray on Insurance Law，Sweet and Maxwell，9th Edition，London，1997. P. 876.

保障。

（二）特性不同

保证，作为债的担保的方式，其目的是为了保障主债权的顺利实现，因此，保证具有明显的债权性、从属性以及补充性，保证合同以主债的存在或将来存在为前提，随着主债的消灭而消灭。

保险则具有十足的独立性，保险的生效以及履行并不具有从属性。

（三）法律效力不同

保险契约之独立性决定了保险人向被保险人或者受益人履行保险金给付义务并不存在所谓的求偿权以及先诉抗辩权。与此相反，保证人所履行之保证义务并非其己方债务，实质上属于代清偿。因此，保证人享有相应的抗辩权以及求偿权。《中华人民共和国担保法》（以下简称《担保法》）第31条："保证人承担保证责任后，有权向债务人追偿。"

三、保险与储蓄

在风险防范方面，保险与储蓄具有相似的作用，尤以具有储蓄性质的人身保险与储蓄之间相似性更为明显。因此，人们往往将保险与储蓄进行比较以决定对其更具实效性的风险防范手段。但总体而言，保险与储蓄之间的区别还是十分显著的。

（一）属性不同

保险，无论是商业性保险，抑或是政策性保险，均属于社会风险受体之间的共保互保，乃集合一众风险受体之合力分散部分出险主体之损失的经济制度。各风险受体只需以分摊部分风险保障金的方式即可加入此保障制度，并在其遭遇风险事故时获得多于其实际分摊成本之损失补偿，即使是其保险单所积累之现金价值不足时亦无不同。

储蓄，则是属于自保性质的风险防范手段，当且仅当存款人于其存款账户中的本息和达到一定额度时才可以发挥相对应金额的风险保障作用。

（二）主体间权利义务关系不同

保险合同的主体包括保险人、投保人、被保险人以及受益人，其中被保险人和受益人是享有保险金支付请求权的主体，而保险人则是负有保险金支付义务的相对一方主体。但保险人与被保险人或受益人之间的权利义务关系并非债权。而储蓄之情形下，银行等金融机构是债务人，存款人是债权人，两者之间是典型的债权债务关系。

（三）权利主张不同

被保险人或者受益人之保险金支付请求权的实现需要满足一系列的前提条件，如发生约定风险事故、存在保险利益以及保险事故非人为故意等。而储蓄存款的支取则无限制，以存款自愿、取款自由为原则。

四、商业保险与其他保险的区别

（一）商业保险与社会保险

社会保险是以劳动者为保障对象，由政府或国家社会机构举办，社会效益处于主要地位，在资金方面主要考虑收支平衡、各方面的承受能力及对国民经济的影响，属于公共政策与公共产品范畴。社会保险，以劳动者的年老、疾病、伤残、失业、死亡等特殊事件为保障内容的一种生活保障政策，它强调受保障者权利与义务相结合，采取的是受益者与雇用单位等共同供款和强制实施的方式，目的是解除劳动者的后顾之忧，维护社会的安定[①]。社会保险的创设目的在于，通过社会集资对因遭遇生育、年老、失业、疾病、伤残、死亡等不可规避风险的袭扰而暂时或永远失去劳动能力，从而失去工资的受保劳动群体提供一定程度的补偿和服务，使他们仍能享有基本生活，以确保社会稳定[②]。《中华人民共和国社会保险法》（以下简称《社会保险法》）规定：国家建立基本养老保险、基本医疗保险、工伤保险、失业保险、生育保险等社会保险制度，保障公民在年老、疾病、工伤、失业、生育等情况下依法从国家和社会获得物质帮助的权利。社会保险制度坚持广覆盖、保基本、多层次、可持续的方针，社会保险水平应当与经济社会发展水平相适应。

商业保险是按商业原则经营，由专门的保险机构经营且以营利为目的的保险形式。两者实质性的区别在于：商业保险经营的主体是企业，而社会保障经营的主体是政府或由政府指定的机构；商业保险追求的是企业利润与投资者的收益，而社会保障追求的则是公平正义与整个社会的和谐稳定[③]。

（二）商业保险与政策性保险

自 14 世纪现代保险业产生以来，商业保险一直占据着主导性的地位，以商业保险机构作为经营主体的现代保险经营模式也因其高效率而备受推崇，但是商业保险机构所秉承的利润最大化的经营目标也导致了被保险人与商业保险机构之间利益冲突不断。另外，对于经营稳定性以及营利性的追求也导致商业保险机构对于那些利润率较低、风险高的领域不愿涉足，在此情形下，由政府支持开办的政策性保险应运而生。

政策性保险，是指保险标的对国计民生具有重要战略意义，对强位强势群体的生产和生活保障具有重要影响，保险风险广泛或巨大，而按照商业经营规则无法由市场提供的一种保险类别。政策性保险更多体现的是关注民生的社会责任，通常具有风险大、费率高、

---

① 郑功成著．社会保障学［M］．北京：商务印书馆．2000 年，第 18 页．

② 侯文若编著．社会保险［M］．北京：中国劳动社会保障出版社．2005 年，第 2 页．

③ 许飞琼．商业保险与社会保障关系的演进与重构［J］．中国人民大学学报．2010（2）：95.

盈利少甚至亏本的特点①，它是以贯彻执行国家的相关产业政策或贸易政策为宗旨，运营目的必须反映国家的宏观经济政策意图。政策性保险与商业性保险是相互对称、平行、并列和补充的不同险种，两者在举办主体、经营目标、承保机制、立法和外部性等方面迥然不同②。通常而言，政策性保险以分摊特定族群之风险为目标，虽并非强制投保但保险人不得拒保。另外，与社会性保险相同，政策性保险同样不必经过核保环节（见表1－4）。

表1－4 社会保险、政策性保险、公共救助、商业保险之比较③

	社会保险	政策性保险	公共救助	商业保险
目的	分摊大多数人之风险	分摊特定族群的风险	扶持未达最低生活水平者	分摊危险共同团体之风险
着眼点	社会适当性	个人公平性	社会适当性	个人公平性
干预	强制投保	不一定强制，但保险人不得拒保	受益仍可能会有侵害第三人的可能	任意投保
必要性检视	不但须强制投保之必要性，亦须具有强制所得高者替所得低者分摊风险之必要性	须具有强制投保之必要性	检视标准甚低	
主体	政府	多为公办民营	政府	多元主体，自由竞争
核定手续	根本不须合意或难须合意但不须经核保程序	虽须合意但不须经核保程序	根本不须合意，但申请给付时，须经核定程序	保险人承诺前，须经核保程序
财源	缴纳保费，且大多依多得高低决定保费	缴纳保费，且依风险高低决定个别保费	由国家税收支付	缴纳保费，且依风险高低决定个别保费

本章小结

保险，发端于风险社会，社会主体基于风险以及预期损失的理性化认识而选择以保险作为风险管理的手段之一。虽然关于其本质属性存在着损失说、非损失说以及二元说这样三大主要的流派，但不能否认的是保险在微观经济以及宏观经济层面所具有并显现出来的作用。另外，保险的“我为人人，人人为我”的制度属性也将其与赌博以及保证等类似制度区分开来。

---

① 王伟，杨甜甜，刘磊，岳琮第．论政策性保险的内涵与外延［J］．金融理论与实践．2013（8）：2.

② 王伟著．中国政策性金融与商业性金融协调发展研究［M］．北京：中国金融出版社．2006年，第22页．

③ 江朝国著．保险法逐条释义（第一卷 总则）［M］．台北：元照出版公司．2012年，第56页．

保险的基本原则

保险的基本原则是保险合同双方当事人以及关系人在签订和履行合同过程中必须要遵守的原则，是保险法律关系的主线，亦是保险制度运作的“灵魂”。保险的基本原则，集中体现了保险的本质与内涵，是指导保险实践的基本行为准则。关于保险的原则，学术界有七原则说、五原则说和四原则说。其中，七原则说认为保险的基本原则包括合法性原则、平等自愿原则、公平竞争等价有偿原则、诚实信用原则、保险利益原则、损害补偿原则以及近因原则①；五原则说认为保险的基本原则有坚持保险与防灾防损相结合的原则、诚实信用原则、保险利益原则、损失补偿原则和近因原则②；四原则说是理论界的通说，四原则说认为，保险的基本原则包括最大诚信原则、保险利益原则、近因原则和损失补偿原则。虽然各个学说之间对于何为保险的基本原则有观点上的差别，但不难发现的是，理论界较为一致地认可最大诚信原则、保险利益原则、近因原则以及损失补偿原则乃是保险的基本原则。

本章就最大诚信原则、近因原则以及损失补偿原则进行了阐释，但因本书有关保险利益原则的相关阐释可详见第四章，在此恕不做赘述。

第一节　最大诚信原则

最大诚信的英语表述为 utmost good faith，拉丁语的表述则为 uberimae fidei。最大诚信，由“最大（utmost）”＋“诚信（good faith）”构成。“最大”为一程度副词用以强调诚信的程度；“诚信”则为诚实、守信之意。最大诚信原则的确立，可以追溯到 18 世纪的 Carter v. Boehm 一案，而 1906 年英国《海上保险法》则被认为是最大诚信原则于成文法中的最早体现。

---

① 范健主编．商法［M］．北京：高等教育出版社、北京大学出版社．2002 年，第 474－476 页．

② 李玉泉主编．保险法［M］．北京：法律出版社．1997 年，第 50－88 页．

通常而言，商业交往均需秉承诚实信用原则，遵循契约必守之规。1804 年《法国民法典》规定：契约应依诚信履行之。保险，无论是商业保险、政策性保险抑或是社会性保险，均属于投保人与保险人之间就保险商品而进行的一项交易行为，缘何强调其诚信程度最大化？最大化要求的正当性以及合理性何在？保险交易，既与普通商品交易之间存在共性，但也存在着较为明显的特性。众所周知，保险市场是商品交易中信息不对称现象最为严重的市场，也是道德风险与逆向选择极为突出的市场。表面上，投保人是在与保险人进行保险商品交易，实际上，投保人是在通过保险人这一“中介媒介”加入到保险互助体之中。保险人需要“代表”一众风险受体核查申请加入之主体的风险状况，以确保风险共同体之间的公平，这一核查行为在保险实践中叫作核保。因投保人以及被保险人乃是己身风险状况的信息占有绝对优势的一方，对于被保险人风险状况的核查就不能完全依赖于保险人的调查，而是需要投保人以及被保险人的主动配合，即由投保人或被保险人履行如实告知义务。通过投保人、被保险人的如实告知以及保险人的主动调查，保险人得以确定与特定投保人交易保险产品的价格，即公平保费（Fair Premium）。然而需要注意的是，保险人并非公益主体，保险人在保险商品交易中亦是存在自己的利益诉求的，其利益诉求集中体现在保险商品的价格之中。因此，保险商品的价格不仅包括纯保费，还包括附加保费。附加保费主要包括保险人的营业成本以及预期利润两部分。

基于保险合同的附和性特性，保险的最大诚信原则不仅仅约束投保人一方，还约束拟定保险合同条款的保险人一方。具体而言，最大诚信原则对于投保人和保险人的规制主要体现在如下方面：

一、对投保人的规制

（一）如实告知

如实告知，是投保人的先合同义务，是保险法律规范规定的合同前义务，并非保险合同的内容，具体是指投保人或被保险人在与保险人签订保险合同之前，须就有关保险标的之风险状况因素向保险人作出最大程度上的告知。

关于告知的方式，有无限告知与询问告知两种方式。无限告知又被称为主动告知，是指投保人或被保险人需就有关保险标的风险状况的一切因素向保险人主动告知，不论保险人是否询问。询问告知，又被称为有限告知，具体是指投保人或被保险人仅须就保险人询问之事项如实告知即可，未询问事项即使与风险状况相关亦不在告知范围内。于世界范围内，保险立法多采用询问告知的方式以确保保险合同订立的效率以及此项义务履行的可行性。

如实告知义务的违反将会使得保险人行使合同解除权以终止双方之间的保险法律关系。但因如实告知义务而致保险人行使保险合同解除权的，须以未告知事项对于保险事故的发生有重大影响为前提，且义务主体的主观态度对于保险人解除权的行使也有一定的影响。

《保险法》第16条规定："订立保险合同，保险人就保险标的或者被保险人的有关情况提出询问的，投保人应当如实告知。投保人故意或者因重大过失未履行前款规定的如实告知义务，足以影响保险人决定是否同意承保或者提高保险费率的，保险人有权解除合同。保险人在合同订立时已经知道投保人未如实告知的情况的，保险人不得解除合同；发生保险事故的，保险人应当承担赔偿或者给付保险金的责任。"

《德国保险合同法》第19条（1）："在订立保险合同之前，对于保险人以书面方式询问的对其决定订立保险合同有重要影响的事实，投保人应当向保险人如实告知。在保险人接受投保人的订约请求后但正式签订保险合同前，如果保险人向投保人询问了上述事实，则投保人有义务就上述事实向保险人如实告知[①]。"

《最高人民法院关于使用〈中华人民共和国保险法〉若干问题的解释（二）》（以下简称《保险法司法解释（二）》）第6条："投保人的告知义务限于保险人询问的范围和内容。当事人对询问范围及内容有争议的，保险人负举证责任。保险人以投保人违反了对投保单询问表中所列概括性条款的如实告知义务为由请求解除合同的，人民法院不予支持。"但该概括性条款有具体内容的除外。

（二）危险增加的通知义务

风险，一种与损失相关的不确定性事件，在非瞬时完结的保险行为中会发生不确定的变化，这种不确定性的变化集中表现为风险概率水平的波动，或增强或减弱。若危险严重超出订立保险合同时的水平，将会明显影响到保险事故发生的概率，进而使得保险人给付义务加重，并影响到保险保障基金的稳定性。为此，当保险标的情况的变化严重增加了保险合同缔结之初所承保的风险，保险法课以相对人危险增加的通知义务，以使保险人有机会对危险增加的事实重新作出正确估量，决定是否继续承保或以何种条件继续承保，采取相应的措施控制风险[②]，使得保险合同当事人的权利义务建立在一个动态的对价均衡基础上。依法理而言，所谓危险增加系指订约当时保险人所未曾预料或预估计之危险发生可能之增加。危险是否增加须依保险契约原承保之危险状况参照保险费率判断之[③]。

《最高人民法院关于使用〈中华人民共和国保险法〉若干问题的解释（四）》（以下简称《保险法司法解释（四）》）第4条："人民法院认定保险标的是否构成保险法第四十九条、第五十二条规定的'危险程度显著增加'时，应当综合考虑以下因素：（一）保险标的用途的改变；（二）保险标的使用范围的改变；（三）保险标的所处环境的变化；（四）保险标的因改装等原因引起的变化；（五）保险标的的使用人或者管理人的改变；（六）危险程度增加持续的时间；（七）其他可能导致危险程度显著增加的因素。"

---

① 孙宏涛著．德国保险合同法［M］．北京：中国法制出版社．2012年，第66页．

② 徐卫东，高宇．论我国保险法上危险增加的类型化与危险增加的通知义务［J］．吉林大学社会科学学报．2002（3）：69－70.

③ 江朝国著．保险法基础理论［M］．北京：中国政法大学出版社．2002年，第176页．

我国《保险法》第52条："在合同有效期内，保险标的的危险程度显著增加的，被保险人应当按照合同约定及时通知保险人，保险人可以按照合同约定增加保险费或者解除合同。保险人解除合同的，应当将已收取的保险费，按照合同约定扣除自保险责任开始之日起至合同解除之日止应收的部分后，退还投保人。被保险人未履行前款规定的通知义务的，因保险标的的危险程度显著增加而发生的保险事故，保险人不承担赔偿保险金的责任。"

韩国《商法》第652条："保险期间，投保人或被保险人得知保险事故发生的危险显著变更或增加的，应立刻通知保险人。怠于通知的，保险人自得知该事实之日起1个月内，可终止合同。保险人自收到第1款的通知之日起1个月内，可请求增加保险费或终止合同。"

《德国保险合同法》第23条（3）："在投保人与保险人订立保险合同后，如果由于非基于投保人的原因导致承保风险增加，投保人必须在其知晓上述事实后立即将上述情况通知保险人。"

《法国保险合同法》第L113－2－3规定，在保险期间内，如果承保危险显著增加，保险人有权解除合同或增加保费。

《德国保险合同法》第19条（1）："在订立保险合同之前，对于保险人以书面方式询问的对其决定订立保险合同有重要影响的事实，投保人应当向保险人如实告知。在保险人接受投保人的订约请求后但正式签订保险合同前，如果保险人向投保人询问了上述事实，则投保人有义务就上述事实向保险人如实告知①。"

《日本保险法》第29条，在损害保险合同订立后发生危险增加（指告知事项相关的危险增加，而损害保险合同规定的保险费低于以该危险为计算基础计算出的保险费的状态）的情况下，即使在保险费就该危险增加作出了相应变更并使该损害保险合同得以继续时，保险人在因投保人或者被保险人故意或重大过失未履行危险增加告知义务时可以解除保险合同。

当然，为确保保险合同当事人权利义务的对等，保险合同有效期内遇风险程度显著减少的，投保人有权告知保险人并要求其减少保险费、增加保险金额或者延长保险期限。

于我国保险实践中适用《保险法》第52条需要注意的是，投保人之危险增加的通知义务仅适用于财产保险之中，对于人身保险中的投保人是否负担此项义务需以保险合同约定为准。但也有学者认为，从危险增加通知义务的立法目的考虑，应将其扩展至人身保险。因为在人身保险中，危险增加的情况也时有发生，从维护保险合同对价平衡的角度出发，应肯定危险增加通知义务在人身保险中的适用②。笔者认为，危险增加通知义务之法理乃在于维持保险合同当事人之间的权利义务平衡态势，于人身保险中自无否定其适用的道理，且从立法的角度，意大利、法国、韩国、德国以及我国台湾地区等均将危险增加的通知义务规定于保险法的总则部分而同时适用于财产保险与人身保险之中。因此，建议将

---

① 孙宏涛著．德国保险合同法［M］．北京：中国法制出版社．2012年，第66页．

② 温世扬主编．保险法［M］．北京：法律出版社．2007年，第111页．

危险增加通知义务规定于我国《保险法》第二章第一节似更为妥当。但应参考日本的做法，危险增加之通知以保费计算所需为必要。

另外，我国保险法并未就危险增加的原因加以区分，未明确可归责于投保人或被保险人的主观原因致危险程度增加时通知义务的负担问题。而且危险程度增加是须具有持续性，或是瞬时性？我国《保险法》及相关司法解释均语焉不详。有学者认为，危险显著增加除了须具有重要性以致影响对价平衡关系外，危险状况之改变还必须具有持续性，即保险契约订立后，原危险状况因某特定情事之发生而变换至另一新的状况，且此新发生之状况须持续一段期间。因此，若危险状况只是一时改变而后消失，又回复原状，则不属危险增加[①]。笔者赞同此一观点，因其更具实意且对于投保人而言更具有可操作性。

（三）出险通知

保险，虽具有射幸性，但亦具有补偿性，是被社会主体广泛采用的风险管理与损失补偿手段。损失补偿，贵在及时，只有及时地进行保险给付才能够使得保险的补偿功能发挥到实效。然而，保险人虽承担着意义重大的保险给付义务，但义务的赋予亦应考虑效率性原则，只有将义务赋予实施成本最低的主体才更加具有效率性。因此，保险人的保险给付义务并不以其随时监测保险事故是否发生作为必要，保险法律规范通常将保险事故通知作为保险人承担保险给付义务的前提条件。而投保人、被保险人或者受益人则是最先知悉保险事故发生的主体，又能采取必要之措施以防止损失之扩大，保全标的之残余部分以减轻其损失，并调查事实、搜索证据，以保护其法律上之利益[②]，因此由其承担保险事故的出险通知义务最为合理。《保险法》第 21 条："投保人、被保险人或者受益人知道保险事故发生后，应当及时通知保险人。故意或者因重大过失未及时通知，致使保险事故的性质、原因、损失程度等难以确定的，保险人对无法确定的部分，不承担赔偿或者给付保险金的责任，但保险人通过其他途径已经及时知道或者应当及时知道保险事故发生的除外。"

理论上，有关出险通知义务的性质主要有不真正义务说和附随义务说之分。其中，不真正义务说为多数德国学者所认可之学说。支持者认为，事故发生后的通知义务系投保人对自己所负的不真正义务，性质上欠缺强制执行性，违反义务仅仅导致投保人或被保险人的权利（保险金请求权）减损而已[③]。附随义务说则认为，出险通知义务是根据保险合同的性质以及当事人之间的交易习惯得以逐步确立起来的。附随义务的违反并不使得守约方解除合同，而仅可就其所受到损害依不完全履行的规定请求损害赔偿。

（四）保证

保险保证制度发源于 18 世纪的英国，它是指投保人保证会按照保险人的要求遵守如

---

① 江朝国著．保险法基础理论［M］．北京：中国政法大学出版社．2002 年，第 241－242 页．

② 桂裕著．保险法论［M］．台北：三民书局．1981 年，第 163 页．

③ 叶启洲著．保险法专题研究（一）［M］．台北：元照出版有限公司．2007 年，第 92 页．

实告知义务和防灾防损义务，如果违反保险人可以在法律规定基础上获得更多的救济[①]。保证条款，是保险合同的重要内容之一，是被保险人保险金支付、请求权行使需满足的条件之一。一旦投保人或被保险人违背了保险保证条款，无论其是否与保险事故之间存在因果关系，保险人均获相应责任免除。如英国1906年《海上保险法》第33条规定："保证是指承诺性保证，即被保险人凭此应当履行某种行为或不为某种行为，或者满足某种条件，或者肯定或否定某一事实状态存在或不存在。保证是一种必须严格遵守的条件，无论它对风险发生是否重要。如果被保险人不严格遵守，除保险单中另有明文规定外，从被保险人违反保证之日起，保险人免除责任，但不防碍在违反保证之前产生的任何责任。"但我国《保险法》并未就保险保证作出相应规定。

于保险合同之中，保证条款一般有明示保证和默示保证的形式。

1. 明示保证

明示保证即于保险合同之中以明确的文字或者书面形式存在的、表明投保人或被保险人须为或不为之具体事项的保险条款。

2. 默示保证

默示保证，是指无须言明即需要受其约束的保证事项。与明示保证不同，默示保证条款的内容并不需要明确列示于保险单或其他书面保险凭证之中。如海上保险中，船舶所有人需要在开始航程之前保证船舶具有相应的适航能力且不绕航。

二、对保险人的规制

（一）保险合同条款的说明义务

保险商品与实体商品的明显不同在于保险商品的无形性。保险商品的使用价值集中体现在风险保障方面，但保险商品却并不具备看得见、摸得着的实体外形，保险商品的使用价值预期集中体现在保险合同各条款之中。另外，基于保险的复杂性以及合同订立的效率性，保险条款通常是由保险人单方拟定并提供订约使用的。因此，保险人需要通过对保险合同条款的解释说明使得投保人或被保险人能对其将欲购买的保险商品风险、合同条款含义以及法律后果有明确的理解与认知并借此作出合理判断。保险人所为的该项义务即为保险合同条款的说明义务。随着保险立法、司法以及保险实践的进一步发展，保险人的说明义务已经由缔约阶段的解释说明义务为核心，发展出以警示、注意、调查、告知、建言等为辅佐的说明义务体系或结构，综合发挥说明义务的机能[②]。

《保险法》第17条："订立保险合同，采用保险人提供的格式条款的，保险人向投保人提供的投保单应当附格式条款，保险人应当向投保人说明合同的内容。对保险合同中免除保险人责任的条款，保险人在订立合同时应当在投保单、保险单或者其他保险凭证上作

① 罗璨．英国保险保证制度改革及启示［J］．理论月刊．2016（1）：167.

② 于海纯．保险人说明义务程度标准研究［J］．保险研究．2008（1）：79.

出足以引起投保人注意的提示，并对该条款的内容以书面或者口头形式向投保人作出明确说明；未作提示或者明确说明的，该条款不产生效力。”关于保险人履行此项义务的程度，《保险法司法解释（二）》第 11 条：“保险合同订立时，保险人在投保单或者保险单等其他保险凭证上，对保险合同中免除保险人责任的条款，以足以因其投保人注意的文字、字体、符号或者其他明显标志作出提示的，人民法院应当认定其履行了保险法第十七条第二款规定的提示义务。保险人对保险合同中有关免除保险人责任条款的概念、内容及其法律后果以书面或者口头形式向投保人作出常人能够理解的解释说明的，人民法院应当认定其履行了保险法第十七条第二款规定的提示义务。”《保险法》第 19 条：采用保险人提供的格式条款订立的保险合同中的下列条款无效：（一）免除保险人依法应承担的义务或者加重投保人、被保险人责任的；（二）排除投保人、被保险人或者受益人依法享有的权利的。”

通过上述法律条款可知，保险人的说明义务须达到“明确”以及“足以引起投保人注意”为标准。其中，“足以引起投保人注意”应到什么标准，在理论界存在着“主观说”与“客观说”之分。

“主观说”是以保险人的理解为基准，也就是说只要保险人订约时认为其已将保险契约条款向投保人或被保险人做了适当解释，就可认为是履行了说明义务[①]；客观说认为，凡提示注意的程度足以提示一般消费者注意的，只要该解释是完整、客观、确定的，则应认定保险人已善尽说明义务，至于投保人能否理解应在所不问[②]。然而，何为一般消费者？判断上又存在着一般标准与个别标准之区别。所谓的一般标准，即为理性第三人标准。至于个别标准，2003 年《最高人民法院关于审理保险纠纷案件若干问题的解释（征求意见稿）》第 8 条曾规定：“保险人根据保险法第十七条第一款的规定，向投保人说明保险合同条款内容时，应当以普通人能够理解的程度为限，但是可以根据投保人的投保经验作不同程度的解释。”可见，个别标准容易加重保险人的义务负担，也容易引起来自投保人一方的道德风险或是保险欺诈。

（二）弃权与禁止反言

1. 弃权

弃权，放弃权利的意思，是指保险合同一方当事人放弃其在保险合同中的某项权利，包括解约权和抗辩权。该规定主要用于约束保险人[③]。通常而言，弃权多因保险人单方面的意思表示或行为而产生相应的法律后果。但仍需满足两个条件：其一，保险人知悉权利的存在；其二，保险人有明示或默示弃权的意思表示或行为。因此，若保险人所为“弃权”的意思表示乃是因投保人或被保险人欺诈所致，对于保险人而言则不产生弃权的法律后果。

---

① 于海纯．保险人说明义务程度标准研究［J］．保险研究．2008（1）：82.

② 马宁．论保险人说明义务的履行方式与标准——以对我国司法实务的考察为中心［J］．时代法学．2010（4）：56.

③ 魏华林，林宝清主编．保险学（第四版）［M］．北京：高等教育出版社，2017 年，第 73－74 页．

如《保险法司法解释（二）》第7条：“保险人在保险合同成立后知道或者应当知道投保人未履行如实告知义务，仍然收取保险费，又依照保险法第十六条第二款的规定主张解除合同的，人民法院不予支持。”《澳大利亚保险合同法》第27条：“如果投保方对投保单上询问的某个问题未作回答而留有空白，或者对某些问题的回答明显残缺不全或回答的内容与问题本身不相干，则保险人在承保前应当作进一步的调查核实；未作核实的，事后不得主张投保方对此类事实违反了告知义务。”另外，默示弃权如我国台湾地区“保险法”第60条第2款：“保险人知危险增加后，仍继续收取保险费，或于危险发生或给付赔偿金额，或其他维持契约之表示者，丧失前项之权利（终止契约）。”

司法实践中，保险人的默示弃权多发生于保险相对人信赖利益或合理期待保护的情形。不过，合理期待仍是保险理论与实务领域一个较为模糊的地带。

2. 禁止反言或禁止抗辩

禁止反言或者禁止抗辩，是保险人为弃权之意思表示以及可归责于保险人的原因而使投保人或被保险人形成合理信赖的相对后果，但于保险实践中，禁止反言或禁止抗辩亦会因保险相对方对保险人意思表示之合理信赖而得以对保险人施加此等限制。《布莱克法律词典》对禁止反言所做的定义为：“由于某人先前已经作出的言行或者某些在法律上被确认为真实的事物与某人现在所主张的索赔或权利相矛盾，因此对某人现在所主张的索赔或权利加以禁止的规则[①]。”帕特森（Patterson）教授曾指出，“禁止反言”一词，总是关涉一方（被保险人）对另一方（保险人）行为的信赖。其表现形式多样化，可以是一个事实的陈述（不实陈述的禁止反言），一个允诺（允诺禁止反言），或者仅仅是保险人“处于某一位置[②]。”美国学者道宾将其界定为：“保险人一方对某种事实向投保人或被保险人所做的错误陈述为投保人或被保险人所合理信赖，以至于如果允许保险人一方不受这种陈述的约束将损害投保人和被保险人的权益时，保险人一方只能接受其所陈述事实的约束，失去了反悔权利的一种情况[③]。”

禁止反言是英美法系衡平法上的制度，是通过判例制度确立起来的，具体是由Lord Cairns法官在Hughes v. Metropolitan Railway（1877年案）提出，并由Lord Denning法官在Central London Property Trust Ltd. V. High Trees House Ltd.（1947）一案中正式确立。

第二节　近因原则

被保险人只能就保险合同所承保的事件引起的损失从承保人那里获偿。除合同另有规

---

① Bryan A. Gamer Black's Law Dictionary 8th Edition, West Group 2004 P. 589 - 590.

② Edwin W. Paterson, Case and Materials on The Law of Insurance, 2nd Edition, Chicago, The Foundation Press Inc., 1947, P. 671.

③ ［美］约翰·F. 道宾著. 美国保险法（第4版）［M］. 梁鹏 译. 北京：法律出版社. 2008年，第217页.

定外，起因无论是承保的事件（风险）还是排除的事件（例外）都是指所为的密切起因，并且是“主要的，有效的或发挥作用的起因”[①]。此处所指的“密切原因”，即为保险理论与实践中的“近因”。

近因，是一个来源于英文表述为“Proximate Cause”的舶来之品。《布莱克法律词典》将其中“proximate”一词解释为一种因果关系上的最近，而不必是时间或空间上的最近。英国学者约翰·T. 斯蒂尔对于近因的定义是：近因是指引起一系列事件发生，由此出现某种后果的、能动的、起决定性作用的因素；在这一因素作用的过程中，没有来自新的独立渠道的能动力量的介入[②]。对于这个介入原因，《布莱克法律辞典》中的解释是，“如果介入原因强大到足以消除违法者的责任，它就成为最初事件的替代原因。一个附属的介入原因不是独立的行为，不可能成为替代初始原因的原因。一个独立的介入原因从根本上改变了由初始原因产生的条件，而并非从初始原因中产生出来”。但是“Proximate Cause”在中文语境下被翻译成了“近因”，其中“近”一字，在保险理论与实务中可谓是造成了不小的麻烦。

自其形成之初，近因原则就一直处在发展变化的进程中。英国早期的海上保险判例中多以“近因”之字面意思为判断标准，即以“时间规则”寻找致保险事故发生的原因。但是当因果关系呈现网状结构时，采用时间规则判断近因，可能会导致不符合常理的结论[③]。因此，近因原则开始由时间规则向效力规则进行转变。这一转变的里程碑案例是发生于英国的 Leyland Shipping Co. Ltd. v. Norwich Union Fire Insurance Society td. 一案。1915 年 1 月 30 日，Leyland 公司一艘名为“艾卡丽亚号”的货船因被德国潜艇的鱼雷击中而严重受损后被拖到法国的勒哈佛尔港。为避免该船沉没而妨碍该码头的使用，艾卡丽亚号遵照港口命令停靠在了港口防波堤外，但却于此处遭遇风浪袭击而于同年的 2 月 2 日沉没，Leyland 公司向保险公司申请理赔遭拒后诉至法院。审理此案的英国上议院大法官 Lord - Shaw 认为，鱼雷击中和海浪冲击的双重原因导致了艾卡丽亚号的沉没，但艾卡丽亚号在遭遇海浪冲击之前始终没有脱离被鱼雷击中这一危险，因此，导致艾卡丽亚号沉没的近因是鱼雷击中而并非是海浪冲击。所以，Lord - Shaw 大法官认为，近因是导致承保损失的真正有效原因，但真正意义上的近因是指效果上的接近，不是时间最接近。因此，如果多种因素或原因同时存在，必须选择可以将损失归因于那个具有现实性、决定性和有效性的原因。

但时至今日，近因原则仍是学者们艰难探索的领地之一，理论界对于近因的识别提出了时间标准、效力标准、常识标准等识别学说，以及保险人责任承担方面的原因力说、比例因果说和分摊说等多种责任承担学说。可谓是众说纷纭，莫衷一是。恰如美国学者普鲁塞（Prosser）所言：“近因仍然是一团乱麻和一堆荆棘，一个令人眼花缭乱、扑朔迷离的

---

① ［英］M. L. 克拉克著．保险合同法［M］．何美欢等译．北京大学出版社．2002 年，第 683 页．

② ［英］约翰·T. 斯蒂尔著．保险的原则与实务［M］．孟兴国等译．北京：中国金融出版社．1992 年，第 40 页．

③ 陆玉，傅廷中．保险法中的选因原则与民法中因果联系原则关系之辩［J］．中国社会科学院研究生院学报．2016（1）：90.

领域[①]。”

近因原则的应用主要有两个方面，一是近因的认定；二是判断近因是否属于保险人承担保险给付责任范畴。对于后一个方面，相对比较简单。如果引起保险事故发生的原因属于保险人承保范围，保险人承担保险责任；反之反是。英国《1906 年海上保险法》第 55 条第 1 款规定："依照本法规定，除保险单另有约定外，保险人对于所承保的危险近因造成的损失，负赔偿责任，但对于不是由所承保的危险近因造成的损失，概不负责[②]。"

一、单一原因致损的近因判断

令 A 为事件发生的原因，Z 为损失的结果，则 A 为 Z 结果发生的原因，即近因。其间逻辑关系为：

$A \rightarrow Z$

如果 A 在保险人承保范围之内，保险人承担保险责任；如果 A 不在保险人承保范围或者是属于除外责任，则保险人不承担保险给付责任。

二、多原因致单一损失的近因判断

（一）多原因同时发生

此种情形具体是指多原因同时发生，互相非为因果关系。美国哲学家内格尔曾指出："日常事务中作出的绝大多数因果归因以及经常提及的绝大多数因果规律，并没有陈述结果产生的充分条件。这样，我们经常说擦一根火柴是它燃烧起来的原因，并且不言而喻地假定也存在着其他若没有就不会产生结果的条件（如氧的存在，一根干燥的火柴）。通常挑出来作为原因的事件往往是一个这样的事件——它完成结果产生的这组充分条件，并且由于种种理由被认为是'重要的'[③]。"

令 A、B、C、D、…、Y 为事件发生的原因，Z 为损失的结果，A、B、C、D、…、Y 同时发生，相互之前不具有引起与被引起的因果关系，则 A、B、C、D、…、Y 为 Z 结果发生的原因，即近因。其间逻辑关系为：

---

① Prosser, 38CallRev. 369 (1950)，转引自尹田主编．中国保险市场的法律调控［M］．北京：社会科学文献出版社 2000 年，第 133 页．

② 魏华林，林宝清主编．保险学（第四版）［M］．北京：高等教育出版社．2017 年，第 75 页．

③ ［美］欧内斯特·内格尔著．科学的结构［M］．徐向东译．上海：上海译文出版社．2005 年，第 82 页．

$$\left.\begin{pmatrix} A \\ B \\ C \\ D \\ \cdots \\ Y \end{pmatrix}\right. \rightarrow Z$$

这种情况下，因A、B、C、D、…、Y均为近因，保险人责任的承担需要具体考察各原因力的占比或者是作用力大小，并以此确定保险人的责任。如果A、B、C、D、…、Y全部属于保险责任，保险人承担全部的给付责任；如果A、B、C、D、…、Y不属于保险责任，保险人不承担保险给付责任；如果A、B、C、D、…、Y之中，部分属于保险责任，部分不属于保险责任，保险人按照保险风险占比承担保险责任。《挪威海上保险计划》2－13："如果损失是由多种不同风险共同造成的，其中一个或多个风险不属于承保范围，应当根据不同风险对损失发生和损失程度的推定影响，将损失在不同风险之间分摊，保险人仅对保险合同承保风险造成的损失承担赔偿责任。"除此，日本在近因的认定上也采取了比例因果说。

以下，简要说明此种情况下责任的承担问题[①]：

李和友于2010年与某保险公司签署了意外伤害保险合同，保险金额10万元。该保险合同载明：投保人和被保险人均为李和友；被保险人因遭受意外伤害，并自事故发生之日起180日内，以此事故为直接且单独原因身故的，保险公司给付意外伤害身故保险金10万元；保险有效期至2011年11月17日。

2010年12月25日，李和友从梯子上摔下导致头部受伤，经抢救无效于2011年1月2日死亡。医院出具的死亡报告载明：李和友摔伤导致其急性重型闭合性颅脑外伤等身体损伤；并发心源性猝死，经抢救无效死亡。李和友生前患高血压多年，五年前出现过脑梗死。

法院认为，一方面，李和友自身患有高血压并曾经出现脑梗死，另一方面，李和友摔倒并导致头部严重受伤亦是客观事实，上述各种因素不应当被割裂且孤立地加以看待。假设，李友和自身并非患有高血压和脑梗死，其摔伤头部后救治不愈进而死亡的结果或许可以避免；反之亦然，若李和友没有摔伤头部，其自身患有的高血压和脑梗死也未必导致死亡结果的发生。最终，法院认定摔伤与死亡结果之间的因果关系比例不低于90%，判定保险公司按照全部意外身故保险金10万元的90%给付，即9万元保险金。

（二）多原连续发生且互有因果关系

另令A、B、C、D、…、Y为事件发生的原因，Z为损失的结果，A、B、C、D、…、Y连续发生且后序原因与前序原因之间具有引起与被引起的因果关系，则前序原因A为Z

---

① 王静著．保险案件司法观点集成［M］．北京：法律出版社．2016年，第199－201页．

结果发生的原因，即近因。其间逻辑关系为：

$$A \to B \to C \to D \to \cdots \to Y \to Z$$

通过上述逻辑关系可知，致Z这一结果出现最能动有效的原因即为A，是A的出现才引致了逻辑链条的延伸。因此，只需判断A是否属于保险人承保风险范围即可。但需注意的是，$A \to B \to C \to D \to \cdots \to Y \to Z$之间的“$\to$”必须是存在高度或然性的，如果递延进程中的或然性程度并不必然导致逻辑链条延续的话，逻辑链条将会出现断裂，并在断裂处重新开始界定近因。这也是理论界通说之“相当因果说”作用的结果。我国台湾学者史尚宽即为此观点支持者。美国《加利福尼亚州保险法》第530条：“承保危险为损失发生之近因、非承保风险为损失发生之远因者保险人应负赔偿责任；但保险人对于承保危险为远因之损失，则不负赔偿责任。”

例如，某年冬季，某公司通过陆运方式将一批包装合格的柑橘由广州运往黑龙江省伊春市。车辆行驶至黑龙江境内而尚未抵达伊春市时，王某某趁司机下车吃饭将覆盖于车厢上的柑橘外包撕开一长2米、宽1米的口子而偷走柑橘20箱，并致使剩余部分柑橘因暴露于零下20度的严寒中而产生50箱的冻损。通过近因原则的运用可知，其中20箱柑橘损失的近因是王某某的盗窃。那么，另外50箱柑橘损失的近因是什么？盗窃？严寒天气？如果柑橘外包装符合包装条款要求，那么其包装即足以抵御低温天气而避免冻损。因此，在这种情况下，造成50箱柑橘冻损的原因仍旧为王某某的盗窃行为。是王某某的盗窃行为致外包装损坏而将柑橘暴露于冷空气之中并因此造成了冻损。

再如Mardorf v Accident Ins co. 一案，被保险人下班回家，脱袜子时大拇指指甲划破了腿。6天后，医生告诉他伤口已经变成脓毒了。第10天，他得了败血症，尽管医生作了努力，第20天他死于败血性伤寒。他的保险承保事故性死亡却不承保疾病引起的死亡。审理此案的赖特法官认定承保人应负责任：细菌在划破（事故）时一进入人身体，在所处情况，包括当时的医疗条件下，死亡是不可避免的①。

（三）多原因间断发生且互无因果关系

多种原因间断发生且其间并不具有因果关系，但多原因共同作用于损失结果，此种情况的近因判断原则与多种原因同时发生致损失结果形成时的判断标准一致。若多原因均属于保险合同约定范围内，则可将其视为单一原因致损；若多原因之间既有保险合同约定范围内的保险责任，又存在着除外责任的话，则按照事故原因比例确定保险人保险责任。

① ［英］M. L. 克拉克著．保险合同法［M］．何美欢等译．北京：北京大学出版社．2002年，第691页．

第三节　损失补偿原则

一、损失补偿原则的内涵

损失补偿原则（也称损失填补原则、损害补偿原则、补偿原则和保险补偿原则），是指保险事故发生是被保险人遭受损失时，保险人在其责任范围内对被保险人所遭受的实际损失进行补偿，且补偿的量不应超过被保险人的实际损失。英国学者约翰·T. 斯蒂尔认为："补偿是掌握保险法的基本原则，保险法所应用的每一项规则的真正基础是：火险或水险保险单内所包含的保险合同是一种补偿合同，仅此而已。要是有人提出一个与之不同的观点，也就是说，它要么阻碍被保险人获得足额补偿，要么给予被保险人超过其应获得的全部金额的补偿。这肯定是错误的[①]。""可以将补偿视为一种机制，通过这种机制，在被保险人遭受损失后，保险人对其进行补偿，以使其恢复到损失前的经济状态[②]。"美国学者许布纳（S. S. Huebner）指出："许多保险学者通常并不认为保险中的一些基本概念都可以被视为'原则'；但大多数人会同意，'补偿'这个概念在财产保险中是如此重要，所以它应被视为一个真正的原则[③]。"

损失补偿原则作为保险法的一项基本原则，是由保险的经济补偿职能决定的，该原则适用于补偿性保险合同，如财产损失保险、责任保险以及具有补偿性质的医疗费用保险等，于非补偿性保险中并无适用可能。英国最高法院法官布莱特曾指出："补偿（Indemnity）是掌握保险法的基本原则，保险法所应用的每一规则的真正基础是：火险或水险保单内所包含的保险合同是一种补偿合同，仅此而已[④]。"

具体而言，损失补偿原则的内涵包括以下两个方面：

（一）损失

损失，"损"指财产减损的行为和结果，据《说文解字》解释，"损，减也[⑤]。"《牛津法律大辞典》对于"损失"的界定是："损失（Loss），可能由一种或多种不同事由，

---

① ［英］约翰·T. 斯蒂尔著．保险的原则与实务［M］．孟兴国等译．北京：中国金融出版社．1992 年，第 57－58 页．

② ［英］约翰·T. 斯蒂尔著．保险的原则与实务［M］．孟兴国等译．北京：中国金融出版社．1992 年，第 28 页．

③ ［美］所罗门·许布纳（S. S. Huebner）等著．财产和责任保险［M］．陈欣等译．北京：中国人民大学出版社．2002 年，第 46 页．

④ ［英］约翰·T. 斯蒂尔著．保险的原则与实务［M］．孟兴国等译．北京：中国金融出版社．1992 年，第 57 页．

⑤ 王利明著．民商法研究（第 1 辑）［M］．北京：法律出版社．2001 年，第 767 页．

特别是违约、违约或其他违反法定义务是由，或纯粹意外事件所致的财政性损害[①]。”美国普通商业责任保险条款1973年版对于“财产损失”一词的界定，不但包含有财产的有形损害，还特别包括了“由于事故发生，致未遭受物质损坏或灭失的有形财产失去使用价值”的表述。而在“斯托克特伦特市议会案”中，尼科尔斯勋爵就此做了前瞻性的评论：“一个人不当使用了他人的财产，即使没有造成任何财产上的损失，仍须承担高于名义上的损害赔偿之责任，这是衡量损害赔偿数额的确定性原则[②]。”

损失，不仅包括有直接损失，还有间接损失。直接损失是指现存财产的减少；间接损失是指一定范围的未来财产利益的丧失。通常而言，间接损失具有两个特征：一是间接损失是一种未来利益；二是这种丧失的未来利益是具有实际意义的，不是抽象的或者假设的。只要具备正常的财产流转条件，这种未来利益就能直接转化为实在的财产。就是说，如果它没有受到风险事故侵袭，就有足够的条件转化为实在的财产。因此，间接损失就是具有实际意义的未来利益之丧失[③]。

（二）补偿

《牛津法律大辞典》对于“补偿”的界定是：“补偿（Compensation），是给付受损害影响的人的一笔钱[④]。”从补偿保险的角度而言，“保险法的根本特点是补偿原则。这一原则表明被保险人不能获得比遭受的损失更多的补偿[⑤]。”换言之，被保险人通过保险，最多只能将其遭受风险事故后的财产状况恢复到风险事故发生之前的状态上，而不能在原有利益状态上有所获益。虽然，保险补偿可以减轻或者弥补被保险人因风险事故发生所遭受的损失，但需要注意的是，保险补偿是一个事后行为。也就是说，保险补偿发生在保险事故发生之后，从统计口径一致性角度出发，对于被保险人损失程度的核查要以出险时损失状态以及财产价值为依据。如无保险合同主体之间的特别约定，由于市场价格跌落造成的损失是不能通过保险进行补偿的。另外，补偿≠赔偿。保险人向被保险人所为保险给付是其履行以保险事故发生为前提的合同义务，并非保险人因违约或侵权而对于被保险人造成了权益的损害。

在“补偿”层面，还存在一个被补偿主体的问题。财产保险中享有保险金支付请求权的主体为被保险人。被保险人这一概念一般被定义为其“损失”应当由保险人支付赔偿费的人。不过，保险赔偿费不一定支付给被保险人本人[⑥]。《保险法》第12条第5款规定，被保险人是指其财产或者人身受保险合同保障，享有保险金请求权的人。投保人可以为被保险人。被保险人，作为享有保险合同实益的人同时也负担相应的义务，具体包括：如实

---

① ［英］戴维·M. 沃克著．牛津法律大辞典［M］．李双元等译．北京：法律出版社．2003年，第715页。

② Stoke－on－Trent City Council v. W. & J. Wass Ltd［1988］1 WLR. 转引自杨彪．受益型侵权行为研究——兼论损害赔偿法的晚近发展［J］．法商研究，2009：（5）：84.

③ 吴小华．试论间接损失的赔偿责任［J］．现代法学．1982（3）：38.

④ ［英］戴维·M. 沃克著．牛津法律大辞典［M］．李双元等译．北京：法律出版社．2003年，第238页．

⑤ ［美］皮特·纽曼著．新帕尔格雷夫法经济学大辞典（第二卷）［M］．许明月等译．北京：法律出版社．2003年，第379页．

⑥ ［美］约翰·F. 多宾著，罗玉中译．被保险人［J］．国外法学，1988（7）：15.

告知义务、防灾防损义务、危险增加的通知义务以及出险通知义务等。将保险金的支付请求权赋予被保险人充分贯彻了“无损失，无保险，谁损失，谁受益”的保险原则，同时可以将保险这一人类互助共济行为与赌博区分开来，防止社会范围内道德风险的弥漫。

二、损失补偿原则的功能

保险的“补偿”观念由早期的海上保险实践发展而来，后逐渐成为补偿性保险合同中的核心范畴。

（一）不当得利之禁止

不当得利，是指没有法律上的原因取得利益并因此致他人利益受损的事实。构成不当得利，需要满足以下几个条件：（1）一方取得利益；（2）另一方受损；（3）获益与损失之间无法律上的原因。对于不当得利的法律后果，《中华人民共和国民法总则》（以下简称《民法总则》）第 122 条规定，因他人没有法律根据，取得不当利益，受损失的人有权请求其返还不当利益。不当得利法的规范目的乃在去除收益人无法律上原因所受之利益，而非在于赔偿受损人的损失，故与侵权法不同①。英美法理论认为，不当得利法的原则在于“不正当之利益必须返还”，从而与侵权法“不法侵害得给予赔偿”的原则相异②。

保险之损失补偿原则因只会最大程度上弥补被保险人的实际损失，而不容许在损失基础上实现利益，所以避免了风险受体整体中其他主体的利益损失，也是因此使得损失补偿原则具有了不当得利禁止之功能。保险（补偿性保险），也因其损失补偿原则的运用与规制而与赌博以及投资手段相区别。所以，财产保险以足额（不足额）保险与非定值保险为一般情形，而以重置保险和定值保险为特例。当然，损失补偿原则之不当得利禁止功能的实现也在很大程度上维护着风险受体之间的公平。

然而，因保险标的价值的在非瞬时结束的保险合同履行过程中会发生动态变化，如何衡量被保险人的财产损失程度就成为一个比较棘手的问题。通常而言，对于被保险人的补偿程度不仅需要参照投保时的标的物价值，还需要结合实际使用以及折旧计提等情况考察标的物出险时的市场价值以及被保险人保险利益的变动情况，如此才会使其不当得利禁止之功能发挥实效。

（二）道德风险之防范

保险领域的道德风险意指被保险人或受益人为获得保险金的支付而为不如实告知、故意制造保险事故或扩大事故损失程度等行为。按其恶劣程度又可进一步细分为一般的保险欺诈以及较为严重的保险诈骗行为。保险欺诈主要体现在当事人的不如实告知方面，而保

---

①　王泽鉴著．债法原理·不当得利［M］．北京：中国政法大学出版社．2002 年，第 3 页．

②　［英］麦肯雅克著．契约法［M］．北京：法律出版社．2002 年影印版，第 6 页．转引自：肖永平，霍政欣．不当得利的法律适用规则［M］．法学研究．2004（5）：130.

险诈骗则严重到已触犯了刑事法律规范。《中华人民共和国刑法》)(以下简称《刑法》将以下几种行为界定为保险诈骗:(1)投保人故意虚构保险标的,骗取保险金的;(2)投保人、被保险人或者受益人对发生的保险事故编造虚假的原因或者夸大;(3)投保人、被保险人或者受益人编造未曾发生的保险事故,骗取保险金的;(4)投保人、被保险人故意造成财产损失的保险事故,骗取保险金的;(5)投保人、受益人故意造成被保险人死亡、伤残或者疾病,骗取保险金的。

道德风险的形成除发生于被保险人与保险标的之间不具有利害关系的情形之外,亦常见于希冀超损失额度获得保险给付的情形。以下以财产保险为例,用具体的效用函数来说明损失补偿原则在规避道德风险方面的作用机理。

假设自然人甲当前的财富总量为 W_0(包括各种动产以及不动产)。社会财富中有一价值为 V 的房屋,该房屋发生火灾风险的概率为 P。甲若要为该房屋投保火灾损失保险的话,保险费为 F,保险金为 J。且需注意的是,V 恒大于 F。下面,通过损失补偿原则机理说明理性行为人的选择。

(1)房屋归甲所有。若房屋归甲所有,而且甲投保了以该房屋为保险标的的火灾保险。则甲的效用函数 $EU(X_1)$ 如下:

$$EU(X_1) = P \times U(W_0 - F - V + J) + (1 - P) \times U(W_0 - F) \quad (2-1)$$

(2)房屋不属于甲。

①不考虑损失补偿原则。此时甲的效用函数为 $EU(X_2)$,表示如下:

$$EU(X_2) = P \times U(W_0 - F + J) + (1 - P) \times U(W_0 - F) \quad (2-2)$$

②引入损失补偿原则。此时甲的效用函数为 $EU(X_3)$,表示如下:

$$EU(X_3) = P \times U(W_0 - F) + (1 - P) \times U(W_0 - F) \quad (2-3)$$

式(2-3)经整理得:

$$EU(X_3) = EU(W_0 - F) \quad (2-4)$$

式(2-1)经与式(2-2)比较,得出结论为:当某主体对保险标的不具有保险利益时,风险事故的发生也就不会造成其固有财富水平的下降(没有损失),如果忽略此一关键而对其进行保险金的支付反而会使其产生 EU[P(J-F)](因 V 恒大于 F,所以 EU[P(J-F)]>0)额度的收益。在如此的利益诱惑面前,社会公众会“理智”地以与自己无利益关系的物投保保险,并人为地促成保险事故的发生以获取来自保险人的保险金支付。

式(2-2)经与式(2-4)比较,得出的结论为:当某主体对保险标的不具有保险利益时,风险事故的发生也就不会造成其固有财富水平的下降,然而在损失补偿原则的规制下,该主体不仅因未有损失而并不能够获得来自保险人的保险金支付,而且还会有保险费的损失。面对如此之不“划算”的事情,人们当然是退避三舍,敬而远之。

简而言之,如果允许被保险人获得超过其损失程度的补偿,将会诱使被保险人故意促使保险事故发生等保险欺诈行为进而造成社会资源的损失。而在损失补偿原则的规制下,纵使被保险人故意引发保险事故发生,被保险人仅仅能够获得出现标的物价值的替代形式

——现金——而以，对其财富价值额度的改变无任何有益之处。

三、损失补偿的方法和额度限制

损失补偿原则是应用性极强的保险基本原则之一，该原则的实用主要体现在损失补偿方法的确定、损失补偿额度的计算以及损失补偿项目划定等方面。

（一）损失补偿方法

1. 货币

保险实务中，保险人保险金给付义务的履行多以货币形式完成。货币因具有较实物资产或者服务而言的高度流动性而对于被保险人生产生活状态的恢复具有不可比拟的作用。

2. 重置

重置，其惯常理解为重新购置之意。简而言之，保险人保险责任的承担并不以支付保险金为表现，而是以保险标的物重新购置为内容。因此，此等保险即被称为重置保险。

重置保险，美国称为 Replacement Cost Insurance，认为此类保险是保险人向被保险人补偿其修理或重置保险标的物所需之成本的财产保险；英国则称其为 Reinstatement or Replacement Insurance，认为被保险人所应得保险金为原标的物之取代费用，且容许改善原则之适用①。

3. 修理

修理亦是保险人履行保险给付义务的主要方式之一，多存在于机动车辆保险情形。当保险标的物因保险合同约定范围内原因致损失发生时，保险人将对被保险人的受损保险标的物提供修理服务以恢复其使用价值。

（二）损失补偿额度

1. 以保险利益为限度

“无利益，无损失，无保险”，这句流行于保险领域的俗语简单明了地道出了保险之利益损失补偿的本质属性，因而，保险人承担给付责任的数额即对于被保险人的损失补偿额度要以被保险人对于保险标的所具有的保险利益多寡为标准进行核定。

例如对于按份共有的保险标的物，单独被保险人仅可按其共有份额要求保险人向其支付保险赔款，对于超过其份额部分的保险赔款无支付请求权。

2. 以保险金为限度

保险，因其具有以损失补偿为集中体现的、经济保障方面的有用性成为买卖对象，继而成为商品。商品的此等属性就是有用性，有用性使物具有使用价值②。商品，是价值和

---

① ［英］M. L. 克拉克著．保险合同法［M］．何美欢等译．北京：北京大学出版社．2002 年，第 753 页，第 756 页．

② 中央马克思恩格斯列宁斯大林著作编译局．资本论第 1 卷［M］．北京：人民出版社．2004 年，第 48 页．

使用价值的矛盾统一体，使用价值的获得以支付商品价值为前提。保险商品的使用价值，以保险费之缴付为对价，以保险商品的保障功效为具体表现形式，集中表现为相关主体的保险金支付请求权以及保单的现金价值所有权。保险消费者让渡保险商品价值以获得保险商品的使用价值；保险人则以收获保险商品价值为前提让渡保险商品的使用价值于保险消费者。通常，投保人作为保险合同的当事人负有支付保险费的义务而成为保险消费者，拥有保险商品的“所有权”①，投保人所获得的保险商品的使用价值与其所支付保险费成正相关性的对价平衡关系，这就意味着被保险人仅能于保险事故发生时获得保险金限度内的风险保障。尤其是在投保人投保了不足额保险的时候，即使被保险人对于保险标的物所拥有的保险利益超过了保险金额，被保险人也仅能在保险金限度内申请保险理赔。

3. 以实际损失为限度

风险，是一种与损失相关的不确定性，其不确定性之一即表现为损失程度的不确定性。因此，当风险事故发生时，遭遇风险事故侵袭的保险标的是全损或是部分损失并非事先可以确定。但可以确定的是，被保险人并不会获得超过其实际损失的保险补偿。那么，保险利益也好，保险金额也罢，仅仅是对于被保险人损失补偿上限的预估，两者均属于期初概念。从行为发生的时间点来看，保险给付应是一个风险事故发生之后的期末概念。因此，以损失补偿为原则，亦从计量口径一致的角度，保险人为真正保险给付责任的多少需在参考期初数值的基础上，以保险标的物的实际损失为基础。

4. 免赔的约制

“免赔”，即免予赔偿之意，但其适用仍以保险人有责为基础。一般认为，免赔条款一方面可以使投保人以较低的保费购买保险，另一方面由于风险在保险人和投保人之间分担，能有效防止道德风险问题②。

例如，《中国人民财产保险股份有限公司机动车商业保险条款——家庭自用汽车损失保险条款》第 8 条：“保险人在依据本保险合同约定计算赔款的基础上，按照下列免赔率免赔：（1）负次要事故责任的免赔率为 5%，负同等事故责任的免赔率为 8%，负主要事故责任的免赔率为 10%，负全部事故责任或单方肇事事故的免赔率为 15%；（2）被保险机动车的损失应当由第三方负责赔偿的，无法找到第三方时，免赔率为 30%；（3）被保险人根据有关法律法规规定选择自行协商方式处理交通事故，不能证明事故原因的，免赔率为 20%；（4）投保时指定驾驶人，保险事故发生时为非指定驾驶人使用被保险机动车的，增加免赔率 10%；（5）投保时约定行驶区域，保险事故发生在约定行驶区域以外的，增加免赔率 10%。”

保险实践中，免赔主要有免赔额和免赔率这样两种方式。

（1）免赔额。存在绝对免赔额与相对免赔额的区别。绝对免赔额，即是保险人和投保人在保险合同中约定一个免赔额度 X_0，当不计算此免赔额度时保险人的责任限额 X_1 超过 X_0 时，保险人的最终责任限额即为（$X_1 - X_0$），若 $X_1 \leqslant X_0$，则保险人保险给付数额为 0。

① 范玲，董惠江．论去遗产化的投保人之保险金权利本体地位［J］．学术交流．2018（4）：102.

② 孙建胜，王文举．不完全信息下的免赔额保险博弈分析［J］．首都经济贸易大学学报．2005（1）：68.

相对免赔额，则是当不计算此免赔额度时保险人的责任限额 X_1 超过 X_0 时，保险人的最终责任限额即为 X_1，若 $X_1 \leq X_0$，则保险人保险给付数额为 0。

（2）免赔率。即在保险合同中约定一个以相对数表示的免赔比率，保险人最终的保险给付责任需要在不计算此免赔时保险人的责任限额基础上乘以（1 - 免赔率）。

（三）损失补偿项目

1. 保险金

保险人履行义务的最直接体现为及时、充分地向被保险人支付保险金。保险人此项义务的履行对于被保险人生产生活的恢复，可谓意义重大。《保险法》第 23 条规定："保险人收到被保险人或者受益人的赔偿或者给付保险金的请求后，应当及时作出核定；情形复杂的，应当在三十日内作出核定，但合同另有约定的除外。保险人应当将核定结果通知被保险人或者受益人；对属于保险责任的，在与被保险人或者受益人达成赔偿或者给付保险金的协议后十日内，履行赔偿或者给付保险金义务。保险合同对赔偿或者给付保险金的期限有约定的，保险人应当按照约定履行赔偿或者给付保险金义务。"

保险人未及时履行前款规定义务的，除支付保险金外，应当赔偿被保险人或者受益人因此受到的损失。

2. 施救费用

保险事故发生后，非故意促成保险事故发生的被保险人可以获得来自保险人的保险赔款以补偿其利益损失，因此，在损失补偿原则约制下的被保险人并不会做出积极的施救行为。施救行为的缺失不仅会造成保险人因赔付率上升而引发的下一轮保险费率提高，而且还会造成社会资源的损耗。如此一来，积极地施救就非常必要。但是，因风险事故发生的不确定性、危险性以及义务履行的监督等问题，向被保险人施加风险事故发生后的施救义务也并不十分妥当。因此，保险法律规范通常通过补偿施救费用的方式诱导被保险人主动履行施救义务，且并未规定违反施救义务的法律后果。

《保险法》第 57 条："保险事故发生时，被保险人应当尽力采取必要的措施，防止或减少损失。被保险人保险事故发生后，被保险人为防止或者减少保险标的的损失所支付的必要的、合理的费用，由保险人承担；保险人所承担的费用数额在保险标的损失赔偿金额以外另行计算，最高不超过保险金额的数额。"《德国保险合同法》第 83 条（1）也规定，投保人为了实现损失预防与降低而发生的合理必要费用，即使未能产生积极效果，保险人仍应予以补偿。在投保人向保险人提出请求时，保险人应预付必要费用[①]。韩国《商法》第 680 条规定，投保人和被保险人应尽力防止损害的发生，因此而支出的必要或有益的费用和赔偿金，即使超过保险金额，仍应由保险人承担[②]。《日本保险法》第 13 条，投保人及被保险人在知道发生了保险事故的时候，应努力防止因此造成的损害的发生和扩大。

---

① 孙宏涛著．德国保险合同法［M］．北京：中国法制出版社．2012 年．第 79 页．

② 崔吉子，黄平著．韩国保险法［M］．北京：北京大学出版社．2013 年，第 71 页．

3. 核损费用

《保险法》第 64 条："保险人、被保险人为查明和确定保险事故的性质、原因和保险标的的损失程度所支付的必要的、合理的费用，由保险人承担。"第 66 条："责任保险的被保险人因给第三者造成损害的保险事故而被提起仲裁或者诉讼的，被保险人支付的仲裁或者诉讼费用以及其他必要的、合理的费用，除合同另有约定外，由保险人承担。"

四、损失补偿原则的特例

无损失，即无保险。保险作为一种社会主体之间的互助共济，以恢复风险受体之生产生活为意旨，但生产生活之恢复水平亦受到保险保障额度之限制。若风险事故发生时遭遇同类保险标的物市场价格上涨等情形，被保险人之生产生活水平的恢复无疑将会受到影响。因此，于损失补偿原则下，保险理论与实务中不无例外存在。

（一）重置保险

重置保险，又称之为重置成本保险，是指为了满足被保险人对受损标的物进行重置或重建之需要，投保人以保险标的物重置成本为保险金额，于保险事故发生时，由保险人不扣除折旧，按保险金额为给付或恢复标的物原状态之保险[①]。

重置成本保险，以补偿被保险人重新置换新标的物所付出之成本为保险给付，且不扣除折旧。因此，重置成本保险可以在风险事故发生时最大程度上恢复受损标的物的使用价值，对于被保险人提供的保险保障最为全面。

（二）定值保险

因定值保险在出险时刻不再核定标的物的市场价值，而是直接以保险人和投保人于投保之时商定的保险价值为最终保险赔付的基准，因此会出现约定价值高于出险时标的物价值之情况，此亦是对损失补偿原则的"违反"。但定值保险因其有较为严格的适用范围，因此并未对损失补偿原则有根本性的否定。

---

① 康雷闪．重置成本保险：法理基础及制度建构——由"高保低赔"现象引发的思考［J］．法商研究．2012（3）：47.

第四节　损失补偿原则的派生原则

一、代位原则

代位权，是财产保险中的一项特有制度，意指保险标的因保险事故发生而造成推定全损，或者保险标的遭受风险事故是因第三人责任所致，保险人按照保险合同约定向被保险人给付保险金之后，依法取得的对保险标的的所有权或者对于第三人责任主体进行追偿的权利。英国的普洛克勋爵曾说，“英国法中没有概括的有关不当得利的规则……代位包含着多个概念。它是对权利从一个人转到另一个人，不需权利转出方的转让或同意，而是法律在许多不同情况下适用的结果的简称。一些被代位的权利源于合同，如保险合同，其他的……与合同无关，但又不好分类，只能说是为防止一种特殊的不当得利的实用补救[①]。”当然，保险合同可以对代位权行使作出一定的限制或者是排除的约定，甚至通过与第三人协议的方式加以排除，而且，机动车辆保险实践中也出现了“互撞协议”对代位权的行使加以约定性限制。

通常，保险领域的代位包括权利代位和物上代位两种情形。

（一）权利代位

保险事故发生以后，被保险人基于与保险人之间的保险合同关系向保险人提出保险金支付请求，该支付请求权的行使以支付保险费这一对价为前提。从表面上看，被保险人获得的保险支付源自保险人，而实际上却源于风险共同体让渡保险费所形成的保险保障基金，只有当保险精算疏漏或者大规模风险事故发生时，保险人才需动用自有资金承担对于被保险人的保险责任。这种保险给付的机制，也体现着风险受体之间的互助关系。然而，保险事故的发生或因自然原因、政策性原因，亦可因为人为原因所致。当第三人需对保险标的损失负民事损害赔偿责任时，保险人在向被保险人赔付保险金之后即取得向第三人进行追偿的权利，该权利即为代位求偿权。《保险法》第 60 条：“因第三者对保险标的的损害而造成保险事故的，保险人自向被保险人赔偿保险金之日起，在赔偿金额范围内代位行使被保险人对第三者请求赔偿的权利。”《德国保险合同法》第 86 条（1）：“如果投保人对第三人享有损害赔偿请求权，则在保险人向投保人赔付保险金后，上述请求权转移给保险人。但上述请求权之转移不得不利于投保人。”

---

① Orakpo v Manson Invesements Ltd ［1978］ AC 98，104. 转引自［英］M. L. 克拉克著. 保险合同法［M］. 何美欢等译. 北京：北京大学出版社. 2002 年，第 823 页.

1. 代位求偿权的法理基础

保险代位权制度的法理基础主要关系到三个问题：一是保险代位求偿权涉及哪些利益主体；二是各主体之间如何进行利益平衡；三是代位求偿权如何行使。当被保险人的保险利益因第三人原因所致，依照目前各个国家和地区的司法制度，如无特殊原因，第三人需要对被保险人承担损害赔偿责任。如《中华人民共和国侵权责任法》（以下简称《侵权责任法》）规定，侵害民事权益，应当依法承担侵权责任。第三人承担侵权责任的方式主要有：停止侵害、排除妨碍、消除危险、返还财产、恢复原状、赔偿损失、赔礼道歉、消除影响以及恢复名誉。其中，返还财产与赔偿损失的侵权责任方式将会与保险人的保险责任之间产生较大的交集。一者，第三人向被保险人返还财产时，被保险人需要将等量范围内的保险给付向保险人返还；再者，第三人对被保险人承担损失赔偿责任，可能使得被保险人超量“弥补”损失。此时，一系列的问题摆在了面前。

第一，被保险人可否同时保有保险金支付请求权以及对于第三人的损害赔偿请求权？

第二，如果不能的话，是否因为被保险人投保保险而免除了第三人的民事损害赔偿责任？

第三，如果第三人的损害赔偿责任不得免除，转由保险人对其行使权利是否正当？

对于上述问题的解答，需回归到保险本质进行深入考察。

保险是一种经济补偿制度，并不保障保险标的物或者被保险人本人的人身不遭受任何风险事故的侵袭，而是承诺对于遭受风险事故的主体进行经济补偿，以全部或一部恢复其保险标的所承载之利益损失。即，保险并不提供“保管箱”服务。可见，“保险利益”才是保险保障的本体，保险标的仅为利益载体而已。虽然一般而言，利益载体受损会致使其所承载之利益损失，但两者之间并非必然总是如此高度相关。例如，于非定值保险之情形，对于出险时市场行情看涨之保险标的，只要保险标的受损程度小于标的价值上涨程度，标的外形的受损并不意味着保险利益损失。更何况，利益载体仅是利益依存之“皮囊”，利益载体的表现形式发生变化也非一定会导致利益损失，保险标的从实体形式到价值形式的变化即为如此。因此，在第三人致使被保险人保险标的损失时（暂且抛开被保险人投保的保险合同不论），被保险人的财产利益将在第三人的损害赔偿金之上继续存在，或者是在对于第三人的损害赔偿请求权上继续存在。因此，对于以上提出的第一个问题答案是否定的。无论是从补偿损失还是保险给付的原理而言，对于损害赔偿请求权和保险金支付请求权，被保险人只能择一种。究竟行使哪一请求权，由被保险人自主决定。当然，理性的被保险人会综合考虑赔偿可能性以及请求权行驶成本等多种因素。

对于第二个问题，如果被保险人选择行使保险金支付请求权以弥补其财产损失也不能免除第三人的侵权责任，毕竟侵权责任是对于责任人的一种否定性的社会评价，以借着确定行为人应遵守的规范及损害赔偿的制裁而阻止侵害行为[①]。保险人之保险金支付并不足以作为替代发挥侵权责任法律此等功用的正当理由。在 Somersall v. Friedman 一案，加拿大

① 王泽鉴著．侵权行为法（1）．北京：中国政法大学出版社．2002 年，第 10 页．

最高法院法官指出，防止被保险人获得超额补偿并非是法律赋予保险人以代位权的唯一原因；法律需要同时确保对被保险人进行给付的责任应当最终由（可归责的）第三人而非保险人来承担①。

对于第三个问题，以下从保险人实现代位求偿权前后的资产状况出发，结合保险的本质进行分析。令 A_1 为保险人行使代位求偿权之前的资产状况；A_2 为保险人行使代位求偿权之后的资产状况；A_3 为被保险人向责任人追责之后的保险人资产状况。再令 R 为保险人签订合同时的资产额；F 为保险费，保险费 F 由纯保费 F_1 和附加保费 F_2 组成，即 $F = F_1 + F_2$；C 为保险公司业务成本；L 为保险公司利润，且 $F_2 = C + L$；M 为赔款支出（$M \geq 0$）；N 为追偿款净值（不考虑实现追偿款的费用，$N \leq M$）。

保险人行使代位求偿权之前的财产状况：

$$
\begin{aligned}
A_1 &= R - C + F - M \\
&= R - C + (F_1 + F_2) - M \\
&= R - C + (F_1 + C + L) - M \\
&= R + L + (F_1 - M)
\end{aligned}
$$

通过对 A_1 的推导可以发现，保险人的营业费用 C 得到了相应的补偿。而且排除保险费率计算失误以及特大灾难发生的场合，$F_1 - M \geq 0$。此时保险人的营业利润为 $L + (F_1 - M)$，且 $L + (F_1 - M) > L$。结合保险的本质可以发现，$(F_1 - M)$ 意味着在大多数情况下，对于被保险人的保险赔款支出完全来自于投保了同类保险而未出险的其他投保人，而并非保险人的自有资本。当且仅当 $L + (F_1 - M) < 0$ 时，保险责任的承担才需动用保险人的自有资本，即保险人产生了“损失”。然而保险人的该种损失既不是由于他人人为原因造成，也不属于自然灾害原因所致，而是作为市场经营主体必须承担的系统性风险。保险人是不能将其经营环节所面临的系统性风险进行转移的，因此并没有对其加以补偿的依据。

行使代位求偿权后的资产状况

$$
\begin{aligned}
A_2 &= A_1 + N \\
&= R + \{L + [F_1 - (M - N)]\}
\end{aligned}
$$

$$0 \leq N \leq M$$

$$0 \leq (M - N) \leq M$$

$$\{L + [F_1 - (M - N)]\} \geq L + (F_1 - M)$$

对于上述结果有以下几点需要说明：(1) 对于追偿款 N，保险公司的会计实务通常是借记银行存款，贷记赔款支出，将追偿款用于赔款支出的冲抵，即 A_2 中的 $(-M + N)$，从而间接增加了保险企业的营业收入。而且根据《财政部、国家税务总局关于营业税若干政策问题的通知》（财税〔2003〕16 号）规定：“保险企业取得的追偿款不征收营业税。”因此，保险企业在计算营业税应纳税额时会将追偿款收入剔除。如此一来，保险人的净利

① See Charles Mitchell, Stephen Watterson, Subrogation, Law and Practice, Oxford University Press, 29 Mar. 2007, pp. 322 – 323.

润水平再次上升；（2）对于追偿款 N，虽然在代位求偿权实际行使的过程中会因为种种原因而影响保险人获得的最终数额，但是这不影响最终结论的得出。与 A_1 相对比，A_2 这一结果不仅具有 A_1 所具有的含义，而且还表明在保险人行使代位求偿权之后，保险人的经营效益进一步得以提升。即使是在保险人需要动用自有资本承担保险责任的场合，代位求偿权的行使也使得保险人的亏损程度减轻。

被保险人向第三人追责之后的保险人资产状况：

在被保险人选择向第三人追责的情况下，保险人并不会获得代位求偿权。保险人此时的资产状况 A_3 的净值与 A_1 相同。即：

$$A_3 = R + F_1 + L$$

上述 A_1 至 A_3 逻辑结果的推导已经清楚地表明，保险人在履行保险合同过程中所产生的损失即营业费用，都已经由投保人对其进行了完全的补偿，至于其所支付的保险赔款并不来自于保险人自有资本，而是来自于由投保人缴纳保险费所组成的保险保障基金，因此只有在保险费率计算失误或者特大灾难发生致使保险保障基金不足以赔付时，才会动用到保险人的自有资本。但是保险人属于商业主体，在进行商业行为过程中所面临的市场风险是不能够转嫁给其他主体的。所以，由既非政府机构，又非福利机构的事故责任人对于保险人自有资本损失进行补偿，缺乏依据，即将代位求偿权实现之款项计入保险人权益账户缺乏依据。英美法系国家的此类判例也认为保险事故责任人并不对保险人承担事故损害赔偿责任，因此由保险人向保险事故责任人行使代位求偿权缺乏依据。既然由造成标的物损失的责任方向保险公司进行的款项支付 N 已不再具有损失补偿的性质，那么责任人向保险人进行的此项支付究竟具有何等性质？为什么支付对象是保险人而不是其他主体？等等问题在保险法上都是语焉不详。传统保险理论也并未对这一问题进行深入阐释①。

2. 代位求偿权的行使

（1）被保险人因保险事故对第三者有债权。代位求偿权行使的首要要件即为保险事故因第三人原因所致，且被保险人因此对该第三人获得相应的债权，此项债权可因侵权，亦可因第三人违约所致。《韩国保险法》第 682 条："损害是因第三人的行为而发生的，已支付保险金的保险人，以其支付的金额为限，取得投保人或被保险人对该第三人的权利。"

（2）代位权的行使须在保险人履行保险给付义务之后。代位权的获得要以保险人向被保险人进行保险给付为前提条件，当保险人向被保险人支付保险赔款之后，保险人立刻获得对于第三责任人的代位权。根据《英国财产法》第 136 条的规定，被保险人对第三人的赔偿请求权以法定形式转让给保险人的，保险人在给付保险金后，可以自己的名义行使保险代位权，但被保险人对第三人的赔偿请求权没有以法定形式转让给保险人的，保险人不得以自己的名义而只能以被保险人的名义行使保险代位权②。

《保险法》第 60 条："保险事故发生后，保险人未赔偿保险金之前，被保险人放弃对第三者请求赔偿的权利的，保险人不承担赔偿保险金的责任。保险人向被保险人赔偿保险

① 范玲．损失补偿原则对保险人的法律规制研究［J］．国家行政学院学报．2013（6）：80.

② 王林清，杨心忠．保险代位求偿权行使限制理论问题研究［J］．法律适用．2011（5）：14.

金后，被保险人未经保险人同意放弃对第三者请求赔偿的权利的，该行为无效。被保险人故意或者因重大过失致使保险人不能行使代位请求赔偿的权利的，保险人可以扣减或者要求返还相应的保险金。”

（3）不得向被保险人的家庭成员或组成人员追偿。《保险法》第62条：“除被保险人的家庭成员或者其组成人员故意造成本法第六十条第一款规定的保险事故外，保险人不得对被保险人的家庭成员或者其组成人员行使代位请求赔偿的权利。”因为被保险人的家庭成员或者组成人员与被保险人之间具有较为密切的财产上的一体性，可归责于被保险人的家庭成员或者组成人员的保险标的损害赔偿责任的承担，无异于追究了被保险人的财产责任。因此，一般来说，被保险人受到损失的，其家庭成员或组成人员的利益也会受到损失，反之亦然。如果允许保险人在赔偿后可向被保险人的家庭成员或组成人员追偿，实际上是又向被保险人索回了赔偿，等于让被保险人自己承担损失，无法实现保险的目的[①]。

（4）代位金额为保险金与对第三人债权中较少者。《日本保险法》第25条：“保险人在履行保险给付后，当然地代位取得被保险人因保险事故导致的损害而享有的债权，代位的金额以保险金与被保险对第三人债权中较低者为限。”

（二）物上代位

《保险法》第59条：“保险事故发生后，保险人已支付了全部保险金额，并且保险金额等于保险价值的，受损保险标的的全部权利归于保险人；保险金额低于保险价值的，保险人按照保险金额与保险价值的比例取得受损保险标的的部分权利。”《日本保险法》第24条：“保险人在保险标的全部灭失的情况下履行保险给付后，根据该保险给付额占保险价值（有约定保险价值时，该约定保险价值）的比例，当然地代位取得被保险人关于该保险标的所享有的所有权及其他物权。”《中华人民共和国海商法》（以下简称《海商法》）第256条：“除本法第二百五十五条的规定外[②]，保险标的发生全损，保险人支付全部保险金额的，取得对保险标的的全部权利；但是，在不足额保险的情况下，保险人按照保险金额与保险价值的比例取得对保险标的的部分权利。”

二、重复保险分摊原则

重复保险（Double Insurance），又称复保险，与单保险（Single Insurance ）相对应但并非某一保险合同种类，而是一种多次投保的行为。

重复保险制度根源于保险的损失补偿原则，制度出发点在于防范因规避超额保险限制而重复投保可能引发的道德风险。当然，重复保险的形成不完全出于投保人之主观恶意，善意的重复保险亦存在。

---

① 王林清，杨心忠．保险代位求偿权行使限制理论问题研究［J］．法律适用．2011（5）：14.

② 发生保险事故后，保险人有权放弃对保险标的的权利，全额支付合同约定的保险赔偿，以解除对保险标的的义务。

（一）重复保险的判断

重复保险，又称复保险。复，乃重复也。重复保险，相对于单保险而言是指投保人以同一保险标的、同一保险利益、同一保险事故分别与两个或两个以上保险人订立数个保险期间有重合的保险合同的行为。按照数个保险合同所承保之保险金额总额是否超过保险价值，重复保险即有了超额重复保险和未超额重复保险的不同。我国《保险法》第 56 条将重复保险界定为：重复保险是指投保人对同一保险标的、同一保险利益、同一保险事故分别与两个以上保险人订立保险合同，且保险金额总和超过保险价值的保险。《德国保险合同法》第 77 条（1）："如果投保人针对同一保险利益、同一保险事故与数个保险人订立保险合同，则其有义务及时告知保险人另外投保的情况。在其通知中，应当详细说明其他保险人的名称与投保金额。"我国台湾地区"保险法"第 35 条："复保险，谓要保人对于同一保险利益、同一保险事故，与数保险人分别订立数个保险之契约行为。"

第一，同一保险标的。

同一保险标的是判断是否构成重复保险的第一个要素，全因保险标的是保险利益的载体。通常情况下，载体不同，其所承载的利益亦不同，自然无所谓的"重复"之意。也就是说，即使同一保险利益同时附着于不同的保险标的之上，各个保险标的不过以其总体承载着财产权益，而非重叠。只有保险标的物的同一，才会引发不同保险合同保障下的一个利益受损却发生多重赔付的问题。

第二，同一保险利益。

保险利益是保险合同客体，是保险合同主体之前权利义务关系所指向的对象，也是保险保障之内容。保险利益只能依存于保险标的之上，但一保险标的却可同时承载不同的保险利益。例如，被抵押财产之上既存在抵押人的所有权利益，又同时存在抵押权人的抵押权利益，如果投保人同时以抵押权和所有权投保数个保险，也不能构成重复保险。

第三，同一保险风险。

风险世界，纷繁复杂，风险受体之财产权益无时无刻不面临着各种风险的威胁。如一处房屋即随时面临着火灾、地震等风险。只有当投保人将同一保险事故同时复数投保，才构成重复保险。

第四，保险期间有重合。

重复保险，意在规避投保人或被保险人超过保险标的价值超额获益。虽为同一保险标的、保险利益以及同一保险事故，而保险期间各异（如前一保险合同的保险期间终止后，次一个保险合同的保险期间开始），则不构成重复保险。但是，保险期间的重复，并不要求全部保险期间的始期和终期完全一致，部分保险期间重复或保险责任起止时间相容，也可以构成重复保险①。

第五，保险金额超过保险价值。

① 王俊．重复保险若干法律问题探析［J］．保险研究．2001（4）：39.

我国《保险法》将各保险合同保险金额总和超过保险价值作为判断是否构成重复保险的标准之一，亦有学者持此观点，如江朝国认为，复保险之保险金额之总和超过保险标的价值者，若各保险契约之总和并未超过保险标的价值，则为共同保险（Mitversicherung）[①]。对于各保险合同之保险金额总和是否须超过保险价值，笔者认为，并非是重复保险的判断标准，而仅应作为各保险合同效力判断以及各保险人之间责任分摊的依据。

（二）重复保险的通知

重复保险，除另有约定外，投保人应将其他保险人的名称及保险金额通知各保险人。若投保人故意不通知，保险合同无效。《保险法》第 56 条第 1 款："重复保险的投保人应当将重复保险的有关情况通知各保险人。"《德国保险合同法》第 77 条（1）也规定了重复保险的投保人有义务及时告知保险人另外投保的情况，具体包括其他保险人的名称和投保金额。我国台湾地区"保险法"第 36 条－37 条："复保险，除另有约定外，要保人应将他保险人之名称及保险金额通知各保险人。要保人故意不为前条之通知，或意图不当得利而为复保险者，其契约无效。"

投保人的复保险通知义务，意在使各保险人之间，彼此共知保险事故发生时，就其所保金额应负如何比例分担之责，以免有赔偿总额超过保险价额之情形发生，亦借以防止要保人利用复保险契约，故意使其保险金额之总额，超过保险标的之价值，以便从中取利也[②]。我国台湾地区法院"1995 台上 723"判决要旨认为：重复保险通知义务的规定，是因为财产保险的目的在填补损失，有损害才有赔偿，被保险人不得为超额赔偿请求，也不得以重复保险为变相的超额保险。保险人在承保前可以就保额是否超逾，危险是否集中等问题进行评估，以决定是否承保，特别要求要保人履行重复保险的通知义务[③]。

为重复保险者通知义务的履行存在一定的障碍，因重复保险的形成与保险标的于保险合同签订之后的市场价值变化不无关系。例如不定值保险的情形，投保时就保险金额与保险标的物价值的角度并不存在重复保险，但若出险时因标的物市场价格的变化导致保险金额总和超过保险标的物价值而形成的重复保险就会使得重复保险的通知义务无法履行，且此种情况投保人无主观过错。

（三）重复保险效力与责任分摊

1. 重复保险的效力

就重复保险行为下各个保险合同的效力问题，我国《保险法》并未予以明确规定，但从其对于各保险人之间责任分摊之规定可见，我国《保险法》对于各个保险合同的效力均加以认可，并不区分投保人的善意与恶意[④]。《保险法》第 56 条第 3 款："重复保险的投

① 江朝国著．保险法基础理论［M］．北京：中国政法大学出版社．2002 年，第 257 页．

② 林群弼著．保险法论（修订三版）［M］．台北：三民书局．2008 年，第 341 页．

③ 董彪．论我国重复保险制度的立法完善［J］．上海金融．2010（3）：72.

④ 温世扬，黄军．复保险法律问题研析［J］．法商研究．2001（4）：56.

保人可以就保险金额总和超过保险价值的部分，请求各保险人按比例返还保险费。”笔者认为，不区分复保险情形下当事人的主观意愿虽然可以最大程度上实现保险制度之不当得利禁止之目的，但当投保人基于恶意重复投保情况下，不对合同效力采取否定态度，而仅仅为防止其不当得利而仅仅对其所获取的保险赔款数额加以限制，并不能达到法律规范预防当事人实施恶意行为的法律效果。

所谓恶意复保险，系指投保人于订约之际，意图谋取不当得利，或在保险合同有效期内知悉复保险的存在而不为通知，或故意为虚假通知。就恶意复保险，我国台湾地区“保险法”第 37 条：“要保人故意不为前条之通知，或意图为不当得利而为复保险者，其契约无效。”《意大利民法典》第 1910 条第 2 款规定，如果被保险人对发出通知有恶意懈怠，诸保险人不承担支付保险金的责任。《德国保险合同法》第 78 条（3）：“如果投保人订立复保险的目的是为了获取非法财产权益，则基于上述意图订立的保险合同当属无效；保险人有权保有自合同成立时起至其知悉保险合同无效时止之保险费。”

所谓善意重复保险，指投保人在重复缔约时，向各保险人为重复保险通知义务或者虽未为复保险通知但复保险的形成乃是因为出险时刻标的物市场价格变化所致之情形。我国台湾地区“保险法”第 38 条：“善意之复保险，其保险金额之总额超过保险标的之价值者，除另有约定外，各保险人对于保险标的之全部价值，仅就其所保金额负比例分摊之责。但赔偿总额，不得超过保险标的之价值。”

2. 重复保险的分摊

重复保险的分摊，旨在防止被保险人之不当得利，与保险法律规范中的保险代位、超额保险等均为保险法上的不当得利禁止规范。然而，从积极层面考虑，在并不违反不当得利之禁止原则的前提下，投保人所为之重复保险行为尚具有分散风险、增强保险保障额作用。

从不同国家和地区的立法例角度，重复保险的分摊方式主要有比例责任、限额责任、顺序责任以及连带赔偿责任几种方式。我国《保险法》第 56 条第 2 款：“重复保险的各保险人赔偿保险金的总和不得超过保险价值。除合同另有约定外，各保险人按照其保险金额与保险金额总和的比例承担赔偿保险金的责任。”

第一，比例责任分摊方式。

比例责任分摊是指各个保险人就其所承保的保险金额与总保险金额的比例分摊保险责任的一种方式。公式如下：

$$\text{各保险人承担的赔款} = \text{损失金额} \times \frac{\text{该保险人承保的保险金额}}{\text{各保险人承保的保险金额总和}}$$

我国《保险法》对重复保险的分摊规定了比例分摊的方式，另外，《法国保险契约法》《瑞士保险契约法》以及《意大利民法典》也采取了此方式。

第二，限额责任分摊方式。

限额责任分摊方式是以在没有重复保险的情况下，各保险人依其承保的保险金额而应负的赔偿限额与各个保险额应负赔偿限额总和的比例承担损失赔偿责任。公式如下：

$$各保险人承担的赔款 = 损失金额 \times \frac{该保险人赔偿限额}{各保险人赔偿限额总和}$$

第三，顺序责任分摊方式。

顺序责任分摊方式是按照复保险中各个保险合同成立时间先后确定各个保险人责任的重复保险责任分摊方式。先成立之保险合同的保险人依其承保的保险金额在其应负赔偿限额内先为保险给付，不足部分由后成立合同之保险人顺序承担。

第四，连带赔偿方式。

连带赔偿方式，是指在重复保险合同中，就各个合同有效部分，无论各保险合同成立的先后，各个保险人均需要对被保险人负担连带给付责任。《德国保险合同法》第 78 条 (1)："如果投保人针对同一保险利益、同一保险事故与数个保险人订立保险合同并且保险金额超过保险价值或由于其他原因，每一个独立保险人在无其他保险存在时赔偿保险金数额超过损失总额时，数个保险人应按照其应赔付的保险金额对投保人承担连带责任，但投保人行使请求权的总额不能超过损失数额。"英国法院在 1975 年 Godin V. Lon - don Assurance 一案中判决，重复保险的被保险人有权向任一保险人请求全额理赔，保险人不得以其他保险人也应当承担给付保险金作为抗辩理由。另外，英国 1906 年《海上保险法》也采用该立法例。

本章小结

保险的基本原则，包括最大诚信原则、保险利益原则、近因原则、损失补偿原则以及损失补偿原则的派生原则。

保险的基本原则是贯穿于保险理论与实践的灵魂，是指导诸多保险法律制度适用的基本行为准则。虽然在保险实践高速发展的当下，层出不穷的新问题对于保险的制度性规则带来了不小的挑战，但保险的基本原则仍旧在发挥着不可估量的作用。

保险合同

第一节 保险合同概述

一、保险合同的概念

保险是什么？是否存在一个可以对其加以清晰描述与界定的概念？给保险下定义，对于英国法院而言可谓是顾虑重重。因为在其观念中这恰恰如同大象是什么，英国法院虽然说不上，但让法院见到一只，准能识别它。对于保险合同也是如此①。然而，美国法院对于何为保险合同则是采取了一种较为宽松的态度。他们认为，保险是一种合同，是一方当事人为获得另一方当事人的保险费而承诺当约定危险对保险标的造成损失时，由其承担补偿责任。《加利福尼亚保险法法典》第22条将保险定义为：一个人对另一个人承担义务的合同，即赔偿产生于偶然或未知事件的损失、损害或责任。我国《保险法》则将保险定义为：投保人根据合同约定，向保险人支付保险费，保险人对于合同约定的可能发生的事故因其发生所造成的财产损失承担赔偿保险金责任，或者当被保险人死亡、伤残、疾病或者达到合同约定的年龄、期限等条件时承担给付保险金责任的商业保险行为。

以上所述保险合同之概念，是针对现代意义上的保险合同而言。实则，从保险的“我为人人，人人为我”的属性出发，保险是一众风险受体的“互助性”风险保障行为。单个风险受体以让渡风险保障金的方式与其他风险受体共同组成风险保障之互助体，当部分风险受体遭遇风险事故而致利益损失时，由风险保障金之总体对其利益损失进行补偿或者给付。如此互助关系中出现保险人的身影，乃是基于“效率”“公平”以及“信任度”方面的原因。可以说，保险法律关系中的当事人，名义上为投保人和保险人，而实际上却是

① ［英］M. L. 克拉克著．保险合同法［M］．何美欢等译．北京：北京大学出版社．2002年，第1页．

投保人与风险互助体，保险人仅为存在于投保人与风险互助体之间的“中介”罢了。

二、保险合同的特性

保险合同，属于商事合同的一种。因此，与一般的商事合同一样需要满足当事人具有民事行为能力、当事人意思表示一致以及保险合同内容与形式合法等基本的要求。但与一般的合同相比较，保险合同又属于一类比较特殊的合同，有着比较明显的特性。

（一）双务性

“双务性”，“双”为复数之意，“务”乃是指义务而言。因此，保险合同的双务性是指保险合同的当事人互负义务，并以此享有各自的权利。

与双务合同相对应的即为单务合同。单务合同的一方当事人仅享有权利并不负担义务；合同相对方则仅负担义务但并不享有权利。赠与合同、无偿保管合同为单务合同的典型代表。

保险合同双务性的集中表现，一方面，保险人承担给付保险金的义务，享有保险费支付请求权；与此相对应，投保人一方则享有保险金支付请求权并承担支付保险费的义务。保险人权利的实现，有赖于投保人义务的履行；投保人权利的实现同样寄托于保险人义务的履行。但因保险事故的发生具有或然性，保险人的保险给付需以保险事故的发生以及约定时点到来为触发条件。因此，保险费的收取并不必然对应着保险金给付义务的承担。然而，这也并未有违保险合同的双务性特征。保险人的义务虽以承担保险给付责任为集中表现，但却非保险人收取保险费之对价的全部。在保险事故未发生之相当一段时间内，保险人以提存各项责任准备金等方式随时应对着不确定发生之保险事故将引发的保险给付责任，此亦为一种“法锁”。

（二）射幸性

“射幸”一词，源于我国古代谚语“射幸数跌，不如审发”，是碰运气的意思。因此，射幸性亦可理解为或然性或者偶然性。此一特性是指，风险受体之损失补偿或者保险金支付请求权的实现需要满足不确定之保险事故真实发生这一前提条件。对于保险人而言的射幸性表现为，如果保险合同有效期内并未发生保险事故，保险人无须向被保险人或受益人进行保险给付，且不退还保险费；于投保人而言的射幸性则表现为，如果保险合同有效期内并未发生保险事故，被保险人或者受益人不得请求保险给付以及主张保险费的退还。

保险合同的射幸性，在补偿性保险合同中表现得淋漓尽致。但就人寿保险而言，其射幸性特征稍弱，尤其是对于终身寿险以及两全保险而言。

（三）补偿性

补偿性，是为补偿性保险的特性，对于给付性保险并不适用。

《牛津法律大辞典》对于“补偿”的界定是：“补偿（Compensation），是给付受损害影响的人的一笔钱[①]。”从补偿保险的角度而言，“保险法的根本特点是补偿原则。这一原则表明被保险人不能获得比遭受的损失更多的补偿[②]。”换言之，被保险人通过保险，最多只能将其遭受风险事故后的财产状况恢复到风险事故发生之前的状态上，而不能在原有利益状态上有所获益。虽然，保险补偿可以减轻或者弥补被保险人因风险事故发生所遭受的损失，但需要注意的是，保险补偿是一个事后行为。也就是说，保险补偿发生在保险事故发生之后，从统计口径一致性角度出发，对于被保险人损失程度的核查要以出险时损失状态以及财产价值为依据。如无保险合同主体之间的特别约定，由于市场价格跌落造成的损失是不能通过保险进行补偿的。另外，补偿≠赔偿。保险人向被保险人所为保险给付是其履行以保险事故发生为前提的合同义务，并非保险人因违约或侵权而对于被保险人造成了权益的损害。

在“补偿”层面，还存在一个被补偿主体的问题。财产保险中享有保险金支付请求权的主体为被保险人。被保险人这一概念一般被定义为其“损失”应当由保险人支付赔偿费的人。不过，保险赔偿费不一定支付给被保险人本人[③]。《保险法》第12条第5款规定，被保险人是指其财产或者人身受保险合同保障，享有保险金请求权的人。投保人可以为被保险人。被保险人，享有保险合同实益的同时也负担相应的义务，具体包括：如实告知义务、防灾防损义务、危险增加的通知义务以及出险通知义务等。将保险金的支付请求权赋予被保险人充分贯彻了“无损失，无保险，谁损失，谁受益”的保险原则，同时可以将保险这一人类互助共济行为与赌博区分开来，防止社会范围内道德风险的弥漫。

（四）条件性

条件性，是指双务性特征下保险合同各主体之义务履行需要以一定条件的满足为前提，条件未成就时，合同主体无须履行义务。如我国《保险法》第16条第4款：“投保人故意不履行如实告知义务的，保险人对于合同解除前发生的保险事故，不承担赔偿或者给付保险金的责任，并不退还保险费。”再如，《保险法》第21条：“投保人、被保险人或者受益人知道保险事故发生后，应当及时通知保险人。故意或者因重大过失未及时通知，致使保险事故的性质、原因、损失程度等难以确定的，保险人对无法确定的部分，不承担赔偿或者给付保险金的责任，但保险人通过其他途径已经及时知道或者应当及时知道保险事故发生的除外。”

（五）附和性

附和性，指合同条款的格式性而言。格式条款是当事人为了重复使用而预先拟定，并

① ［英］戴维·M. 沃克著．牛津法律大辞典［M］．李双元等译．北京：北京法律出版社．2003年，第238页．

② ［美］皮特·纽曼著．新帕尔格雷夫法经济学大辞典（第二卷）［M］．许明月等译．北京：法律出版社．2003年，第379页．

③ ［美］约翰·F. 多宾著．罗玉中译．被保险人［J］．国外法学．1988（7）：15.

在订立合同时未与对方协商的条款。随着专业化的发展，商品交易日益活跃，“一对一”的马拉松式谈判所带来的“反复磋商”机制造成资源的极大浪费，无法满足交易的快捷与高效，格式合同可以凭借提高效率的方式分配资源，因而被广泛采用①。

保险，从风险概率的测算、保险核保到保险理赔等环节均具有很强的技术性要求。因此，从效率性的角度，保险合同条款多是由保险人单方拟定并提供使用的，投保人并不具有就保险合同条款与保险人协商的机会与能力。为实现保险合同当事人之间的实质公平，《保险法》第135条第1款：“关系社会公众利益的保险险种、依法实行强制保险的险种和新开发的人寿保险险种等的保险条款和保险费率，应当报国务院保险监督管理机构批准。国务院保险监督管理机构审批时，应当遵循保护社会公众利益和防止不正当竞争的原则。其他保险险种的保险条款和保险费率，应当报保险监督管理机构备案。”《中华人民共和国合同法》（以下简称《合同法》）第39条：“采用格式条款订立合同的，提供格式条款的一方应当遵循公平原则确定当事人之间的权利和义务，并采取合理的方式提请对方注意免除或者限制其责任的条款，按照对方的要求，对该条款予以说明。”同法第40条规定，提供格式条款一方免除其责任、加重对方责任、排除对方主要权利的，该条款无效。就此，我国《保险法》第17条：“订立保险合同，采用保险人提供的格式条款的，保险人向投保人提供的投保单应当附格式条款，保险人应当向投保人说明合同的内容。对保险合同中免除保险人责任的条款，保险人在订立合同时应当在投保单、保险单或者其他保险凭证上作出足以引起投保人注意的提示，并对该条款的内容以书面或者口头形式向投保人作出明确说明；未作提示或者明确说明的，该条款不产生效力。”

（六）个人性

保险合同的个人性特性，即为保险合同的属“人”性，即保险合同保障的并非保险标的物本身，保险人并不承诺投保人所投保之保险标的物免遭风险事故的侵袭。换言之，保险人并不提供“保险箱”服务。保险人仅承诺于投保人或被保险人之承载于保险标的物之上的保险利益因保险事故受有损失时，对其为保险给付以恢复其利益状态。因此，保险合同有效期内发生保险标的物的转让等情形致被保险人所承载于保险标的上之保险利益转化为货币或其他等价形态的，即使保险标的物发生合同承保范围内的损失，此损失已与原被保险人之利益状态无关，保险人自无须对其承担保险给付责任。

三、保险合同的要素

保险合同虽为特殊的合同种类，但在合同的构成要素上与普通合同无异，其合同要素同样包括有主体、客体和内容。

---

① 贾敬华著．不完备合同的经济分析［M］．北京：人民出版社．2006年，第151页．

（一）保险合同的主体

保险合同涉及的主体范围较为广泛，不仅包括保险人和投保人，还包括被保险人、生存受益人以及身故受益人等。但就合同中主体地位而言，可将上述主体划分为保险合同的当事人和保险合同的关系人两大类。

1. 保险合同的当事人

保险合同的当事人为直接订立保险合同的主体，即投保人和保险人。

（1）投保人。作为与保险人订立保险合同的主体，可为自然人，亦可为法人，但投保人需要具有相应的民事行为能力。当然，在对保险合同主体进行三分法分类的国家或地区的保险法律规范还对投保人作出了保险利益要求。例如，我国《保险法》第 12 条规定："投保人对保险标的应当具有保险利益。投保人对保险标的不具有保险利益的，保险合同无效。"我国台湾地区"保险法"第 17 条规定："要保人或被保险人对于保险标的无保险利益者，保险契约失其效力。"保险契约之目的在于保障保险利益，据此，保险利益之所有人既然为保险事故中真正受到损害之人，则其当然应获得保险给付并拥有该保险给付之相关处分权能[①]。

投保人保险合同权利的取得主要是基于保险商品对价的让渡。投保人因保险费的缴纳而取得了保险商品的使用价值，投保人的保险商品所有权之权能具体表现为保险金给付请求权，指定、变更受益人的权利，转让或质押保单、解除合同、保有以及利用保单现金价值的权利等，投保人的这种实质性权利贯穿于保险合同从订立到终止的全过程[②]。

投保人义务包括如实告知、缴纳保险费、危险增加通知、保险事故发生的通知以及防灾防损等义务。与其义务相对应，投保人主要享有保险金支付请求权、解除、变更保险合同以及指定、变更受益人等权利。

就缴纳保险费的义务而言，保险实务中，保险人在作出承保承诺之前会要求投保人在提交投保单同时缴纳首期保费以作为对于投保人与其订立保险合同的"约束"。但投保人所缴纳之保险费并不必然获得保险人的承保承诺。因此，如果保险事故发生在保险人作出承保的意思表示之前，保险人无须承担保险责任，但却会在一定程度上有损投保人的合理预期。就此，《保险法司法解释（二）》第 4 条："保险人接受了投保人提交的投保单并收取了保险费，尚未作出承保的意思表示，发生保险事故，被保险人或受益人请求保险人按照保险合同承担赔偿或者给付保险金责任，符合承保条件的，人民法院应予支持；不符合承保条件的，保险人不承担保险责任，应当退还已经收取的保险费。保险人主张不符合承保条件的，应承担举证责任。"

（2）保险人。又称承保人，是指与投保人订立保险合同，并按照合同约定承担赔偿或者给付保险金责任的保险公司或其他保险组织。我国《保险法》对于保险人的界定是：保险人是指与投保人订立保险合同，并承担赔偿或者给付保险金责任的保险公司。《日本保

---

① 林建智，彭金隆，杜冠民．论寿险保单让售与保险法相关问题［J］．保险专刊，2010，26（1）：46.

② 范玲，董惠江．论去遗产化的投保人之保险金权利本体地位［J］．学术交流．2018（4）：105.

险法》将保险人定义为保险合同的当事人中，负有保险给付义务的人。另据我国《保险法》第6条："保险业务由依照本法设立的保险公司以及法律、行政法规规定的其他保险组织经营，其他单位和个人不得经营保险业务。"根据保险监管部门发布的数据显示，截至2018年10月，我国境内共有保险集团控股公司12家，人身险保险公司96家，财产险保险公司88家，再保险公司12家，保险资产管理公司24家以及外资保险公司代表处190个。

世界范围内，保险公司虽多以公司形式存在，但亦存在互助制以及合伙制等组织形式。作为保险商品的"卖方"，保险人的主要权利为收取保险费、变更和解除合同，与之相对应的义务则主要包括保险给付以及保险责任准备金提取等方面。

作为保险商品的"卖方"，保险人承担保险给付的义务并享有收取保险费的权利，且于投保人或被保险人违反保险法律规范或者保险合同约定义务时享有保险合同的法定解除权。但因保险合同具有显著的附和性，合同条款多是保险人拟定并提供且不与投保人协商使用的，因此保险人就合同条款尤其是免除己方责任限制对方权利的条款须进行条款的提醒以及说明义务。《保险法》第17条："订立保险合同，采用保险人提供的格式条款的，保险人向投保人提供的投保单应当附格式条款，保险人应当向投保人说明合同的内容。对保险合同中免除保险人责任的条款，保险人在订立合同时应当在投保单、保险单或者其他保险凭证上作出足以引起投保人注意的提示，并对该条款的内容以书面或者口头形式向投保人作出明确说明；未作提示或者明确说明的，该条款不产生效力。"

2. 保险合同的关系人

保险合同的关系人是指出现在保险合同当中却并未直接与保险人订立保险合同的主体。通常而言，保险合同的关系人包括被保险人和受益人。

（1）被保险人。我国《保险法》对被保险人的定义是：被保险人是指其财产或者人身受保险合同保障，享有保险金请求权的人。投保人可以为被保险人。

通过追溯保险实践发展的历史可知，将保险金给付请求权赋予被保险人是基于保险实践初期投保人与被保险人身份合二为一的事实。然而，随着保险实践的纵深化发展，投保人的投保行为并非时时利己，投保人为他人利益投保所致投保人和被保险人分离之现象也属常见。《德国保险合同法》第43条规定："不论是否载明第三人的名称，投保人都可以以自己的名义为第三人购买保险[①]。"有学者以"利益第三人契约"为理论基础对被保险人法律地位的合理性予以解释说明。

当投保人和被保险人不一致时，可分为财产保险和人身保险分别讨论。在财产保险之情形下，可视为投保人对被保险人的赠予，保险事故致损失发生以后，遭受风险损失的被保险人通过来自保险人的保险金给付，来恢复生产生活。而于人身保险尤其人寿保险情形，被保险人死亡，已无法实际受领保险给付，因此，除了投保人和被保险人之外还存在受益人主体，且投保人本人可为受益人，人寿保险也因此而具有利益投保人或者利益受益

① 孙宏涛著．德国保险合同法［M］．北京：中国法制出版社．2012年，第71页．

人属性。而为防止被保险人因人寿保险合同订立而增加人身风险，死亡保险的投保、保险金额确定、受益人指定及变更、保单质押贷款等事项均须经被保险人本人同意。为示庄重，包括我国在内的一些国家和地区，还要求被保险人所为同意的意思表示要以书面形式加以完成[①]。另外，为保护无民事行为能力之被保险人的生命利益，以无民事行为能力人为被保险人的死亡保险只能由其监护人作为投保人，而且还要有保险金额上的限制。

作为保险合同的关系人之一，被保险人享有一定权利和义务。权利方面如保险金支付请求权以及寿险合同的同意权；义务方面如出险通知义务。虽然被保险人保险金支付请求权的实现须以其承担一定的义务为前提，但被保险人并无民事行为能力方面的限制，未成年人、精神病人均可为被保险人。

（2）受益人。在法理上，凡具有领受保险金之资格者，皆可视为受益人。而依照保险合同性质的不同，受益人有生存受益人与身故受益人之分。"受益人"概念来源于"利益第三人契约"，因保险合同当事人的利益让渡而来。"利益第三人保险合同中的第三人，在财产保险中为被保险人，在人身保险合同中则为被保险人或受益人（在以被保险人死亡为保险金给付条件的人身保险合同中，被保险人和受益人必为不同之人）。因此，'人身保险合同'中的利益第三人是受益人的真实身份[②]。"

受益人虽特指要保人或被保险人以外之第三人而言，但有时也为要保人本人，有时又为被保险人其人，或为第三人（例如继承人或债权人等），有时或以一人而兼要保人、被保险人及受益人之资格，皆无不可[③]。但是，通常而言的受益人，若无明确说明，则仅为狭义的、死亡保险中的受益人，并不指代其他主体。受益人的资格并无限制，自然人、法人皆无不可，甚至腹中胎儿亦可为受益人，可具名指定，可类名指定，且人数可为复数。受益人仅仅履行不促使保险事故发生等不真正义务，并无缴纳保险费以及据实说明的义务。但是，在保险事故发生前，受益人所享有的仅仅是一种可以被期待的地位或资格，并不是一种"受法律保护的、对完整权利取得的期待"[④]，因而不能称其为"权利"，受益人仅得于保险事故发生后方可进行受益权的转让。因此，受益人于保险事故发生前转让受益权的行为无效。就此，《最高人民法院关于使用〈中华人民共和国保险法〉若干问题的解释（三）》（以下简称《保险法司法解释（三）》）第 13 条规定，保险事故发生后，受益人将与本次保险事故相对应的全部或者部分保险金请求权转让给第三人，当事人主张该转让行为有效的，人民法院应予支持，但根据合同性质、当事人约定或者法律规定不得转让的除外。

（二）保险合同的客体

保险合同的客体，是保险合同当事人之间权利义务所指向的对象。具体而言，保险合同即

---

① 范玲，董惠江．论去遗产化的投保人之保险金权利本体地位［J］．学术交流．2018（4）：103－104.

② 范玲，董惠江．论去遗产化的投保人之保险金权利本体地位［J］．学术交流．2018（4）：103.

③ 陈云中．论人寿保险上为他人利益之保险契约．"国立"台湾大学法律论丛．1975.5（7）201.

④ 温世扬．论保险受益人与受益权［J］．河南财经政法大学学报．2012（2）：33.

为承载于保险标的之上的保险利益。有关保险利益的具体内容详见第四章，在此恕不赘述。

（三）保险合同的内容

保险合同的内容主要以合同条款的形式体现出来。

我国《保险法》第 18 条规定："保险合同应当包括下列事项：保险人的名称和住所；投保人、被保险人的姓名或者名称、住所，以及人身保险的受益人的姓名或者名称、住所；保险标的；保险责任和责任免除；保险期间和保险责任开始时间；保险金额；保险费以及支付办法；保险金赔偿或者给付办法；违约责任和争议处理；订立合同的年、月、日以及投保人和保险人约定与保险有关的其他事项。

需要特别加以注意的是保险合同中的责任免除条款。从比较宽泛的角度，凡是保险人限制自身承保风险与赔偿责任范围、赔偿限额的，都属于免责条款，包括承保范围、保险标的限定，保险金额、保险期限、免赔额（率）的设定，条件与保证的设定，保险人在特别约定栏的约定等，都属于免责条款①。

从投保人、被保险人、受益人权益保护角度出发，我国《保险法》对于保险人施加了责任免除条款的提示与说明义务。但《保险法》并未就提示说明义务的履行标准加以说明。

2000 年 1 月 24 日，最高人民法院研究室《关于对〈保险法〉第 17 条规定的"明确说明"应如何理解问题的答复》（法研〔2000〕5 号），"这里所规定的'明确说明'，是指保险人在与投保人签订保险合同之前或者签订保险合同之时，对于保险合同中所约定的免责条款，除了在保险单上提示投保人注意外，还应当对有关免责条款的概念、内容及其法律后果等，以书面或者口头形式向投保人或其代理人作出解释，以使投保人明了该条款的真实含义和法律后果。"

《保险法司法解释（二）》第 11 条："保险合同订立时，保险人在投保单或者保险单等其他保险凭证上，对保险合同中免除保险人责任的条款，以足以引起投保人注意的文字、字体、符号或者其他明显标志作出提示的，人民法院应当认定其履行了保险法第十七条第二款规定的提示义务。保险人对保险合同中有关免除保险人责任条款的概念、内容及其法律后果以书面或者口头形式向投保人作出常人能够理解的解释说明的，人民法院应当认定保险人履行了保险法第十七条第二款规定的明确说明义务。"另就新型保险营销方式，《保险法司法解释（二）》第 12 条："通过网络、电话等方式订立的保险合同，保险人以网页、音频、视频等形式对免除保险人责任条款予以提示和明确说明的，人民法院可以认定其履行了提示和明确说明义务。"但亦有学者对于"明确说明义务"的用词持有反对意见，认为说明即包含明确解释之意，无须以"明确"附加之。

（四）保险合同的形式

就实务而言，有少数险种在经营上，保险人为慎重起见，采取"先交付保险费、后签

---

① 稂文仲．保险合同免责条款的理解与法律适用［J］．保险研究．2010（1）：109.

发保险单”的方式运作。若固守“在签发保险单之前保险合同绝对尚未成立”的要式主义，则不啻于鼓励保险人收取保险费之后，故意拖延保险单或暂保单的发给，以便观望取巧、推卸责任，其后果是商业道德、社会风气势将遭受严重损害，保险业的健康发展势必受到影响[①]。故此，保险合同并不局限于做成保险单或者暂保单的形式。总体而言，保险合同主要有以下几种形式为其外部表征：

1. 投保单

投保单，又称要保单，通常是投保人向保险人发出的、意与其订立保险合同的要约，但经保险人签字或盖章确认承保的投保单即成为保险人和投保人之间的契约。保险实践中，投保单的内容由保险人拟定并提供给投保人据实填写，是投保人履行如实告知义务的主要形式载体。

投保单的内容一般包括主体基本信息（姓名、年龄等）、投保险种、保险金额、保险期限等。投保人需要按照投保单上所列示内容进行如实告知，故意或重大过失而不如实告知将会导致合同的解除以及保险金支付请求权的丧失。

2. 保费收据

保险费收据，实务中多称为保费收据，是保险人收到投保人缴纳的保险费之后向其出具的书面凭证。在银行扣缴情况下，银行扣款转账记录亦可作为保险费缴纳证明使用。

缴纳保险费是投保人的主要义务之一，投保人依约按期且足额缴纳保险费也是确保风险保障基金充盈以发挥保险之风险管理功能的保证。

保费收据，或为投保人发出要约之证明，或为投保人履行合同义务的证明，究为何种，需要结合其他证据具体情况具体分析。一般而言，签发于保险合同订立日期前的保费收据，仅为投保人发出订立保险合同要约的证明或是取得承保前临时性保险的凭证；签发于保险合同订立之后的保险费收据，则是投保人履行合同义务的书面证明。但在人寿保险实践中，保险人通常会要求投保人于提交投保单的同时缴付首期保费以约束投保人可能出现的“毁约”行为。但基于人寿保险的核保需要，保险人并不总能够在收到投保单以及首期保费之后立即作出是否予以承保的决定。因此，为平衡此时投保人与保险人之间的关系并保护投保人一方的合理期待，我国认定此时于投保人和保险人之间形成临时保险关系。如我国《保险法司法解释（二）》第 4 条规定：“保险人接受了投保人提交的投保单并收取了保险费，尚未作出是否承保的意思表示，发生保险事故，被保险人或者受益人请求保险人按照保险合同承担赔偿或者给付保险金责任，符合承保条件的，人民法院应予支持；不符合承保条件的，保险人不承担保险责任，但应当退还已经收取的保险费。”

3. 暂保单

暂保单，又称“临时保单”“临时保险书”，是保险人在签发正式保险单或者保险凭证之前，向投保人出具的临时性保险凭证[②]。与正式保险单相比较，暂保单上的内容相对

---

① 樊启荣．保险合同成立疑难问题研究——以我国“保险法第二次修改”为背景［J］．法商研究．2008（4）：64.

② 范健，王建文，张莉莉著．保险法［M］．北京：法律出版社．2017 年，第 154 页．

简单，仅为当事人之间成立保险合同的必要事项之记载，表明已经办理了保险手续，并等待保险人出立正式保险单。

人寿保险较少采用暂保单，因为中介人对于保险人通常缺乏约束力。大致上，人寿保险在业务员初步判断被保人之健康状况后，若是被保人符合可保条件而接受投保，通常以附条件之保费收据（Conditional Receipt）作为保险凭证[①]。

4. 保险单

我国《保险法》规定，投保人提出保险要求，经保险人同意承保，保险合同成立。保险人应当及时向投保人签发保险单或者其他保险凭证。其中所指的保险单，又称为保单，是保险合同订立之后，由保险人向投保人签发的保险合同的书面证明，保险单应当载明当事人双方约定的合同内容。

保险合同为诺成性合同，当事人之间就保险合同的主要内容达成意思表示上的一致，合同即告成立。保险单的交付仅为合同成立之后，保险人履行的一项具体义务。如果没有当事人之间特别的约定，保险合同并不以保险单的签发与交付作为生效的前提条件。当然，保险合同当事人也可以将保险单的交付约定为合同生效的条件。

5. 其他保险凭证

保险凭证，又被称为“小保单”，它是与保险单具有等同法律效力的简化保单形式，是保险人为了简化手续，把保险单的条款进行了简化，对保险条款并不做详细记载的一种文件。例如，交强险标志贴即为保险凭证。

第二节　保险合同的分类

依据不同的标准，可以对保险合同做不同的分类，各类别的保险合同之间既有共性，又存在明显的差异。

一、财产保险合同和人身保险合同

依据保险标的物性质的不同，保险合同可以被区分为财产保险合同和人身保险合同，这也是我国《保险法》对保险合同进行大类划分的依据。按照我国《保险法》的规定，人身保险是以人的寿命和身体为保险标的的保险。财产保险是以财产及其有关利益为保险标的的保险。当然，亦有学者认为财产保险与人身保险的划分是从保险公司业务经营的角度进行的[②]。但因人身保险与财产保险之间并不存在一个泾渭分明的界限，将保险合同划分为人身保险合同与财产保险合同并非各国或地区的保险立法以及学者所一致采用或认

① 陈彩稚著. 保险学（增订二版）[M]. 台北：三民书局. 2002 年，第 57 页.

② 魏华林，林宝清主编. 保险学（第四版）[M]. 北京：高等教育出版社. 2017 年，第 100 页.

可。例如，《日本保险法》是将保险划分为损害保险与生命保险；《德国保险合同法》也是将人寿保险划归到特种保险范畴作为与补偿保险相对应的合同类别之中。

虽然人身保险与财产保险存在着保险标的性质的明显不同，一为人的寿命和身体，另一为财产及其有关利益，但这并非是对人身保险与财产保险加以区别的全部。除了标的物性质的不同，人身保险与财产保险还存在着诸如保险期限、保险金的确定、保险给付、责任准备金提取等方面的不同。而且，伴随着保险业发展的日新月异以及新险种的不断出现，仅以标的物性质不同作为划分保险合同的依据已经不具有妥适性。因此，此种划分方法被理论界称为“传统二分法”。保险合同法学说的现代发展，已经扬弃了对财产保险合同与人身保险合同之传统“二分法”，进而演进为“损失填补（补偿）保险合同”与“定额给付保险合同”之现代“二分法”[①]。现代“二分法”为德国学者艾伦堡所提倡。

所谓补偿保险契约，又称“评价性保险”契约，即在保险事故发生时，由保险人评定其实际损失额而支付保险金。多为定额保险契约，又称“给付性保险”契约，即事先由契约当事人双方约定一定数目之保险金额，至保险事故发生时，由保险人依照约定负给付责任。前者通常以财产保险契约居多；后者通常以人身保险契约居多[②]。

二、足额保险合同、不足额保险合同和超额保险合同

足额保险合同、不足额保险合同以及超额保险合同中的“额”，是指保险金额，至于其充“足”程度，是通过保险金额与保险价值之间的比较加以判断的。保险金额等于保险价值的保险合同即为足额保险合同；保险金额小于保险价值的保险合同为不足额保险合同；保险金额超过保险价值的保险合同即为超额保险合同。

何为保险价值？基于我国《保险法》第55条第1款之中“保险标的的保险价值”之表述，在我国有很多学者都认为保险价值即为保险标的物的价值。另外，德国1908年《保险合同法》第52条：“保险以财物为标的物者，若无其他情事，该财产的价值视为保险价值。”但将保险标的物价值认定为保险价值的观点是十分值得商榷的。

保险价值=保险+价值，究竟何为这一“价值”？对其实意需要结合保险的本质加以探究。实则，将保险金额与保险价值相比较的目的在于判定保险合同对于被保险人的风险保障程度。那么，通过保险的本质即可知保险乃是对于附着于保险标的这一载体上的保险利益提供风险保障，当附着于保险标的之上的保险利益遭遇保险合同约定范围内的风险事故而致损失时，保险人向被保险人进行保险给付以补偿其利益损失。因此，保险合同的客体为保险利益而非保险标的物。保险价值即应以保险利益为介质进行货币计量。正如我国著名保险法学者陈顾远教授所言：“保险价额云者，粗言之，谓保险标的之价格，如运送保险之物品，船舶保险之船舶，其价值为若干元是。详言之，谓保险利益之金钱上价值，亦即存在于保险标的物之财产的利益，以金钱估计之实价是。倘再从法律上之用语解释

① 范健，王建文，张莉莉著．保险法［M］．北京：法律出版社．2017年，第120页．

② 袁宗蔚著．保险学——危险与保险［M］．北京：首都经济贸易大学出版社．2000年，第215页．

之，则保险价额者，保险利益在某特定时期内价值之总额是也[①]。”从保险价值之范畴在财产损失保险合同中的规范目的来看，保险价值在本质上只能是对保险利益的货币评价，而非对保险标的物本身的货币评价[②]。

通过保险金额与保险价值比较之后界定的足额保险、不足额保险以及超额保险，对于被保险人保险利益的保障程度高低不同。投保人、被保险人或基于风险预期、保费支付能力，或基于风险规避态度的不同投保足额保险、不足额保险或是超额保险之中的一种。但因超额保险会背离财产保险的损失补偿之意，而不足额保险亦将导致全部被保险人组成之风险受体之不公平，因此，各国和地区的保险法律规范通常都会对超额保险和不足额保险加以规制。如我国《保险法》第 55 条即规定：保险金额不得超过保险价值。超过保险价值的，超过部分无效，保险人应当退还相应的保险费。保险金额低于保险价值的，除合同另有约定外，保险人按照保险金额与保险价值的比例承担赔偿保险金的责任。

另需注意的是，保险价值究竟是出险时刻价值抑或是保险合同签订时的价值，我国《保险法》并未加以明确。《韩国商法》第 669 条将保险价值明确为保险合同签订时的价值，《德国保险合同法》则是以出险时刻作为时间标准。笔者认为，从损失补偿角度以及保险本质出发，以出险时刻为时间点进行保险价值的核定更为妥当。当然，如若保险价值之估算在事实上存在困难时，得借以主观判断辅助之。

三、定值保险合同和不定值保险合同

一如前述，出险时刻保险价值的核定对于保险人责任的承担以及被保险人所实现的保险保障程度至关重要。但是，保险价值之估定并非易事，“为避免此一缺点，‘定值保险’之概念于焉产生，即在缔约时事先将保险价值经双方当事人之同意而估定，待将来保险事故不幸发生时，保险人即以原先定值之数额为理赔之依据，免除了再为估价之麻烦[③]。”

因此，以是否于签订保险合同时约定保险价值为依据，可以将保险合同分为定值保险合同（Valued Policy）和不定值保险合同（Open Policy）。

（一）不定值保险合同

不定值保险合同，即在订立保险合同的时候，对于保险标的价值不予约定或者记载有“保险标的之价值，须至危险发生后估计”。但是不定值保险合同也并非对于合同成立时的保险标的的价值全然忽略，投保时保险标的的价值是投保人和保险人确定保险合同之主要要素——保险金——进而计算得出保险费的参考。于不定值保险合同的情形下，在发生保险事故时需要再次对保险标的价值以市场价格为标准，考虑自然损耗以及折旧等情况进行估算。

---

① 陈顾远著．保险法概论［M］．台北：正中书局．1946 年，第 184 页．

② 樊启荣，康雷闪．保险价值之法本质及功能解释［J］．法学．2013（4）：106.

③ 江朝国著．保险法论文集（一）［M］．台北：台湾瑞兴图书股份有限公司．1994 年，第 176 页．

（二）定值保险合同

定值保险合同，即在签订保险合同时对于保险标的价值予以明确约定的保险合同。如英国《1906 年海上保险法》第 27 条规定：“保险单可以是定值保单也可以是不定值保单……除本法另有规定外，在没有欺骗的前提下，不论损失是全损还是部分损失，保险单约定的价值就是在保险人与被保险人之间确定对标的物要保险的最后的保险价值。”

在发生保险事故时，无须对保险标的进行再次估价，而是直接按照保险合同中约定的价值以及投保比例确定应当赔偿的保险金数额。为了避免恶意定值保险之滥觞，定值保险合同多适用于那些保险标的的价值不易确定且市场价格水平相对稳定的财产保险合同，如古董、古玩、字画、艺术品、建筑物、船舶等。但为避免保险合同当事人之间的不当约定，定值保险合同的签订还须以保险价值不易确定作为前提条件之一。就此，中国保险监督管理委员会于 2007 年 9 月 28 日批复的《关于机动车辆保险条款相关问题的复函》指出：定值保险合同在现行保险法律法规中并无明确的界定。从保险理论与保险实务经营看，判定保险合同是否为定值保险合同，主要看保险条款对赔偿处理的约定，即是否按保险合同约定的保险价值或实际损失进行赔偿，而保险单上是否约定并载明保险价值并非认定定值保险合同的充分条件。

可以说，定值保险合同的存在，是损失补偿原则对于效率原则的让步。不过，于非海上保险领域，定值保险的存在并非常态。正如所罗门·许布纳教授所言：“除了海上保险和一些特殊的情况，定值保单在财产损失保险中的应用价值还是个值得商榷的问题①。”

四、原保险合同和再保险合同

依据保险人承担保险责任顺序的不同，保险合同可以分为原保险和再保险。《保险法》第 28 条第 1 款：“保险人将其承担的保险业务，以分保形式部分转移给其他保险人的，为再保险。”

再保险（Reinsurance），又被称为分保，是保险人在原保险合同的基础上，为了将其于原保险合同下所承保的部分或全部风险和责任向其他保险人进行转移而与其签订的保险合同。因此，在国际上，再保险也被称为“保险的保险”。再保险不仅可以在时间上和空间上分散原保险人的承保风险，提高其承保能力，而且还可以集合保险保障基金，实现风险管理的国际化。

再保险，以原保险为基础，但也存在着明显的不同。

第一，保险合同当事人不同。原保险合同的当事人为投保人和保险人，而再保险合同的当事人均为保险人。

第二，保险合同性质不同。原保险合同，或为补偿性保险合同，或为定额给付性保险

① ［美］所罗门·许布纳著．财产和责任保险［M］．陈欣等译．北京：中国人民大学出版社．2002 年，第 72 页．

合同，而再保险合同则是属于补偿性保险合同的一种，再保险人仅就原保险人对于被保险人或者受益人所为之给付责任的一部分对原保险人承担责任。

第三，保险标的不同。原保险合同的保险标的可为财产及其相关利益，也可为被保险人的寿命或身体，而再保险合同的保险标的则为原保险人对于被保险人或者受益人所承担的保险给付责任。

虽然，再保险合同与原保险合同之间存在着显著的不同，但是，再保险毕竟是要以原保险为基础而订立的。因此，原保险与再保险之间必定会存在着千丝万缕的联系。尤其是突破合同相对性原则的直接索赔权条款，更是将原保险合同与再保险合同紧密地联系在了一起，并在特定情况下打通了原保险和再保险之间的通道。自英国《1999 年合同法（第三人权利)》开始对“直接索赔条款”（Cut - through Clause）予以认可之后，美国等国家的保险实务开始对直接索赔条款采取了宽容的认可态度，开始承认“直接索赔条款”，满足一定条件的原保险合同中的被保险人或受益人均可以向再保险人提出保险给付请求。

五、自愿保险合同和强制性保险合同

依据投保人签订保险合同的主观能动性的不同，保险合同可以划分为自愿保险合同和强制保险合同。

强制保险，又称为法定保险，是根据有关法律和法规之规定，凡是满足特定条件的单位或个人，无论愿意与否都必须参加的保险。因此，强制保险又称为法定保险；自愿保险，则是基于投保人的主观意愿而订立的保险合同。与自愿保险相比较而言，强制保险“绑架”了当事人的订约自由，并被认为有侵害社会主体财产权的嫌疑，因此其存在必须要有正当理由，那就是公益性。强制保险的出现和发展与市场失灵以及政府规制密不可分。

作为当代西方经济学重要组成部分之一的市场失灵理论为市场经济条件下如何处理政府和市场的关系、如何界定政府参与市场行为的行为边界以及如何划定政府职能的范围与内容提供了强有力的理论支撑。至此，政府规制论应运而生。

所谓政府规制（Government Regulation），在我国又被称为管制、监管、调节，通常是指政府（或规制机构）为克服市场失灵以实现社会福利的最大化而利用国家强制权对微观经济主体施行的、直接的经济、社会控制或干预①。如 Mieer（1998）认为规制是指政府对公民、公司或下级政府行为施以各种控制的尝试，在某种角度上，是指政府对社会范围内主体选择行为的一种或多种限制②。简言之，政府规制就是政府行政机构就市场经济发展过程中出现的诸多市场失灵问题，基于社会福利最大化的目标追求，制定并实施的、干预微观经济主体行为的规则或政策。当然，政府规制论也一直处在一个理论发展的动态进程中，该理论经历了公共利益规制理论、利益集团规制理论、激励性规制理论、规制框架

---

① 张红凤．西方政府规制理论变迁的内在逻辑及其启示［J］．教学与研究．2006（5）：70.

② Kenneth Meier. The Political Economics of Regulation［M］. State University of New York Press，1998.

下的竞争理论四大理论变迁。其中，公共利益规制理论以提高社会福利水平为规制的目标和出发点，而利益集团规制理论则认为政府规制应该以服务于利益集团的特殊需要为理论依据。

强制保险的正外部性性征，需要在保险合同条款、保险费率、保险保障范围上区别于自愿性保险，以此确保强制性保险边界的合理性。

六、商业性保险合同、政策性保险合同和社会性保险合同

按照保险合同的属性不同，保险合同可以分为商业性保险合同、政策性保险合同和社会性保险合同。

（一）商业性保险合同

商业性保险合同，突出强调其“商业”属性，以利润为经营诉求。商业保险是社会公众可以无限制性进行选择的风险管理手段之一，对于投保人并没有资格上的限制，保险商品的买卖完全实行自愿性原则。

（二）社会性保险

社会性保险，是以劳动者为保障对象，以劳动者的年老、疾病、伤残、失业、死亡等特殊事件为保障内容的一种生活保障政策，它强调受保障者权利与义务相结合，采取的是受益者与雇用单位等共同供款和强制实施的方式，目的是解除劳动者的后顾之忧，维护社会的安定[①]。与商业性保险不同，社会性保险以实现特定群体的权益保护未目的，且其经营上采取低成本、广覆盖的原则。

（三）政策性保险

所谓政策性保险，是指保险标的对国计民生具有重要战略意义，对强位强势群体的生产和生活保障具有重要影响，保险风险广泛或巨大，而按照商业经营规则无法由市场提供的一种保险类别[②]。由于政策性保险的特殊性，其经营通常由政府专门成立的专业保险公司开展，且由政府进行支持和适度的财政补贴。

下面，以政策性农业保险为例简要阐释如下。

农业保险，因其具有分散农业经营以及农业产业风险、稳定农业经营者经营收入、促进农业产业化发展以及对于国民经济发展多带来的乘数效应等功效而通常被认为具有“正外部性”属性，是具有利益外溢性特征的产品。总体而言，农业保险的外部性，主要体现在“三农”问题（农业、农村以及农民问题）、国民经济发展以及城市与农村统筹协调发展方面。因此，农业保险本是一种属于“被需要”的行为。但历史的经验表明，用商业化

---

① 郑功成著．社会保障学［M］．北京：商务印书馆．2000 年，第 18 页．

② 王伟，杨甜甜，刘磊，岳琮第．论政策性保险的内涵与外延［J］．金融理论与实践．2013（8）：2.

的价格+市场制度来开展并维护农业保险的经营，往往是以失败告终，此时出现了农业保险经营的市场失灵。Hazell（1992）曾经对美国、日本、菲律宾、墨西哥以及哥斯达黎加等国的农业保险市场进行了深入细致的研究，其研究结果表明这些国家的农业保险不符合市场化经营的条件。一般认为，农业保险供给与需求方面的双重正外部性、农业保险市场的信息不对称以及系统性风险是造成各国和地区农业保险市场失灵的主要成因。因此，相当一部分国家和地区开始探索农业保险政策性经营的道路并取得了一定的成效。

第三节　保险合同的订立、生效、履行与变更

一、保险合同的订立与生效

（一）保险合同的订立

规范其他各种合同成立的法律同样也规范着保险合同的成立[①]。保险合同，与其他合同一样须依要约与承诺而成立。在保险实践中，发出要约的一方往往是投保人。我国《保险法》第13条第1款规定，投保人提出保险要求，经保险人同意承保，保险合同成立。投保人可以以自己为被保险人投保，也可以以他人为被保险人投保。

1. 投保人提出申请（投保）

保险合同订立之要约，通常由投保人填写投保单，或者利用电话、电子邮件等方式向保险人或者保险人的代理人发出，或者委托保险经纪人向保险人发出立约的意思表示。但在保险实务中也存在着保险人发出要约的例外，此种例外常见于自动贩卖机售卖航空意外伤害保险等情形。

保险人或其业务员向潜在的要保人介绍某种保险的功能、提供空白要保申请书等，以诱发潜在要保人萌生投保的意愿，并进一步发出要保的要约的行为，称为要约之引诱（an invitation to make an offer）[②]。

投保人在向保险人或其代理人作出投保之意思表示的同时，需要就保险人或其代理人询问的事项如实告知以使保险人决定是否对其承保以及以什么样的条件（费率）承保。投保人故意或重大过失不履行如实告知义务，将会于抗辩期内被解除保险合同，且对于合同解除前发生的保险事故不获保险给付。因此，投保人应在填写投保单之前审慎阅读投保单以及保险合同条款的各项内容，尤其是经保险人特别提示的责任免除条款。否则，作为合同一方当事人的投保人，未于投保时仔细阅读保单即构成疏忽，投保人将对此承担法律

---

① ［英］M. L. 克拉克著．保险合同法［M］．何美欢等译．北京：北京大学出版社．2002年，第263页．

② 刘宗荣著．新保险法（修订二版）［M］．台北：翰廬图书出版有限公司．2011年，第33页．

后果。

2. 保险人作出承诺（承保）

完成一个合同，则要约必须被接受，即承诺。发出要约的往往是投保人/被保险人，接受要约的往往是承保人一方，而且一旦要约被接受，保险合同就成立。如果承保人不愿意接受要约，就会提出一个反要约，反要约也可能后来为投保人/被保险人接受。但对于承保人提出的反要约，投保人/被保险人可能以附条件接受又提出了新的要约。这样的一个过程将一直持续，直至一方的反要约被另一方最终接受或拒绝[①]。

但因保险市场存在着严重的信息不对称现象，保险合同签订时保险人会利用其收集到的所有信息对被保险人或保险标的进行分类，将具有不同风险的被保险人或保险标的归入不同的类别，收取不同的保费，这一过程，称之为核保或风险的选择与分类[②]。经过核保，保险人将会对投保人的要约作出接受、条件性接受或者是拒绝的意思表示。但因核保需要一个过程，自投保人发出要约至保险人作出承诺这一过程中投保人之合理期待将如何保护？通过 Gaunt v. John Hancock Mutual Life Insurance Company 一案，美国法院认为，在投保人提交投保单以及第一期保险费至保险人作出承保的意思表示之前的一段时间里，保险人仍须对被保险人提供临时性的保险保障（Interim Coverage）。在此期间内，投保人和保险人之间存在着临时性的保险合同（Temporary Contract）。不过，这一阶段的临时性保险保障将会因保险人拒保（Reject Application）或提出反要约（Counter Offer）而失效。《韩国商法》第 638 条 2：“保险人应自收到投保人填写的投保要约书和相当于全部或部分保险费的金钱之日起 30 日内，向对方作出承诺与否的通知，但人身保险合同的被保险人需要体检的，该期间自接受体检之日起计算。保险人怠于通知的，视为承诺。”我国《保险法司法解释（二）》第 4 条：“保险人接受了投保人提交的投保单并收取了保险费，尚未作出是否承保的意思表示，发生保险事故，被保险人或受益人请求保险人按照保险合同承担赔偿或者给付保险金责任，符合承保条件的，人民法院应予支持；不符合承保条件的，保险人不承担保险责任，但应当退还已经收取的保险费。”

（二）保险合同的生效

契约效力之存在与否，视其是否符合某些基本要件。通常一份协议契约必须具备下列要件：（1）双方同意（Mutual Assent）；（2）当事人具有行为能力（Competent Parties）；（3）对价（Consideration）；（4）合法目的（Legal Purpose）[③]。

依据《合同法》的规定，依法成立的合同，自成立时生效。当事人对合同的效力可以约定附条件。附生效条件的合同，自条件成就时生效；当事人也可以对合同的效力附期限。附生效期限的合同，自期限届至时生效。

保险实务中，保险合同即开始生效的情况十分少见，保险人通常会在合同中与投保人

① ［英］M. L. 克拉克著．保险合同法［M］．何美欢等译．北京：北京大学出版社．2002 年，第 263 页．

② 王冠华．保险人核保权正当性研究［J］．财经问题研究．2013（2）：80.

③ 陈彩稚著．保险学（修订二版）［M］．台北：三民书局．2002 年，第 58 页．

约定“本公司在被保险人履行交付保险费义务后开始承担保险责任”，或如“保险责任期间自某年某月某日零时起至次年某月某日二十四时止”。亦有国家和地区的保险法律规范将缴纳保险费作为保险合同生效的前提。如我国台湾地区“保险法”第21条：“保险费分一次交付，及分期交付两种。保险契约规定一次交付，或分期交付之第一期保险费，应于契约生效前交付之。但保险契约签订时，保险费未能确定者，不在此限。”再如《韩国商法》第656条规定：“当事者间若无其他约定，保险者的责任自接受了支付的最初的保险费时开始。没有支付保险合同者的保险费的情况下即使保险事故发生，保险者的保险金支付义务也不能发生，此时，不能追问保险者不法行为责任。”

另外，保险合同的生效并不意味着保险人开始承担保险责任，保险责任开始的时间与保险合同生效的时间并不完全一致，保险责任初始时间可以早于保险合同生效时间，此种情况存在于追溯保险以及保险合同附加有等待期条款等情形。

二、保险合同的履行

保险合同的履行，是就保险合同成立后保险合同的当事人（亦包括关系人）各自履行义务的行为而言。

（一）投保人的义务

投保人的义务以如实告知和缴纳保险费为集中体现。

1. 交付保险费

保险费，简称为保费，即投保人交付于保险人，作为保险人履行保险给付责任对价的金额。保险费，通常由纯保费与附加保费组成。其中，纯保费根据保险事故发生概率测算而得；附加保费则体现了保险人在营业成本以及预期利润上的诉求。保险费交付并非保险合同生效要件，而是投保人于保险合同成立后将负担之具体义务。我国《保险法》第14条规定：“保险合同成立后，投保人按照约定交付保险费，保险人按照约定的时间开始承担保险责任。”如期、足额地缴纳保险费是投保人履行合同义务的基本要求。

保险费可以一次性缴纳，也可以分期缴纳。通常，财产保险以及保险期限较短的保险合同多采用一次性缴纳方式；以人寿保险为代表的长期保险则多采取分期缴纳方式。在保险费的数额上，一次性缴纳之数额要小于分期缴纳之保险费的现值总额。按照我国《保险法》的规定，合同约定分期支付保险费，投保人支付首期保险费后，除合同另有约定外，投保人自保险人催告之日起超过30日未支付当期保险费，或者超过约定的期限60日未支付当期保险费的，合同效力中止，或者由保险人按照合同约定的条件减少保险金额。可见，如果投保人不按期缴纳约定保费会导致合同效力以及保障程度上的改变，这对于被保险人或是受益人而言意味着期待利益的损失。况且，保险费之交付属于债之清偿，且其性质并非不得由第三人清偿者，故得由任何人交付，纵使和要保人无关系之人，亦属无妨[①]。因此，在保险实务中不乏被保险人或受益人代为支付保险费的情形。《保险法司法解释(三)》第7条就此规定："当事人以被保险人、受益人或者他人已经代为支付保险费为由，主张投保人对应的交费义务已经履行的，人民法院应予支持。"但是，保险费的代为支付，需以投保人不明确表示反对作为前提，且被保险人或受益人并不因此承继投保人之保险费缴纳义务。

2. 通知义务

投保人的通知义务主要表现为："危险增加"的通知以及"保险事故发生"的通知。

(1)"危险增加"的通知。具体阐述详见第二章第一节，此处恕不赘述。

(2)"保险事故发生"的通知。对保险人言，保险事故发生之通知极其重要，其主要目的在于使保险人能即时采取必要之措施以防止损失扩大，保全标的之残余部分，以减轻其损失，并调查事实、搜集证据，以保护其法律上之利益[②]，故我国《保险法》第21条规定："投保人、被保险人或者受益人知道保险事故发生后，应当及时通知保险人。故意或者因重大过失未及时通知，致使保险事故的性质、原因、损失程度等难以确定的，保险人对无法确定的部分，不承担赔偿或者给付保险金的责任，但保险人通过其他途径已经及时知道或者应当及时知道保险事故发生的除外。"此即为我国《保险法》对于投保人等主体之保险事故发生的通知义务。从通知义务之法理角度，通知义务的义务主体不仅包括投保人，还包括被保险人和受益人。但我国《保险法》并未就通知义务作出履行时限上的规定。保险实务中关于通知义务的履行时限多规定于保险合同条款之中，如《中国人民财产保险股份有限公司机动车综合商业保险条款》要求被保险人于保险事故发生后48小时内通知保险人。

"保险事故发生的"通知义务即为主体的报案义务，不过，报案亦可由事故现场非保险合同主体为之。报案，可以采取电话报案、现场报案、传真报案以及其他形式。对于符合保险给付条件的报案，保险公司作立案处理，否则将不予立案或撤销立案。

3. 防灾防损义务

为避免社会资源的无谓消耗，保险法律规范通常使得投保人、被保险人或受益人负担防灾防损之义务或施救义务。除此之外，积极的防灾防损对于降低保险赔付率进而降低保险费率以及扩大保险保障范围都有着十分积极的作用。《日本保险法》第13条即规定：投保人及被保险人在知道发生了保险事故的时候，应努力防止因此造成的损害的发生和扩大。当然，为鼓励投保人积极履行防灾防损的义务，保险人将对投保人履行此义务过程中发生的必要的合理的费用予以一定程度的补偿。如我国《保险法》第57条："保险事故发生时，被保险人应当尽力采取必要的措施，防止或者减少损失。保险事故发生后，被保险人为防止或者减少保险标的的损失所支付的必要的、合理的费用，由保险人承担；保险人所承担的费用数额在保险标的损失赔偿金额以外另行计算，最高不超过保险金额的数额。"

---

① 江潮国著．保险法基础理论［M］．北京：中国政法大学出版社．2002年，第206页．

② 江潮国著．保险法基础理论［M］．北京：中国政法大学出版社．2002年，第262－263页．

从防灾防损义务履行的能动性方面，此义务有主动履行与指示后履行两种方式。主动履行，即投保人主动履行之意；指示履行乃是指投保人需要在得到保险人的指示后方具体履行防灾防损的义务。如《德国保险合同法》第 82 条第 1 款规定：“保险事故发生时，被保险人有尽可能防止或减少损害并遵照被保险人指示的义务；如果情况允许，被保险人应请求保险人指示。如有多数保险人且其指示互相对立时，被保险人应依照合乎其义务的判断行事。”

4. 其他义务

除了上述几项积极义务而言，投保人还需承担不作为义务。如，不为保险欺诈。我国《保险法》第 27 条：“未发生保险事故，被保险人或者受益人谎称发生了保险事故，向保险人提出赔偿或者给付保险金请求的，保险人有权解除合同，并不退还保险费。投保人、被保险人故意制造保险事故的，保险人有权解除合同，不承担赔偿或者给付保险金的责任；除本法第四十三条规定外，不退还保险费。保险事故发生后，投保人、被保险人或者受益人以伪造、变造的有关证明、资料或者其他证据，编造虚假的事故原因或者夸大损失程度的，保险人对其虚报的部分不承担赔偿或者给付保险金的责任。”

（二）保险人的义务

我国《保险法》第 10 条第 3 款规定：“保险人是指与投保人订立保险合同，并按照合同约定承担赔偿或者给付保险金责任的保险公司。”但是，保险公司并不等同于保险人，保险公司只有进入到保险合同关系之中才获得了保险人的身份，也亦因此要受到保险法律对于保险人之权利义务的规制。

保险人的义务主要是向被保险人或受益人支付保险金以及施救等相关费用，其具体义务的履行目的乃是确保其他保险法律关系主体权利的实现。我国《保险法》第 23 条的前 2 款规定：“保险人收到被保险人或者受益人的赔偿或者给付保险金的请求后，应当及时作出核定；情形复杂的，应当在三十日内作出核定，但合同另有约定的除外。保险人应当将核定结果通知被保险人或者受益人；对属于保险责任的，在与被保险人或者受益人达成赔偿或者给付保险金的协议后十日内，履行赔偿或者给付保险金义务。保险合同对赔偿或者给付保险金的期限有约定的，保险人应当按照约定履行赔偿或者给付保险金义务。保险人未及时履行前款规定义务的，除支付保险金外，应当赔偿被保险人或者受益人因此受到的损失。”

与其承担的义务相对应，保险人的权利主要有保费支付请求权、约定或法定合同解除权等，但保险人的权利仍是以保险费支付请求权为主。保险人通过其权利的行使，可以满足其经营上的利润诉求，而保险人的利益亦是集中体现于此。

三、保险合同的变更

合同变更，有广义和狭义之分别。广义的合同变更，是指合同主体、合同内容以及合同效力的变更；狭义的合同变更仅指合同内容以及合同效力的变更。于保险理论中，保险合同的变更一般为狭义的合同变更，即保险合同内容以及效力方面的变更，保险合同主体的更迭一般被称为合同的转让。

合同变更，是对契约严守原则的修正与突破。按照契约严守原则，“契约是当事人之间的法律”。合同一旦生效，当事人就需要按照合同以及相关法律法规的规定履行各自的义务，任何一方当事人均不得擅自变更合同的内容或者是解除合同。但是，“确定性”的合同在订立之后避免不了地会遇到客观情形的“不确定性”变化，《保险法》第 20 条：“投保人和保险人可以协商变更合同内容。变更保险合同的，应当由保险人在保险单或者其他保险凭证上批注或者附贴批单，或者由投保人和保险人订立变更的书面协议。”

此种要求（属于要约），当然须经保险人之承诺，始为有效，保险人如不同意，即应明白表示，否则自变约要求之通知到达后法定时间内，不为拒绝者，法律上即拟制其已承诺，而变约生效，但人寿保险契约为例外[①]。

（一）合同主体的变更

保险合同主体包括当事人和关系人，但于保险理论与实务之中的保险合同主体的变更一般仅为投保人（或被保险人）的变更。投保人的变更，是保险合同的转让。保险合同转让一经确认，原投保人与保险人的保险关系即行消灭，受让人与保险人的保险关系随即建立。由于合同的形式是保险单，因此这种保险合同变更在传统习惯上又叫作保单转让[②]。

1. 财产保险合同的转让

财产保险合同转让是指保险标的和保险利益发生让渡从而使合同权利义务也随之转让的情形。财产保险合同转让因标的转让原因不同可分为两种，一种是法定原因转让，主要是指财产保险合同投保人因破产或死亡而发生的转让；另一种是因双方约定的事项而转让，即被保险人和第三方约定转让保险标的[③]。

于约定转让的情形，依照我国《保险法》第 49 条的规定，除货物运输保险合同和另有约定的合同外，保险标的转让的，被保险人或者受让人应当及时通知保险人。但若保险标的转让导致危险程度显著增加的，保险人可以按照合同约定增加保险费或者解除合同。《保险法司法解释（四）》第 5 条：“被保险人、受让人依法及时向保险人发出保险标的转让通知后，保险人作出答复前，发生保险事故，被保险人或者受让人主张保险人按照保险合同承担赔偿保险金的责任的，人民法院应予支持。”

财产保险合同转让的立法例，大致有如下三种：即“属人主义”立法例、“属物主义”立法例以及“折中主义”立法例。

“属人主义”立法例之下，保险标的物的转让并不必然伴随有保险合同主体的变更，

---

① 郑玉波著．保险法论（修订七版）［M］．台北：三民书局．2007 年，第 81 页．

② 邱剑，郭金龙．保单转让的理论与其市场发展［J］．保险研究．2011（5）：55.

③ 冯文丽．财产保险合同转让的立法比较与启示——评新《保险法》第 49 条修改的“属人主义”与“从物主义”之争［J］．保险研究．2009（8）：15.

意欲继受保险合同权利义务的保险标的物受让人必须经得保险人的同意才可以成为新的被保险人承继原被保险人的权利义务。

"属物主义"立法例之下，保险标的物的受让人因受让保险标的物而自动获得被保险人的资格，无须经得保险人的同意。

"折中主义"立法例之下，被转让的保险标的如果是不动产，保险合同遵循"从物主义"；被转让的保险标的如果是动产，保险合同遵循"属人主义"。

在我国的保险实践中，保险标的的"转让"以实际风险控制为原则。《保险法司法解释（四）》第1条："保险标的已交付受让人，但尚未依法办理所有权变更登记，承担保险标的毁损灭失风险的受让人，依照保险法第四十八条、第四十九条的规定主张行使被保险人权利的，人民法院应予支持。"

2. 人身保险合同的转让

人身保险合同的主体变更，通常仅就投保人的变更而言，于保险实践中又称作保单转让。通过人身保险保单的转让，受让人因承继投保人的保险合同权利义务而成为保单所有人，但并非原初"投保人"。

因人身保险合同涉及的主体相对较多，除了投保人之外，尚有被保险人和受益人的存在。但是人身保险合同的转让主要是指人身保险合同中投保人的变更。

就人身保险合同的转让，我国《保险法》仅作出了禁止性规定，即，以死亡为给付保险金条件的合同所签发的保险单，未经被保险人书面同意，不得转让或者质押。可见，我国《保险法》对于人身保险合同的转让持肯定态度，但也给保险实践造成了不小的困扰。如受让人是否需要对被保险人具有保险利益、受让人变更受益人的权利是否应受到限制等等。

另有学者认为，人身保险合同的转让应区分保险事故发生前与保险事故发生之后。在保险事故发生后，被保险人和受益人享有对保险人请求给付保险金的权利，而投保人一般不再享有任何权利。因此，在保险事故发生后，被保险人、受益人和保险人可以转让人身保险合同，但投保人不得转让。被保险人和受益人转让的是保险金请求权，保险金请求权是合同债权。因此，被保险人和受益人转让人身保险合同，只需遵循合同权利转让的要求，通知保险人即可。而在保险事故发生后保险人转让人身保险合同，则是合同债务的转让，需要征得被保险人或受益人的同意①。但本文认为人身保险合同的转让并不应包括保险事故发生之后被保险人或者受益人之保险金支付请求权的转让。

（二）合同内容的变更

保险合同内容的变更，是指保险合同条款的变更，如受益人、保险金额、保险期限以及违约责任等。

保险合同内容的变更，需要以存在合法有效的保险合同关系为前提，由保险合同当事

---

① 许崇苗，李利．人身保险合同转让有关法律问题探析［J］．保险研究．2001（6）：38.

人依约定或者法律规定进行变更，且要遵循法定的变更方式。《合同法》第 77 条：“当事人协商一致，可以变更合同。法律、行政法规规定变更合同应当办理批准、登记等手续的，依照其规定。”另外，《保险法》第 20 条：“投保人和保险人可以协商变更合同内容。变更保险合同的，应当由保险人在保险单或者其他保险凭证上批注或者附贴批单，或者由投保人和保险人订立变更的书面协议。”

需要提及的是受益人的变更。人身保险合同中的投保人作为保险合同的当事人一方，有权变更受益人、变更受益人的受益份额或是受益顺位。虽然受益人的受益权在保险事故发生之前仅为一种期待性权利，但投保人变更受益人之权利的行使无疑会影响到受益人的合理期待。因此，德国、意大利、美国和加拿大建立了不可撤销受益人制度。

（三）合同效力的变更

1. 中止与复效

恢复已经中止效力的保险合同的效力，称之为保险合同的复效。保险合同的效力中止，是指保险合同的关系形式上虽仍存在，未失效也未终止，但保险人和投保人双方不负对待给付义务的情形[①]。我国《保险法》第 36 条：“合同约定分期支付保险费，投保人支付首期保险费后，除合同另有约定外，投保人自保险人催告之日起超过三十日未支付当期保险费，或者超过约定的期限六十日未支付当期保险费的，合同效力中止，或者由保险人按照合同约定的条件减少保险金额。被保险人在前款规定期限内发生保险事故的，保险人应当按照合同约定给付保险金，但可以扣减欠交的保险费。”同法第 37 条：“合同效力依照本法第三十六条规定中止的，经保险人与投保人协商并达成协议，在投保人补交保险费后，合同效力恢复。但是，自合同效力中止之日起满二年双方未达成协议的，保险人有权解除合同。保险人依照前款规定解除合同的，应当按照合同约定退还保险单的现金价值。”《保险法》第 36 条以及 37 条即为有关保险合同“中止”与“复效”条款。就复效申请方面，依据《保险法司法解释（三）》，“保险合同效力依照保险法第三十六条规定中止，投保人提出恢复效力申请并同意补交保险费的，除被保险人的危险程度在中止期间显著增加外，保险人拒绝恢复效力的，人民法院不予支持。保险人在收到恢复效力申请后，三十日内未明确拒绝的，应认定为同意恢复效力。”

合同效力中止与复效的规定适用于人身保险合同，为《保险法》所特有，对于维持保险合同效力，保护投保人、被保险人、受益人权益具有重要意义。至于复效之后的保险合同性质，在国外保险法学界一直存在两派之争，一派认为，复效后的保险合同是一个新合同，另一派则认为，复效后的保险合同是原保险合同的继续[②]。认为复效后的保险合同是一个新合同，为美国少数法院所持观点。但笔者认为，复效后的保险合同是原保险合同的继续，是一个对原合同内容或有所变更但未根本改变合同属性的继续性合同而非一个新合同，且合同效力中止期间发生的风险新生或者程度上的改变，有可能在合同效力未发生任

---

① 樊启荣著．保险契约告知义务制度论．北京：中国政法大学出版社．2004 年版，第 169 页．

② David Norwood, Norwood on Life Insurance Law in Canada, Third Edition, Carswell, 2002. P. 206.

何改变的情况下同样会发生。若认定保险合同复效后在投保人与保险人之间形成一个新的保险合同，将会导致因保险人新合同核保权的行使而在一定程度上侵害投保人的原初利益。

2. 合同的解除

合同解除权制度发端于罗马法："因合意缔结的债因相反的意思解除[①]，"在本质上是一种与"缔约权"相对应的、解除当事人契约约束的权利，其价值在于实现当事人之间的实质公平。保险合同是投保人与保险人为了实现各自利益而自愿签订的合同，当合同目的难以实现或者维系合同效力在经济上不可行时，保险合同的当事人可以契约自由和公平原则为基础，通过解除保险合同的方式来保障自己的利益不受损失。

保险合同的解除，有约定解除和法定解除两种情形。其中，约定解除是契约自由原则的体现；"法定解除权"是法律对可能影响公平的情形进行类型化的预设[②]。

（1）约定解除。约定解除，体现的是在契约自由原则下当事人对合同权利义务公平性的自行考量。合同解除权属于形成权，是一种"因一方意思表示而使契约之效力消灭之权利"[③]。约定解除权的行使，须有保险合同当事人的事先约定或者事后的协商方可为之。当事人之间须就权利行使的主体、权利行使的条件、权利行使的期限、权利行使的方式以及权利行使的法律后果等五个要素加以明确约定。约定解除权有为合同主体双方保留的，也有为合同主体一方保留的。

（2）法定解除。《保险法》第 15 条规定："除本法另有规定或者保险合同另有约定外，保险合同成立后，投保人可以解除合同，保险人不得解除合同。"因此，保险合同之法定解除，主要是指保险人享有的解除权。

如无特别约定，投保人任意解除权的行使并无前提条件的限制，或出于主观原因而不愿维系与保险人之合同关系，或基于客观原因，如丧失支付保费能力等，均无不可。但保险人的法定解除权在权利行使方面有着保险法律规范上的明确限制。如《保险法》第 16 条规定，投保人故意或者因重大过失未履行如实告知义务，足以影响保险人决定是否同意承保或者提高保险费率的，保险人有权解除合同；《保险法》第 27 条："被保险人或受益人谎称发生了保险事故，向保险人提出赔偿或者给付保险金请求，或投保人、被保险人故意制造保险事故的，保险人有权解除合同……"但从我国《保险法》第 15 条可知，保险人的法定解除权仅限于《保险法》所列示的情况，而不包括《保险法》以外的其他法律规定的情形。

保险合同解除权的赋予，虽被认为是尊重了当事人的契约自由，维护了当事人之间的实质公平，但也在第三人利益保护方面饱受诟病，此种情况主要存在于投保人、被保险人与受益人之身份相分离的保险合同之中。另需要注意的是，保险人合同解除权的行使需要

---

① ［古罗马］优士丁尼著．徐国栋译．法学阶梯［M］．北京：中国政法出版社．2005 年，第 415 页．

② 杨德齐．论保险合同解除权制度的体系建构——兼评《保险法》司法解释三（征求意见稿）的解除权条款［J］．保险研究．2015（2）：82.

③ 史尚宽著．债法总论［M］．北京：中国政法大学出版社．2000 年，第 547 页．

受到除斥期间的限制。

第四节 保险合同的争议处理

保险合同的争议，集中表现在保险合同订立之后合同主体就保险合同条款理解以及各自之权利义务实现与履行方面的各种争端。对于保险合同的争议，需要按照一定的原则和方式方法进行处理，才能够使得保险制度得以顺畅运行。

一、保险合同的解释原则

英国的 P. S 阿蒂亚曾言：“合同解释决不是形式上或技术性的服务，它是法院必然要遇到的最难应付的任务之一[①]。”在保险领域合同解释的重要性由于保险合同的附合性、技术性，以及公共物品属性而更为彰显，直至成为“保险合同的灵魂”[②]。

（一）文义解释原则

文义解释原则，又被称为客观解释原则，亦是对保险合同条款加以解释的首选原则。

保险合同当事人就签订保险合同而协商一致的意思表示往往通过文字的形式得以表现出来，因此，当出现对于合同条款理解上的障碍时，就应该首先追求合同条款所使用之文字的本来或惯有意思表示。我国《合同法》第 125 条规定：“当事人对合同条款的理解有争议的，应当按照合同所使用的词句、合同的有关条款、合同的目的、交易习惯以及诚实信用原则，确定该条款的真实意思。合同文本采用两种以上文字订立并约定具有同等效力的，对各文本使用的词句推定具有相同含义。各文本使用的词句不一致的，应当根据合同的目的予以解释。”“保单应首先依照其所使用的条款加以理解。条款本身将依照其使用的语言文字首要的、本质的、普通的以及流行的语义加以理解。保单所使用的语言文字的含义是一个具有通常智力水平的普通人所理解的含义[③]。”

我国《保险法》第 30 条规定，采用保险人提供的格式条款订立的保险合同，保险人与投保人、被保险人或者受益人对合同条款有争议的，应当按照通常理解予以解释。

然而需要注意的是，文义解释原则的适用要辅以体系解释原则加以配合，在具体运用上需要考察特定文字使用的语境并将其置于合同整体中加以理解。如《法国民法典》第 1161 条即规定：“契约的全部条款得相互解释以确定每一条款从整个行为所获得的意义。”

---

① ［英］阿蒂亚著．合同法概论．赵旭东等译［M］．北京：法律出版社．2002 年，第 174 页．

② Robert H. Jerry. D. Insurance, Contract, and the Doctrine of Reasonable Expectation, 5 Conn. Ins. L. J. 55 (1998).

③ David S. Miller, Insurance as a Contract: The Argument for Abandoning the Ambiguity Doctrine, 88 Colum. L. Rev. 1849 (1988); Raoul Colinvaux. The Law of Insurance, Sweet & Maxwell, 1984, P. 32.

（二）意图解释原则

意图解释原则，又称为目的解释原则，是指当文义解释原则不足以澄清当事人对于保险合同条款的模糊认知时，应该透过保险合同条款所使用文字的表象去探究当事人订立保险合同的真实目的，此即为意图解释的原则。目的解释源自对形式主义法学的否定，维护严格法治的形式主义法学强调："当一部法典业已界定，就应逐字遵守。法官唯一的使命就是判定公民的行为是否符合成文法律[①]。

意图解释原则要求对合同的解释不应拘泥于合同条款的文字表述，而以当事人的主观意思为准。当从保险合同整体考察，保险合同条款前后用词不一致或者出现同一用词的矛盾时，应该从一个客观第三人的角度出发，结合合同订立时的背景以及各种主客观情况以探索当事人订立保险合同的真实意图。我国《合同法》第125条第1款："当事人对合同条款的理解有争议的，应当按照合同所使用的词句、合同的有关条款、合同的目的、交易习惯以及诚实信用原则，确定该条款的真实意思。"

（三）不利解释原则

《保险法》第30条："采用保险人提供的格式条款订立的保险合同，保险人与投保人、被保险人或者受益人对合同条款有争议的，应当按照通常理解予以解释。对合同条款有两种以上解释的，人民法院或者仲裁机构应当作出有利于被保险人和受益人的解释。"此即为我国保险法律规范中对于保险合同条款进行解释的不理解释原则。不利解释原则，主要源自于保险合同条款的附和性或格式性特征，为了平衡保险合同当事人之间的地位而设。

不利解释原则形成于16世纪30年代发生在英国的一个判例。1536年6月18日，英国一保险人承保了威廉·吉朋的为期12个月的人寿保险业务，保险金额2000英镑，保险费80英镑。被保险人于1537年5月29日死亡，其受益人请求保险人按照保险合同约定给付保险金2000英镑。但保险人辩称保险合同承保期限为12个月，每月是以阴历28天计算的，并非是指公历上的12个月，因此被保险的保险合同已于当年公历5月20日因期限届满而终止，保险人无须支付保险金。但受益人却认为保险期限应按公历计算，保险事故恰好发生于保险合同有效期限内，保险人应如数给付保险金。最终，主审法院对合同条款作出了有利于被保险人的解释，并判决保险人向受益人如数给付保险金。此后，不利解释作为一项保险合同条款的争议解释原则被各国所接受。

当然，不利解释原则反面之理解即为有利解释原则，"不利"与"有利"是针对不同的合同当事人而言。对于一方是为"不利"，对于另外一方则为"有利"。究竟于谁"有利"，于谁"不利"，需要综合衡量保险合同当事人的力量对比以及保险合同条款的拟定情况。与责难保险人误导、欺诈及其他导致投保人不知悉条款含义行为的制度相比较，不利解释对弱者的保护是通过惩罚保险人的条款设计过失来实现的[②]。因此，就目前而言，

---

① ［意］贝卡利亚著．论犯罪与刑罚［M］．黄风译．北京：中国大百科全书出版社．1993年，第13页．

② 曹兴权．保险缔约信息义务制度研究［M］．北京：中国检察出版社．2004年，第116页．

不利解释原则都是规制保险人的。

需要注意的是，不利解释原则有严格的适用条件，在对合同条款的理解出现争议时，只有在依次采用了“文义解释”以及“合理解释”原则后，当事人对合同条款仍存在两种以上的理解时，不利解释原则才可以被启用。正如英国学者克拉克所言：“不利解释原则是可供依靠的第二位的解释原则，该原则在其他解释原则无法确定保险合同含义的情况下方可采用[①]。”但就我国目前的司法实践，基于“深口袋”（Deep Pocket）的思维，不利解释原则有被滥用的趋势。除此之外，被保险人在一定程度上信赖与歧义条款相关的保险保障真实存在也是适用此一解释原则的前提条件。

（四）批注优于正文、后加的批注优于先加的批注

批注，是对于合同条款的修改或者解释性说明，多以手写或者打印方式出现在已签订的合同文本之中，且批注的次数没有限制，即可以多次批注。因此，为尊重合同当事人的真实意图，当批注与原有合同条款出现不一致时应以批注内容为准；批注之间出现冲突时则按照批注形成的时间先后确定批注的适用。另外，当合同中手写批注与打印批注并存且出现冲突时，一般的原则是手写批注优于打印批注。

我国《保险法司法解释（二）》第14条规定了保险合同中记载的内容不一致的，按照下列规则认定：

（1）投保单与保险单或者其他保险凭证不一致的，以投保单为准。但不一致的情形系经保险人说明并经投保人同意的，以投保人签收的保险单或者其他保险凭证载明的内容为准；

（2）非格式条款与格式条款不一致的，以非格式条款为准；

（3）保险凭证记载的时间不同的，以形成时间在后的为准；

（4）保险凭证存在手写和打印两种方式的，以双方签字、盖章的手写部分的内容为准。

（五）补充解释原则

合同是当事人之间的“法律”，各当事人均需要按照合同内容履行义务并行使权利。但基于主客观情势变化，合同当事人并不能就将要出现的各种不确定性情况规定于合同之中。因此，在肯定合同效力的前提下，当出现未约定情势发生时，合同当事人可以终止合同以解除合同关系，当然也可以在维系合同效力的基础上对当事人的意思进行补充解释，解释的结果是“推定当事人的意思”。补充解释自身则是“一种规范的判断标准，以当事人在合同上所作的价值判断及利益衡量为出发点，依诚实信用原则并斟酌交易惯例加以认定，以实现公平、效率为依归”，其解释结果是“推定的当事人意思”[②]。

---

① Clark. The Law of Insurance Contracts [M]. Lloyd's of London Press. 1997. P. 66.

② 崔建远主编．合同法［M］．北京：法律出版社．2010年，第372页．

（六）合理期待原则

合理期待原则（Reasonable Expectation Principle）是新近司法实践中，美国法院对保险合同进行解释时所采用的原则，该原则是指当保险合同当事人就合同内容的解释发生争议时，应以投保人或被保险人对于合同缔约目的的合理期待为出发点对保险合同进行解释[①]。合理期待原则以保险合同的附合性为前提，在本质上是公平原则的必然要求和延伸，其法律价值目标是要致力于实现合同的实质自由及公平正义。

保护被保险人合理期待的观点，是由英国大法官 Stormon Darling 勋爵在 1896 年提出的，他主张根据被保险人的合理期待对保险合同条款进行解释[②]。依照合理期待原则，如果理性投保人有理由合理地期待某种风险属于保险人承保范围，即使其期待与合同条款规定不符，仍可以判决保险人承担保险责任。美国的基顿法官认为保险合同的附合性、保险人对于条款用语的随意控制以及被保险人在理解保险合同专业术语时所面临的困难都支持了合理期待原则的适用[③]。

虽然在综合力量对比上，被保险人明显处于劣势，但也不能为了对被保险人进行保护而保护。因此，在利用合理期待原则对保险合同条款进行解释时，因其使用上并不具有位阶上的优先性，对保险合同条款的理解产生纠纷和异议时，仍应首先进行文义解释、意图解释以及不利解释等。一般而言，合理期待原则是作为不利解释原则的支撑而补充适用的。

二、保险合同的纠纷处理

保险合同纠纷，是指保险合同的双方当事人（包括关系人），对保险合同的生效、解释、履行、变更、解除、终止等行为而产生的所有争议。

保险合同纠纷的解决主要有两种模式：其一依靠当事人合意解决纠纷，另外一种则由三方居中作出裁断。第一种纠纷解决模式为协商性纠纷解决机制，主要表现为协商和调解；第二种纠纷处理方式表现为诉讼和仲裁。

（一）协商

协商，是指保险合同双方当事人在自愿的基础上，按照法律法规等的规定，自主商议解决纠纷的方式。

在农业社会里成长起来的中国人，一方面表现出对自然的依赖，另一方面也形成了重视群体力量，借以同自然抗争的观念，由此产生了中国人重和谐的内在要求[④]。协商，恰

---

① 陈百灵．论保险合同解释中的合理期待原则［J］．法律适用．2004（4）：20.

② Sangster's Trustee v. General Accident Assurance Corp Ltd，1986 24. P. 56 – 57.

③ Robert E Keeton. Insurance Law Rights at Variance with Policy Provisions，Harvard Law Review 1970，P. 83. 转引自：李利，许崇苗．论合理期待原则与格式保险合同解释［J］．人民司法．2011（2）：94.

④ 张晋藩著．中国法律的传统与近代转型［M］．北京：法律出版社．1997 年，第 295 页．

是体现了“以和为贵”的行为诉求。

（二）调解

我国的调解机制包括人民调解、行政调解和诉讼调解，但其中行政调解不适用于保险合同纠纷的解决。

2007 年，中国保险监督管理委员会制定了《关于推进保险合同纠纷快速处理机制试点工作的指导意见》（以下简称《指导意见》），《指导意见》指出：“建立处理机制，为投保人、被保险人或者受益人（以下统称‘被保险人’）提供便捷的纠纷解决渠道，及时有效地化解矛盾，既可维护被保险人的合法权益，又能降低其索赔或投诉成本。”调处机构受理的纠纷，保险人一方应为参与处理机制的保险公司，被保险人一方应为自然人，即个人或有一定人数限制的多名个人。

《指导意见》同时指出，调处机构受理的纠纷应当是事实清楚、情节简单、适宜快速处理的案件，以适应快速解决保险合同纠纷的需要；同时，为确保处理机制在程序方面不会与仲裁或诉讼产生冲突，受理的纠纷还应当符合以下条件：一是保险公司对合同理赔纠纷有明确处理意见而被保险人不接受，且自保险公司作出明确处理意见起未超过 6 个月；二是未曾就同一事实申请仲裁或提起诉讼；三是不涉及保险精算标准及生命表等问题；四是纠纷所涉保险金数额，财产保险不超过人民币 20 万元、人身保险不超过人民币 10 万元（各地区可以根据情况确定具体金额）。

（三）仲裁

通过仲裁方式解决当事人之间的争议，最早起源于村庄中遇到纠纷时请年长者决断。现代意义的仲裁，则是指发生争议的双方当事人，根据其在争议发生前后所达成的仲裁协议，自愿将其争议提交到仲裁机构，并由仲裁机构对双方争议作出对双方当事人均有约束力的裁决的争议解决方式和制度。仲裁机构作出的仲裁裁决对于双方当均具有法律上的约束力，任何一方不履行，另外一方均可就仲裁裁决的内容向人民法院申请强制执行。

提请仲裁，需要双方当事人订立有仲裁协议作为前提，仲裁协议应当具有下列内容：请求仲裁的意思表示；仲裁事项以及选定的仲裁委员会。

依照《中华人民共和国仲裁法》（以下简称《仲裁法》）的规定，平等主体的公民、法人和其他组织之间发生的合同纠纷和其他财产权益纠纷，可以仲裁。但婚姻、收养、监护、扶养、继承纠纷以及依法应当由行政机关处理的行政争议不得申请仲裁。

与诉讼相比较，仲裁具有自愿、灵活以及效率性等方面的优势，还可以在一定程度上维系合同当事人的社会声誉以及稳定合作关系。

（四）诉讼

保险合同纠纷的诉讼解决方式，是指保险合同当事人一方将纠纷起诉到法院，由法院按照法定程序对案件进行审理并依法作出裁判的纠纷解决方式。与非诉讼机制相比较，诉讼机制的优势在于权威性、强制性以及解决纠纷的彻底性①。但也不可避免地存在诸如程序烦琐、费用高昂、诉讼延迟以及不利于保险人社会声誉维系等方面的弊端。

本章小结

保险合同是保险人与投保人之间的契约，投保人与保险人之间的契约关系多通过投保单、保费收据、暂保单、保险单以及其他保险凭证的方式加以表征。但因保险合同关涉主体范围广泛，保险合同主体存在着保险合同当事人和保险合同关系人的区分。复数主体存在之情形下，各主体均应按照法律以及合同约定履行各自的义务并享有相对应的权利。另外，基于法律规定以及合同的约定，保险合同成立之后亦可进行包括合同主体、合同内容以及合同效力等的变更。若合同主体之间就合同条款适用以及合同履行产生纠纷，可以通过合同条款的解释原则以及诉讼等方式加以解决。

① 孙蓉，李炎杰，陈辞．我国保险合同纠纷的多元化解决机制探析［J］．保险研究．2010（12）：109.

保险利益的理论基础

第一节　保险利益的内涵

一、保险利益的概念解读

所谓概念之争，实为目的之争[①]。对此，美国著名法学家富勒曾说过，“法规则只有参照它们所服务的目的始能被理解”[②]。因此，意欲对保险利益的概念加以恰当的界定，就需要对保险利益的概念加以分解，从其细分构成上解读保险利益的内涵。

（一）利益

“利益”，英文表示为“interest”，德语表示为“interesse”。《牛津法律大辞典》对“interest”的解释是：“利益，指那些个人或团体寻求得到满足和保护的权利请求、需求、愿望或要求，而这些必须要结合社会中人们之间关系的秩序来考虑[③]。”而《辞海》对利益的解释是——好处。霍尔巴赫认为：“所谓利益，就是每个人根据自己的性情和思想使自身的幸福观与之联系的东西；换句话说，利益其实就是我们每一个人认为对自己的幸福是必要的东西[④]。”国内学者张江河认为：“所谓利益，就是主体在实现其需要的活动过程中通过一定的社会关系所体现出的价值[⑤]。”爱尔维修亦曾说：“利益在世界上是一个强有

① 余立力著．信赖利益新论［M］．武汉：武汉大学出版社．2009 年，第 2 页．

② ［美］郎·富勒、小威廉·R. 帕迪尤著．合同损害赔偿中的信赖利益［M］．韩世远译．梁慧星．民商法论丛第 7 卷［M］．北京：法律出版社．1997 年，第 411 页．

③ 戴维·M. 沃克著．牛津法律大辞典［M］．李双元等译．北京：法律出版社．2003 年，第 572 页．

④ ［法］霍尔巴赫著．自然的体系［M］．管士滨译．北京：商务印书馆．1964 年，第 27 页．

⑤ 张江河著．论利益与政治［M］．北京：北京大学出版社．2002 年，第 151 页．

力的巫师，它在一切生灵的眼前改变了一切事物的形式[①]。”因此从“利益”的概念可知，利益以主体的各种需要为基础，并通过主体的社会实践加以实现。利益反映的是人与其周围世界中对其生存和发展具有一定意义的各种事物和现象之间的关系，它表现为人们受客观规律制约的需要和满足需要的手段、措施[②]。而“决定法律与非法律只能根据一对所有的利益——物质的与精神的、暂时的与永存的、现在的与将来的、个人的与普遍的等利益——谨慎地衡量，才能达成。每一个特有的法律关系都是透过利益这个特有的团体而创设下来的……这样的思想，长久以来一直是我的……基本思想[③]。”

可以说，对于利益的不断追逐是人类历史发展的推动力之一——“阶级的斗争和它们的利益冲突是现代历史的动力[④]。”利益中的欲望总是最终导向一些我们不能再追究的目标或者需要，导致一些需要的满足。这些需要满足的本身似乎就是目的，不必再进一步证明或者辩护[⑤]。事实上，对于人类而言，其全部基本需要都能部分地得到满足时生命才会存在，才有自我实现的基础，而且这种基础是相对的[⑥]。

然而，利益的根本属性究竟是什么？对此在学术界并未形成定论。理论界主要有主观论、客观论以及主客观统一论三种理论观点。其中，主观论认为，利益是利益需求主体的主观需要与愿望，利益的内容因利益需求主体之主观愿望的不同而不同，亦因其发展变化而改变。利益主体的主观需要才是利益产生的前提和基础，利益乃是属于主观的社会意识范畴；客观论则认为利益存在于主体的主观认识之外，不以主观意志为转移；而主客观统一论认为，利益具有客观的制约性，但它的体现始终是人，所以利益是客观东西和主观东西的统一[⑦]。

另外，按照不同的划分口径，可以将利益划分为不同的种类。例如，按照涵盖主体范围的不同，利益可以被划分为个人利益、公共利益和社会利益三个大类。其中，个人利益可以粗略地看作是公共利益或社会利益的微缩，而公共利益和社会利益则是个人利益的总和。当然，它们之间并不是简单地除法和乘法的关系。除此之外，按照利益的覆盖范围以及利益介质的不同，还可以将利益进一步划分为整体利益和局部利益以及物质利益、身体利益和精神利益等。

在人类发展史上，利益一词被一些学者认为是人类历史上最早出现的词语之一。在中国古代典籍中即有“天下熙熙，皆为利来，天下攘攘，皆为利往”的经典论述[⑧]。关于利益的理论观点，也是古今皆有之。

---

① 北京大学哲学系外国哲学史教研室编译．十八世纪法国哲学［M］．北京：商务印书馆．1963 年，第 460 页．

② 孙国华，课题组．论法与利益的关系［J］．中国法学．1994（4）：36.

③ Coing, Benthams Bedeutung, S, 75. 转引自：吴从周著．概念法学、利益法学与价值法学：探索一部民法方法论的演变史［M］．北京：中国法制出版社．2011 年，第 200 页．

④ 《马克思恩格斯全集》第 4 卷，第 344 页．

⑤ ［美］马斯洛著．马斯洛人本哲学［M］．成名编译．北京：九州出版社．2003 年，第 65 页．

⑥ ［美］马斯洛著．马斯洛人本哲学［M］．成名编译．北京：九州出版社．2003 年，第 69 页．

⑦ ［苏］M·米哈伊洛夫、A·英特列夫．社会主义和利益［M］．莫斯科：莫斯科出版社，1970 年．第 5 页．转引自：孙国华，课题组．论法与利益的关系［J］．中国法学．1994（4）：37.

⑧ 《史记·货殖列传》．

在遥远的、生产力水平极端低下的远古时代，人们首先需要面对的乃是生存与代际延续的需要。正如马克思所说：“我们首先应当确定一切人类生存的第一个前提，也就是一切历史的第一个前提，这个前提是：人们为了能够‘创造历史’，必须能够生活。但是为了生活，首先就需要吃喝住穿以及其他一些东西。因此第一个历史活动就是生产满足这些需要的资料，即生产物质活动本身[①]。”但是囿于生产力水平的制约，人们这种利益的实现多是寄托于“神”，希望通过神的力量来满足自己的需要。因此，在对神的顶礼膜拜中逐渐形成了远古时代的、包含有“义利观”的神学思想。但是这种神学思想并未形成完整的理论体系。直到私有制的出现，这种神学思想才逐渐以理论形态出现。古罗马时代的斯多葛学派以及中国同时代的唯心主义哲学即属其中代表。其中，斯多葛学派以顺从天命为其理论说教，而孔子认为“巍巍乎！唯天为天”[②]，“天言何哉？四时行焉，百物生焉，天何言哉[③]？”

在欧洲社会经历了极具历史意义的资产阶级文艺复兴运动之后，人类对于历史发展的伟大推动力量逐渐走入理论家的视野，人类的历史能动性受到了前所未有的重视，逐渐形成了这一时期的利益理论，并在法国启蒙哲学和黑格尔哲学中达到了顶峰[④]。而且随着生产力水平的提高，人类的历史能动性较以往有很大的提高，人们发现可以通过自己的行为去实现内心的种种渴望。且恰如18世纪法国启蒙思想家霍尔巴赫认为的那样，利益对人们具有积极作用，即所谓的“好处”。也因如此，人们才得以在利益的驱使下去爱或者去恨某些东西。人们对于利益的追求促成了自身利益水平的提高以及社会的进步。

利益的这一伟大作用，被著名意大利哲学家维柯所发现。维柯也是第一个承认利益在社会中的历史作用的人。维柯认为，利益在社会的发展进程中起了很大的作用，以利益矛盾作为基础的阶级斗争是历史进步的主要推动力之一。另外，18世纪的法国唯物主义者爱尔维修也认为，利益是社会生活中唯一的、普遍起作用的因素，并认为利益是人类最基本活动——物质生产活动的推动力，他还因此试着“以人类的物质需要来解释人类的社会的和智慧的发展”[⑤]。

不过需要明确的是，利益并不是由一个国家或者地区的法律制度创设的，利益乃是在道德、宗教、政治以及经济等多方面的因素的共同作用下产生的。法律仅仅是规定了哪些利益是受其保护，而又有哪些利益并不值得法律制度加以保护。然而伴随着人类社会文明程度的大幅度提升，被一国或一地区法律制度所承认并加以保护的利益种类明显增多，呈现出了一种利益扩大化的态势。德国著名法学家鲁道夫·冯·耶林认为，保护社会生活条件乃是法律的实质性目的。他指出，社会生活条件或基础不仅包括社会及其成员的物质存在和自我维序，而且还包括所有那些被国民判断为能够给予生活以真正价值的善美和愉快

① 《马克思恩格斯选集》第1卷．第78－79页．

② 《论语·泰伯》．

③ 《论语·阳货》．

④ 王伟光著．利益论［M］．北京：中国社会科学出版社．2010年，第10页．

⑤ ［苏］普列汉诺夫著．论一元历史观之发展［M］．上海：生活·读书·新知三联书店，1961年．第12页．转引自：王伟光著．利益论［M］．北京：中国社会科学出版社．2010年，第12页．

的东西[①]。

（二）“保险”利益[②]

“保险”利益是“利益”的一个分支，其字面大意乃是指保险领域的利益。从广义上讲，保险领域内享受“保险利益”的利益主体包括投保人、保险人、被保险人、受益人以及保险中介主体等。从狭义角度出发，“保险利益”的归属主体则是指投保人、被保险人以及受益人，而投保人、被保险人，抑或是受益人所拥有的此等利益即被通称为保险利益。该利益所具体指代的乃是保险理论与实践领域的惯用词汇无疑。

1. 广义的“保险利益”

广义的“保险利益”又被称为保险契约利益，是因保险契约所关涉之利益，其利益保有主体包括投保人、保险人、被保险人、受益人以及保险中介等。其中，投保人和保险人是保险合同的当事人；被保险人、受益人则属于保险合同的关系人；而保险代理人、保险经纪人以及保险公估人等以中介主体的身份存在的主体使得保险合同的订立和履行变得更加顺畅。

（1）投保人。又有要保人之称谓。具体是指与保险人签订保险合同并负有缴纳保险费义务的主体，该项义务并不因保险合同究是为投保人自己利益还是他人利益订立而不同。另外，投保人必须具备完全民事行为能力。我国《保险法》第 10 条第 2 款规定：“投保人是指与保险人订立保险合同，并按照合同约定负有支付保险费义务的人。”

然而，鉴于保险合同又被称为保单，所以保单的持有人即被称为保单所有人。因此，从保险合同成立以及转让的角度出发，投保人仅是第一任的保单所有人而已，保单所有人的身份会因保单的转让而发生更迭。但需要注意的是，受让取得保单所有人身份的主体并不同时取得投保人资格，也就是说投保人的身份并不随保单的转让而灭失。当然，因合同到期之后再次续保而取得投保人身份的则另当别论。

在保险实践发展的初期，投保人均为自己的财产或人身利益投保保险，投保人因此兼有投保人和被保险人的双重身份，投保人和被保险人身份乃集中于同一主体。因此，对保险利益究竟是归属于投保人，还是归属于被保险人并没有加以细分的必要。但是，随着保险理论与保险实践的不断发展，投保人不但为自己利益投保，而且还出于利益第三人的想法为第三人购买保险。保险这种风险管理手段也陆续被开发出了员工福利以及礼品馈赠等时代功能，投保人身份与被保险人身份日渐分离。

在投保人与被保险人身份合一的情况下，投保人拥有着相当广泛的保险契约利益，如保单转让、抵押借款、指定或变更受益人，甚至解除保险合同等等。具体而言，作为第一任保单所有人的投保人，因兼具投保人和保单所有人的双重身份而享有以下的几项主要权

---

① ［美］E·博登海默著．法理学：法律哲学与法律方法［M］．邓正来译．北京：中国政法大学出版社．2004 年，第 115 页．

② 此处的“保险”利益仅指代保险领域内的利益，与保险理论与实务领域的惯常用语之保险利益并不相同。其与保险理论中惯用之保险利益是包含与被包含之逻辑关系。因此，为作区分，此处以双引号加以表示．

利：(1) 合同解除权。作为保险合同终止原因之一的合同解除，主要有法定解除、约定解除以及任意解除这三种形式。(2) 指定或变更受益人。投保人的该项权利乃是针对人身保险而言的。此项权利的获得主要源于投保人保险费缴纳义务的履行。因投保人缴纳的保费会积累产生一定额度的现金价值，在人身保险事故发生之前，这笔现金价值的所有权是归属于投保人的。投保人可以自己保有这部分现金价值，当然也可以指定第三人，即受益人所有。指定的受益人可以是一人以上，当受益人为数人时，投保人可以确定受益顺序和受益份额；未确定受益份额的，受益人按照相等份额享有受益权。(3) 现金价值所有权。保单现金价值所有权是人寿保险之投保人特有的权利。对于财产保险以及具有补偿性质的医疗保险而言，投保人并不具有此项权利。(4) 领取保单红利。实践领域的人身保险已不再局限于为被保险人提供人身保障，还具有投资的性质。例如，在传统人寿保险产品基础上衍生出来的分红险、投资连结保险以及万能险等险种。这些新型的人寿保险产品，不但为被保险人提供保险保障，且具有参与保险公司运营及投资到股票市场、债券市场等资本市场以及货币市场投资获利的功能。无论是参与保险公司运营，还是参与资本市场或是货币市场的运作，投资行为所产生的收益，相较于保险金来讲是一种风险前收益，并不以保险事故的发生为支付条件，而是要仰仗投资效果。因此，这部分是要归属于投保人或者保单所有人的。

然而，当投保人与被保险人为非同一主体时，投保人的保险契约利益何在？投保人是否除了缴纳保险费的义务之外并无任何利益可言？被保险人是否应承担与其所受利益相配比的义务？投保人与被保险人之间产生利益冲突时如何调处等等这一系列问题都关涉投保人的利益实现问题。例如，我国《保险法》规定投保人与被保险人均有权指定受益人，但投保人指定受益人时须经被保险人同意。而且，投保人为与其有劳动关系的劳动者投保人身保险，不得指定被保险人及其近亲属以外的人为受益人。《德国保险合同法》第 44 条 (1) 规定："在投保人为第三人购买保险的情形下，被保险人可以依照保险合同享有保险权益，但只有投保人可以要求保险人交付保险单。"由此可见，投保人与被保险人身份分离的情况下，投保人的"保险利益"受到了一定的限制。

(2) 保险人。我国《保险法》第 10 条第 3 款规定："保险人是指与投保人订立保险合同，并按照合同约定承担赔偿或者给付保险金责任的保险公司。"但是，保险公司并不等同于保险人，保险公司只有进入到保险合同关系之中才获得了保险人的身份，也亦因此要受到保险法律对于保险人之权利义务的规制。

保险人的义务主要是向被保险人或受益人支付保险金以及施救等相关费用，其具体义务的履行目的乃是在于确保其他保险法律关系主体权利的实现。我国《保险法》第 23 条的前 2 款规定："保险人收到被保险人或者受益人的赔偿或者给付保险金的请求后，应当及时作出核定；情形复杂的，应当在三十日内作出核定，但合同另有约定的除外。保险人应当将核定结果通知被保险人或者受益人；对属于保险责任的，在与被保险人或者受益人达成赔偿或者给付保险金的协议后十日内，履行赔偿或者给付保险金义务。保险合同对赔偿或者给付保险金的期限有约定的，保险人应当按照约定履行赔偿或者给付保险金义务。

保险人未及时履行前款规定义务的，除支付保险金外，应当赔偿被保险人或者受益人因此受到的损失。”

与其承担的义务相对应，保险人的权利主要有保费支付请求权、约定或法定合同解除权等，但保险人的权利仍是以保险费支付请求权为主。保险人通过其权利的行使，可以满足其经营上的利润诉求，而保险人的利益亦是集中体现于此。

（3）被保险人。被保险人是指其财产或者人身受保险合同保障，并因此享有保险金请求权的人。投保人可以为被保险人，当然投保人和被保险人的身份也可以分属不同的主体。被保险人的“保险利益”主要在于享受保险合同的保障。这种保障不但体现在遭遇风险事故时可以向保险人请求保险金的支付上，而且还体现在对于被保险人的心理安抚方面。这主要缘于保险作为一种有效的风险管理手段，可以在被保险人心里形成一种正向的心理预期，从而减轻各种风险对其生产生活所产生的羁绊。

作为保险合同的关系人，被保险人并不需要具备完全的民事行为能力。限制民事行为能力人，甚至是无民事行为能力人都可以成为保险合同中的被保险人。只是限制民事行为能力人或无民事行为能力人在申请保险赔付时需要由其监护人出面完成。与此同时，为保障被保险人的合法权益，除了未成年人的父母以外，投保人不得为无民事行为能力人投保以死亡为给付保险金条件的人身保险，保险人也不得承保。

被保险人，因其“被”保险之地位而享有保险利益，但又因其并非是保险商品的买方，不承担支付保险费的义务，因此，被保险人的“保险契约利益”源于投保人的赠予。

（4）受益人。受益人是人身保险中特有的主体，是享有保险金支付请求权的人，因其仅是保险合同中的关系人，在保险法律关系中只享有权利而并不承担义务，因此该类主体有无民事行为能力均可。我国《保险法》第 18 条第 3 款规定：“受益人是指人身保险合同中由被保险人或者投保人指定的享有保险金请求权的人。投保人、被保险人可以为受益人。”

非保险合同当事人的受益人，之所以能够以关系人的身份出现在保险合同中并享有保险金的支付请求权，取决于投保人或者是被保险人的指定而发生之权利让渡。不过与既得性权利不同，受益人的保险金支付请求权仅为一种期待，该项权利的实现有待于保险事故的发生或约定时间的到来以及受益权的保有。当然，因各种主客观因素的作用，受益人或会采取各种手段促成保险事故的发生以确定实现其受益权。这将使得具有射幸性之保险因人为原因改变了运行轨迹，且直接威胁到了被保险人的生命利益。因此，受益人故意制造保险事故的结果即为保险金支付请求权的丧失。如我国《保险法》第 43 条第 2 款规定：“受益人故意造成被保险人死亡、伤残、疾病的，或者故意杀害被保险人未遂的，该受益人丧失受益权。”《德国保险合同法》也规定，故意造成被保险人死亡的受益人，丧失受益权。

2. 狭义的“保险利益”——保险利益

狭义的“保险利益”即是指保险理论与实践领域的通用名词——保险利益，即英文表示的 Insurable Interest[1]。因狭义的保险利益乃是本书研究之核心所在，故若无特殊情况，以下内容中所使用之保险利益，均指狭义的、保险理论中通用之保险利益而言。

保险利益，英文称为 Insurable Interest，德语称之为 Versicherungs Interesse，也有部分学者将保险利益称之为“可保利益”。虽然，每每提及保险利益或者可保利益这一名词，该词意所指大致范围尚算清晰，然而，无论是在理论界还是保险的实践领域，对于保险利益概念的界定都不甚明了。但“从历史上看，科学研究，尤其是理论研究，在某种意义上就是提出、分析、论证和积累概念的过程[2]”。严谨的理论研究，尤其是概念的界定，对于保险利益的体系化研究具有十分重要的意义，尤其是在追求严谨的大陆法系更是如此。例如，桂裕认为：“保险利益者，谓要保人在保险标的上所有得失之关切也。凡于标的之保全于己为有益，其丧失于己为有损失者为有保险利益[3]。”林群弼在其所著《保险法论》一书中对保险利益的界定是，“保险利益者，乃指要保人或被保险人对于保险标的所具有之利害关系也，亦即要保人或被保险人对于保险标的所享有之合法利益也[4]”。郑玉波也认为，“保险利益就是要保人或被保险人对于保险标的所有之利害关系[5]”。刘宗荣则认为，“保险利益，是指对于保险标的物的现存状态的维持或破坏、对于责任的发生与不发生，或对于被保险人的生存、死亡、疾病、伤害有利害关系，而且经过价值判断，可以以这种利害关系作为保险标的投保保险的利益[6]”。徐卫东教授则认为，“保险利益，又称可得利益，指法律规定的投保人对于保险标的所具有的法律上的利益[7]”。孙祁祥在其所著的《保险学》一书对保险利益的界定是，“保险利益是指投保人或被保险人对保险标的所具有的法律上承认的利益[8]”。

英美法系的学者也多对于保险利益予以界定。例如，William T. Vukowich 认为，保险利益是保单所有人对于被保险财产或者被保险人具有的一种联系。这种联系在财产保险中表现为一种经济利益，而在人身保险中则表现为保单所有人和被保险人之间的人身关系。例如，投保人与被保险人之间所具有的配偶、父母以及具有抚养费（赡养费）和教育经费给付义务关系，都可以认为投保人对于被保险人具有保险利益。

另外，还有部分学者认为财产保险与人身保险有着较大的不同，很难给出一个通用于此两种保险的保险利益概念，因此主张分别给出人身保险以及财产保险中保险利益的概念[9]。

在立法层面，部分国家和地区在其保险法律规范中就保险利益进行了界定。其中，我国《保险法》第 12 条第 6 款规定：“保险利益是指投保人或者被保险人对保险标的具有的

---

① 此处去掉了双引号的保险利益，以回归到了保险理论与实践领域中的专有名词——保险利益——之上。

② 张文显著．法哲学范畴研究［M］．北京：中国政法大学出版社．2001 年，第 1 页．

③ 桂裕著．保险法论［M］．台北：三民书局．1984 年版，第 53 页．

④ 林群弼著．保险法论（修订三版）［M］．台北：三民书局．2008 年，第 125 页．

⑤ 郑玉波著，刘宗荣修订．保险法论（修订七版）［M］．台北：三民书局．2008 年，第 47 页．

⑥ 刘宗荣著．新保险法：保险契约法的理论与实务［M］．北京：中国人民大学出版社．2009 年，第 80 页．

⑦ 徐卫东著．保险法论［M］．长春：吉林大学出版社．2000 年，第 271 页．

⑧ 孙祁祥著．保险学［M］．北京：北京大学出版社．2005 年，第 46 页．

⑨ 樊启荣著．保险法［M］．北京：北京大学出版社．2011 年，第 50 页．

法律上承认的利益。”而挪威海上保险法将保险利益界定为一种具有经济价值的法律权利。美国加利福尼亚州保险法对保险利益的界定则是：“能够遭遇风险事故侵袭而使被保险人产生损失的利益种类，即是保险利益。”当然，也有部分国家或地区的保险法律并没有给出保险利益的概念，而是采取列举的方式对保险利益进行了界定。亦有国家的保险法是以排除法的形式勾勒出了保险利益的范围。例如《俄罗斯联邦民法典》第928条规定，不得保险的利益包括有：（1）违法利益；（2）因参与赌博、抽彩和打赌的亏损；（3）为释放人质而可能被迫支出的费用。

然而，随着经济及法律生活的发展和保险技术之细微化，保险利益概念于保险法上功能之多样化亦随之出现[①]，保险利益之概念的界定对于实际问题的解决也并不完全必要，保险理论与实务领域已以一种比较宽容的态度去理解和使用“保险利益”一词，保险利益原则功能的发挥并不特别纠结于概念的给出。

二、保险利益的界定标准

保险利益的界定标准问题，在理论界主要有法律权利论与经济利益论两种观点存在。其中，法律权利论认为，被保险人必须对保险标的具有一种有效的、法律上予以承认的权利，保险利益必须是严格的法定权利或依据契约所形成之权利。纯经济利益，无论其期待性有多高，都不足以构成保险利益。而经济利益论则认为，只要被保险人与保险标的之间存在合理的、可预期的经济上的利害关系，被保险的权益就会因风险事故的发生而受损，亦会因风险事故的不发生而得以保存，此种情况即可以认为被保险人有保险利益存在。在实务审判中，究竟是采取法律权利论还是采取经济利益论会对被保险人的权益乃至保险利益功能的发挥，甚至是保险业的发展有着十分显著的影响。但实际上，英美法系国家的法院并未因保险利益界定标准问题而遭遇困扰，他们会在审理具体案件时做到具体案情具体分析，并不绝对局限于哪一种理论。而且，在实践领域也出现了缓和此两种理论的趋势。即原则上采取经济利益论，但是会否定将保险合同作为赌博工具之合同主体的保险金支付请求权[②]。

（一）法律权利论

作为法律权利论的支持者，英国大法官埃尔登勋爵认为，无论预期是建立在多么大的可能性之上，都不是利益。任何可能具有预期利益的机会也不是利益。不仅如此，埃尔登勋爵还用下面的例子说明，即使事实预期属于权利范畴，但是这种权利却极有可能是没有任何经济价值的，因此也就不能作为保险利益。

假设A拥有一艘船。A和B约定，在A死亡且无子女的情况下，这艘船将会转让给

---

① 江朝国著．保险法基础理论［M］．北京：中国政法大学出版社．2002年，第68页．

② Pinzur, Robert Stuart. Insurable Interest: A Search for Consistency, Insurance Counsel Journal, Vol. 30, Issue 2 (April 1963), P. 111.

年龄为90岁的B所有。但是，如果A有20个孩子，最大的年龄仅为20岁，在这样的情况之下，B如果获得该船的所有权就需要等A的20个子女全部去世。那么，B拥有该船的可能性是微乎其微的。虽然，B对该船存有利益。为了进一步阐明其观点，埃尔登勋爵还举出了另外一个有关法定继承人的例子，即：某人的法定继承人现年90岁，在被继承人死亡且没有遗嘱的情况下，他可以继承每年20000英镑的债权。不可否认的是，该继承人拥有继承权，但这也仅仅是一种期待而已，这种期待不具有任何实际意义。

在法律权利论的支持者看来，如果采取经济利益标准，会使保险利益的范围过于不确定。在不确定的范围内，很难确定损失与利益之间的因果关系。而法律权利论却能够很明确地界定保险利益的种类，只要核查投保人的权利种类，即可判断保险利益的有无。另外，采取法律权利论界定保险利益还可以在保险实践中比较容易地确定保险利益的额度，并以此为保险费的收取以及保险赔款的支付确定标准。

但是，法律权利论也存在明显不足，即该理论并没有充分考虑风险受体的主观诉求，弃风险受体之法律权利外的合法利益于不顾，堵塞了风险受体希冀利用保险手段进行风险转移的通道。在保险手段行之无效的情况下，风险受体只有采取其他的风险管理手段来避免利益损失。例如，因港口封闭致鱼类产品供应短缺而受到影响的餐馆老板，会提高餐点的价格将其损失转移给顾客。再如，在国际贸易中被交易双方所普遍选择的FOB和CFR的成交方式下，自买卖货物越过装运港船舷时起，货物毁损灭失的风险就转移给了买方，但是此时买方并未取得货物的所有权。如果按照法律权利论界定保险利益的话，此时保险合同会因买方保险利益的缺失而无效。即便是采取保险利益出险时存在的时间标准，买方在取得货物所有权之前的风险损失也是不能够获得保险保障的。因此，法律权利论不能够很好地满足社会公众的保险诉求，以至于保险实践中出现了荣誉保单以及卖方保险等方式来规避法律权利论对保险利益范围的限制。

另外，法律权利论认为采取经济利益标准会因因果关系过于遥远而不足以确定当事人保险利益的范围的这一论点也是站不住脚的。只因在保险实践发展的过程中，精算技术已经发展到了一个前所未有的高度，在保险精算技术的支持下，对于保险利益范围的确定亦不会更难于风险概率的测算。而且是否肯定当事人对于保险标的存在有保险利益与保险合同应如何签订和履行根本是两个层面的问题。对于保险利益的确认，是根本的原则问题，而合同的签订和履行则是属于技术层面的问题。且于保险实践之中，保险人已经通过保险金定额给付方式加以应对。更何况，保险之本质乃在于当事人之间的互助互济，只要其意欲通过保险手段维护的利益不违反法律规定亦不违反社会公共政策，并不破坏公序良俗，就没有必要对其加以过多的限制。

（二）经济利益论

在经济利益论的支持者看来，保险利益之概念是一种经济性的概念，并非以其他法为依据之法概念。被保险人如欲取得可保利益，必须可以合理地期待从保险财产的安全或预期到达受益，或者因其损失或滞留而遭受不利。如果保险标的事实上并不处于这种风险之中，或在保险开始之时不会处于此种风险之中，则不存在经济利益，从而也就没有可保利益①。保险中所言之损害亦并非是一个纯粹法律意义上的概念，而是一个关涉法律上之规定的经济性概念，保险利益应以保险的本质为基础，不可专以民法上之规定为据。若依照法律权利论标准来界定保险利益，将会有违实质公平。

经济利益论的形成源于英国历史上的一个案例，即 Le Cras v. Hughes（1782）一案。该案的大致情况如下：英国海军在与西班牙交战的过程中，在 St. Fernando de Omoa 港口捕获了西班牙的船只以及船上的货物。按照英国当时的法律规定，船长和船员都可以因捕获船只而获得国王的奖励。因此，船长和船员即在返回英国的途中对其捕获的船舶以及船上货物进行了保险。但在返航途中，被保险船舶和货物却因遭遇海上风险而损失殆尽。船长和船员向保险公司申请保险金的支付，但却被以不具备合法的保险利益为由而拒付。船长和船员遂向法院提起了诉讼。在这场纠纷中，大法官曼斯菲尔德勋爵指出，虽然被保险人对于保险标的不具有法律上的利益，但是船舶和货物的安全抵港确实会给其带来一定的利益。因此，在乔治二世制定法下，利益是必须的，但并没有要求特定种类的利益。因此，保险人应向被保险人支付赔款。

在美国法官劳伦斯法官看来，当事人签订合同的目的在于转嫁保险标的所面临的风险，因此只要是不存在赌博的意图，被保险人只需对标的物具有期待利益即可。如果将保险利益局限于法律权利的话，将会违背当事人成立保险合同的初衷以及保险合同的本质。

美国学者 Vance 和 Richards 也是经济利益论的支持者。在他们看来，只要标的物的存续与被保险人之间有着经济上的利害关系即足以形成被保险人与保险标的物之间的保险利益。而且英美国家的法院也认识到了经济利益标准给社会经济发展带来的便利之处，并逐渐转变了对于保险利益的严格态度。Feasy v. Sun Life Assurance Co of Canada 就是这种转变过程中的突破性案例，该案对于现有的保险立法产生了深远的影响。在该案例的影响下，美国许多州的保险法已经采取了经济利益标准来界定当事人的保险利益。例如，弗吉尼亚州将保险利益定义为任何法律上或者实质层面的经济利益。

不过，在经济利益论的反对者看来，无论期待得以实现的概率有多高，期待仅仅是期待而已，期待并不是利益也不能够等同于利益。另外，事实期待论还面临着利益范围不易确定的指责。反对者认为，如果采取事实期待标准进行保险利益的确定，会使得保险利益的范围变得漫无边际。例如，某海域因台风而禁渔，渔民会因无法出海捕鱼遭受经济损失，餐馆生意随之受到影响，而餐馆员工亦是如此……如此推演下去，利益范围实难确定。而且，即使有保险精算技术的支持，测算出风险事故发生的概率并为此推出了新的保险险种以供市场销售，市场反应会如何？保险公司支付的成本是否会得到市场的认可也并未可知。

全美过滤石油公司（美孚石油公司）诉密苏里公民保险公司一案中，全美过滤石油公司为防止专利使用费收入的减少，而对埃里斯工厂投保火灾保险。纽约州法院支持全美过

① 邢海宝．从法律上可保利益到经济可保利益［J］．法学家．2005（3）：84.

滤石油公司，并表示："在这一烧毁的财产中拥有法律上或衡平法上有效的利益，对于构成该财产的保险来说是不必要的，只要保险标的处于受保险的状态，其损失是由投保人所预防的危险所造成的，就足够了①。"而且，纽约的立法在解释可保利益时指出，对于财产的可保利益"将被认为包括所有法定的和实际上存在的经济上的利益"。从纽约立法机关将这一立法编纂成典而不是撤销对全美过滤石油公司的判决这一做法表明的观点中，对"法定的和实际上存在的利益"一词的通常理解是，"法定利益"是与"不合法利益"（如对违法偷运麻醉毒品所期待的获利）相对的，并不意味着对财产需有一种法律或衡平法上的利益②。

另外，2002 年 9 月，英国保险法协会在保险合同法改革的报告中建议"在财产保险中可保利益的检验标准应该是经济利益而不是法律利益或衡平法上的利益"。

从保险的本质和保险实践的发展的现实情况来看，笔者认为采取经济利益论对保险利益进行界定更加合适。全因风险受体结成互助团体的根本目的乃在于将其可能面临的各种损失进行社会化的分散，无论损失的可能性有多大，只要预期损失小于保险费支出，保险行为就是经济的且有效率的。至于是否可对其预期利益损失进行有效的估算，此乃属于技术层面的问题。利益范围是否可确定并不是使得保险这一风险管理手段沦为赌博的判断依据。对保险标的具有的可以阻止保险合同成为赌博合同的利益就是足以确立有效的保险合同的利益。如果被保险人因保险财产的持续安全受益，因其受损而遭受不利，则不能说这个合同是赌博，不是损害补偿合同，或被保险人会被诱使为了获得保险赔偿去欺诈性地毁损保险标的。可保利益的本质问题是，被保险人和被保险财产之间的联系是否紧密得使其获赔具有正当性③。

法律权利论似乎是更加注意明确保险人的责任范围，但却也是对于社会公众之朴素风险管理意愿的一种漠视。如果严格采取法律权利论界定保险利益的话，风险受体会抛弃保险人，而采取"自保""互保"或其他的风险管理方式，甚至于不为社会生产等不作为的方式进行风险规避。可见，如果采取严格的法律权利标准界定保险利益的范围，无疑会造成保险实践的停滞甚至是倒退。

当然，没有专门经营保险业务之保险人参加的保险形态也是缺乏效率且不符合市场经济发展要求的。那么在采取事实期待标准或是经济利益标准的同时，就需要解决保险利益确定中的因果关系以及利益范围确定的问题。首先，就因果关系而言，只要利益损失与风险事件之间具有高度或然性即可；其次，利益额度的确定可以参考一段历史时期的平均值，或者与人身保险类似的定额给付方式。实则在保险实务中，利润损失险以及定额给付型的医疗费用保险即为很好的践行经济利益标准之实例。不过，这只是从保险技术以及市场需求的角度出发而在实践角度提出的应对举措，仍不足以作为限定保险利益种类或范围的强有力论据。在与强制性法律或者社会公序良俗相违背的情况下，何等利益可以进入保

① ［美］约翰·F. 多宾. 可保利益［J］. 罗玉中译. 国外法学. 1987（4）：19.

② ［美］约翰·F. 多宾. 可保利益［J］. 罗玉中译. 国外法学. 1987（4）：19.

③ 邢海宝. 从法律上可保利益到经济可保利益［J］. 法学家. 2005（3）：88.

险保障的范围应是交由保险商品供需双方自由决定的事情。保险人是否推出满足社会公众需求的保险产品，或是确定什么样的承保条件等等一系列问题，完全是保险产品的供给是否能够迎合需求的问题。如果保险人不迎合市场需求，或者其制定的保险费率偏低，损失的将是保险公司的经济利益。与此同时，若投保人的保险需求并不足以维系保险人的利润诉求或经营稳定性上的需求，保险人亦不会对其保险需求加以满足。采取法律利益论，是以法律之名来压制了风险社会中风险受体多样化利益保障诉求。

所以，笔者亦同意采取经济利益论的观点来界定保险利益。因为，保险自始以来即为一种具有经济效用、分散危险之制度，只要要保人对于某一种关系之存在具有经济上之利益，即可以支付保险费为代价，以该关系为保险标的，订立保险契约，于保险事故发生时，凭保险制度分散损失于危险共同团体内之人。若保险利益之范围果真只限定于实定法上之权利，则保险制度无非是法律上损害赔偿之代替品而已[①]。法律权利论混淆了保险利益与保险标的物之间的区别，并未认清保险利益乃是存在于主体与标的物之间的关系这一特质。而且学者认为，不少权威判例暗示可能出现一个较为宽松的可保利益。如果它要出现，则没有理由拒绝。因为，财产、交易和冒险（Adventure）中的风险和其他任何形式的风险一样真实，即使对保险标的缺乏法律上或衡平法上的利益。再者，排除“经济利益”作为使保险合同生效的部分基础，则会给保险人一个技术性授权宣告他自愿订立的合同无效，尽管保险人已被确切地、诚实地告知了这种或有风险，而且保险人也已理解了这一点。况且，没有证据表明许多国家采用较广义的可保利益导致了某种困难[②]。

三、保险利益概念的适用范围

保险利益概念的适用范围问题，即是指保险利益的概念是否能够无障碍地适用于财产保险以及人身保险之中。

保险利益的概念可以在财产保险中适用，这在理论界以及保险实践领域并无分歧，在此恕不赘述。而对于保险利益的概念是否同样可以适用于人身保险之中，在理论界则出现了观点上的不一致。对此，形成了肯定论与否定论两种观点。

（一）肯定论

学者 Benecke、Lewis、von Gierke 以及 Schmidt - Rimpler 均认为保险利益的概念同样适用于人身保险。

肯定论认为，保险以填补损害为根本目的，保险利益乃是实现保险之此等目的的强有力保障。当投保人或者被保险人与保险标的之间具有一定的利害关系时，保险事故的发生就会影响到上述主体的此种利害关系。而从损失填补以及当事人风险预期的角度出发，保险标的的完好存在才是投保人或被保险人的最大利益所在，而无论这种利害关系是属于财

① 江朝国著．保险法基础理论［M］．北京：中国政法大学出版社．2002 年，第 60 页．

② 邢海宝．从法律上可保利益到经济可保利益［J］．法学家．2005（3）：89.

产上的利害关系，还是人身上的利害关系。就财产保险而言，保险事故的发生使得被保险人财产权益受到了侵害，或表现为所有权的损失，或表现为使用权的损失等经济利益上的损失。而在人身保险，虽然人身具有不可估量性，不可货币化计算，但传统型人身保险多是为避免受益人因与其有抚养（扶养）或赡养关系的被保险人之伤残或死亡而致生活窘迫，或者补偿被保险人因人身风险事故而支出的医药费或收入损失等原因而订立的，其根本目的乃在于通过保险金的给付而使得受益人以及被保险人的生活维持在人身风险事故发生之前的状态上。因此，人身保险亦主要是基于经济补偿的原因而订立的。即便是现今保险实践中存在着投连险、万能险等新型人身保险险种，投保人出于投资获利的目的而与保险人订立具有投资功能的新型人身保险合同，但新型人身保险也只不过是在传统人身保险基础上增设了投资功能而已，并不作为单纯的投资工具存在，新型人身保险合同仍须以保险保障为基础。因此，无论是传统的人身保险，抑或是新型的人身保险，其合同的有效成立仍需要以投保人和被保险人之间存在着血缘、亲缘以及其他人身上的利害关系为必须，这种利害关系亦是属于利益的范畴，只不过其相较于财产保险的利益而言，似乎要表现得间接一些。

（二）否定论

持否定论的代表学者为 Bruck、Hagen、Ritter、Bischoff 以及我国台湾的江朝国先生，否定论也是德国保险实务界以及理论界通采之说。另外，美国的加利福尼亚州和北达科他州拒绝承认以家庭关系为基础的保险利益，仅将保险利益界定为一种人与人之间的经济利益。而新西兰法律改革委员会的大部分委员却认为应在人身保险中放弃对保险利益的要求。在他们看来，保险利益要件是完全可以通过保险单的转让来进行规避的，更何况英国 1774 年保险法案是在当时赌博行为盛行的时代背景下才提出了相关主体之间需要具有保险利益的要求。而现今的时代背景已完全不似从前，对保险合同之效力作保险利益方面的要求似乎已无必要。

归纳起来，否定论者的主要观点如下：

第一，保险利益的功能无以发挥。通说认为，保险利益具有防范道德风险、避免保险沦为赌博工具以及防止当事人不当得利等功能。虽然理论界对于保险利益是否能够发挥防范道德风险之功能颇有微词，但是这并不能否定保险利益创设之初的这一初衷。在人身保险中要求投保人或受益人对于被保险人具有亲情、血缘或金钱方面的利害关系，可以在一定程度上掣肘投保人或受益人故意致被保险人死亡或伤残等恶性事件的出现，但是有时却也恰恰相反。例如，作为与被保险人甲具有债权债务关系的乙，以甲为被保险人，以自己为受益人投保了人身保险，保险金额为双方之间的债权数额加利息。在保险合同成立后，乙面临着一项到期债权需要支付，否则将会面临破产倒闭的境地。但是此时乙对于被保险人甲的债权并未到期，而被保险人甲仍然生存。在这种情况下，很难说乙不会铤而走险而故意促成甲的死亡。

第二，同意主义原则使保险利益形同虚设。包括我国在内的相当一部分国家和地区在人身保险的保险利益认定上都采取了同意主义原则，即无论投保人与被保险人之间是否具有保险法中所明示的人身上的利害关系，只要以死亡为保险金支付条件的保险合同得到了被保险人的同意，投保人即会因此等同意而取得对于被保险人的利害关系。也就是说，同意主义原则使得保险利益的界定在人身保险中已名存实亡。

因此，江朝国先生在其著述中提到，所谓保险利益之概念于人身保险并无适用之实益，乃指：保险利益有关于防止赌博之发生、禁止被保险人不当得利及避免道德危险发生之功能并无适用之余地。而非指人身保险并无保险利益，须特别注意之[①]。

对于理论界存在的肯定说和否定说两种学说，笔者认为肯定说更为可取。只因保险利益是一种可以通过保险方式进行保障的“利益”而已，无论此种“利益”是属于财产保险领域抑或是人身保险领域，都不妨碍我们称其为“利益”。否定论以保险利益有关于防止赌博之发生、禁止被保险人不当得利及避免道德危险发生之功能于人身保险中并无适用余地的论据并不能够站住脚，其混淆了概念与功能之间的界限，且未对保险利益之作用给予客观全面的审视。恰因保险利益之合同履行层面仍在继续发挥其重要的作用。如债权人投保以债务人为被保险人的保险合同，其保险金额要受到债权额度，即其保险利益的限制。另外，保险人通常会基于投保人与被保险人之间的利害关系对保险金额进行审核以规避道德风险。因此，笔者认为人身保险之中仍有保险利益适用的必要性与空间。

第二节　保险利益的功能

任何一种成熟的理论体系，都必须有自己的理论基石，而理论基石的主要表现形态就是基石范畴[②]。保险利益理论的理论基石具体表现为保险利益所具有的各项功能之中。功能，乃功效也，是事物或方法所发挥的有利作用。《汉书·宣帝纪》有云：“五日一听事，自丞相以下各奉职奏事，以傅奏其言，考试功能。”

就保险利益之功能发挥，相当一部分学者认为保险利益关涉到合同效力。如南美法学界中保险利益的积极倡导者 Gordon 和 Getz，在他们看来，无论是补偿性质的保险也好，还是不具有补偿性质的人身保险也罢，保险利益都是合同效力的构成要件之一。一份保险合同因缺乏保险利益而被宣告无效，并不仅仅是为了使保险合同与赌博行为相区分，而是因为该合同触犯了公共利益[③]。虽然，法律的目的只把最后得胜的利益（das siegende Interesse）彰显出来，但法律规范的内容、目的满足的程度，则还要取决于背后利益的分量。……换言之，我们不能只探究在法律目的上所显现出来的“得胜的利益”，而是要探

---

① 江朝国著．保险法基础理论［M］．北京：中国政法大学出版社．2002 年，第 72－73 页．

② 张文显著．法哲学通论［M］．沈阳：辽宁人民出版社．2009 年，第 43 页．

③ Havenga，peter《Life Insurance Contracts and the requirement of an Insurable Interest》，South African Mercantile Law Journal，Vol. 6，Issue 3（1994），P. 347－348.

究所有加入这场冲突的“整体利益”，包括“战败的对立利益”（die Überwundenen Gegeninteresswen）[①]。总体而言，被理论界所公认之保险利益的功能主要体现在以下的几个方面：

一、区分保险与赌博

以保险利益为要件来防止保险成为赌博工具的实践肇始于英国，继而在美国普通法中被采用，并随后被包括阿拉斯加州、纽约州和爱达荷州在内的美国的许多州进行了修正适用。这些州均要求以他人为被保险人的人身保险须取得被保险人的同意，以防止他人生命沦为投保人赌博的工具。

在18世纪中叶之前，针对海上货物以及人之寿命的赌博合同是具有普通法上的强制执行力的，并且分别持续到了1746年和1776年才被立法所禁止。

保险合同与赌博合同有很多的相似之处，两者均属于射幸合同，合同的履行均需以特定事件的发生为条件，约定事件的发生将会导致合同一方向另一方进行一笔约定支付。在赌博合同中，所约定事件的发生将使得寄希望于事件发生的主体产生一笔现金或等价物的流入，而期冀约定事件不发生的当事人会产生相对应的一笔支出。保险合同亦与之类似：当保险合同约定的风险事故发生或者预定时间到来时，保险人要向被保险人或受益人进行保险金的支付，于当事人之间产生一笔保险金的流动；若约定风险事故未发生则保险人并不需要承担保险金的给付义务于被保险人或受益人，当事人之间仅有指向保险人的保险费流入。但是，看似相似的两种行为，却有着根本性质的不同。

赌博合同的风险完全是由当事人人为制造的，除了发生赌资在当事人之间的转移之外，赌博并不能创造丝毫的社会价值，不能促使社会总产品的有效增加。不但如此，赌博还会在社会范围滋生不劳而获之风，迷恋赌博之民众，民风日下，不思生产。而保险风险则是客观存在的，投保人签订保险合同的目的乃是为了规避此等客观风险事故发生会给其造成的利益损失。当保险事故发生并利益损失时，保险人向其支付的保险金要以被保险人的实际利益损失为上限，并不会使得被保险人超额获益。可见，保险合同中保险利益的要求在保险合同与赌博合同之间划出了一条明显的界限。

但是，保险利益之避免保险沦为赌博工具的作用也受到了学者的质疑。例如，Cairns和J. Donald在其发表的名为“Life Insurer Liable For Death Caused by Beneficiary without Insurable Interest in Decedent”的文章中所阐释的观点是，“如果为防止保险沦为赌博工具而使保险人不承担保险金给付责任的话，那么任何人都可以与保险人签订保险合同[②]”。而在美国学者Gary看来，即使故意制造保险事故甚至是杀害被保险人的受益人会受到刑事

---

① 吴从周著．概念法学、利益法学与价值法学：探索一部民法方法论的演变史［M］．北京：中国法制出版社．2011年，第285页．

② Cairns，J. Donald Life Insurer Liable for Death Caused by Beneficiary without Insurable Interest in Decedent［J］．Ohio State Law Journal，1958，（19）：535.

法律的处罚，但这并不足以避免事件的再次发生。在 Gary 看来，人群中总是存在着愚笨者以及风险爱好者，这些人总是期望能够侥幸逃脱制裁，尤其是保险金数额极具诱惑性的时候。更何况对于一般的社会公众而言，保险利益为何物也是不甚明了的。

二、防范道德风险

一个少一些哗众取宠，多一些合理性的有关道德风险的看法是，被保险人在“购买保险后对于防止损失的力量分配不足是一个趋势”。如果他具有可投保利益，他可能寻求避免损失带来的不便，或者在情绪的影响下去保护保险标的物，但如果他没有的话，就不存在这些诱因①。保险并不意味着也不应该向任何人无条件地提供保险，以免在损失发生之时，使有些被保险人从赔偿中获取一种纯净的利益。在实践中，对此进行控制的相当可靠的方式，便是采取“可保利益”原则②。

保险领域的道德风险意指被保险人或受益人为获得保险金的支付而进行不如实告知、故意制造保险事故或扩大事故损失程度等行为。按其恶劣程度，又可进一步细分为一般的保险欺诈以及较为严重的保险诈骗行为。保险欺诈主要体现在当事人的不如实告知方面，而保险诈骗则严重到了已触犯了刑事法律规范。《中华人民共和国刑法》（以下简称《刑法》）第 198 条将以下几种行为界定为保险诈骗：（1）投保人故意虚构保险标的，骗取保险金的；（2）投保人、被保险人或者受益人对发生的保险事故编造虚假的原因或者夸大；（3）投保人、被保险人或者受益人编造未曾发生的保险事故，骗取保险金的；（4）投保人、被保险人故意造成财产损失的保险事故，骗取保险金的；（5）投保人、受益人故意造成被保险人死亡、伤残或者疾病，骗取保险金的。

道德风险的形成多发生于被保险人与保险标的之间不具有利害关系的情形。此种情形中，对于被保险人或者受益人而言，标的物的受损或被保险人的死亡乃是于己无涉的事情，风险事故的发生并不会造成他们的财产或其他经济利益的损失，如果能够在毫无损失的情况之下还有一笔意外之财乃是再理想不过了。

以下以财产保险为例，用具体的效用函数来说明保险利益原则在规避道德风险方面的作用机理。

假设自然人甲当前的财富总量为 W_0（包括各种动产以及不动产）。社会财富中有一价值为 V 的房屋，该房屋发生火灾风险的概率为 P。甲若要为该房屋投保火灾损失保险的话，保险费为 F，保险金为 J。且需注意的是，V 恒大于 F。下面，分别就甲是否对该房屋具有保险利益为例，展开论证说明保险利益原则在道德风险防范方面的功能。

1. 房屋归甲所有

若房屋归甲所有，而且甲投保了以该房屋为保险标的的火灾保险。则甲的效用期望函数 EU（X_1） 如下：

---

① Baker，75 Tex L Rev 237. 239 （1996）.

② ［美］约翰·F. 多宾. 可保利益［J］. 罗玉中译. 国外法学. 1987（4）：20.

$$EU(X_1) = P \times U(W_0 - F - V + J) + (1 - P) \times U(W_0 - F) \tag{4-1}$$

2. 房屋不属于甲

（1）不考虑保险利益的要求。此时甲的效用函数为 EU（X_2），表示如下：

$$EU(X_2) = P \times U(W_0 - F + J) + (1 - P) \times U(W_0 - F) \tag{4-2}$$

（2）引入保险利益要件。此时甲的效用函数为 EU（X_3），表示如下：

$$EU(X_3) = P \times U(W_0 - F) + (1 - P) \times U(W_0 - F) \tag{4-3}$$

式（4-3）经整理得：

$$EU(X_3) = EU(W_0 - F) \tag{4-4}$$

式（4-1）经与式（4-2）比较，得出结论为：当某主体对保险标的不具有保险利益时，风险事故的发生不但没有造成其固有财产损失，反而是使其产生了 EU［P（J-F)］（因 V 恒大于 F，所以 EU［P（J-F)］>0）额度的收益。在如此的利益诱惑面前，社会公众会“理智”地以与自己无利益关系的物投保保险，并人为地促成保险事故的发生以获取来自保险人的保险金支付。

式（4-2）经与式（4-3）比较，得出的结论为：当某主体对保险标的不具有保险利益时，在风险事故发生时，投保人因对保险标的物不具有保险利益而不能获得保险金的支付。不仅如此还会有保险费的损失。面对如此之不“划算”的事情，人们当然是退避三舍，敬而远之。

通过以上的逻辑推演可以发现，保险利益在道德风险防范方面有着比较积极的作用，但也仅限于积极作用而已，而非完全的规避。究其具体原因，大体是因为社会公众对保险利益的内容并不知晓或知晓程度不高。另外，铤而走险者大有人在。因此，即使是对于保险标的具有法律承认之保险利益的主体也会成为道德风险的制造者。例如，某饲料生产厂为其一栋价格 6000 万元的办公楼投保了财产损失保险，保险金额 6000 万元，保险期限自 2002 年 1 月 1 日至 2002 年 12 月 31 日止。2002 年 4 月，该厂因产品滞销导致资金周转困难，账面资金已不足以支持企业生产的维系，而进行其他资产的变现也十分困难。这时，该厂厂长想到了已经投保保险的那栋办公楼，于是便精心设计了一次火灾事故，并造成了标的物全损，该厂随即便以标的物出险为由向保险人申请保险赔款。从该案例中不难发现，虽然饲料厂对于保险标的物具有法律予以承认的保险利益，但是为了达成使标的物迅速“变现”的目的，仍然促成了保险事故的发生，引致了保险领域的道德风险。

三、维系保险的损失补偿原则

保险利益在使得保险合同与赌博相区分以及防范道德风险方面的价值，都是体现在“质”的层面。然而，保险利益的重要作用，除了体现在“质”的层面上，还体现在“量”的层面。具体而言，保险利益之维系损失补偿原则的功效主要体现在正反两个方面。就积极方面而言，拥有保险利益的主体，在其保险利益因风险事故而遭受损失时，可以向保险人申请保险赔款的支付；而其消极作用则体现在，被保险人或受益人所获得的保险支付不得超过其利益范围，即不允许出现上述主体的超额获益现象。此乃因为，损失乃是保险利益之反面。保险作为一种损失补偿手段，并不是投资工具（当然，这仅指保险的保障功能而言），行为人投资获利的目的只能借助于其他投资手段才能得以实现。不过需要强调的是，保险利益原则在维系保险损失补偿原则方面发挥的作用主要集中于财产保险领域。

Imperial Assurance Company V. Livingston 一案充分地展现了保险利益在维系损失补偿原则方面的重要作用。该案中，债权人 A 向法院申请 B 破产，法院裁定 B 破产并指定 C 为管理人。在此之前，已被宣告破产的 B 在向 C 移交财产前，已将其财产投保了火灾保险，但保险标的物却在向 C 移交之前因火灾而全损。虽然破产委员会认为 B 投保的保险合同因无保险利益而无效，但是主审法院却认为，对于财产具有事实上的占有以及管控责任的主体拥有保险利益。只不过，B 只能以破产财产管理人的身份领取保险赔款，并将其向 C 进行转移。

除了要限制获取保险利益之主体的资格以外，损失补偿原则还体现在保险赔款的数量确定方面。保险实践中主要以市场价格或公允的市场价格、重置成本减去折旧以及宽泛证据标准核定出险时刻标的物价值并确定保险赔款数额。

第一，市场价格或公允的市场价格标准。以市场价格或者公允的市场价格为标准时，于不定值保险就要以标的物出险时刻的市场价格作为确定保险赔款的标准，被保险人所能够获得的保险赔款不得超过标的物出险时刻的市场价格。如机动车辆损失险，一般要考察出险时刻的新车购置价。当然，在定值保险中则要以合同约定的保险标的物价格为准。以出险时刻标的物市场价格为标准对被保险人为保险赔付即足以使其此时受损之生产生活状态得以“恢复”，符合时间口径一致性标准。因此，以此为标准可以更好地发挥保险的补偿功能，在弥补被保险人保险利益损失的同时，也不会导致被保险人的超额获益。但是，市场价格并不存在于标的物本身，而是需要由众多交易者达成的交易机制来确定。

第二，重置成本减折旧标准。重置成本是指在市场上购置相同资产所需支出的成本。重置成本保险可以迅速地恢复被保险人遭遇风险事故之前的生产生活状态，但在以重置成本确定保险赔款数额时，无论被保险人是采取年限折旧法还是双倍余额折旧法，都需要将标的物的折旧积累进行扣除。

第三，宽泛证据标准。宽泛证据标准，是在综合考虑市场价格或公允的市场价格标准以及重置成本的基础上，确定保险赔款数额的一种方法，主要适用于市场价格多变或者不具有公开市场交易价格确定基础的标的物定损。

虽然，可以借助保险利益原则以及损失补偿原则的配合，以达到保险的损失补偿之性质，但保险利益原则在维系保险之损失补偿原则方面作用的实现也并非如人们想象的那么简单。在保险实践中，保险利益的该项作用也并不无例外存在，定额保险以及重置保险即属其例外情形。

四、维护保险人的权益

每每谈及保险利益的作用，人们大多是从被保险人的角度入手。但事实情况却是，保险利益对于保险人也不失法律规制的功用。保险利益在维护保险人权益方面的作用主要是通过保险人行使抗辩权的形式得以实现的。当被保险人或受益人在风险事故发生后向保险人申请保险金支付时，保险人即可以行使保险利益缺失的抗辩权，以被保险人或受益人缺失保险利益为由拒绝支付保险金。不过，抗辩权的行使还要结合投保人的主观心理状态。在投保人并无主观恶意存在的情况下，保险人要向投保人返还相应部分的保险费。但是保险人并不急于提出此等抗辩，因为，使用一种普遍被视为技巧的抗辩，对于整个保险业的形象来说是有害的，并且，法院对那些收了保险费后又大喊大叫“没有合同”的公司并无好感[①]。

鉴于保险利益在规制道德风险以及维护社会公益方面的特性，保险人在此情况下不应受诉讼时效的限制，而是可以无障碍地行使保险利益缺失的抗辩权以维护保险人以及其他投保人的合法权益。当然，抗辩权主张规则的意义在于：在具有抗辩权构成的要件事实的情况下，是否仍然履行对方的请求，或者在异议成立的情况下是否由法院来决定仍然履行对方的请求，或者是否愿意使用其抗辩权所提出的某种可能性，均取决于抗辩权人的意愿[②]。因此，享有抗辩权的主体可以自由决定是否行使。但是，保险人享有的保险利益缺失抗辩权却并非如此。虽然保险人向不具有保险利益之主体进行保险金的支付并不会被法院发觉，然而一旦索赔被提交法院，法院都会基于公共政策的考虑而对保险利益的缺失进行认定。这主要源自于保险的互助共济的属性。如果保险人放弃抗辩权的行使，则会在一定程度上侵害其他未出险主体的合法权益，侵蚀保险保障基金。因此，以英美国家为代表的部分国家和地区的保险法律规范以及司法实践，认定保险人的此项抗辩权不得选择性行使，并且将判断保险利益是否存在的任务交给了法院。法院在审理保险纠纷案件时可以主动认定当事人的保险利益是否存在，并以此判断合同的效力。如果经法院判定保险合同因保险利益的欠缺而无效，保险人则无须承担保险责任。如果当事人之间的保险纠纷并未提交法院的话，理性的保险人通常也会行使保险利益缺失的抗辩权以维护其合法权益。当然，也不排除保险人为了留住客户而放弃该项抗辩权。

除此之外，保险利益要件对于保险人权益的维护还体现在保险人支付的保险赔款数量上。例如，投保人甲对其价值为 20 万元的自有机器设备投保了火灾险，保险金额为 20 万元，保险期限为 2008 年 1 月 1 日至 2008 年 12 月 31 日。2008 年 8 月 23 日，该机器设备遭遇保险合同约定范围内的火灾事故而全损。保险公司在核赔过程中发现此时该设备的市场价格仅为 15 万元。因此在不考虑折旧因素的情况下，保险人只需向被保险

---

① ［英］Malcolm A. Clarke 著．保险合同法［M］．何美欢，吴志攀等译．北京：北京大学出版社．2002 年，第 101 页．

② 钟淑健．民事抗辩权及其基本规则研究［D］．济南：山东大学博士学位论文．2011 年，第 116 页．

人支付15万元的保险赔款。但是，如果在出险时该机器设备的市场价值上涨为25万元，且同样不考虑设备折旧的情况下，被保险人所获得的保险赔款却不会超过20万元的保险金上限。

第三节　保险利益的种类

据Reineeke和Van der Merve考证，首先对于保险利益作出系统性研究的是学者De Casaregis。De Casaregis不但对于保险利益之属性进行了论证，而且亦对保险利益的种类问题进行了深入研究。保险利益的种类，是在保险利益概念界定的基础上深入到保险利益体系的内部，是对保险利益的进一步剖析与展示。对保险利益进行种类上的划分不仅有助于保险利益理论研究的体系化，而且还可以对保险实践加以指导，对投保人有效保险需求得以实现有很大的助益。

但需要明确的是，截至目前，对于保险利益种类的列示仅仅是对历史与现实经验的集中性阐释，并未无死角地覆盖保险实践的所有领域，因此不具有无穷性。

理论界，对保险利益作种类上的划分首先是以将保险区分为人身保险和财产保险为前提的。即，分别针对财产保险和人身保险进行保险利益种类的列示。

一、人身保险的保险利益

在18世纪中叶之前的英国，人身保险的成立并无保险利益要件方面的要求，人身保险曾一度沦为人们赌博的工具。相当一部分社会公众为与自己无任何抚养以及赡养等人身利害关系的人、尤其是年老体衰者投保死亡保险，以期在被保险人死亡时获得高额的保险金而其又不至于有任何经济或精神上的损害，以致社会道德水准下降、恶性犯罪率激增。直至英国国王乔治三世颁布法律，要求投保人身保险的投保人对于被保险人必须具有保险利益时起，人身保险中的保险利益才开始逐渐走入人们的视野，并使得保险逐渐与赌博区分开来。

但仅有保险利益之概念尚不足以解决全部的问题，尤其是保险利益所谓的“利害关系”具体表象为何？所以，对于人身保险之保险利益，部分国家和地区的保险法律规范采取列举式的方法以明示人身保险中保险利益的种类。例如，我国《保险法》第31条规定，投保人对下列人员具有保险利益：（1）本人；（2）配偶、子女、父母；（3）前项以外与投保人有抚养、赡养或者扶养关系的家庭其他成员、近亲属；（4）与投保人有劳动关系的劳动者。除上述关系之外，被保险人同意投保人为其订立合同的，视为投保人对被保险人具有保险利益。加拿大安大略省保险法将人身保险中保险利益的种类列示如下：（1）本人；（2）25岁以下子女的家长；（3）丈夫和妻子；（4）教育费或生活费给付的仰给之人；（5）因某人的继续生存而享有经济利益之人。我国台湾地区“保险法”第16条规定，要保人对于左列各人之生命或身体，有保险利益：（1）本人或其家属；（2）生活费或教育费所仰给之人；（3）债务人；（4）为本人管理财产或利益之人。另外，英美法系国家的法官有时会在具体案例中寻找保险利益的身影。就此有学者认为，对于保险利益的界定毕竟是属于法律创造而非法律应用问题，因此较为妥当的做法乃是将保险利益的界定权委任于立法机关而非是意见相左或不一致的法官①。

通常而言，人身保险中的保险利益多以相关主体之间存在着配偶、亲属、教育费和抚养（赡养）费等仰仗关系以及债权债务关系为前提。总结起来即是，一个人因对于另外一个人的生存具有金钱上的利益而取得了对于该人的保险利益。因此，概括地理解，人身保险中的保险利益乃是存在于人与人之间的一种关系，这种关系主要有两种。第一种是投保人对其本人的“无限制”利害关系；第二种关系则是存在于主体之间的、基于身份关系而形成的经济利益关系，例如妻子为丈夫投保人身保险以及债权人为债务人投保人身保险即属此类。但美国加利福尼亚州以及北达科他州保险法律皆认为，除了本人之外，保险利益必须是存在于人们之间的经济利益，单纯的人身关系并不构成人身保险的保险利益。

下面即以此两种联系为基础，对人身保险之保险利益种类进行阐释。

（一）本人或其他家庭成员以及近亲属

因保险利益被定义为投保人与被保险人之间的一种利害关系，一个人对其自身具有可以通过保险加以保障的利益自无疑问。本人生命之存否与身体是否健康、平安对于本人最具利害关系，因此本人对于本人之生命或身体当然有保险利益②。任意一完全民事行为能力人都可以以其为被保险人投保包括死亡保险以及医疗保险等险种在内的任意种类的人身保险，投保人可以指定任何人为受益人，而无论该人与投保人或被保险人之间是否具有亲缘或血缘等人身上的利害关系。此乃因为任何人都是自己利益的最佳保护者，所以，即使是指定了与投保人或被保险人没有任何利害关系的人作为受益人，也无须过于担心来自受益人的道德风险，或者说这种风险是投保人自愿承受的。然而，事实情况却并非与立法之初的上述考量相一致。在保险实践领域，当受益人与被保险人没有任何利害关系（无论是身份关系抑或是经济关系）时，受益人故意制造被保险人死亡或伤残的概率往往高于两者之间存在利害关系的情形。而且以被保险人同意作为保险利益产生条件，隐藏于保险法律关系中的道德风险就更高。这主要表现在，当投保人与被保险人之间不具有法律规定的利害关系时，行为主体会采取威逼利诱等方式要求被保险人本人作为投保人与保险公司签订保险合同，并将自己指定为受益人，或者要求被保险人将保险单进行转让。英美国家法院对待此类事件的态度是不仅要核查合同成立后的保险费究竟是由谁缴纳的，除此之外还要考察受让人是否存在恶意。如果投保人仅是名义上的投保人兼被保险人，而真正承担保险费缴纳义务的却是受益人或者是受让人的话，法院通常会认为保险合同本身或其转让行为

① Franklin L. Best, Jr. Defining Insurable Interest in Lives [J]. Tort & Insurance Law Journal, 1986 - 1987, P. 110.

② 刘宗荣著．新保险法：保险契约法的理论与实务［M］．北京：中国人民大学出版社．2009年，第103页．

无效。不过，美国仍有法院认为指定与被保险人无任何利害关系的人作为受益人或者将保险合同转让给不具保险利益的主体是有效的。

至于亲属关系，《牛津法律大辞典》对亲属关系的界定是，“通过婚姻和血统而形成的人际关系[①]。”亲属之关系所生之保险利益，乃是因家属，系以永久共同生活为目的而同居一家之亲属或非亲属，此等人即与家长具有以永久共同生活目的而同居之关系，当然有利害关系，因而家长自得以此等人的生命身体为标的，而订立人身保险契约[②]。不过，仍有个别国家的保险法并不认可单纯的亲属关系即足以构成保险利益。除了需要具有亲属关系之外，当事人之间还必须存在经济利益反面的关系。

但有学者认为，在人身保险之情形，当投保人与被保险人不为同一人时，要求被保险人为同意即可一定程度上避免道德风险发生。在被保险人同意要件基础上要求投保人与被保险人之间身份关系或者经济关系的存在无疑会造成人们对于人身保险之保险利益内涵之误导[③]。

（二）债务人

债权乃是一种请求权，债权的实现与债务人的寿命以及身体康健与否有很大的关系。因此，债权人对于债务人之人身亦存在有保险利益。债权人对于债务人所具之保险利益，着重在经济利益。故通说认为，债权人对于债务人存在之保险利益的利益范围，仅及于债务人所积欠之本金、利息与保险费，对于超出上述实际利益额之部分，则无保险利益。另外，债权人以债务人为被保险人投保以被保险人死亡为保险金给付条件的险种仍需经得债务人本人的同意。与以上情形不同的是，债权人对于债务人所具有的保险利益是动态变化的，其利益额度会随着债权清偿数额而逐渐减少直至归于消灭。

（三）其他经本人同意的人

当投保人与被保险人之间不具有任何上述关系之一时，只要经得被保险人的同意，即认为投保人与被保险人之间具有利害关系，投保人因此享有人身保险中的保险利益。此种人身保险利益的认定，可以说在一定程度上使得人身保险利益的存在可以突破上述所有的人身关系以及经济利益上的限制。

二、财产保险的保险利益

财产保险的保险利益，乃是存于保险标的物之上的利害关系，此种利害关系因保险标的物的完好存在而得以维系，亦会因保险标的物遭受风险事故的侵袭而受损。恰如我国台湾学者刘宗荣所言，“在财产保险，只要要保人或被保险人对于保险标的的安全与否具有

---

① 戴维·M. 沃克著. 牛津法律大辞典［M］. 李双元等译. 北京：法律出版社. 2003 年，第 642 页.

② 郑玉波著，刘宗荣修订. 保险法论（修订七版）［M］. 台北：三民书局. 2008 年，第 49 页.

③ 江朝国著. 保险法基础理论［M］. 北京：中国政法大学出版社. 2002 年，第 71 页.

经济上的利害关系，且经过价值判断属于正面的，就有保险利益”。就具有“可以保险的利益”[①]。1952年美国《弗吉尼亚州保险条例》对于财产保险的保险利益也给出了类似的界定，即：“保险利益乃是因标的物的完好存在而享有的法律或经济上的利益”。我国《保险法》并未就财产保险的保险利益进行单独的界定，只是在第12条第6款，对于何谓保险利益进行了笼统的界定，即：“保险利益是指投保人或者被保险人对保险标的具有的法律上承认的利益”。当然，也有部分学者及国家的立法例认为以某一法律权利为基础而生之期待也构成财产保险的保险利益种类[②]。

财产保险主要由财产损失险和责任保险两类构成（在德国是将责任保险作为特殊对待)。通说认为，财产损失险的保险利益属于积极的保险利益，责任保险的保险利益则是属于消极的保险利益。财产保险的保险利益也因此有了积极的保险利益和消极的保险利益的分类。但笔者认为，这样的分类并不合适。具体详见以下论述。

（一）积极的财产利益

1. 所有权

《中华人民共和国物权法》（以下简称《物权法》）第39条对所有权的界定是：“所有权人对自己的不动产或者动产，依法享有占有、使用、收益和处分的权利。”作为物权制度的基石，所有权不仅是社会生活的法律前提以及社会秩序的基础，所有权还是人格独立与伦理发展的重要前提[③]。

按照权利主体的不同，所有权存在着国家所有权、集体所有权、私人所有权以及法人所有权的区分。按照我国《物权法》的规定，矿藏、水流、海域城市的土地、法律规定属于国家所有的农村和城市郊区的土地森林、山岭、草原、荒地、滩涂等自然资源（法律规定属于集体所有的除外)、法律规定属于国家所有的野生动植物资源以及无线电频谱资源等属于国家所有。属于集体所有的则包括法律规定属于集体所有的土地和森林、山岭、草原、荒地、滩涂以及建筑物、生产设施、农田水利设施等。

权利人基于其对动产或不动产享有的所有权而拥有最为广泛的保险利益，该保险利益会因保险标的的完好存在而得以维护，亦会因保险标的的受损而致利益损失。当两个或两个以上的主体对于同一动产或不动产共同享有所有权时，各共有人均因其享有的所有权而存在保险利益，但问题是利益份额以及保险给付数额问题。对此，需要考察标的物是否具有可分性。如果标的物具有可分性，投保人在未获得其他共有人授权的情况下，仅可以自己所拥有份额为限投保保险。如果获得授权，则可以以标的物价值为限投保财产保险；若保险标的物为不可分物，或者投保人与他人对于特定动产或不动产存在的是一种共同共有关系，单一权利共有主体应以标的物全部价值为限投保保险，但在获得的保险赔款上对于其他共有人成立信托之法律关系。

---

① 刘宗荣著．新保险法：保险契约法的理论与实务［M］．北京：中国人民大学出版社．2009年，第80页．

② 我国台湾“保险法”第14条以及美国加利福尼亚州保险条例第282条．

③ 崔建远著．物权法（第二版）［M］．北京：中国人民大学出版社．2011年，第166页．

2. 抵押权

抵押权是指债权人对于债务人或者第三人不转移占有而提供担保的财产，在债务人不履行债务时，依法享有的就担保的财产变价并优先受偿的权利①。按照我国《物权法》的规定，建筑物和其他土地附着物、建设用地使用权、以招标、拍卖、公开协商等方式取得的荒地等土地承包经营权、生产设备、原材料、半成品、产品、正在建造的建筑物、船舶、航空器、交通运输工具以及法律、行政法规未禁止抵押的其他财产都可以作为抵押物为债权人设定抵押权。

在具体的债权债务关系形成的过程中，主债权人为了确保其债权的顺利实现，通常会要求债务人为其设定抵押权，以抵押物的价值担保主债权人权利的实现。抵押物的完好与否对于抵押权人具有十分重大的意义。一旦抵押物损毁或灭失，抵押权人即失去了此项债权的担保，而需要完全仰仗于债务人的信用或其他担保方式来保证其债权的实现，抵押权人也恰因其债权与抵押物存续之间的利害关系而产生了对于抵押物的保险利益。因此，抵押权人可以以其债权及利息或者以抵押物的价值为限投保抵押物的损失保险。但因抵押权完全是为担保抵押权人之债权实现而创设的，所以抵押权人的保险利益较之于其他保险利益种类有很大的不同。

第一，动态性较强。抵押权保险利益的动态变化性主要体现在被保险人的保险利益会因债务人还债数量的增加而逐渐减少，直至消失。因此，当抵押物遭遇保险合同约定范围内的风险事故而发生损毁或灭失的情况时，被保险人是否能够获得保险赔款就需要核查其是否获得了来自债务人的部分或全部债务清偿。如果已获部分或全部清偿，被保险人所获得的保险金会相应减少。

第二，实现过程中的限制条件较多。该类保险利益的实现因抵押权的特性而受到了诸多的限制。除以上所述之动态性之外，还要受到“流质契约之禁止原则”的限制。《物权法》第 186 条规定，抵押权人在债务履行期届满前，不得与抵押人约定债务人不履行到期债务时抵押财产归债权人所有。另外《物权法》第 195 条规定：“债务人不履行到期债务或者发生当事人约定的实现抵押权的情形，抵押权人可以与抵押人协议以抵押财产折价或者以拍卖、变卖该抵押财产所得的价款优先受偿。协议损害其他债权人利益的，其他债权人可以在知道或者应当知道撤销事由之日起一年内请求人民法院撤销该协议。”因此，抵押权人保险利益的实现就更为复杂一些。保险赔款作为抵押物的价值形式是否可以全部支付给作为被保险人的抵押权人不无疑问。

不仅如此，当主债权未届清偿期而抵押物因遭遇风险事故发生损毁时，保险赔款亦不应该向被保险人支付。这是因为当主债权未届清偿期时，抵押权人之抵押权的行使条件并未成就，保险人支付的保险金也仅仅是抵押物的变种，即抵押物由实物形态转变为价值形态，抵押人的抵押权在该价值形态上继续存在而并未有减损。按照《物权法》第 174 条规

① 王利明著．物权法研究（修订版）下卷［M］．北京：中国人民大学出版社．2007 年，第 398 页．

定："担保期间，担保财产毁损、灭失或者被征收等，担保物权人可以就获得的保险金、赔偿金或者补偿金等优先受偿。被担保债权的履行期未届满的，也可以提存该保险金、赔偿金或者补偿金等。"

3. 质押权

质押权，又称质权，是指债务人或第三人将其财产转移给债权人占有，以作为债权实现的担保，在债务人不履行债务时，依法享有的就担保的财产变价并优先受偿的权利。质押权与抵押权的基本区别即在于质押权的成立需要担保物转移占有，而抵押权的成立并无此要求。因担保物处于债权人的占有状态之下，质押权人对担保物因债务人或第三人保管或使用不当等原因造成毁损的顾虑大大减轻，但却也因此影响到了质押物使用价值的充分实现。因此，质押物一般都是动产或者动产性权利，例如机器设备以及各种票据。

虽然处于抵押权人占有状态的质押物可以避免来自债务人或质押人不当行为的价值贬损风险，但仍无法避免诸如火灾、地震等风险的影响，质押物物理形态的变化将直接影响到质押权人之债权的完满实现。因此，质押权人可以此利害关系作为保险利益投保质押物的财产损失险。然而，鉴于质押权的从属性特征，在保险标的物遭遇承保范围内风险事故之时，质押权人之债权已全部或部分实现，质押权人获得的保险赔款亦应相应减少。另从质押权之担保物权的本质为出发点，即使标的物因承保风险而发生损毁或者灭失，但只要债权并未届清偿期，作为被保险人只得接受保险赔款的提存处理。

4. 留置权

留置权，是债权人已于先期行为中合法占有了债务人的动产，当债务人不履行到期债务时，债权人依法享有的留置该动产，并将其折价、拍卖或变卖所获得的价款优先受偿的权利。《物权法》第230条规定："债务人不履行到期债务，债权人可以留置已经合法占有的债务人的动产，并有权就该动产优先受偿。前款规定的债权人为留置权人，占有的动产为留置财产。"虽与抵押权以及质押权一样同属担保物权，但留置权的产生与抵押权或质押权有着明显的不同。其不同之一即在于留置物是债权人于先期行为中已事先合法占有了的，但该物在被占有之时尚不具有留置物属性。

留置物物理形态的完好直接影响到了债权人权利实现的保障程度，而且债权人在占有留置物期间，负有妥善保管留置财产的义务。因保管不善致使留置财产毁损、灭失的，债权人应当承担赔偿责任。因此，债权人可以其留置权投保留置物的财产损失险。该保险的保险金额即在留置物价值范围内以其权利总额为限。

5. 占有

占有究竟是一种权利还是一种事实上的状态，存在分歧，就其属性主要有权利说以及事实说两种观点。权利说认为，占有并非是单纯的事实状态，而应是一种权利，美国学者阿尔伯特·雷尔以及德国的很多学者就是该观点支持者。另外，《日本民法典》也是将占有界定为占有权。事实说是法国学界的通说，该说认为占有是"一种使人可以充分处分物的、同物的事实关系，它同时要求具备作为主人处分的实际意图。'占有'这个词的含义是指真正的掌握（Signoria），一种对物的事实上的控制（Deminazione）[①]”。

无论是采权利说还是事实说，占有都需要符合主客观两个方面的构成要件。主观要件即所谓的“心素”，具体是指占有人要对于占有状态具有主观上的明确认知。客观要件即“体素”，要求占有人在事实上完成了对于某物的控制或管领。另外，占有还分为有权占有和无权占有、善意占有和恶意占有以及直接占有和间接占有等种类。

占有若为有权占有，占有人对于占有物具有保险利益，即使是无权占有，亦会因取得实效而取得所有权或定限物权，占有人对于此种无权占有亦具有保险利益。而且占有人在占有动产或不动产期间，可以按照法律或合同的约定对占有物进行使用或收益。也正因如此，占有物之实物形态的完好与否与占有人之间有着很密切的关系。占有人可以其占有权益为保险利益投保财产损失保险，当占有物因保险合同约定范围内的原因发生损毁或者灭失时，占有人有权向保险人申请保险赔付。即便是在占有人对于所占之物并无任何责任的情况下，也不影响占有人保险利益的存在。甚至是盗窃之人据其可以对抗原所有人或其前手占有人之外任一第三人的对抗性权利，亦足以产生保险利益。只不过由于对此进行保险保障有违公序良俗，英美国家的法院也正是出于公序良俗方面的考虑，不支持此等占有人的保险赔付请求。至此可知，可以以占有为由投保财产保险进行利益保护的主体仅限于标的物的善意占有人。

6. 股东权

对于股东权之权利主体是否可以以股东权而就公司财产投保保险，并没有达成一致的意见，而是形成了肯定论和否定论以及折中说三种学术观点。

肯定论支持者认为，出资人认购公司股份之后，身份由出资人转变为公司的股东，虽然其缴纳的出资已经与其自有财产相独立而成为公司法人的财产，但公司财产仍然是其实现股东权益的保障。公司财产的完整与损失都会在一定程度上影响到公司的经营效益进而影响到股东各项的股东权益，尤其是分红权以及剩余财产分配权的实现。因此，就此种利害关系而言，股东完全可以以股东权而对公司财产投保。

Riggs v. Commercial Mutual Ins. Co. 一案中，某轮船公司的股东对其公司一艘船舶为自己利益投保了保险金额为1000元的海上保险。当被保险船舶因风险事故发生损坏时，该股东向保险人提出了索赔申请遭拒。但是纽约州上诉法院以以下理由支持了原告的请求：人之所以组成公司而为股东，其目的无非在分享公司之盈利，股东不独能分享红利，并于公司结束其业务后尚有权分配公司之剩余财产。因此，公司财产毁损减灭，股东必因而蒙受损失。此种本基于要保人个人利益所签订之保险契约，在法律上并非为赌博行为，而是一种合法的损害填补契约。股东虽对公司置财产在法律上或衡平法上无现存利益，但其对公司之财产并非无保险利益[②]。

否定说的支持者则认为，一旦出资人完成了对公司的出资，公司与股东就成为两个各自具有独立资格的主体，须以其各自财产对外承担责任。而且出资人认购股份的这种投资

① ［意］彼得罗·彭凡德著．罗马法教科书［M］．黄风译．北京：中国政法大学出版社．1992年，第270页．

② 施文森著．保险法论文集（第一集）［M］．台北：三民书局．1988年，第29页．

行为本身即意味股东要承担各种系统性和非系统性风险，风险的结果既可能是收益，也可能是遭受损失，这是投资行为的必然结果，且该种风险属于投机风险的范畴。因此，按照保险的基本原理，股东不能通过为公司财产投保财产保险的方式进行投机风险的转移，如果承认股东对公司财产享有保险利益，无异于承认对商业投资风险进行承保[①]。而且退一步讲，即使承认股东对于公司财产具有保险利益，那么其利益范围也是无法具体确定的。在 Macaura v. Northern Assur. Co. 一案中，英国的法院即采纳了否定说的观点。该案的大致情况是：某人以其所有木材出资设立了一个木材公司，该人是公司的唯一股东以及主要债权人。随后，他以自己为被保险人、以公司财产为保险标的投保了火灾保险。在保险合同有效期间内，公司木材的绝大部分因火灾而损毁，被保险人遂向保险人申请保险赔付。但保险人以被保险人对保险标的缺少普通法或衡平法上的权利，以及无法计算特定财产上的股东利益为由拒绝承担责任。

折中说认为，公司股东对公司财产是否具有保险利益，要结合公司的性质进行考察。无限责任股东对公司债务负连带无限清偿责任，与公司之关系极为密切，故无限责任公司股东对于公司之财产，应有保险利益；反之，有限责任股东仅就其出资额为限对公司负其责任，与公司之关系较不密切，故有限责任股东对于公司之财产，应无保险利益[②]。

综合比较肯定说、否定说以及折中说，肯定说似乎更为契合保险的本质以及保险利益的精髓。原因即在于无论是有限责任股东抑或是无限责任股东，公司财产的完好与否，都是其投资获利的前提条件。公司财产的完好可以为股东创造更多的分红机会，相反则会使股东的投资目的不获实现。而且截至目前，美国的大部分法院都已承认股东对于公司财产具有保险利益，且并不会导致赌博行为的发生。

至于否定说认为投资风险属于投机风险而不能以保险方式进行转嫁一由，乃是混淆了投资风险与投资获利手段——公司财产——之风险的界限。公司财产所可能遭遇到的风险与投机风险完全不同，这种风险属于纯粹风险的范畴，公司股东以其投保应是不存在理论障碍的。至于否定说基于公司股东与公司财产之间利益范围不易确定而否定保险利益存在的理由也是站不住脚的，此论点完全是以技术性问题绑架了实质层面的问题。

（二）消极的财产利益

通说认为，责任保险的保险利益与普通之财产损失险的保险利益不同。责任保险的被保险人因承担赔偿责任而将减少现有的财产，或者失去应得之利益，从而与其赔偿责任的承担具有经济上的直接利害关系[③]。因此，被保险人的此种保险利益乃是一种消极的保险利益。不过通说所谓消极的财产利益，并不属于通常意义的“利益”范畴，而是指一种责任。此部分的具体内容详见第六章。

---

① 姜南．股东对公司财产是否享有保险利益之思辨［J］．法制与社会．2010（4）：110.

② 林群弼著．保险法论（修订三版）［M］．台北：三民书局．2008 年，第 131 页．

③ 邹海林著．责任保险论［M］．北京：法律出版社．1999 年，第 132 页．

第四节　保险利益的存在时间及归属主体

保险利益所欲达成的避免保险沦为赌博的工具以及防止道德风险等方面功效之意图，直接决定了保险利益的存在时间以及归属主体问题。因此，合理界定各类保险中保险利益的存在时间以及归属主体，对于保险实践的良性发展有着十分重大的意义。但是，理论界以及各个国家的保险立法却并未就此等问题达成一致。究竟是什么原因导致出现如此的不一致？当然，对于保险利益之功能的不同认识，以及各个国家所处法律体系以及司法的不同乃是其中原因之一。与此同时，出于对公共利益的考虑、商业经济发展的迫切需要以及社会公众的保险需求都是影响保险利益存在时间节点以及归属主体的重要因素。而财产保险具有的损失补偿属性以及人身保险所具有的投资属性，也使得此两种保险中的保险利益应有不同的时间要件以及归属主体上的要求。

一、保险利益的存在时间

（一）财产险中保险利益的存在时间

财产保险中的保险利益需要存在于何时？于合同订立之时？出险时刻？抑或是整个合同存续期间？就这一问题，陈西劳·哈威克勋爵于 1743 年以法官意见的形式作了说明："我的意见，被保险人在投保之时以及火灾发生之时应当具有一种利益或财产是完全必要的[①]。"可见，陈西劳·哈威克勋爵的观点是，财产保险中的保险利益在保险合同成立以及风险事故发生时均须存在。也就是说，他采取的是一种双时点时间标准。而其上述意见也被为数众多的美国法官所采纳。不过在不断发展的司法实践中，很多法官也意识到要区别不同的情况而灵活运用勋爵的意见。本书即以陈西劳·哈威克勋爵对于保险利益存在时点的上述意见为出发点，深入探讨财产保险中保险利益的存在时间问题。

无论是在理论界还是在保险立法领域，关于财产保险中的保险利益究竟何时存在，主要有以下的几种观点和立法例：

1. 投保时存在

这一观点认为，为充分发挥保险利益的各项功效，要求财产保险中的保险利益于投保时存在，即可以将当事人希望通过保险而不当得利的企图予以消灭，进而从源头上避免保险沦为赌博的工具。这一对保险利益存在时间的界定标准，也同时被用于判断保险合同效力的有无。

---

① ［英］Malcolm A. Clarke 著．保险合同法［M］．何美欢，吴志攀等译．北京：北京大学出版社．2002 年，第 150 页．

采用此标准，投保人与保险人签订保险合同的时候即需要核查保险利益是否存在，保险合同会因保险利益的缺失而自始无效，且是法定原因的无效。另外，此标准下保险人并不得以被保险人在出险时丧失保险利益为由进行抗辩。因此，只要是投保时存在保险利益，保险人就要在风险事故发生时向被保险人支付保险赔款以“补偿”被保险人的经济损失。可以说，采取这一标准较其他标准而言，能够在合同成立之初最大限度地避免道德风险的发生，对于没有保险利益而企图不当得利的人来讲是一种“威慑”。我国台湾地区“保险法”即要求财产保险的投保人在发出要约以及签订合同时对于保险标的物存在保险利益。另外，美国的阿肯色州、内华达州以及加利福尼亚州的保险法也是要求保险利益于保险合同生效时必须存在。另外，根据《意大利民法典》第1904条规定：“在保险应当开始时，被保险人对损害赔偿不存在保险利益的，该损害保险契约无效[①]。”

虽然，要求保险利益于保险合同成立时存在的做法可以做到防患于未然，但也并不符合社会公众期望通过保险手段进行风险管理的实际需求，不能满足日益发展的商业实践之需要，未能充分考虑预期利益损失保障需求，将一些正常的投保意愿予以根本地遏阻，其严重的后果将直接导致投保率的下降和保险市场的萎缩。例如，国际货物买卖中常采取FOB条件成交。在FOB成交条件下卖方并没有办理保险的义务，从货物越过装运港船舷时刻起货物旋即进入运输环节，货物灭失的风险由货物卖方转移给了货物的买方，而在跨国交易普遍采用信用证付款的情况下，货物的所有权却并不因为风险的转移而归货物买方所有。货物买方为避免损失，通常都需要给运输环节的货物投保货损险、串味险、水渍险以及淡水雨淋险等相关的财产保险。如果按照保险利益需要在投保时存在的理论观点和立法例，FOB成交方式下的货物买方是不能投保上述财产保险的。那么，货物买方通过保险方式转移风险的需求自然无法得以实现（当然，如果采用事实期待论的保险利益界定标准，则另当别论）。在所有权保留交易中，大致情况亦是如此。

2. 出险时存在

持有此理论观点的学者认为，财产保险是典型的补偿性合同，要求保险利益于出险时刻存在，不仅可以充分发挥财产保险的经济补偿作用，而且还会打消被保险人故意制造保险事故以获得保险金的企图。

该理论的支持者认为，要求保险利益存在于保险合同订立时的做法，无外乎是要避免保险沦为赌博的工具以及来自被保险人的道德风险，但其最大的弱点即在于不能满足风险受体意欲利用保险进行风险管理之目的的达成，不能满足主体远期风险预防的需求，而要求保险利益于出险时存在的做法完全可以实现此一目的。

英国《1906年海上保险法》即采用了这一标准，该法第6条即规定，投保人无须在投保时对被保险标的物具有保险利益，如果被保险人想在标的物出险时获得保险金的支付，则必须于出险时刻对于标的物具有保险利益。《1984年澳大利亚保险法》第16条第1款也规定，除人寿保险和意外伤害保险以外，保险利益只需存在于出险时刻即为已足。另

---

① 费安玲，丁玫，张宓译．意大利民法典［M］．北京：中国政法大学出版社．2004年，第449页．

外，美国共有包括佛罗里达州以及怀俄明州在内的8个州的保险立法也仅要求保险利益于标的物出险时存在即可。不过，美国的绝大多数州并不是教条地采取此项界定标准，对于那些出于赌博目的而成立保险合同的主体，即使在标的物出险时获得了保险利益，也不能申请保险金的支付，可见于实践中对于保险之灵魂宗旨的尊重。

3. 双重时间标准

所谓双重时间标准，即要求保险利益于“投保”+“出险”的双时点均需有效存在，否则保险人将不承担保险给付责任。这一理论观点的代表人物是Lord Hardwicke法官。Lord Hardwicke法官在Sadlers Co. v. Badcoco一案中有如下一段论述：“在我看来，被保险人应在投保时具有保险利益，而且这一利益还需要在火灾发生时也存在①。”不过Lord Hardwicke法官的观点并未在海上保险实践普遍采用，而只是在非海上保险领域被广泛接受。

但是，该理论观点并未提及保险利益失而复得究竟该如何处理。例如，A将其自有机动车向B保险公司投保了车损险和玻璃单独破碎险，保险金额按照15万元的新车购置价确定。保险合同有效期为2011年1月1日至2011年12月31日。2011年4月1日，A将被保险车辆以14万元的价格卖给了C，并办理了过户转让手续。但是在车辆过户后不久，C发生了严重的财务危机，因此为将财产变现偿还债务，C于2011年9月1日将车辆又以12万元的价格卖给了A。不幸的是，在A和C办理完过户手续的第二天，该车辆即发生了保险合同约定范围内的事故而致车辆全损。如果该案采取保险利益的双重时间标准，那么当A向保险公司申请赔付时，保险人是否要承担保险责任？如是，保险人向A支付的保险赔款数额又该如何计算？

按照我国台湾地区“保险法”规定，在保险利益失而复得的情况下，保险合同失去效力。也就是说，被保险人不得申请保险金支付。不过，如果保险人明知存在有合同失效的原因而继续收取保险费的话，保险人则要受到弃权与禁止抗辩原则的约束。而这里面存在的一个明显的问题即是，保险利益要件是否可以以保险人的疏忽或故意而排除适用？

在Rube v. Pacific Ins, Co. 一案中，美国路易斯安那州法院认为，鉴于财产保险合同的财产补偿特性，被保险人将会因出险时刻保险利益的丧失而不能获得保险金。但这并不意味着路易斯安那州法院采取了“出险时存在”的界定标准，因为该州法院随后提出，财产保险合同中的保险利益不但需要在合同成立时存在，而且还需要在标的物出险时存在。加利福尼亚州保险法也规定，保险利益需要在合同成立时以及标的物出险时同时存在，但是期间保险利益的丧失并无关系。

综合对比上述三种观点，笔者认为，保险利益于标的物出险时刻存在的观点更为可取。损失，乃失去也。社会公众生产生活之周遭存在的各种风险究竟于何时何地发生，损害程度几何都是未知之数。风险受体采取保险的方式进行风险管理，无外乎是希望遭受损失时能够获得一定的补偿，以期恢复原有的生产生活状态。正如美国特拉华州法院在审理

---

① Vukowich, William T. Insurable Interest: When It Must Exit in Property and Life Insurance. Willamette Law Journal, Vol. 7, Issue 1 (March 1971), P. 13.

Draper V. Delaware State Grange Mutual Fire Insurance Company 一案中提到的："如果被保险人在出险时不存在保险利益的话，他自然也不会有任何损失……，保险合同是损失补偿合同，其目的乃在于补偿被保险人的损失而非使其获益，否则将会使保险沦为赌博的手段。而赌博因违反了公共政策是无效的[①]。"

（二）人身保险中保险利益的存在时间

人身保险中的保险利益究竟应于何时存在才能充分实现保险利益的价值？是需要在合同成立时存在，还是在出险时刻存在，抑或是采取合同成立以及出险时刻均须存在的双重标准？理论界和各国的法律实践并未就此达成一致。

1. 合同成立时存在

持此观点的学者认为，虽因人身的不可估量性致使人身保险并不具有如同财产保险一样的补偿性质，但人身保险领域依然有道德风险的存在，而且通常还伴随有人身伤亡等较财产损失更为严重的后果。因此，为避免此等不利后果的出现，投保人需要在与保险人订立保险合同之时即拥有对于被保险人的保险利益。另外，人身保险，尤其是人寿保险，具有储蓄之性质，到期后所受领之给付为要保人自己所支付之保险费及利息之累积额，要保人本乎善意就被保险人投保寿险，其后纵因人事变迭，致要保人对被保险人失却保险利益，自不应影响要保人于契约下所应享之权益[②]。否则，多年之储蓄及投资非因其自己之过失而落空，对要保人显欠公平[③]。而且若要在合同订立之后对于保险利益是否存在进行逐一核查，纵然查证结果证实保险利益消灭，若必欲使保险契约失效，其后将发生保险费应否比例退还以及改以短期保险费率另计保险费诸问题，徒使问题纷繁不已。故人身保险契约之保险利益于订约时存在为已足[④]。持此观点的学者还认为，投保人与被保险人之间的保险利益多基于恒久不变的亲情关系而能够得以长久维系，而且从维护合同自由的角度出发，人身保险的保险利益只要在签订合同时存在已足[⑤]。如我国台湾学者施文森亦认为，人身保险之要保人于投保时有保险利益即为已足。保险利益之减少、中断或灭失，要不影响有效成立之保险契约，及要保人或受益人之约定保险金额给付请求权[⑥]。于司法实践之中，审理 Dalby v. India and London Life Assurance Co. 一案的法院法官认为被保险人仅须在保险单生效时具有可保利益即可。

然而，仅要求合同成立时存有保险利益的做法，被指有可能会因人身保险合同的转让而被规避掉。况且，在实践中如遇合同成立后保险利益额度增加时，当事人的保险利益将如何维护也是一个问题。因此，仅要求保险利益于合同成立时存在的做法遭到了很多英国

---

① Byran, Chilton Some Observations on the Problem of Insurance Interest Insurance Law Journal, Vol. 1948, Issue 12, P. 970.

② 施文森著．保险法总论［M］．台北：三民书局．1990 年，第 268 页．

③ 施文森著．保险法总论［M］．台北：三民书局．1990 年，第 45 页．

④ 刘宗荣著．新保险法：保险契约法的理论与实务［M］．北京：中国人民大学出版社．2009 年，第 89 页．

⑤ 范玲．论人身保险中保险利益的存在时间［J］．经济研究导刊．2012（23）：128．

⑥ 施文森著．保险法论文：第一卷［M］．台北：三民书局．1988 年，第 35 页．

保险法领域学者的激烈反对。

2. 双重时间标准

虽然通常认为，人身保险中的保险利益在合同订立时存在即可，但是在美国，阿拉巴马州、印第安纳州、堪萨斯州、肯塔基州以及德克萨斯州均要求保险利益须在合同的有效期内持续存在，并认为保险利益的持续存在不仅可以避免保险沦为赌博的工具，还可以避免将被保险人暴露于凶杀犯罪的危险之中。例如，审理 Watson v. Massachusetts Mutual Life Insurance Company 一案的法庭即认为：保险利益并非仅意在规避出现在个别案件中的赌博现象，而是要创设出一个避免将保险视为赌博工具的一般性原则。因此，为了规制以保单买卖方式规避保险利益要求之投机行为的蔓延，实有必要要求保险利益不仅要在合同订立时存在，而且还要在人身保险合同约定之风险事故发生或时间到来时存在[①]。虽然有学者认为人身保险之保单会因保险费的累积而产生现金价值，如果要求保险利益在整个保险期限内持续存在，则会影响到保单现金价值的利用和效用的有效发挥，但这都不足以与保护被保险人之人身安全相提并论。

笔者较为赞同人身保险的保险利益仅需存在于合同订立之时的观点。因于人身保险之中，保险利益的重要意义主要体现在投保人为第三人投保保险，且非以该第三人为受益人之情形。而于此情形的人身保险之保险利益仅依靠被保险人的同意即可产生，当然也必须依被保险人的同意方可形成，而无论投保人与被保险人之间存在着何等的身份或者经济上的利害关系，这与财产保险之于保险事故发生时刻核查保险利益种类存在着显著的不同，而被保险人只要于合同存续期间不为明示或默示的收回其已为之同意的意思表示即可认定保险利益持续存在。且人身保险中保险金额的确定与财产损失保险存在区别，于给付型人身保险中并不适用保险的损失补偿原则，因此，出险时刻的利益量核查也无必要。

二、保险利益的归属主体

保险利益的归属主体乃是指保险利益的所有者而言，为保险人、投保人、被保险人抑或是受益人？保险利益乃非归属于保险人的利益已不甚明了，那么，保险利益的保有主体仅可能包括投保人、被保险人和受益人三方。以下分别详述之。

（一）投保人

对于投保人是否需要就保险标的具有保险利益，主要有肯定论和否定论两种理论观点。肯定论认为，无论财产保险或人身保险，要保人对于保险标的须具有保险利益为保险契约之前提条件[②]。例如，我国台湾地区“保险法”第 17 条规定：“要保人或被保险人对于保险标的无保险利益者，保险契约失其效力。”亦如英国学者 John Birds 所言，可保利益

---

① Vukowich, William T.. Insurable Interest: When It Must Exit in Property and Life Insurance, Arab Law Quarterly, Vol. 7, Issue 1 (March 1971), P. 38.

② 施文森著. 保险法总论［M］. 台北：三民书局. 1990 年，第 43 页.

是任何保险合同的基本要求，除非能够合法放弃。这意味着合同当事人——无论被保险人还是保单持有人对保险标的必须有某种特殊的关系。依保险类型不同，可保利益的缺失会导致合同违法、无效或仅仅不能执行①。我国学者李玉泉亦是肯定论的支持者，他认为，只有对保险标的具有保险利益的人才具有投保人的资格。除此之外，在肯定论者看来，只有投保人对于保险标的具有保险利益，才能够更好地履行如实告知义务。

否定论观点则认为，投保人无须对保险标的具有保险利益。第三人以自己为要保人而非被保险人所订之保险契约，保险事故发生后，要保人既非当然之受益人，故无须对被保险人具有保险利益，人身保险之危险发生对象为被保险人本身之生命或身体，故若有第三人为之订立保险契约者，应先征得被保险人之书面同意，以昭慎重，被保险人同意之后，如何处置将来产生之保险赔偿金归属，诚属其“意思自由决定”之问题②。更何况，欧陆保险法自19世纪中开始即不适用保险利益之概念，盖容易引起道德危险也，故以被保险人（危险发生之人）之书面同意代替之，因此要保人亦无须具有保险利益③。

笔者认为，采取肯定论更符合保险实践的发展以及保险利益原则之意旨。肯定论的各论据乃是基于保险实践发展初期投保人与被保险人同一的事实而提出的，虽在历经几个世纪发展的当下，投保人与被保险人身份分属不同主体已是相当普遍，但投保人之权利本体地位并未改变。投保人是商品的买方并因保险费的支付而获得保险商品的使用价值，尽管投保人可将保险商品的使用价值让渡于被保险人或者为使被保险人获得商品使用价值而代其支付保险费，但不能忽略的是投保人仍是保险合同中的权利本体，他甚至可以通过任意解除权的行使显示其权利强度。仅以保险立法与保险实践中保险利益得以产生于被保险人的同意为论据而否定投保人的保险利益主体资格存在以下的问题：第一，被保险人之同意虽于死保险中较之亲属关系而言意义更为重大，但其为一种使得投保人与被保险人之间产生保险利益的形式要件，目的在于使得投保人取得对于被保险人的保险利益，也是在尊重实践的基础上扩展了保险利益的来源；第二，若否定投保人的保险利益主体资格，作为理性经济人的投保人将会限缩甚至于不为以他人为被保险人的保险行为，保险业的发展也将会出现明显的衰落与后退；第三，若昭示投保人无须具有保险利益，将会助长道德风险的蔓延。

（二）被保险人

被保险人是指其财产或者人身受保险合同保障，享有保险金请求权的人。因此，从保险之损失补偿的本质出发，只有被保险人作为保险利益的保有主体，才能够在保险利益遭受损失时申请保险赔付。也只有被保险人才会因保险事故的发生而遭受利益损失，对其利益损失进行补偿才能使保险的损失补偿本质得以实现。如果保险利益由投保人所有，在投保人与被保险人非为同一主体的时候，保险人究竟应向谁进行保险给付？被保险人的存在是否还有意

---

① ［美］缪里尔·L. 克劳福特著. 人寿与健康保险（第8版）［M］. 周伏平，金海军等译. 北京：经济科学出版社. 2000年，第226页.

② 江朝国著. 保险法基础理论［M］. 北京：中国政法大学出版社. 2002年，第70页.

③ 江朝国著. 保险法论［M］. 台北：瑞星图书股份有限公司. 1990年，第111页.

义？就此，我国台湾学者郑玉波认为，保险利益存在于被保险人，始为绝对必要。

但笔者认为，是否将被保险人作为保险利益的归属主体需要结合保险合同的种类而定，不可一概为之。于财产保险之中，被保险人应为保险利益归属主体自无疑问，但于人身保险之情形，保险利益归属于投保人似更为必要。

通过追溯保险实践发展的历史可知，将保险金给付请求权赋予被保险人是基于保险实践初期投保人与被保险人身份合二为一的事实。然而，随着保险实践的纵深化发展，投保人的投保行为并非时时利己，投保人为他人利益投保所致投保人和被保险人分离之现象也属常见。《德国保险合同法》第 43 条规定："不论是否载明第三人的名称，投保人都可以以自己的名义为第三人购买保险[①]。"当投保人与被保险人为同一人时，行为主体系出于己身利益维护的考虑进行投保。而当投保人和被保险人不一致时，可分为财产保险和人身保险分别讨论。在财产保险之情形下，可视为投保人对被保险人的赠予，保险事故致损失发生以后，遭受风险损失的被保险人通过来自保险人的保险金给付，恢复生产生活。而于人身保险尤其人寿保险情形，被保险人死亡，已无法实际受领保险给付，因此，除了投保人和被保险人之外还存在受益人主体，且投保人本人可为受益人，人寿保险也因此而具有利益投保人或者利益受益人属性。而为防止被保险人因人寿保险合同订立而增加人身风险，死亡保险的投保、保险金额确定、受益人指定及变更、保单质押贷款等事项均须经被保险人本人同意。为示庄重，包括我国在内的一些国家和地区，还要求被保险人所为同意的意思表示要以书面形式加以完成[②]。但于死亡保险之情形，保险利益亦非为被保险人所拥有，亦即此利益非得其享有。具体而言，当投保人与被保险人是同一人时，投保人与被保险人身份合二为一，投保人的意思表示不再受制于"被保险人同意"这一要件之下，投保人可在最大限度上行使保险合同权利，如指定受益人等。而当投保人与被保险人为不同主体时，投保人也可以让渡保险金给付请求权予第三人，即指定第三人为受益人。但是，投保人所为之让渡仅是其保险商品"所有权"的权能处置行为，并非被保险人授权的结果。尽管保险法律规范赋予被保险人以对受益人的指定、变更以及投保人其他权利的行使等的同意权，但也无法从根本上阻止投保人终结保险合同效力而另觅他途的结果。恰如《德国保险合同法》第 43 条："在投保人为第三人购买保险的情况下，如果存在疑问，即使保险合同中已经列明了第三人的姓名，也应当认为投保人并非第三人的代理人而是以自己的名义为第三人订立合同。"该法第 45 条进一步规定："（1）投保人可以自己的名义处分被保险人依照保险合同所享有的相关权益。（2）在保单签发之后，如果投保人持有保险单，则其可以向保险人主张保险权益并不经被保险人同意将相关权益转让给其他主体[③]。"

（三）受益人

将受益人作为保险利益的保有者，仅存在于保险理论的研究层面，并未见有保险立法

① 孙宏涛著．德国保险合同法［M］．北京：中国法制出版社．2012 年，第 71 页．

② 范玲，董惠江．论去遗产化的投保人之保险金权利本体地位［J］．学术交流．2018（4）：103－104.

③ 范玲，董惠江．论去遗产化的投保人之保险金权利本体地位［J］．学术交流．2018（4）：104.

将受益人作为保险利益的归属主体。于保险立法层面多见之规定大致为：投保人可以自己的生命为保险标的而指定任意第三人为受益人，即使受益人并不对被保险人具有保险利益。其立法理由是，此乃对于投保人风险承受的默认保护。

笔者认为，对受益人作保险利益上的要求并不合适。“受益人”概念来源于“利益第三人契约”，因保险合同当事人的利益让渡而来。“利益第三人保险合同中的第三人，在财产保险中为被保险人，在人身保险合同中则为被保险人或受益人（在以被保险人死亡为保险金给付条件的人身保险合同中，被保险人和受益人必为不同之人）。因此，‘人身保险合同中的利益第三人’是受益人的真实身份”。[①] 受益人虽然享有保险金给付请求权，但因其权利的取得并非源自保险费形式的对价支付，而是产生自保险合同当事人的权利让渡，因此其权利状态在保险事故发生前极易发生变动，受益人的保险金给付请求权在保险事故发生以前仅仅是在形式上或者是名义上归其所有[②]。

本章小结

保险利益之概念于保险法中所扮演之角色重要性无与伦比，其所涉及者，非只是保险契约效力之问题而已，更是决定保险标的、保险价值、损害之发生、复保险、超额保险及保险契约利益转移之准绳[③]。

保险利益，在防范道德风险、维系保险之损失补偿原则以及防止保险沦为赌博工具等方面发挥着十分积极的功效。作为保险利益归属主体的投保人，可基于其与保险标的之间所具有的财产上或人身上的利害关系，投保包括火灾保险以及意外伤害保险在内的多种保险险种来避免利益损失。而且，只要保险利益于损失发生时存在即为已足。

但诸功效的发挥，在相当程度上有赖于保险利益概念界定的妥适性以及对保险利益的认定究是采法律权利标准抑或是经济利益标准。在保险利益原则形成之初，多是采法律权利标准进行保险利益的界定。但无论是对于保险人，还是对于投保人而言，保险究其本质不过是一项基于概率的生意，双方均可以自由订立各种合法的保险合同以投保任何被保险人所具有的利益。这些只不过是保险服务中供给方和需求方普通的市场行为，因而应该由市场中“无形的手”来指引[④]。由此，经济利益论逐渐走入人们的视野，且实践表明以经济利益标准进行保险利益的界定，更为符合保险之人类互助共济的本质。

① 温世扬．论保险受益人与受益权［J］．河南财经政法大学学报．2012（2）：33.
② 范玲，董惠江．论去遗产化的投保人之保险金权利本体地位［J］．学术交流．2018（4）：103.
③ 江朝国著．保险法基础理论［M］．北京：中国政法大学出版社．2002 年，第 47 页．
④ 殷悦．可保利益原则解析［J］．中国青年国际法学者暨博士生论坛．2006：286.

责任保险的理论基础

第一节 责任保险的起源与发展

一、责任保险的起源

责任保险究竟是起源于远古时代还是近代，仍存有争议。但毋庸置疑的是，责任保险是晚近时期才得以发展起来的。尽管学者们在对责任保险进行概念性描述时所选取的角度不一致，但大体上都认为责任保险是以被保险人的民事赔偿责任为保险标的的一类比较特殊的财产保险险种。其中，魏华林和林宝清教授认为："责任保险，是指以保险客户的法律赔偿风险为承保对象的一类保险，它属于广义财产保险范畴，适用广义财产保险的一般经营理论，但又具有自己的独特内容和经营特点，从而是一类可以独成体系的保险业务[①]。"我国台湾学者林群弼认为责任保险"乃指保险人于被保险人对于第三人，依法应负赔偿责任，而受赔偿之请求时，负赔偿责任之一种财产保险也[②]。"徐卫东教授从保险合同的角度对责任保险界定是："责任保险合同是经保险人与投保人约定的，以被保险人应当承担的民事损害赔偿责任为保险标的的一种财产保险合同[③]。"江朝国教授并没有给出责任保险的概念，而是将其划入消极保险的范畴。江教授所称之消极保险，乃是"保险契约所保护者为被保险人之消极保险利益，所谓消极保险利益为特定人对于某一'不利(Ungut)'之关系，因为此'不利'之发生而使特定人产生财产上之损失[④]"。

责任保险的产生与发展是和法律责任密不可分的，在实行同态复仇的人类社会发展初

① 魏华林，林宝清主编．保险学（第二版）［M］．北京：高等教育出版社．2006 年，第 149 页．
② 林群弼著．保险法论（修订三版）［M］．台北：三民书局．2008 年，第 475 页．
③ 徐卫东著．保险法论［M］．长春：吉林大学出版社．2000 年，第 503 页．
④ 江朝国著．保险法基础理论［M］．北京：中国政法大学出版社．2002 年，第 107 页．

期是没有责任保险存在的。直到 19 世纪初，伴随着法律制度的完善以及人们权利意识的增强，责任保险才在法律制度比较先进和发达的欧美国家以一种新型保险的形态出现。

19 世纪的欧美国家，因资本主义制度的推行而处于劳资关系紧张的态势之中，为摆脱资产阶级的剥削，无产阶级革命如火如荼地进行着，尤其是在资产阶级革命开展得比较彻底的法国。在 19 世纪的法国历史上，法国工人阶级共进行了 1831 年和 1834 年的里昂起义、1848 年的六月起义以及 1871 年的巴黎公社革命三次较大的运动。恩格斯对于法国的历史曾这样写道："那里历史上发生的阶级斗争每一次都比其他各国更加达到彻底的结局……它在大革命时期粉碎了封建制度而建立了纯粹的资产阶级统治，其所具典型式的明显性实为欧洲任何其他国家所不及。而抬起头来的无产阶级反对那占有统治的资产阶级的斗争在这里所表现的尖锐形式，也是其他各国所未见过的[①]。"

美国工人阶级在美国内战的刺激下，也展开了声势浩大的工人运动。尤其是南北战争中北方的胜利，引致了美国职工组织的迅速创建。仅在 1865 年 11 月，就有多达 300 多个职工团体成立。与此同时形成了一批工人运动的思想派别，为工人阶级权利斗争的开展奠定了坚实的理论基础，也充分展示了无产阶级工人运动的伟大力量。一次次工人运动的发起，都是工人阶级权利意识增强的最好例证。

伴随着一次次大规模的工人运动的胜利，统治阶级也深切认识到缓和劳资矛盾的重要性，而通过劳工立法等途径对遭受工伤事故以及职业病侵害的工人进行补偿无疑是一种行之有效的方法。如 1880 年，英国颁布《雇主责任法》，该法规定：雇主在经营业务过程中因过错致使雇员受到伤害时须负法律责任；1898 年法国制定《劳工赔偿法》，该法确定了雇主于工业事故中的无过失责任并于 1906 年扩展适用至交通事故领域。劳工立法在使得劳资矛盾得以缓和的同时，也使得雇主的经营负担在无形中加重了许多。因此，在这样的背景下，顺应市场需求的责任保险悄然出现。如英国在其《雇主责任法》颁布实施的当年，即有经营责任保险的保险公司开张营业。

据考证，责任保险雏形发轫于 19 世纪的法国，是法国的保险经营者为满足市场需求而推出的新型保险险种。该新型险种推出的动因乃是法国于 1804 年颁布实施了《拿破仑法典》，该法典规定任何人基于故意或过失造成第三人损害的，要对受害人承担侵权责任。在如此的法律环境之中，社会公众尤其是经营业者会因其日常的生产经营活动而面临着众多的法律责任风险，经营绩效会被法律责任风险所侵蚀。因此，他们急需寻找一种有效的方法来规避法律责任风险。在没有责任保险之前，被普遍采用的办法就是提高产品的市场价格或者停止某种产品的生产或新技术的使用。其中，提高产品或服务价格的办法，将经营者面临的法律责任风险转移给了无数的社会公众，实现了风险的社会化分散，但却在加重消费者负担的同时降低了产品的市场竞争力。就后一种风险处理手段而言，因其阻碍了社会生产力整体水平的提高，所以它所带来的副作用更加明显。可见，侵权责任在发挥社会救助功能的同时，也给社会公众带来了一定的负担且苦于没有有效的风险处置手段进行

---

① 弗·恩格斯为《路易·波拿巴政变记》德文第三版作的序言。《马克思恩格斯文选》（两卷版）第一卷，莫斯科中文版，第 221－222 页。转引自王荣堂. 十九世纪中期法国工人的三次起义［J］. 历史教学，1962（5）：31.

危险管理。法国的保险经营者正是抓住了社会公众的这种心理，适时推出了责任保险。继法国之后，英国、美国和日本分别于 1857 年、1887 年以及 1973 年推出了包括产品责任保险以及会计师责任保险等在内的各种责任保险险种。随后，责任保险陆续在欧美以及亚洲国家推广开来，并成为有效的风险管理手段之一。责任保险的经营模式也从只承保任意险过渡到了任意险和强制责任保险并存的模式。各保险公司保险费收入中责任保险保费所占比例逐年提升，责任保险业务成为保险公司新的利润增长点。

除了侵权责任立法外，责任保险产生与发展的另外一个主要动因乃在于社会保障制度的不健全。

社会保障制度以社会救济、社会保险和社会福利三种形式为基本内容，是由国家或公益性组织对于弱势群体提供的生存保障。国际劳工组织对社会保障的界定是："社会通过一系列对付经济和社会风险的公共措施，为社会成员提供保护——否则，这种风险将导致薪金的停止支付，或因疾病、生育、工伤、失业和死亡导致实际收入的减少；同时它也提供医疗照顾和家庭津贴[①]。"一般而言，一国社会保障制度受其经济发展水平的制约而与其呈正相关关系，并将会明显影响其经济的均衡发展和社会的安定团结。而商业保险，尤其是责任保险，在通过社会公众的力量实现对于受害人权利救济的同时，还可以将侵权责任人从沉重的经济负担中解脱出来，这无疑是对于不健全之社会保障制度的一种"扶持"，对于社会保障水平的整体提升意义重大。因此，相当一部分国家基于其本身社会保障制度不健全、社会保障水平不高的现实，积极扶持本国或本地区责任保险的发展，鼓励各保险公司研发新的责任保险险种，强制责任保险的推行即是很好的例证[②]。

当然，责任保险亦因被指转嫁了侵权责任人的法律责任而致使其行为注意程度下降而饱受诟病。但上述观点忽略了无过错责任对于社会主体的行为约束，而且责任保险也在通过保险条款的合理设计以及及时救助被害人的动态协调中不断调适其自身的正当性。如《交强险条例》第 22 条规定："有下列情形之一的，保险公司在机动车交通事故责任强制保险责任限额范围内垫付抢救费用，并有权向致害人追偿：（一）驾驶人未取得驾驶资格或者醉酒的；（二）被保险机动车被盗抢期间肇事的；（三）被保险人故意制造道路交通事故的。有前款所列情形之一，发生道路交通事故的，造成受害人的财产损失，保险公司不承担赔偿责任。"

二、责任保险的发展

责任保险，随着侵权责任变成了一种人们可以在保险市场上进行交易的特殊商品而成为价值和使用价值的矛盾统一体。投保人想要获得责任保险的使用价值——责任利益的保护，就必须让渡责任保险的价值——保险费；保险人为获得责任保险的价值——保险费，则必须让渡责任保险的使用价值——对于投保人责任利益的保护。综观责任保险发展的历

① 唐钧著．市场经济与社会保障［M］．哈尔滨：黑龙江人民出版社．1995 年，第 4 页．

② 史尚宽著．民法总论［M］．北京：中国政法大学出版社．2000 年，第 21 页．

史可以发现，责任是在社会公众因各种主客观环境之变化而动态变化的保险需求与保险供给调处过程中进行的。

1880 年，随着英国《雇主责任法》的颁布，雇主责任保险应运而生，并因其他国家劳工法律的颁布而在其他国家发展起来。1885 年，第一份承保药剂师过失责任的职业责任保险保单问世，随后又相继出现了医生职业责任保险以及美容师、建筑师等职业责任保险，并形成了发展初期的职业责任保险体系。20 世纪 60 年代，产品安全逐渐受到关注，产品责任保险也被市场眼光极其敏锐的保险公司适时推出，承保被保险人所面临之产品责任风险对于生产经营活动的束缚。

责任保险发展的初期，也经历了一段挫折期。但因人类风险社会的发展以及因社会生产高度化伴随而来的意外灾害事故频发，责任保险所具有的提高责任人损害赔偿能力以及填补被害人损失等方面的功能得以不断强化，而各个国家和地区侵权责任法律的功能转变也促进了责任保险的发展。因此，于 20 世纪起责任保险朝着填补被害人损害的方向发展，责任保险成为人们规避法律责任风险的惯常手段之一，并逐渐成为衡量一国保险业发展水平的主要指标。以美国为例，由于美国的侵权制度已经由损害赔偿制度逐步演变为涉及财富分配的制度，民事侵权法律制度成为责任险需求的重大推动力①，进入 20 世纪以后，美国的责任保险消费以年均 8.7% 左右的速度增长。但在责任保险稳定发展的这个时期，仍有人认为责任保险需求的过度增加会因被保险人成本的提高而导致消费者负担的加重，因对责任额度预期的不准确导致责任保险额度确定的成本效益低下以及诉讼成本的大幅度提升。

新中国成立之初，百业待兴。按照党中央的指示，1949 年 5 月上海军管会成立了专门负责清理当时处于混乱状态之保险业的保险组，并采取多种手段进行旧保险机构的改造。与此同时，中央人民政府于 1949 年 10 月 20 日批准成立了中国人民保险公司，总部设在北京，于各大区设置中国人民保险公司的分公司。但由于受到“左”倾思想的影响，1958 年召开的全国财贸工作会议决定停办中国人民保险公司的国内业务。直至 1978 年中国共产党第十一届三中全会的召开，停办长达 20 年之久的中国的保险业才得以恢复，而中国的责任保险也随之经历了三个不同的发展阶段。第一阶段的发展是从新中国成立至 20 世纪 60 年代末。在这一阶段，中国的保险公司仍继续经营旧中国遗留下来的电梯责任险、旅游责任险以及汽车责任险等有限的责任保险险种。另外，中国人民保险公司仍经营其成立之初开办的飞机附加第三者责任险和船舶碰撞责任保险。但上述责任保险业务随后经历了长达 20 年之久的第二阶段的停办期；第三个阶段的发展历经了从 1979 年至今的时间跨度。在这一发展阶段，因保险公司数量的增加，责任保险的险种亦有所增加，并逐渐形成了一个包括公众场所责任保险、雇主责任保险以及产品责任保险在内的、种类比较齐全的责任保险险种体系。

---

① 方晓栋．美国责任保险市场发展现状［J］．中国保险．2015（8）：61．

第二节　责任保险的价值

在责任保险的发展过程中，对于责任保险正当性的否定性观点从未消失过。有论者以为，基于不法行为所生之损害，得借保险之方式予以转嫁，一则违反道德规范，二则足以导致行为人注意之疏懈，助长反社会行为，危害公益，实不宜容许其存在[①]。此亦恰如约翰·弗莱明（John Fleming）在其于1970年发表的一篇论文中所言：在过去的50年间，侵权法不断地作出调整以适应责任保险；而责任保险又摧毁了（侵权法）对个人责任的假定，并使我们逐步熟悉如下事实，即在较大范围内分散或者聚集损失[②]。但是一个社会体系的正义，本质上依赖于如何分配基本的权利和义务，依赖于在社会的不同阶层中存在着的经济机会和社会条件[③]。不能因其在某个方面存在的不足，而对其加以痛彻的批判和彻底的否定。因此，责任保险仍因其所具有之显著的社会价值以及经济价值得以发展壮大起来。而且实践亦表明，责任保险的推行也并未导致风险事故发生概率的明显提高。1909年密苏里州最高法院在Breeden v. Frankford Marine Plate Accident & Glass Insurance Company一案即作出了“过失责任保险合同在法律上并无不当”的裁决。

责任保险的价值，主要包括社会价值以及经济价值两个方面，以下详述之。

一、责任保险的社会价值

“价值”在英语中是Value，在德语中是Wert，在法语中是Valeue，其本意是“可宝贵的、可珍惜、令人喜爱、值得重视”。至于社会价值，《简明英汉社会学辞典》中对社会价值（Social Value）的定义是：一个社会或文化里的抽象准则，指明重要的和值得的目标或生活方式。另外，亦有学者认为，社会价值是人类社会系统所特有的价值形态，是一种人通过自身实践活动所追求、所创造、所实现的价值，是人的实践活动结果作为价值对象而对人身所具有的积极意义[④]。作为一种积极的正能量，责任保险的社会价值主要体现在以下的几方面。

（一）实现分配正义和矫正正义

正义，一直是法律孜孜以求的价值和目标。“正义”（Justice）早在古希腊亚里士多德

---

① 王泽鉴著．民法学说与判例研究（第二册）[M]．北京：中国政法大学出版社．2005年，第141页．

② John G. Fleming, Contemporary Roles of the Law of Torts: Introduction, The American Journal of Comparative Law, Vol. 18, 1970: 1.

③ [美] 约翰·罗尔斯著．正义论 [M]．何怀宏，何包钢，廖申白译．北京：中国社会科学出版社．1988年，第7页．

④ 张军著．价值与存在 [M]．北京：中国社会科学出版社．2004年，第107页．

时代已被人类所关注，所涉及的范围主要是人的行为。然而，随着人类社会的不断发展，到了近现代时期，“正义”概念却越来越多地成为专门用于评价社会制度的一种道德标准，被看作社会制度的首要价值[①]。

在罗尔斯看来，“正义是社会制度的首要价值，正像真理是思想体系的首要价值一样。一种理论，无论它多么精致和简洁，只要它不真实，就必须加以拒绝或修正；同样，某些法律和制度，不管它们如何有效率和有条理，只要它们不正义，就必须加以改造或废除[②]”。然而在市场经济条件下，各经济主体的差异及价值规律的作用决定了在收入和财富分配上的差别是一种自然倾向。因此，在市场经济条件下，收入和财富分配的社会正义原则就是效率与公平内在结合的差别原则[③]。无论是无效率的正义，抑或是高效率的不公平，都不是法律追求的目标。因此，当有背法律追求目标之不公平或不效率的社会失衡现象出现时，对如此失衡加以纠正和预防乃是必然之道。

具体到责任保险领域的正义，主要包括矫正正义和分配正义两方面。这两种正义形式在责任保险领域均有很明显的运用与体现。

首先，矫正正义。所谓矫正正义，在亚里士多德看来，“尽管平等是较多与较少之间的适度，得与失则在同时即是较多又是较少：得是在善上过多，在恶上过少；失是在恶上过多，在善上过少。又由于平等——我们说过它就是正义——是过多与过少之间的适度，所以矫正正义也就是得与失之间的适度[④]”。“矫正性的公正，生成在交往之中。交往或者是自愿的或者是非自愿的。它不按照几何比例，而是按照算术比例。这里出现的不公正是一种不平等，裁判者用惩罚和其他剥夺其得利的办法，尽量加以矫正，使其平等。平等是利得和损失，即多和少的中道，即是公正[⑤]”。矫正正义体现的是一种对失去均衡的回复。因此，矫正正义在侵权责任领域体现在责任人对于受害人的损害赔偿上。通过侵权责任的承担，对被害人的财产损害以及非财产损害进行补偿，使被害人在损害发生之前的原有状态能够得以恢复，从而使得责任人和被害方之间已经失衡的状态得以纠正。但是这种状态的恢复，却也要受到责任人实际赔偿能力的限制。如若责任人赔偿能力不足，甚至是完全不具有赔偿能力，受害人遭受的损害就无法得到补偿。而责任保险恰恰对责任人赔偿能力的不足进行了有效的弥补，从而使得利益失衡的状态能够得以有效地矫正。恰如厄恩斯特·温里布（Ernest Weinrib）所言，“虽然责任保险的广泛存在意味着被告本人不对原告的损失加以赔偿，但矫正正义在现代社会中依然得到适用。矫正正义的真谛在于责任的本质，相反，对于责任得以履行的具体制度，矫正正义没有特别的要求。责任保险首先承认责任的存在，而这一责任正好属于矫正正义的范围。矫正正义并不禁止被告预见其责任的

---

① 谢俊．分配正义理论及其当代价值［J］．学术交流，2011（5）：31.

② ［美］约翰·罗尔斯著．正义论［M］．何怀宏，何包钢，廖申白译．北京：中国社会科学出版社．1988 年，第 3 页．

③ 贾中海．法与社会分配正义［J］．当代法学．2002（3）：5.

④ ［古希腊］亚里士多德著．尼各马克伦理学［M］．廖申白译．北京：商务印书馆．2006 年，第 138 页．

⑤ ［古希腊］亚里士多德著．尼各马科伦理学［M］．苗力田译．北京：中国社会科学出版社．2003 年，第 95 页．

可能性，并寻求责任保险的保护①”。

其次，分配正义。责任保险领域除了展现矫正正义之外，还更多地体现着一种分配正义。何为分配正义？在康德看来，分配正义就是把各人自己的东西归给他自己。而在亚里士多德看来，分配正义是指国家权力在其与公民的关系上，应依成就、贡献，依比例原则，分配给各个人其所应得的部分。在分配正义问题上，人们抱有两个基本目的：一个是希望得到平等的对待，另一个是希望自己的福利能够得到不断改善②。分配正义绝不是一种以算术平均数方式进行分配之角度所言的正义，而是在充分考虑了个人的主体特性基础上，形式正义与实质正义的结合，强调的是主体权利的保障。分配正义是对“看不见的手”在调节市场经济过程中产生的市场失灵状态的有效纠正。社会财富拥有量相对较多的主体，以购买责任保险的方式将自己拥有的一部分财富进行社会化的转移，作为对潜在受害方权益缺失的保障。这一过程乃是一种间接的社会财富再分配过程。即“分配的正义，目的在于在法律上平等的人们中均等地分配社会利益、荣誉、金钱、财物、公共财产的享有——所有这一切都必须在平等的范围内使所有的人能平等地获得，换言之，他的指令是对待平等的人以平等、不平等的人以不平等③”。因此责任保险可以分散危险，不使损害集中于一人或一企业，使其由社会大众共同分担，以达损害赔偿社会化之目的④。

（二）提升社会保障水平

责任保险的另外一个主要社会价值就是有利于社会保障水平的整体提升。社会保障制度是由社会保险、社会救助以及社会优抚等项目构成的综合制度体系。社会保障的思想，可谓自古有之。例如先秦的“顺天保民”思想，儒家所提倡的“仁爱”思想、“大同社会”思想以及“社会互助”思想等。但中国古代社会保障思想的提出以及社会保障制度的建立都是以维护统治阶级利益为出发点和归宿的，并没有对社会主体的独立性及其权利诉求有深入的思考。直至人类社会在经历了数次的人权斗争之后，社会保障制度才逐渐向“人本”方向过渡，以“人本”思想为指导的现代社会保障制度才得以形成。

现代社会保障制度萌芽的出现以英国颁布实施的新《济贫法》为标志。新《济贫法》的主要原则是：认定政府有保障公民生存的义务，救济是一项积极的福利举措，并由经过专门训练的社会工作人员从事救济事业。这标志着现代社会救助的出现⑤。而德国俾斯麦建立的以社会保险制度为主的社会保障体系则标志着现代社会保障制度进入了形成期。

针对社会保障问题，罗斯福说：“早先，安全保障依赖家庭和邻里互助，现在大规模的生产使这种简单的安全保障方法不再适用，我们被迫通过政府运用整个民族的积极关心

---

① David A. Fischer and Robert H. Jerry, II, Teaching Torts without Insurance: A Second - Best Solution, 45 St. Louis L. J. 857, 2001: 867. 邵海. 责任保险影响下现代侵权法的嬗变［D］. 重庆：重庆大学博士学位论文. 2008 年，第 28 页.

② 姚大志. 分配正义：从弱势群体的观点看［J］. 哲学研究. 2011（3）：107.

③ ［澳］维拉曼特著. 法律导引［M］. 张智仁等译. 上海：上海人民出版社. 2003 年，第 252 - 253 页.

④ 王泽鉴著. 民法学说与判例研究（第三册）［M］. 北京：中国政法大学出版社. 2005 年，第 183 页.

⑤ 龚维斌著. 中外社会保障体制比较［M］. 北京：国际行政学院出版社. 2008 年，第 18 页.

来增进每个人的安全保障[①]。”但是，以西方发达国家福利型社会保障制度为主流的现代社会保障制度的建设也在经受着严峻的考验。作为社会保障制度建设主体的政府，在进行保障项目广泛、保障项目齐全以及保障水平较高的社会保障制度建设时，往往会面临巨额社会保障支出带来的财政压力，尤其是在老龄化趋势日益明显的当下。如若通过提高税率、扩大税基或者是向中央银行借款乃至向央行透支的方式来维持社会保障制度的运行，无疑会造成其他诸如社会保障水平下降以及因货币供给量增多而导致恶性通货膨胀等不良后果的出现。可见，一味追求社会保障制度的“大而全”并不可行，社会保障制度的建设也要量力而行。而责任保险却可在社会保障制度体系面临上述危机时，通过责任风险的社会化分散，利用积聚起来的保险保障基金对于受害人遭遇的财产以及非财产损害进行补偿，从而使得被害人的权益不致因侵权责任人缺乏赔偿能力以及社会保障体系不健全等原因而无以为继。不仅如此，责任保险还可以解决投保人面临的责任负担，使其获得更有效率的执业保障，为社会范围内风险事业的发展“保驾护航”，为社会整体生产效率的提升提供助力。

（三）形成正外部效应

经济学中所谓的外部性，是指当个人和厂商的行为直接影响到了其他社会主体，但却没有因此而给予对方以支付或补偿的时候，个人和厂商并未因其行为承担全部后果，那么对于个人或厂商来说，他们的行为即具有外部性。按照阿兰·兰德尔的说法，“当下面的这种情况出现时，我们说产生了外部效果：$U_j = U_j(X_{ij})(i=1,2,\cdots,k;j\neq k)$，这里的 X_{ij} 是指第 j 个人的第 i 种经济活动，也就是说，只要某一个人 j 的福利受到他自己所控制的经济活动的影响，同时也受到另外一个人 k 所控制的某一经济活动 X_{mk} 的影响，我们就说存在着外部效果[②]”。

外部性，有正外部性和负外部性之分。正外部性是指因某经济主体的行为所带来之社会收益大于私人收益，使他人成本支出减少；负外部性是指因某经济主体的行为所造成之社会成本大于私人成本，使他人收益水平下降。责任保险中的外部性问题的产生，主要是因为风险社会中责任方和受害方存在着明显的信息不对称现象，责任方处于信息优势地位，而潜在的受害方则处于信息的相对劣势地位。虽然在无责任保险供给的情况下，双方进行的是一种零和博弈，但是，受害方的损失也会因责任方的赔偿能力欠缺等问题不得实现，从而产生负外部性现象。因此，在无法获得充分且有效的信息资源的时候，潜在的受害方只能借助私人保险的方式来规避风险，此时受害方是负外部性下社会成本的承担者。而在潜在责任方投保责任保险的情况下，责任保险不但能够使得被保险人之整体财产以及未来利润得以维护，而且还可以通过保险金的支付来弥补损害赔偿能力的不足，对受害人的损失进行较大程度的弥补，从而使得社会收益水平得以提升，从而变负外部性为正外部性，这即是责任保险产生正外部效应的机理所在。其中，责任方承担的内部成本主要以保

① ［美］罗斯福著．罗斯福选集［M］．关在汉选译．北京：商务印书馆．1982 年，第 58 页．

② 石声萍．经济外部性研究［D］．重庆：西南农业大学博士学位论文．2004 年，第 29 页．

险费的形式存在。以下对责任保险的正外部性效应进行详细说明。假设，潜在受害方为A，潜在的责任方为B，外部性表示如下：$F(X_A)=F(X_{A1}+X_{A2}+X_{A3}+\cdots+X_{An}+C)$

F（X_A）表示A的成本——收益函数，X_{An}（n=1，2，…，n）表示行为人A为达到成本收益的最大化而耗费的各种资源；C表示A因B的行为而支出的成本。当C因B的行为而增加时，B的行为对A产生了外部不经济性，此时d（F（X_A））/d（C）>0，即负外部性。当C因B的行为而减少时，B的行为对A产生了外部经济性，此时d（F（X_A））/d（C）>0，即正外部性。如图5-1所示。

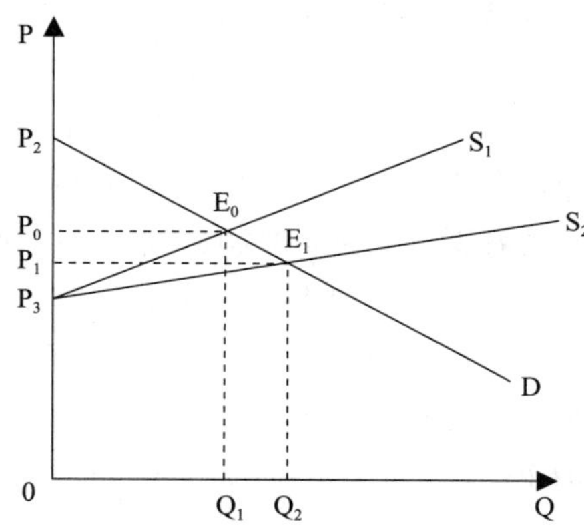

图5-1　责任保险正外部效应示意图

在图5-1中，曲线D为责任保险的需求曲线，因为责任保险需求量和价格之间成反比关系，因此曲线D是一条向右下方倾斜的曲线。曲线S则是某社会行为的需求曲线，其中，S_1是在无责任保险承保时该行为的需求曲线，S_2是在有责任保险承保时该行为的需求曲线。

如图5-1所示，E_0和E_1分别是无责任保险存在与有责任保险存在时某社会行为的供需平衡点。E_0点对应的价格和数量水平是（P_0，Q_1），消费者剩余为$P_0E_0P_2$，生产者剩余为$P_0E_0P_3$。E_1点对应的价格和数量水平是（P_1，Q_2），消费者剩余为$P_1E_1P_2$，生产者剩余为$P_1E_1P_3$。另外，图中供给曲线由S_1下移至S_2，是因为责任保险的投保使得行为人在相同价格水平下愿意提供更多的供给所致。

通过对比可知，伴随着供给曲线由S_1下移至S_2，产品均衡价格由P_0下降到P_1，数量由Q_1增加到了Q_2。在这样的转换过程中，消费者剩余由$P_0E_0P_2$到$P_1E_1P_2$共增加了$P_0E_0E_1P_1$。不过，生产者剩余是否增加则并不如消费者剩余一样一目了然，这取决于该种行为供给的价格弹性。

图5-1清楚地显示出这样一个结果：责任保险可以产生明显的外部性效应。

但是，责任保险也会出现边际收益外溢的现象，边际收益的外溢使得投保方的边际收益小于社会边际收益。在没有政府补贴或者其他成本补偿手段的情况下，容易出现责任保险需求不足的现象。因此，当投保人的保险费成本不能通过一定的渠道加以补偿的话，投保人毋宁选择普遍提高产品或服务价格的方式规避责任风险。果真如此，则会产生负外部性，个人理性背离了集体理性。

二、责任保险的经济价值

责任保险的经济价值主要体现在对于被保险人、第三人以及保险人的利益实现方面。

（一）为被保险人提供有效的财务管理手段

责任保险对于被保险人的经济价值即在于责任保险为被保险人提供了一种有效的财务管理手段。

承担损害赔偿责任会在一定程度上侵蚀责任人的财产水平以及经营效益，不仅如此，还会影响到责任人在市场竞争中的竞争实力，甚至于导致其破产。尤其是在侵权责任日益严格、损害赔偿数额高涨的现代社会。为避免承担侵权责任带来的种种不利，潜在的责任人会采取一系列的风险管理手段来规避法律责任或减轻法律责任带来的不利影响。风险社会之中，经常被采用的风险管理手段有风险的避免、自留、预防、抑制以及转移等。

风险的避免是指最大程度上回避损失发生的可能性。例如，为避免飞机失事的风险而拒绝乘坐飞机即属风险回避的范畴。风险回避的手段虽然简便易行，但是却也容易丧失经营利润。

风险的自留，乃是风险受体经过严格的风险识别及判断之后，认为损失在其可承受范围内而采取的自我承受风险事故损失的风险管理手段。一般而言，风险自留较适用于损害程度较小的风险事件管理。但基于信息不对称现象的普遍存在，风险受体作出的风险自留亦存在着因风险识别失误等原因造成的风险被动自留的可能。

风险的预防和抑制则是以风险事故发生的时点作为区分标准的两种风险管理手段。风险的预防属于事前的风险管理手段，风险的抑制则是属于事后的风险管理手段。风险的预防意在降低风险事故发生的概率，而风险的抑制则意图减轻风险事故造成的损失。

风险的转嫁是一种有意识地向第三方转移损失或与损失有关之财物后果的风险管理方式，投保保险以及签订标的物买卖合同等均为风险转嫁的一种。

面对以上种种的风险管理手段，行为人多从成本收益的角度进行适当的择取，投保责任保险并非绝对的首选。具体而言，行为人需要核查损害赔偿责任的责任预期，包括预期发生概率以及预期损害赔偿数额。侵权责任对于被保险人产生的责任预期 E(x) 是侵权责任发生的概率 P(x) 与预期损害赔偿额的乘积，即：

$$E(x) = P(x) \times \text{预期损害赔偿额}$$

计算得出 E(x) 的数值之后，潜在的责任人可以通过提取任意盈余公积金、减少对股东的红利分配、缩减业务范围以及投保责任保险等手段进行侵权法律责任风险的管理。但无论是提取任意盈余公积金还是缩减业务范围的做法，都不甚理想，尤其是在企业业务领域相对庞大、股东人数众多的情况下。由此一来，希望就落在了投保责任保险上。不过，这还要进行预期损失和保险费支出水平的对比：只有当 E(x) 大于责任保险的保险费 F 时，投保责任保险才是经济的。

因此，责任保险对于被保险人的经济价值，恰如波斯纳所言："有了保险，事故的成本对于有过失的加害人而言，就不再是受害人的损失了，而是加害人作为被认定为有过失的结果之可能经受的任何保险费增加的现值[①]。""如果赔偿是过失制度的唯一目的，那它就是一种贫困的制度，因为它不但成本很高而且很不完善。但是，其经济功能不是赔偿而是对无效率事故的阻止，……[②]"

（二）强化第三人[③]权益保护程度

责任保险第三人的经济价值主要体现在责任保险的间接利益保护以及第三人直接支付请求权的赋予这两个方面。

首先，责任保险的间接利益保护。

责任保险是被保险人规避民事法律责任风险的一种手段，责任保险可以避免被保险人因承担民事损害赔偿责任而造成整体财产水平的下降。可以说，责任保险对于被保险人进行利益保障是其最本质之意义所在，对于第三人的利益保护，仅是责任保险的副产品。不过亦有学者认为，责任保险直接保护的乃是第三人的利益，间接保护的才是被保险人的利益，此乃责任保险得以在一片反对声中发展起来的根本原因。

在责任保险发展初期，鉴于合同相对性原则的限制，保险人仅需于被保险人向受害第三人为实际赔付后方对被保险人承担保险金给付责任。依照这种纯粹的损失补偿理论，如果被保险人没有对第三人承担赔偿责任，保险人也无须给付保险金。在被保险人失去清偿能力的情况下，受害第三人也不能从保险人处取得赔偿。此时，即使法律规定保险人仍将承担对被保险人的保险金给付义务，第三人也只能处于与其他债权人同等的地位，无法优先受偿。这样不仅难以实现公平，而且与工业革命后保护受害人利益的公共政策不符[④]。因此，这个发展阶段的责任保险仅具有第三人利益间接保护的作用。

第二，第三人直接支付请求权的赋予。

以意思自治和契约自由精神为指引的合同，具有独特的相对性特性。作为合同制度赖以存在和运行的理论基础，合同相对性是指合同主要在特定的合同当事人之间发生法律拘束力，只有合同当事人一方能基于合同向对方提出请求或提起诉讼，而不能向与其无合同关系的第三人提出合同上的请求，也不能擅自为第三人设定合同上的义务，合同债权也主要受合同法的保护[⑤]。简而言之，合同相对性原理主要表现在合同主体、合同内容及合同责任三个方面。

相对性原则可以追溯至罗马法时代。罗马法中的"债"（Obligatio），又被称为"法

---

① Richard，A. Posner，Economic Analysis of Law，5. edition，New York，1998，P. 221. 转引自吴景丽．侵权法归责原则的经济学分析［D］．北京：北京交通大学博士学位论文．2006年，第85页．

② 波斯纳著．法律的经济分析［M］．蒋兆康译．北京：中国大百科全书出版社．1997年，第258页．

③ 在责任保险语境下多谈及的第三人通常指代的是责任事故中的被害人。

④ 姜南．论责任保险的第三人利益属性——解析新《保险法》第六十五条［J］．保险研究．2009（12）：106.

⑤ 王利明．论合同的相对性［J］．中国法学．1996（4）：66.

锁”（Juris Vinelum），即债只能在存在债权债务关系的主体之间产生效力，与第三人无涉。又因合同乃债之成立原因之一，因此大陆法系是以债的相对性对合同相对性加以称谓的，而英美法系国家则以合同相对性的称谓与之相对应。但随着社会利益分配结构的不断调整，伴随着加强第三人利益及公众利益保护的立法演进步伐，长久以来被两大法系所坚守的合同相对性原则也衍生出了例外的图景，合同相对性原则有限地被突破了。

这一突破在责任保险领域是以赋予第三人以保险赔款的直接支付请求权的形式彰显出来的。所谓第三人直接请求权，是指侵权事件中被害人对承保责任保险的保险人所享有的保险金支付请求权。因为按照合同的相对性原则，第三人并非责任保险合同的当事人，亦非责任保险合同的关系人。因此，因责任事故之发生而致人身或财产损害的第三人并不能向保险人申请保险赔付，只有被保险人才有向保险人申请赔付的权利。而且在责任保险发展的初期，乃至是现在，仍有保险人在责任保单中规定，只有当被保险人向第三人进行了损害补偿之后，才可以申请保险赔付，这对于第三人权益保护极其不利。因此，部分国家和地区开始探索以法律的形式直接赋予第三人以直接支付请求权，并主要以法律规定、合同约定、被保险人权利继受、强制执行标的的扩张效力和债权人的代位权等作为其存在合理性的权利基础。例如，我国《保险法》第65条第2款规定：“责任保险的被保险人给第三者造成损害，被保险人对第三者应负的赔偿责任确定的，根据被保险人的请求，保险人应当直接向该第三者赔偿保险金。被保险人怠于请求的，第三者有权就其应获赔偿部分直接向保险人请求赔偿保险金。”通过直接请求权的赋予可以使侵权事件中的受害人对责任方的损害赔偿请求权得以迅速实现，更好地体现加强第三人权益保护的立法目的。正如最高法院对于第三人直接请求权的评价：“直接请求权为一法定的责任请求权，系独立于保险关系所生之契约请求权之外，不过其受到承保危险与保险金额之限制[①]。”

（三）提升保险人经营绩效

责任保险对于保险人的经济价值主要体现在保险费收入的增加上。当然，保险人经济效益的产生，尚需要考察以出险率为基础而反映出来的实际经营效果。如果期末出险率在保险费率覆盖范围之内，保险人则会产生“正”的经营效益；反之，若期末出险率超过保险费率的覆盖范围，则会产生亏损。责任保险实现的保险利益主要涉及保险经营问题，并不在本文的研究范围之内，恕不赘述。

第三节　责任保险的责任基础

虽然，因侵权行为所致民事损害赔偿责任包含于保险人的承保范围内自无疑问，但违

① BGH 25. 5. 1992，NJW 1982 S. 2322. 转引自梁研．医疗责任保险法律制度研究［D］. 长春：吉林大学博士学位论文 . 2010 年，第 114 页 .

约责任以及约定责任是否在责任保险的承保范围内，学者的观点并不一致。有学者认为责任保险仅承保侵权损害赔偿责任，即责任保险仅以侵权责任为责任基础。笔者亦是赞同仅以侵权责任为责任保险的保险标的更为妥适，因合同所产生之损害赔偿问题乃信用保险与保证保险所关涉之内容。当然，于再保险之场合，再保险人需对原保险人将承担保险责任的一部或全部承担保险责任，此乃属于约定责任。但再保险之属性是否为责任保险并未达成理论观点上的一致，对此观点笔者并不表示赞同。因此，笔者认为，责任保险乃是以因侵权以及合同约定而产生之赔偿责任为承保内容的。

一、侵权责任

德国民法学者冯·巴尔教授指出，以损害赔偿为特性的“民事责任是每一个欧洲国家法律制度的一部分。没有一套对在损害发生之前当事人之间没有任何关系之情形的损失予以赔偿的规则，任何人都无法生存[①]。”按照《中华人民共和国侵权责任法》（以下简称《侵权责任法》）第 2 条第 1 款的规定：“侵害民事权益，应当依照本法承担侵权责任。”其中所指侵权民事责任是指行为人因侵权行为而应依法承担的各种民事责任的总称。我国《侵权责任法》规定的侵权责任方式主要有停止侵害、消除危险、返还财产、恢复原状、赔偿损失、赔礼道歉、消除影响以及恢复名誉如此的 8 种。

一般而言，侵权责任的构成需要满足违法行为、损害事实、因果关系以及主观过错四个要件。然而，究竟何种原因导致行为人需要承担侵权责任，就涉及侵权责任的归责原则问题。在德国学者拉伦茨看来，归责乃是指“负担行为之结果，对受害人言，即填补其所受之损害[②]”。具体到责任保险领域，涉及责任保险的归责原则主要有过错责任原则、严格责任原则、公平责任原则。

（一）过错责任原则

作为保障社会成员财产和人身的法律，侵权损害赔偿制度在相当长的历史时期内是对侵权受害人提供救济的唯一途径。即便是在工业革命以后，在工伤事故、危险物致人损害、高度危险活动致人损害、环境污染事件等频繁发生的情况下，侵权法在很长时间内也是唯一的救助途径。并且，为了保护自由竞争和企业主的利益，过错责任在相当长的时间内仍然是主要的侵权归责原则[③]。过错责任的思想起源于 16 世纪至 17 世纪时期的古典自然法思想。作为侵权法的基本归责原则，过错责任原则体现出了法律对于行为人侵害他人或社会利益时的一种否定性评价。

所谓过错，是一个包含故意和过失的上位概念，具体是行为人在实施侵害行为时所具有的一种主观上应受责难的心理状态。这种主观的心理状态通过行为人实施的侵害行为得

① ［德］冯·巴尔著．欧洲比较侵权行为法（上卷）［M］．张新宝译．北京：法律出版社．2001 年，第 1－2 页．

② 王泽鉴著．民法学说与判例研究（5）［M］．1987 年版，第 272 页．

③ 王利明．建立和完善多元化的受害人救济机制［J］．中国法学．2009（4）：146.

以表现出来。而过错责任的基本内容则是指侵权行为人所应承担的责任需要与其过错程度相一致。虽然有学者认为从损害填补的角度进行故意和过失的区分并无实益，与全部赔偿的原则相矛盾，但是这样的区分对于责任保险而言却十分必要。因为通常情况之下，责任保险对于被保险人的故意侵权是不承担保险责任的。

过错作为一个抽象的概念，在侵权责任法发展的历史中发挥了重要的理论贡献，它使得侵权责任法摆脱了“古代法”中结果责任的窠臼，合理地阐释了责任的正当性基础[①]，充分维护了人们的行动自由。过错责任还能预防损害的发生。正如法国学者丹克所言：“法律不能防止人们不出任何差错，但能够阻止有偏差活动的继续，最轻微的责任也能够给侵权行为人某种有用的警告，使其意识到自己活动的危险性[②]。”

古代法律，采用原因主义，有因果关系之存在即足以发生赔偿损害之责任。然因极端无过失责任之负担，反足以使责任心薄弱，不适合实际生活之需求[③]。早在公元前 5 世纪颁行的《十二铜表法》就已经可见过错责任的端倪。该法第八表第 10 条即规定，若故意烧毁房屋或者房屋附近的谷物堆，则要将行为人捆绑并鞭打之，随后将其烧死。但若行为人乃过失为上述行为的话，只需要承担损害赔偿责任即可。公元前 287 年通过的另一部法典《阿奎利亚法》则更加明确地规定了过失责任的相关内容。但因罗马帝国的灭亡，日耳曼习惯法中“事实裁判个人”的原则取代了罗马法中的过失原则。直至公元 13 世纪，随着罗马法的复兴运动在法国的兴起，过失责任才再次得以勃兴。可以说，侵权行为是与过错紧密相关的，人们曾试图用过错构筑和解释侵权行为的各种理论。直到无过错归责原则的出现，才改变了过错归责“一统天下”的局面。不过，在德国著名法学家耶林看来，过错归责原则反映了人类发展过程中主体性的形成。亦如 Fleming 教授说：“在 19 世纪后半期，过错要件轻易地成为所有人身损害赔偿请求的构成要件并且也同样成为财产损害赔偿请求权的构成要件。原告如果要选择提起侵权诉讼的话，他必须承担证明被告的行为是故意的和过失的责任[④]。”黑格尔亦曾表示“行动只有作为意志的过错才能归责于我[⑤]。”王卫国先生在其所著《过错责任原则：第三次勃兴》一书中对于过错归责有详尽的阐述，并认为：过错责任原则本质上是一种理性自由法则，法律对行为的控制，并不意味着行为对法律指令的被告接受和消极顺从[⑥]。

“责任保险与过错侵权责任原则的关系密切，过错侵权责任原则的产生、发展和发达，唤醒了人们对责任保险的需求，而责任保险的发展和发达又保障了过错侵权责任原则的实行。两者互为因果，互相促进、互相影响，从而促成了责任保险的发达，也促成了过错侵

① 朱岩著．侵权责任法通论［M］．北京：法律出版社．2011 年，第 240 页．

② ROBERT L. Rabin, Perspectives on Tort Law, Little Brown and Company, Boston New York Toronto London, 1995, P. 144.

③ 史尚宽著．债法总论［M］．北京：中国政法大学出版社．2000 年，第 108 页．

④ 转引自张民安著．过错侵权责任制度研究［D］．北京：中国社会科学院博士学位论文．2002 年，第 7 页．

⑤ ［德］黑格尔著．法哲学原理［M］．范阳，张企泰译．北京：商务印书馆．1961 年，第 119 页．

⑥ 转引自纪镇南．特殊侵权行为归责原则之研究［D］．北京：中国政法大学博士学位论文．2011 年，第 5 页．

权责任原则的发达[①]。”保险在实践层面上对侵权法产生了重要的影响；虽然被告有了保险这样的事实本身并不是强加被告以法律责任的一个理由，也不是使被告不承担责任的理由，但是，毫无疑问的是，保险的因素的确对被告民事侵权责任的承担产生了“某些外在的张力[②]”。

（二）严格责任原则

“严格责任”是英文“Strict Liability”的直译。“Strict Liability”一词的表达，由佩西·温菲尔德（Percy Winfield）于1926年在《绝对责任的神话》中为替代“绝对责任”（Absolute Liability）而首次提出[③]。严格责任原则起源于英美侵权法，乃是由英国法院在1868年的赖兰兹诉弗莱彻案中首次确立的。虽然罗马法因过错责任占据主导地位而并不存在严格责任的概念，但是仍有学者认为罗马法中的一些案例足以表明严格责任的存在。不过在过错责任占据主流地位的历史时期内，严格责任在侵权法历史上并未占据显著位置。直至19世纪大工业的兴起，社会安全维护意识的不断加强，严格责任才逐渐脱离边缘化的境地。恰如冯·巴尔所言，“严格责任再次成为欧洲国家侵权行为法的一个共同特征[④]”。

所谓严格责任，从字面意思而言，乃是指侵权责任的承担并不以行为人的过错作为构成要件，而以行为后果以及因果关系作为责任认定的标准。然而，与过错责任不同，严格责任并不是一个统一的称谓，除此之外尚有无过失责任、危险责任以及无过失责任等具体称谓。恰如我国台湾学者王泽鉴所言，严格责任等于大陆法中的无过失责任……虽已逐渐建立完整之体系，唯关于其名称尚未统一。在我国台湾地区向称之为无过失责任；在德国通称为 Gefahrdungshaftung（危险责任）；在英美法上则多称为 Strict Liability（严格责任）[⑤]。拉伦茨亦曾提到，行为人对损害之发生，并无过失，但基于特殊理由，应负损害赔偿责任，此种责任情形甚多，因性质不同，不能积极提出一项原则加以说明，只就其消极特征立论，统称之为“无过失责任”（Haftung Ohne Verschulden）[⑥]。我国《侵权责任法》第7条即是有关严格责任的规定。该条规定：“行为人损害他人民事权益，不论行为人有无过错，法律规定应当承担侵权责任的，依照其规定。”严格责任加重了行为人的举证负担，行为人的免责条件十分严苛。在 Ryland v. Fletcher 一案中，主审法官 Black Bum 曾认为，只有不可抗力和原告的过错可以成为被告的免责事由。因此，严格责任作为一项法定责任，只能适用于法律有特殊规定的侵权行为，而不能由法官任意确定。

---

① 张民安著．过错侵权责任制度研究［M］．北京：中国政法大学出版社．2002年，第116页．

② R. F. V. Heuston and R. A. Buckley, Salmond & Heuston on the Law of Torts, 21st ed., Sweet & Maxwell, 1996: 26. 转引自张民安著．过错侵权责任制度研究［M］．北京：中国政法大学出版社．2002年，第115页．

③ See WINFIELD, PERCY. The Myth of Absolute Liability［J］. Law Q. Rev., 1926, 42: 37, 51. 转引自胡艳香．外国侵权法中严格责任地位研究——兼论中国的相关问题［D］．厦门：厦门大学博士学位论文．2007年，第7页．

④ ［德］冯·巴尔著．欧洲比较侵权行为法（上卷）［M］．张新宝译．北京：法律出版社．2001年，第10页．

⑤ 王泽鉴著．民法学说与判例研究（1）［M］．北京：中国政法大学出版社．1998年，第8页．

⑥ 转引自刘海安．过错对侵权法上无过错责任赔偿范围的影响［D］．长春：吉林大学博士学位论文．2010年，第41页．

严格责任原则产生于由自由资本主义向垄断资本主义蜕变的过程之中，严格责任与责任保险具有密不可分的关系。具体而言，严格责任的承担，使得责任人急需以保险方式转移风险；而责任保险的投保使得法院更倾向于对责任人施以严格责任。例如，在美国的产品责任诉讼中，责任保险的存在成了检验原告的诉讼主张是否合法的标准，而保险引起的一些结果也被认为是可欲的目标，如损失分散、双方福利的最大化、一般威慑以及“深口袋”对财富的重新分配等[①]。

（三）公平责任原则

公平责任萌芽于古希腊的梭伦立法时代，但现代意义上的公平责任最初产生于未成年人和精神病人致人损害赔偿的案件中。具体而言，公平责任是指在当事人双方对造成损害均无过错，但是按照法律的规定又不能适用无过错责任的情况下，由法院根据公平的观念，在考虑受害人的损害、双方当事人的财产状况和其他相关情况的基础上，判令加害人对受害人的财产损失予以适当的补偿[②]。我国《侵权责任法》第 24 条即是有关公平责任原则的法律条款，该条规定：“受害人和行为人对损害的发生都没有过错的，可以根据实际情况，由双方分担损失。”另外，我国《侵权责任法》第 24 条亦规定，受害人和行为人对损害的发生都没有过错的，可以根据实际情况，由双方分担损失。

与过错责任不同，公平责任乃是于近代才产生并发展起来的一项归责原则。并作为一般性归责原则由 1912 年《瑞士债法典》加以确认。虽然公平责任原则是以公平观念为价值判断从而确定责任的，但公平责任仍不失为一种法律责任，而非道德责任。公平责任原则作为一种责任分配原则，其责任分配的依据既不是行为，也不是特定事故原因，而是一种抽象的法律价值理念——公平。在法律规范的结构中，价值理念不具有直接的可操作性，把一种价值理念作为调整具体社会关系的操作工具，是一种特殊的法律现象[③]。不过，在德国民法典起草过程中，一些学者指责公平责任在“法律上的含糊性达到了使人不能忍受的程度”，仅仅“基于公平考虑而要求行为无过失的侵权行为人作出赔偿是极不明确的[④]”。

在原西德、荷兰等国，学者们总结出以下四种情况可以公平减轻赔偿责任：侵权行为人的行为表现了微小的可受谴责性；免责服务或侵权行为人对受害人作出了某些有益的事情；损害的产生和加重是由受害人风险范围内的异常原因所造成；如果对受害人提供完全赔偿，则会使侵权行为人处于一种经济上的危险境地[⑤]。

---

① Ernest J. Weinrib, The Insurance Justification and Private Law, The Journal of Legal Studies, Vol. 14, 1985: 684. 转引自邵海．责任保险影响下现代侵权法的嬗变［D］．重庆：重庆大学博士学位论文．2008 年，第 46 页．

② 王利明著．侵权行为法研究（上卷）［M］．北京：中国人民大学出版社．2004 年，第 274 页．

③ 王卫国著．过错责任原则：第三次勃兴［M］．北京：中国法制出版社．2000 年，第 293 页．

④ 德国民法典草案第 2 稿，第 752 条。转引自翟羽艳，吕秀军．公平责任三论［J］．求是学刊．2000（3）：71.

⑤ 外国民法论文选，第 1 辑［C］．北京：中国人民大学出版社，1984. 转引自翟羽艳，吕秀军．公平责任三论［J］．求是学刊．2000（3）：70.

二、合同责任

民事责任主要包括违反合同的民事责任和侵权的民事责任两大类。侵权的民事责任可以成为责任保险合同的标的自不待言。而合同责任是否能如侵权责任一样成为责任保险合同的标的，在理论界并无定论。主要有肯定论、否定论以及折中论三种理论观点。其中肯定论认为，既然责任保险以民事损害赔偿责任作为保险标的，那么与侵权损害赔偿责任同属于损害赔偿责任的合同责任亦是属于责任保险的标的当无异议。我国台湾学者江朝国先生即为肯定论的支持者之一。江先生将责任保险以保险标的作为区分而将责任保险划分为法定责任保险和契约责任保险两大类。并认为“因法律上规定赋予契约效果而生之契约责任[①]”与依当事人意思而生之契约责任同属责任保险之保险标的。美国法院即曾在 Fragomeno v. Ins Co of the West 一案中表示，保险合同中的“所有被保险人依法须承担的责任”具有相同的含义，即使保险合同并没有将违约责任列为除外责任，责任保险也是不承保违约责任风险的。而美国第九巡回法院在 Standard Ranch Inc v. Maryland Cas co. 一案中亦是认定责任保险并不承保被保险人的违约责任。不过，如果合同责任是以当事人一方同意承担其他个人或组织对第三方的侵权责任为内容的话，则是属于可保的合同责任风险。再保险即是如此。

否定论论者并不否认合同责任可以作为保险合同的标的存在，但是因合同责任已属于保证保险的保险标的，因此不宜再成为责任保险的保险标的。例如，澳大利亚《1984 年保险合同法案》第 11（7）规定，责任保险是对被保险人对第三人的损失或损害应负的责任加以赔偿的保险合同。这其中的责任主要是指侵权责任，并不包括合同责任在内。合同责任风险涉及被保险人在合同中所同意承担的某些法律责任。这些责任中的一部分，普通责任保险是不能承保的，因为它们与保险单所承保的人身伤害和财产损失无关。但是其他合同项下的责任（特别是同意承担其他个人或组织对第三方的侵权责任）是可保的合同责任风险[②]。而折中论则认为，虽然责任保险主要以侵权损害赔偿责任作为保险标的，但是合同责任是否属于责任保险的保险标的却也并不能一概而论。当合同有特别约定时，合同责任是可以成为责任险的保险标的的。例如一些职业责任保险，就对被保险人对其客户承担违约赔偿责任加以承保。

本书对此持肯定论的观点。但却与江朝国先生之观点并不完全相同。本书认为，合同责任可以作为责任保险的保险标的，但仅限于依当事人意思表示而生之合同责任，如再保险合同。而在保险实践中，因法律直接规定而生的合同责任已是信用保证保险的保险标的，故不宜作为责任保险的保险标的存在。

需要说明的是，责任保险所承保的合同责任，并非合同法领域的惯用词汇，而是保险

---

① 江朝国著．保险法基础理论［M］．北京：中国政法大学出版社．2002 年，第 108 页．

② 厦门理工学院，深圳大华联合保险经纪有限公司编著．美国商业普通责任保险［M］．北京：中国金融出版社．2010 年，第 3 页．

领域的专有词语，具体指代的是保险人承担的保险金给付责任。而此责任实为义务，只因在保险领域已成约定俗成之用语，故本书亦对之进行如此称谓。正如我国《保险法》第2条规定："本法所称保险，是指投保人根据合同约定，向保险人支付保险费，保险人对于合同约定的可能发生的事故因其发生所造成的财产损失承担赔偿保险金责任，或者当被保险人死亡、伤残、疾病或者达到合同约定的年龄、期限等条件时承担给付保险金责任的商业保险行为。"而韩国、德国以及意大利等几乎所有的国家都将保险人承担的此项"义务"以"责任"称之。

向被保险人或受益人进行保险金的支付乃是保险人的主要义务。这一义务虽具有或然性，但是对于保险人而言也是一种潜在的负担。一旦保险标的物毁损或者约定时间到来，保险人即需要按照合同的约定承担相应的保险金给付责任。从保险经营的角度讲，为了实现保险经营的效益最大化，保险人是不希望发生保险事故的。即使发生，也是希望尽量减轻损失的程度。为此，当保险事故发生后，被保险人为防止损失扩大而支付必要的、合理的费用，保险人在保险金额度内是要承担给付责任的。其目的除了要避免资源的浪费外，主要是为了减轻保险人的责任。不过，无论是事前的防灾防损，还是事后的积极救援，都不足以大规模地减轻保险人的责任。保险人经营的好坏，影响的不仅仅是保险人的利益，更间接地影响到了被保险人以及受益人的利益。因此，无论是从自身权益维护的角度，还是从被动维护被保险人或受益人权益的角度，保险人之保险业务经营风险的管理乃是保险公司经营的重要环节。实践中，保险人具体可以采取缩减业务范围以及投保再保险的方式进行上述风险的管理。相比较而言，采用再保险的方式作为风险管理手段更为普遍。按照我国《保险法》的规定，保险人将其承担的保险业务，以分保形式部分转移给其他保险人的，为再保险。我国台湾学者林群弼先生则认为："再保险者，乃指保险人以其所承保之危险转向他保险人为保险之保险形态也①。"实际上，可以将再保险简单地理解为原保险的保险人以投保人身份向另一保险人投保的保险。从保险人角度出发，保险人以再保险的方式将一部分经营风险进行社会化的分散，不但可以增强保险人的承保实力，提高经济效益，而且还可以加强与再保险人之间的业务合作。从原保险之被保险人的角度出发，再保险则可以增强保险保障程度。

再保险作为保险人化解经营风险的一种有效手段，于1370年始创于经济、贸易水平相对发达的意大利，而被普遍运用于海上保险实践。至18世纪末以及19世纪才逐渐被应用于火灾保险以及人身保险领域。通说认为，再保险乃是属于责任保险的范畴，但是与产品责任险等责任保险不同，再保险承保的是被保险人的合同责任，而非侵权责任。除此之外，其保险利益量的影响因素也较一般意义上的责任保险有明显的不同。虽然责任保险的保险利益量受到了侵权法严格程度、物价水平波动等一系列因素的影响，但在责任保险实务中，责任保险之责任限额的确定仍可以抛却所有的量上的影响因素，而确定额度极高的责任保险的责任限额。前提是，只要投保人有缴纳保险费的能力。然而再保险责任限额的

---

① 林群弼著．保险法论［M］．台北：三民书局．2008年，第367页．

确定却有着十分严格的限制，从理论层面讲，原保险人只能以原保险合同中的责任限额为限确定再保险合同中的责任限额。再保险合同限额小于等于原保险合同限额，两者的具体关系表示如下：

再保险合同责任限额≤原保险合同责任限额

两者的具体比例关系以原保险人的预期为基础，在（0，100%］的区间范围内波动。但实际上，为防止原保险人沦为保险中介，分出比例不可为100%。如此一来，原保险的责任限额与再保险合同责任限额之间的关系就是在（0，100%）的开放区间内。

不过，再保险虽同属责任保险，但与一般意义的责任保险还是有着明显的区别，以至于在责任保险的保险利益建构上，也不得不再进一步细化才能够精细严密，加强理论对于实践的指导作用。而且再保险合同和原保险合同毕竟各自属于独立合同，彼此之间存在诸多的不同。

第四节　责任保险的承保范围

责任保险以被保险人对第三人应依法（或依约）承担的民事损害赔偿责任为保险标的，承保范围包括财产损害赔偿、人身损害赔偿，有时候还包括精神损害赔偿，甚至是惩罚性损害赔偿。德国法学家梅迪库斯认为，被害人应当赔偿因使负有赔偿义务的事件而发生的一切损害[①]。责任保险是对被保险人对第三人承担的损害赔偿不做类别区分而全部予以承保，还是只承保其中的一部分，需要依照保险合同的具体约定以及法律的规定，且关涉到的不仅是保险人责任承担的问题，更会影响到道德风险防范以及社会公益的维护问题。

一、侵权损害赔偿

“损害（Damage，Dammage）”一词，来源于拉丁文Damnum，在汉语中，“损”和“害”具有不同的含义。“损”指财产减损的行为和结果，据《说文解字》，“损，减也。”“害”则具有侵犯、杀害的含义[②]。“损”和“害”合并使用的损害，乃法律主体因其财产之构成成分被剥夺或损毁或身体受伤害，所受之不利益[③]，具体表现为财产损失以及人身损害。

民事损害赔偿与刑事责任承担不同。刑事责任以处罚犯人、预防犯罪、保障社会安宁

① ［德］迪特尔·梅迪库斯著．德国债法总论［M］．杜景林，卢谌译．北京：法律出版社．2004年，第430页．
② 王利明著．民商法研究（第1辑）［M］．北京：法律出版社．2001年，第767页．
③ 曾世雄著．损害赔偿法原理［M］．北京：中国政法大学出版社．2001年，第124页．

为其目的；损害赔偿则重于损害之填补①。因此，各国的损害赔偿制度之设计虽并不相同，但却都以损害之填补为最高指导原则。但麦格雷戈（McGregor）以名义上的损害赔偿（Nominal Damages）与惩罚性损害赔偿（Exemplary Damages）为例驳斥了损害赔偿是严格建立在填补受害人损害基础上的观点，他认为除了基本的填补功能外，损害赔偿还应具备其他功能。从原则上讲，损害赔偿的方法以回复原状为根本，但当回复原状于事实上已不可能、回复原状遇有重大困难或较为不经济时，亦可采取金钱赔偿之方式。按照埃德尔曼的说法，损害赔偿只是“对不当行为的金钱给付”，除此以外没有任何特定的含义②。

（一）财产损失

财产损害，亦称财产损失，是指侵权行为侵害财产权，使财产权的客体遭到破坏，其使用价值和价值贬损、减少或者完全丧失，或者破坏了财产权人对于财产权客体的支配关系，使财产权人的财产利益受到损失，从而导致权利人拥有的财产价值的减少和可得财产利益的丧失③。从广义层面讲，财产损害不仅包括有价值的减少，亦包括有使用价值的缺失。而且，财产损害赔偿的范围不仅包括直接损失，还包括合理范围的间接损失。例如，美国普通商业责任保险条款 1973 年版对于“财产损失”的界定是指其不但包含财产的有形损害，还特别包括了“由于事故发生，致未遭受物质损坏或灭失的有形财产失去使用价值”的表述。而在“斯托克特伦特市议会案”中，尼科尔斯勋爵就此做了前瞻性的评论：“一个人不当使用了他人的财产，即使没有造成任何财产上的损失，仍须承担高于名义上的损害赔偿之责任，这是衡量损害赔偿数额的确定性原则④。”

对于财产损害的赔偿，可供选择的赔偿数额计算方法主要有市场价格标准、替代交易标准、使用价值标准以及特殊价值标准等。

第一，市场价格标准。所谓的市场价格标准，即是以财产受损时的同类财产之市场价格作为计算财产损害赔偿的标准。价格是价值的货币表现，是商品同货币交换比例的指数。市场价格由商品的价值决定，并受供求规律的影响围绕价值上下波动。对此，美国学者罗杰斯认为，原告有权获得的赔偿，应足以使他以毁损之日或其后不久的合理时间的通行价格在市场上购买替代之物⑤。我国即是采取了市场价格的标准计算财产损害赔偿数额的。我国《侵权责任法》第 19 条规定：“侵害他人财产的，财产损失按照损失发生时的市场价格或者其他方式计算。”就市场价格，美国《侵权法重述第二版》第 911 条对于该价格的解释说明是，“财产或服务的交换价值系指如果交易者连续光顾市场，该财产或服务可被交换或获取的钱款⑥”。

---

① 曾世雄著．损害赔偿法原理［M］．北京：中国政法大学出版社．2001 年，第 15 页．

② 转引自杨彪．受益型侵权行为研究——兼论损害赔偿法的晚近发展［J］．法商研究，2009 年（5）：85.

③ 杨立新著．《中华人民共和国侵权责任法》精读［M］．北京：知识产权出版社．2010 年，第 83 页．

④ 转引自杨彪．受益型侵权行为研究——兼论损害赔偿法的晚近发展［J］．法商研究．2009（5）：84.

⑤ W. V. H. Rogers，Winfield & Jolowiczon Tort，14th Edition，Sweet & Maxwell，1994，P. 789. 转引自王军．侵权法上财产损害的计算标准［J］．法学，2011，（11）：76.

⑥ 许传玺等译．侵权法重述第二版：条文部分［M］．北京：法律出版社．2012 年，第 405 页．

依市场价格标准计算财产损害赔偿数额不仅较为客观、计算简单，而且既能够使用于全部财产损毁灭失的情况，亦能适用于财产发生部分损失的情况。但市场价格标准的采用需要有市场价格形成机制的配合，如果被损坏之财产并不能以“商品”身份进行市场交易，市场价格无从获得，就只能采取其他的计算方法。另外，以市场价格标准核定财产损失的数额还需要集合财产的损失程度以及折旧情况加以综合考量。

第二，替代交易标准。市场价格标准并不能解决不具市场价格之财产的损害赔偿问题。因此，在计算财产损害赔偿数额时就衍生出了替代交易标准。所谓替代交易标准，顾名思义就是以某种价格替代市场价格来作为计算损害赔偿数额的标准。就此，美国《侵权法重述第二版》第 911 条的态度是：如果不存在市场，就以能够在为类似财产或服务寻找购买者或雇佣者的通常过程中获得的钱款作为该受损财产的价格。英国法的立场是，如果合同标的有市场，不适用替代交易规则。债权人以不同于市场价的价格进行补购或重售无关紧要。仅在不存在市场的情况下方可适用替代交易规则[①]。

第三，使用价值标准。马克思经济学中的使用价值，为某物对人的效用。若因侵权人的行为而给权利人造成物的使用上的不便，对于权利人而言同样属于一种利益损失，对于此种利益损失亦须进行补偿。财产损害赔偿所采用的使用价值标准是以恢复受损财产之财产使用价值为意图的一种赔偿标准，多以重置或修理等为具体的表现形式，当然亦可以租赁价格为此计算方式下的计算标准。依照美国《侵权法重述第二版》第 911 条的规定，可以将财产的租赁价格作为使用价值的等价物，并以此计算出损害赔偿的数额。

第四，特殊价格标准。特殊价格标准主要适用于对受害人有特殊意义之被损财产的损害赔偿数额计算。在以此标准计算具体赔偿数额时，需要考虑该财产的特殊性质以及对于权利人的特殊意义，因此其相较于上述三种计算标准而言，并非惯常采用之方法。

（二）人身损害

人身损害，乃是指民事主体因其生命权、健康权或者身体权遭遇不法侵害而造成的伤残、死亡或其他损害的后果。而人身损害赔偿，则是指民事主体的生命权、健康权以及身体权受到侵权人的不法侵害，而造成伤残甚至是死亡等后果的时候，要求侵权人以金钱赔偿等方法进行救济和保护的侵权法律制度[②]。按照《侵权责任法》第 16 条规定：“侵害他人造成人身损害的，应当赔偿医疗费、护理费、交通费等为治疗和康复支出的合理的费用，以及因误工减少的收入。造成残疾的，还应当赔偿残疾生活辅助费和残疾赔偿金。造成死亡的，还应当赔偿丧葬费和死亡赔偿金。”以下依照《最高人民法院关于审理人身损害赔偿案件适用法律若干问题的解释》就人身损害赔偿中的各项目加以说明。

1. 医疗费

医疗费根据医疗机构出具的医药费、住院费等收款凭证，结合病历和诊断证明等相关证据确定。赔偿义务人对治疗的必要性和合理性有异议的，应当承担相应的举证责任。医

---

① See Treitel, Remedies for Breach of Contract: A Comparative Account, Oxford University Press, 1988. P. 114.

② 杨立新著.《中华人民共和国侵权责任法》精读［M］. 北京：知识产权出版社. 2010 年，第 76 页.

疗费的赔偿数额，按照一审法庭辩论终结前实际发生的数额确定。器官功能恢复训练所必要的康复费、适当的整容费以及其他后续治疗费，赔偿权利人可以待实际发生后另行起诉。但根据医疗证明或者鉴定结论确定必然发生的费用，可以与已经发生的医疗费一并予以赔偿。

2. 误工费

误工费根据受害人的误工时间和收入状况确定。误工时间根据受害人接受治疗的医疗机构出具的证明确定。受害人因伤致残持续误工的，误工时间可以计算至定残日前一天。受害人有固定收入的，误工费按照实际减少的收入计算。受害人无固定收入的，按照其最近三年的平均收入计算；受害人不能举证证明其最近三年的平均收入状况的，可以参照受诉法院所在地相同或者相近行业上一年度职工的平均工资计算。

3. 护理费

护理费根据护理人员的收入状况和护理人数、护理期限确定。护理人员有收入的，参照误工费的规定计算；护理人员没有收入或者雇佣护工的，参照当地护工从事同等级别护理的劳务报酬标准计算。护理人员原则上为一人，但医疗机构或者鉴定机构有明确意见的，可以参照确定护理人员人数。

护理期限应计算至受害人恢复生活自理能力时止。受害人因残疾不能恢复生活自理能力的，可以根据其年龄、健康状况等因素确定合理的护理期限，但最长不超过 20 年。

受害人定残后的护理，应当根据其护理依赖程度并结合配制残疾辅助器具的情况确定护理级别。

4. 残疾赔偿金

残疾赔偿金根据受害人丧失劳动能力程度或者伤残等级，按照受诉法院所在地上一年度城镇居民人均可支配收入或者农村居民人均纯收入标准，自定残之日起按 20 年计算。但 60 周岁以上的，年龄每增加一岁减少一年；75 周岁以上的，按 5 年计算。

受害人因伤致残但实际收入没有减少，或者伤残等级较轻但造成职业妨害严重影响其劳动就业的，可以对残疾赔偿金做相应调整。

5. 丧葬费

丧葬费按照受诉法院所在地上一年度职工月平均工资标准，以 6 个月总额计算。

（三）精神损害

精神损害，是指侵害公民的姓名权、肖像权、名誉权、荣誉权、隐私权等使受害人在精神上产生恐惧、悲伤、怨愤、绝望、羞辱等痛苦[①]。精神损害赔偿制度的出现可以追溯至罗马法的法典编纂时期，近现代法上的精神损害赔偿制度则是起源于 1804 年的《法国民法典》。精神损害赔偿发展至今，已被普遍认为具有赔偿、抚慰以及惩罚三种功能。伴随着具体人格权范围的不断扩张，精神损害赔偿的范围也在逐渐扩大。根据《最高人民法

① 王利明著．侵权行为法研究（上卷）[M]．北京：中国人民大学出版社．2004 年，第 359 页．

院关于确定民事侵权精神损害赔偿责任若干问题的解释》的规定，“自然人因下列人格权利遭受非法侵害，向人民法院起诉请求赔偿精神损害的，人民法院应当依法予以受理：（一）生命权、健康权、身体权；（二）姓名权、肖像权、名誉权、荣誉权；（三）人格尊严权、人身自由权。违反社会公共利益、社会公德侵害他人隐私或者其他人格利益，受害人以侵权为由向人民法院起诉请求赔偿精神损害的，人民法院应当依法予以受理”。

与可以具体金钱数额计算之财产损害不同，精神损害多因主体的人格权或财产权等权利被侵害等原因而产生，以主体遭受的精神利益减损乃至完全丧失以及精神痛苦为具体的表现形式。然因不同主体对于精神痛苦的感知程度不尽相同，采取完全赔偿原则、以金钱赔偿的方式对受害人进行赔偿并不完全可行。因此，大陆法系国家多突出精神损害的补偿性特性，对于具体的称谓，有以“精神损害”称之，但亦有以“抚慰金”之损害以及“非财产上之损害”称之者。但本书仍采用了“精神损害赔偿”这一术语进行论证。

就精神损害赔偿，我国《侵权责任法》第22条规定：“侵害他人人身权益，造成他人严重精神损害的，被侵权人可以请求精神损害赔偿。”精神损害以精神痛苦和精神利益的丧失以及减损为具体的表现形式。不过，对于精神损害赔偿是否必须伴随有人身伤害作为获得赔偿的前提，美国法院的态度并不完全一致。在1992年的Lavanant v. General Accident Insurance Co. 一案中，纽约上诉法庭即判决，即使是在无人伤害的情况下，普通责任险保单仍需因保单中所使用之“人身伤害和疾病”一词含义不明而承担感情伤害损失。但是在同年发生的National Insurance Co. v. Great Southwest Five Insurance Co. 一案，科罗拉多州高级法院认为：“只有少数法庭判决，人身伤害包括了在身体未受到碰撞情况下的感情伤害以及对实际伤害的恐惧，对此我们拒绝效仿①。”甚至于美国司法实践之中，法院对于原告遭受的精神打击（Mental Shock）赔偿请求亦是予以支持的。

精神损害是否能够如财产损害一样以财产支付的手段进行赔偿，在理论界主要有否定论和肯定论两种理论观点。

1. 否定论

持否定论观点的学者认为，精神损害本身与金钱并不相关，因此以支付金钱的方式对被侵权人遭受的精神损害进行赔偿，在逻辑上是行不通的。通过金钱支付的方式对被害人遭受的精神损害进行赔偿将会导致人格权的商品化，致使主体资格丧失，从而使“人”沦为“商品”，这是违反社会道德的。正因如此，18世纪颁行的《普鲁士一般法》中就规定，具有高尚品德的人在私法上是禁止提出精神损害赔偿请求的。不仅如此，精神损害赔偿所具有的惩罚性还从根本上忽略了民事行为主体之间的平等性。在平等的民事主体之间，任何人均不得对他人实施惩戒。实施精神损害赔偿这一救济手段无疑是将民事领域的救济手段附加了过多的公权力色彩，同时也会因人身的不可估量性而使得精神损害赔偿数额的确定在技术层面不可行。

2. 肯定论

① 厦门理工学院，深圳大华联合保险经纪有限公司编著．美国商业普通责任保险［M］．北京：中国金融出版社．2010年，第27页．

持肯定论观点的学者则认为，精神损害赔偿虽然不能使当事人的精神损害得以完全平复，但是却也可以在很大程度上实现惩罚、补偿以及抚慰等多种功能。恰如法国学者认为的，“非财产损害赔偿的地位在现代法国侵权法中非常重要。在人身损害赔偿案件中，非财产损害赔偿与财产损害赔偿具有同等重要的地位：这表明我们的法律制度认为，人不仅是一个利润收入者（Profit—Earner），同时也是一个有权获得身体和精神上的完整人[①]”。持肯定论观点的学者亦承认，人身损害赔偿数额的确定不似财产损害一样容易，但这并不足以成为否定精神损害赔偿可行性的理由和借口。在确定精神损害赔偿数额时可以综合考虑侵权责任人的主观心理、侵权行为的方式方法以及侵权责任人的获利状况等因素。另外，虽然精神损害赔偿具有一定的惩罚性性质，僭越民事行为主体的平等地位，被掺杂了公权力色彩。但是面对工业化乃至信息化的现代社会，传统私法显得力不从心，加强公法干预势在必行。以国家公权力来实施惩罚性救济措施，可以充分发挥其功能来惩恶扬善、抑制不法行为从而减少侵权和违约行为的发生，这样才能从根本上保护弱者的利益[②]。况且，自加害人方面，如因金钱赔偿无法发挥调整之作用，因而否定其赔偿义务，在法律功能之运作上，有正义被压抑有欠公平之感觉，应非妥当；又自被害人方面，尽管金钱赔偿无法消除或减轻其痛苦之感受，但除此方法外，一个比较客观足以表示加害人歉意之共通方法无法求得[③]。痛苦既无外体又难确切衡量，直接填补绝无可能，间接填补似亦不存。然则金钱有购买力，以其购买力所换取之对待给付——或为物或为权利或为劳务，倘如能使被害人因满足而消除或减轻痛苦之感受，无异于间接易样填补[④]。”日本民法起草者对民法第70条“财产以外的损害”的赔偿请求论述到：“正当的人的感情、感觉是所有的人的生活中一个非常重要的部分，它必须得到正当的保护，因此，可以想象只限于财产上的损害是多么过分狭隘[⑤]。”

笔者认为，虽然精神损害赔偿是以惩罚性赔偿的替代性运用的形式产生的，但是事实证明，精神损害赔偿已经逐渐成为一项独立的损害赔偿制度被各个国家所采纳。我国《侵权责任法》第22条规定：“侵害他人人身权益，造成他人严重精神损害的，被侵权人可以请求精神损害赔偿。”除此之外，1804年《法国民法典》第1382条、《意大利民法典》第2059条、《德国民法典》第253条以及《日本民法典》的第709条和第710条分别就精神损害赔偿的相关事宜进行了规定。保险实践中，保险公司也并未将精神损害赔偿列为除外责任。于保险实践中，已有保险公司对精神损害给予承保。如中华联合财产保险股份有限公司推出的医疗责任险附加精神损害赔偿责任保险，即对被保险人在从事与其资格相符的诊疗护理工作中，因执业过失造成患者人身伤亡而依照法律应承担的精神损害赔偿责任予以承保。虽有人指责精神损害赔偿的概率以及赔偿额度计算具有很大的不确定性，但笔者

---

① w. v. Horton Rogers（ed），Damage for Non—Pecuniary Loss in a Comparative perspective，Springer wien. New York，(2001)，P. 88 - 89. 转引自周琼．论中国精神损害赔偿的事实及相关基础［D］．上海：华中科技大学博士学位论文．2011年，第42页．

② 孙洪涛．精神损害赔偿的惩罚性功能［J］．政法论丛，2002（6）：37.

③④ 曾世雄著．损害赔偿法原理［M］．北京：中国政法大学出版社．2001年，第311页．

⑤ 董惠江，严城．论我国精神损害赔偿金的功能［J］．甘肃政法学院学报，2012（1）：19.

认为，随着精神损害赔偿制度独立地位的加强，精神损害赔偿判决的不确定性的概率测算并不存在太大的问题。至于精神损害赔偿数额的不确定性问题，德国学者 Koler 在 1906 年曾提出了一个精神损害赔偿的计算公式：受害人应当获得的精神损害赔偿必须达到在财产方面补偿其所受到的痛苦并达到其享有可以替代的舒适的程度①。更为重要的是，上述两个不确定性问题的解决于责任保险实践中完全可以通过其保险金数额约定方式加以解决。

（四）惩罚性赔偿

惩罚性赔偿也称惩戒性赔偿，是加害人给付受害人超过其实际损害数额的一种金钱赔偿②。根据美国《侵权法重述第二版》第 908 条的规定："惩罚性损害赔偿是在补偿性赔偿或名义上的赔偿以外、为惩罚该赔偿交付方的恶劣行为并阻遏他与相似者在将来实施类似行为而给予的赔偿。惩罚性赔偿可以针对因被告的邪恶动机或他莽撞地无视他人的权利而具有恶劣性质的行为作出。在评估惩罚性赔偿数额时，事实裁定人可以适当考虑被告行为的性质、被告所造成或意欲造成的原告所受损害的性质与范围，以及被告的财产数额③。"

美国早期的惩罚性赔偿案件主要是针对个人遭受欺侮以及羞辱的惩罚。自 20 世纪伊始在涉及铁路以及商业交易的诉讼中，争诉者开始请求惩罚性赔偿金，而且法院也开始承认；到 20 世纪中后期，惩罚性赔偿被广泛运用于整个商业侵权领域④。惩罚性赔偿主要是对于行为人所为之恶意侵权行为的惩罚，它具有遏制恶意侵权行为的功能，不过惩罚性赔偿也被用于违约责任之中。据美国司法部的统计，惩罚性赔偿在合同责任领域的应用是侵权责任领域的 3 倍之多。不过，也有学者认为与违约责任相比，侵权责任的惩罚性体现得更明确，而违约责任的主要目的是为了弥补当事人一方的损失。因此，以抑制（威慑）侵权行为为主要目的的惩罚性赔偿在性质上更接近于侵权责任。而合同法是一个以意思自治为主要理念的领域，当事人之外第三方的过多干涉将造成不良结果。因此有必要限制惩罚性赔偿在合同法领域的适用，将更多的行为空间留给当事人⑤。目前美国的 47 个州、哥伦比亚地区和波多黎各允许陪审团作出惩罚性损害赔偿的裁决。虽然有的州认为对惩罚性损害赔偿予以承保是违反公共政策的，但是多数州的法庭仍认为，需要结合保险单的用词来判断保险人的承保范围是否包括惩罚性赔偿。如果保险单并未将惩罚性损害赔偿列示为除外责任条款，依据不利解释原则，惩罚性损害赔偿即是包含在责任保险的承保范围内的。因此，已有部分保险公司开始采取批单的方式将惩罚性损害赔偿列为除外责任。

---

① 张新宝主编．精神损害赔偿制度研究［M］．北京：法律出版社．2012 年，第 432 页．

② 全国人大常委会，法制工作委员会民法室编．侵权责任法：立法背景与观点全集［M］．北京：法律出版社．2010 年，第 498 页．

③ 转引自张新宝主编．精神损害赔偿制度研究［M］．北京：法律出版社．2012 年，第 466 页．

④ ［美］安东尼·J. 塞博克．美国的惩罚性赔偿金．载［奥］赫尔穆特·考茨欧、瓦内萨·威尔科克斯．惩罚性赔偿金：普通法与大陆法的视角［M］．窦海阳译．中国法制出版社．2012 年，第 202 页．

⑤ 朱凯．惩罚性赔偿制度在侵权法中的基础及其适用［J］．中国法学．2003（3）：92.

我国并未在《保险法》中承认惩罚性赔偿金的可保性。在实践中，各个保险公司对待惩罚性赔偿的态度也不尽一致。有的保险单明确将惩罚性赔偿列示为除外责任条款，而有的保险条款对此却避而不谈。不过从利益被保险人的角度，即使保险条款中并未提及惩罚性赔偿的可保性问题，保险人仍需对此承担保险金给付责任。

美国目前有包括阿拉斯加州、南卡罗来纳州、威斯康新州、马里兰州、康乃迪克州以及爱荷华州在内的20个州已经承认了惩罚性赔偿的可保性。只有犹他州、华盛顿州、新罕布什尔州以及内布拉斯加州不承认惩罚性赔偿具有可保性。包括田纳西州、伊利诺伊州、印地安纳州、佛罗里达州、亚利桑那州以及明尼苏达州在内的18个州则是属于部分承认、部分禁止的状况。

惩罚性赔偿究竟是否应该被包括在责任保险的保险保障范围，亦即惩罚性赔偿的可保性问题，理论界主要有两种观点。

1. 肯定说

肯定说的支持者通常以不利解释原则、合理期待原则等为理论基础来阐释其赞成惩罚性赔偿可保性的论点。肯定说认为，无论是一般性赔偿还是惩罚性赔偿，对于责任而言都是一种具有法律强制力的、消极的财产责任。这种责任的产生，将会在很大程度上侵蚀责任方的财产利益水平。潜在的责任人希望可以通过一定的方式方法将其可能承担的法律责任加以规避或者转移。当然，投保责任保险是一种比较有效的方式。如果不承认惩罚性赔偿的可保性，潜在的责任方也并不是无他路可循。他们还可以采取提高产品价格，抑或是停止风险行为等其他相对较为有效的风险管理手段。但对于整个社会而言，却无疑会造成责任的泛化以及社会生产的停滞，拖拽社会发展水平的提升，因此又是无效率的。

虽然有学者称承认惩罚性赔偿的可保性会使得惩罚性赔偿所具有的威慑以及遏制功能消失殆尽，而且还会人为地提高风险事故发生概率。但是，Skyline Havre Store Systems Inc. v. Centennial Insurance Co. 以及 Price v. Hartford Accident & Indemnity Co. 案中主审法官都认为，因惩罚性损害赔偿金会超过被保险人的违法所得以及保险金限额，所以仍足以产生惩罚性损害赔偿所具有的威吓作用。而且迄今为止，也没有充足的证据显示承认惩罚性赔偿的投保性会消弭这一制度所具有的抑制以及威吓不法行为的作用。

承认惩罚性赔偿的可保性恰恰如同责任保险的产生与发展一样也备受指责。惩罚性赔偿虽是将对责任方的追究通过保险的方式转移给了投保同类风险的所有投保人，但是却从更宽泛的层面上使得受害方的权益能够得以很好地实现。

2. 否定说

否定说则认为，从公共政策的角度出发承认惩罚性赔偿的可保性将从根本上减损惩罚性赔偿所具有的惩罚以及威慑等功能，最终将会产生“一人犯错，社会买单”的不利局面。而且，法院或陪审团也会因被告投保此一责任保险的事实而提高惩罚赔偿金的数额，这将导致赔偿金数额与原告所遭受的损失或不利侵害不成比例，从而产生原被告之间的利益冲突。不但如此，惩罚性赔偿还会使得受害人超额受益。在1873年美国的 Fay v. Parker 一案中，主审法官指出，惩罚性赔偿之观念是错误的，是一个异端邪说，它就如同一个丑陋的恶性肿瘤，正在侵蚀着法律肌体的对称性与美感[①]。

针对惩罚性赔偿，美国第五巡回法院法官 John Minor Wisdom 评论道：“如果一个人能为自己受到的惩罚进行投保，那么他就获得了实施不法行为的自由。而赋予此种自由是与制裁不法行为相互冲突的。没有争议的是，对刑事罚金的承保由于违反公共政策而无效，基于同样的公共政策，任何承保包括惩罚性赔偿金在内的民事惩罚的保险合同都应归于无效。”“在基于惩罚和遏制不法行为而裁定惩罚性赔偿的州，公共政策似乎会要求不法行为额度实际责任人在名义上、并最终负担惩罚性赔偿金。如果允许此人将此种负担转移给保险公司，惩罚性赔偿制度便不能实现其目的。这种赔偿金并不用于补偿原告遭受的损害，因为补偿性赔偿金已经对原告进行了补偿。惩罚保险公司也并无意义，因为保险公司并未实施不法行为。实际上，考虑到公众获得保险的程度或范围，此种负担最终不会由保险公司承担而是转移给了公众，因为加诸保险公司的赔偿责任会被转移给保险费支付者，如此一来，实际上是整个社会因被保险人的不法行为而自己惩罚自己[②]。”

基于投保人群体之意思自由以及社会公众权益维护的考虑，笔者同意肯定论的观点。虽惩罚性赔偿的承保会在一定程度上降低对于被保险人的惩罚力度，但随着责任保险之功能对于第三人利益保护的强化，惩罚性赔偿自应进入责任保险的承保范围，且保险人可以通过保险费率以及保险条款的设计维护其经营权益。

（五）诉讼费用

诉讼费用乃是被保险人为解决其与第三人之间的纠纷而支出，依照我国《保险法》第66条规定：“责任保险的被保险人因给第三者造成损害的保险事故而被提起仲裁或者诉讼的，被保险人支付的仲裁或者诉讼费用以及其他必要的、合理的费用，除合同另有约定外，由保险人承担。”我国台湾地区“保险法”亦规定：“被保险人因受第三人之请求而为抗辩，所支出之诉讼或诉讼外之必要费用，除契约另有订立外，由保险人负担之。被保险人得请求保险人垫给前项费用。”《韩国商法典》第720条规定：“被保险人为了防御第三人的请求而支出的裁判上或者裁判外的必要费用，应当包括在保险标的之内。被保险人可以请求保险人先预支该费用。被保险人以提供担保或者提存而可以避免裁判上的执行时，可以请求保险人以保险金额为限提供担保或者提存。”在英美国家，即使第三人对被保险人提出的诉讼已超出了责任保险的保障范围，或者是毫无正当性可言，保险人亦须对诉讼费用承担保险责任。

责任事故中所发生的诉讼费用，在性质上与一般财产损失险中的施救费用相类似。我国《保险法》第57条规定：“保险事故发生时，被保险人应当尽力采取必要的措施，防止或者减少损失。保险事故发生后，被保险人为防止或者减少保险标的的损失所支付的必要

---

① 53N. H. 342，382（1873）. 转引自余艺. 惩罚性赔偿研究［D］. 重庆：西南政法大学博士学位论文，2008年. 第17页.

② ［美］肯尼斯·S. 亚伯拉罕著. 美国法原理与实务（第四版）［M］. 韩长印等译. 北京：中国政法大学出版社. 2012年，第91页.

的、合理的费用，由保险人承担；保险人所承担的费用数额在保险标的损失赔偿金额以外另行计算，最高不超过保险金额的数额。”保险人施救费用承担的目的乃是在于减少事故发生后的损失，虽然在一定程度上避免了社会财富的损失，维护了被保险人的利益，但保险人此项费用的承担主要是维护自身的利益。与施救费用补偿的原理相似，责任保险的保险人对于被保险人已支出的合理的或经其书面同意的诉讼费用的补偿亦是直接出于减轻自身赔付责任的目的，意在鼓励投保人或者被保险人就其与第三人之间的损害赔偿数额能有第三方的加入而一定程度上保障其合理性，避免被保险人与第三人合谋欺诈保险人。

诉讼费用，包括案件受理费、庭审费用、执行费用、律师费用、专家证明费用以及其他与诉讼活动相关的费用。由保险人承保诉讼费用可以使得被保险人更为积极地应对第三人提出的各项索赔请求，对第三人进行有效抗辩以期减轻其可能承担的损害赔偿责任，进而减轻保险人的保险给付责任。需要注意的是，保险人此项责任的承担并不以被保险人抗辩的有效性为前提。

在我国的责任保险实践中，保险人对于诉讼费用的承担通常是有一定的限制的。如《平安雇主责任保险条款（A 款）》第四条即规定应由被保险人支付的仲裁或诉讼费用以及其他必要的、合理的费用必须事先经保险人书面同意。但是我国已有法院认为，这一条款限制了被保险人的应诉权，违反了民事诉讼法中规定的处分原则，并且与公平原则相悖，因而，判令这一条款无效①。另外，诉讼费用的承担应以保险人参与权的行使为前提，即在保险人参与了事故纠纷的处理的情况下，这些费用才由保险人直接负赔付责任。否则，如果是由于被保险人怠于处理纠纷而引起费用的发生，即使合同没有约定费用的负担，也应当由被保险人负担这些费用而不属于保险责任的范围②。在有保险人参加的诉讼中，被告方律师通常也是由保险人聘请的。一方面通过对诉讼抗辩的控制权的行使，可以增强被保险人的抗辩能力，避免被保险人会因缺乏诉讼经验或抗辩不力而败诉；另一方面，可以防范被保险人的道德风险，特别是防范被保险人与第三人合谋欺诈保险人③。保险人为了控制诉讼费用支出，会对代表律师制定诉讼费用限额，并要求律师遵守其制定的诉讼费用管理规则，并接受来自第三方的审计。这就导致被告方律师不得不放弃一些对于被保险人有利的做法。在美国保险实践中，曾采取过“四角规则”“八角规则”以及“潜在规则”处理抗辩费用的承担。其中，在“四角规则”或“八角规则”下，保险人仅对原告提出的与保险承保范围有关的诉讼承担抗辩义务，只要原告起诉状的内容与保险范围无涉，保险人即无须承担抗辩义务。因此，原告诉状的内容影响到了保险人抗辩义务的承担。而对于“潜在规则”，保险人不但需要考察原告诉状中的诉讼请求，还需要以其已知或应知的重要事实作为判断其是否承担抗辩义务的因素。

---

① 朱立毅．“应诉须经保险公司同意，中国人保行规被判无效”，载 http：//www. xj. xinhuanet. com/2006－09/05/content_ 7959687. htm，上网时间：2010 年 11 月 26 日．

② 樊启荣编著．责任保险与索赔理赔［M］．北京：人民法院出版社．2002 年，第 119 页．

③ 周学峰．侵权诉讼与责任保险的纠结——从两方对抗到三方博弈［J］．清华法学．2012（6）：87.

二、约定之合同责任

责任保险合同的承保范围，除包括侵权责任之外，尚包括合同责任。但是责任保险仅对于约定的、而非法定的违约责任产生进行承保。因此，在责任保险的实践环节，仅有再保险对于上述约定责任提供责任保险保障。具体详见本书后续章节。

第五节　责任保险的主要险种

综观责任保险发展的实践可以发现，责任保险已基本覆盖了人们生产生活的各个方面以及细微之处。当然，责任保险毕竟与其他保险品类一样同属于一种要参与市场交易的商品，在遵循价值规律的同时，也要遵守市场供求规律。因此，目前市场上可供选择的责任保险主要有机动车责任保险、产品责任保险、医疗责任保险、环境责任保险以及雇主责任保险等。

一、机动车责任保险

机动车责任保险，是指以机动车所有权人、使用人或管理人对机动车交通事故受害人应当承担的赔偿责任为保险标的的责任保险，以被保险机动车之使用或所有因意外事故而生对第三人之责任为其成立基础①。按照投保的自愿程度，机动车责任保险包括商业性机动车辆责任保险以及强制性的机动车责任保险，即机动车辆强制责任保险。按照我国《交强险条例》的相关规定，机动车交通事故责任强制保险，是指由保险公司对被保险机动车发生道路交通事故造成本车人员、被保险人以外的受害人的人身伤亡、财产损失，在责任限额内予以赔偿的强制性责任保险。该保险与其他责任保险的最大不同突出表现在“强制性”方面。不过，按照强制程度的不同，机动车强制责任保险又可以分为相对强制责任险和绝对强制责任险两种。对于相对强制责任保险，机动车的所有人可以自愿投保，一旦发生交通事故而法院认为机动车所有人应投保机动车责任保险的话，机动车的所有人则必须投保，否则将会被吊销驾驶执照。机动车绝对强制责任保险则是机动车所有人申领车辆牌照之前就必须要投保的，且有机动车强制责任保险承保资格的保险公司必须承保的责任保险。

据学者考察，早在 1912 年挪威就施行了机动车损害赔偿责任保险的强制化，随后，丹麦（1917 年）、新西兰和瑞典（1929 年）、英国（1930 年）、瑞士（1932 年）和德国（1939 年）也实现了该保险的强制化。第二次世界大战以后，卢森堡和日本（1955 年）、

---

① 施文森著．汽车责任保险之研究（第 2 版）［M］．北京：商务印书馆．1980 年，第 7 页．

比利时（1956 年）、法国（1959 年）、西班牙（1962 年）、荷兰（1963 年）、意大利（1969 年制定，1971 年开始施行）等国也相继实现了机动车损害赔偿责任的强制化[①]。美国的马萨诸塞州更是世界上最早以立法形式推行强制保险地区。该州于 1919 年颁布实施了《赔偿能力担保法》，该法要求汽车的所有人在进行注册登记时，提供其投保责任险的保单或者是有价证券来作为未来可能承担之损害赔偿责任的担保。

中国人民保险公司在 20 世纪 50 年代，曾以机动车辆保险之附加险的形式开办过机动车辆责任保险业务。但鉴于当时社会经济发展的现实以及社会各界对于责任保险正当性的批驳，机动车责任保险并未能够很好地发展起来，直到 1955 年被迫停办。改革开放以后，为了满足外籍人士机动车保有的需求，在 20 世纪 70 年代恢复了机动车保险业务中的涉外业务部分。但是一直到 20 世纪 80 年代，以国务院发布《国务院批转中国人民保险公司关于加快发展我国保险事业的报告的通知》为契机，机动车责任保险业务才得以恢复。

机动车责任保险的产生与发展是与机动车产业的发展密不可分的。据我国公安部公布的统计数字显示，截至 2018 年 12 月，全国机动车保有量达 3.25 亿辆，与 2017 年底相比增加 1556 万辆；机动车驾驶人达 4.07 亿人，与 2017 年底相比增加 2236 万人。机动车保有量的增加，便利了人们之间的交往，提高了社会主体的幸福指数。但随之而来的机动车交通事故却也因为机动车数量的增加而较以往有明显的增加。据公安部交通管理局发布的数据显示，仅 2010 年 1 年，全国共接报道路交通事故 3906164 起，同比上升 35.9%。其中，涉及人员伤亡的道路交通事故 219521 起，造成 65225 人死亡、254075 人受伤，直接财产损失 9.3 亿元。“道路猛于虎”，在这些数字的背后，不仅仅是财产的损失，更有着生命和血的惨痛代价。为此，各个国家和地区都针对日益频发的机动车事故采取各种各样的防范措施，包括增加驾驶执照申领难度、限制机动车行驶速度以及加大机动车事故惩罚力度等。虽然采取上述措施对于交通事故进行防范乃是必不可少，但对于事故受害者遭受的财产损失和人身损害进行补偿也是不可或缺。补偿可以是来自事故责任人、政府、福利机构、社会保险保障基金以及社会公众等多方主体的支付，但是事故责任人才是处于第一顺位的赔偿主体。实际补偿效果的实现还要受制于责任人的财务状况。如果责任人不具备完全的赔偿能力，甚至于根本不具有赔偿能力的话，受害人的赔偿请求权就只能于应然层面存在而不具有实然性。尤其是在社会保障体系以及个人保险不健全的情况下，受害人只能是自吞苦果或者采取其他的极端手段化解心中的愤懑，这必将影响到社会的和谐发展。当然，责任方为避免因赔偿能力不足而致其财产以及社会声誉机制受损，可以采取投保机动车辆责任保险的方式进行责任风险的化解。但是，理性的经济人会通过边际成本与边际收益的对比来指导自己的行为。只有当投保行为的边际成本小于边际收益时，这一行为才是理性的，才是符合经济性原则的。因此，当机动车的所有人通过安装倒车影像以及自动雷达系统等手段降低事故预期的成本高于投保机动车辆责任保险的保险费的支出时，对于机动车的所有人而言投保责任保险就是不理性的。不过也有一部分主体是出于侥幸的心理而

---

① 参见［日］铃木辰纪著．新保险论（第 2 版）［M］．成文堂，2005 年，第 129 页．转引自于敏．海峡两岸强制汽车责任保险法律制度比较研究——从国际趋势和受害人保护看两岸措施统合之必要［J］．中国法学．2007（5）：108.

不愿意投保机动车辆责任保险。正如史蒂芬·沙维尔（Steven M. Shavell）所言："假定加害人是风险中性的，那么在无过错责任原则下，如果加害人的财产足够少，他不会采取任何风险控制措施，……在过错责任原则下，假定法院判断是否存在过错的风险控制水平标准等于社会最佳风险控制水平，则如果加害人的财产低于一个某一特定水平（这一水平绝对低于加害人可能造成的损失规模），加害人会选择低于社会最佳水平的风险控制投入[①]。"因此，机动车强制责任保险应运而生。

依照《中华人民共和国道路交通安全法》（以下简称《道路交通安全法》）的规定："国家实行机动车第三者责任强制保险制度，设立道路交通事故社会救助基金。具体办法由国务院规定。"国务院亦于 2006 年 3 月 1 日国务院第 127 次常务会议通过了《交强险条例》，该条例于 2012 年 12 月 17 日修改，修改后的该条例自 2013 年 3 月 1 日起施行。《交强险条例》第 2 条规定："在中华人民共和国境内道路上行驶的机动车的所有人或者管理人，应当依照《中华人民共和国道路交通安全法》的规定投保机动车交通事故责任强制保险。"当被保险机动车发生道路交通事故造成本车人员、被保险人以外的受害人人身伤亡、财产损失的，由保险公司依法在机动车交通事故责任强制保险责任限额范围内予以赔偿。但强制责任保险的实施，一定程度上是以牺牲投保人的行为自由为代价的。因此，各国的强制责任保险都规定有较低程度的责任限额。投保人意欲投保高限额的机动车责任保险，只能在此基础上寻求商业责任险的帮助。例如，《欧盟机动车责任保险第 2 号指令》规定：人身伤害的，仅有一人受害的，最低保险金额是 35 万欧元；每一事故索赔如果涉及两个以上受害人的，该数额乘上受害人数。财产损失的，每一事故赔偿请求是 10 万欧元。无论受害人数多少[②]。目前我国交强险中机动车在道路交通事故中有责任的赔偿限额是：(1）死亡伤残赔偿限额为 110000 元；(2）医疗费用赔偿限额为 10000 元；(3）财产损失赔偿限额为 2000 元；被保险人无责任时，(1）死亡伤残赔偿限额为 11000 元；(2）医疗费用赔偿限额为 1000 元；(3）财产损失赔偿限额为 100 元。

以我国为例，机动车强制责任保险的除外责任主要有以下几项：(1）因受害人故意造成的交通事故的损失；(2）被保险人所有的财产及被保险机动车上的财产遭受的损失；(3）被保险机动车发生交通事故，致使受害人停业、停驶、停电、停水、停气、停产、通信或者网络中断、数据丢失、电压变化等造成的损失以及受害人财产因市场价格变动造成的贬值、修理后因价值降低造成的损失等其他各种间接损失；(4）因交通事故产生的仲裁或者诉讼费用以及其他相关费用。

有下列情形之一的，保险公司在机动车交通事故责任强制保险责任限额范围内垫付抢救费用，并有权向致害人追偿：(1）驾驶人未取得驾驶资格或者醉酒的；(2）被保险机动车被盗抢期间肇事的；(3）被保险人故意制造道路交通事故的。

---

① Steven M. Shavell, The Judgment Proof Problem, International Review of Law and Economics 6 (1986), P. 53.

② 李青武著．机动车责任强制保险制度研究［M］．北京：法律出版社，2010 年．第 156 页．

二、环境责任保险

环境责任保险也被称为“绿色保险”，是以被保险人依法应承担的环境污染赔偿责任以及污染治理责任为保险标的的一类商业责任保险，是兼具污染损害赔偿和环境治理双重功效的责任保险。但环境责任保险的名称在各个国家也不完全相同，该险种在美国被称之为“污染法律责任险”，在英国称为“环境损害责任保险”，在我国则被称为环境污染责任保险。

环境责任保险发轫于20世纪70年代的美国，随着世界范围内环保浪潮的推进而逐渐发展起来。1988年，美国成立了环境保护保险公司，主要承保环境污染事故造成的损害赔偿责任以及清污费用；德国于1991年将环境责任保险确定为强制投保险种；意大利更是于20世纪90年代以后成立了由76家保险公司组成的承保集团进行环境责任保险业务的承保。我国的环境责任保险仍处于一个初级发展阶段。近些年发生的松花江水污染事件、广西龙江河镉泄露污染事件等环境污染事件屡有发生。为了促进我国环境保护工作的稳步有序进行，解决环境污染事件造成的社会利益冲突，国家环境保护总局于2007年发布了《关于环境污染责任保险工作的指导意见》，就开展环境责任保险工作提出了若干意见。

在我国以及美国等国家，环境污染责任属于无过错责任。我国《侵权责任法》第65条的规定：“因污染环境造成损害的，污染者应当承担侵权责任。”因此，环境责任保险的责任基础也较一般的责任保险存在着明显的不同。另外，鉴于环境污染事件发生的不确定性、受害人规模的广泛性等特点，保险人为经营效益考虑，通常会在保险合同中限定承保责任的范围，或者只承保“渐进性”环境污染责任，如澳大利亚、德国、瑞典；或者承保“突发性和意外性”环境污染责任以及“渐进性”环境污染责任，如英国、法国和荷兰。关于“突发性”的理解，在新南威尔士州最高法院审理的 Sun Alliance & London Insurance Group & Ors v. Northwest Iron Company Limited ZNSWLR 625 一案中，Sheppard. J 先生认为“突然的”一词是不能预见的、意外的、瞬间的[①]。而“渐进性”则是与“突发性”相对应的一种渐变性事态。渐进性行为并不会对环境变化产生立竿见影的效果，污染的显现要经过一段时间的积累才可以发现，致使一些保险公司对于容易引起长尾责任的渐进性环境污染责任并不承保。不过随着污染危害的日益加重以及社会公众的需求愿望的增强，渐进性环境污染逐渐被列入了承保范畴。1988年7月美国环境保护保险公司即开出了一张承保被保险人渐进、突发、意外的污染事故和第三者责任及其清理费用等项目的、责任限额为100万美元的环境责任保险保单。

（一）环境责任保险的承保范围

环境责任保险主要承保因环境污染事件所致第三人的纯经济损失、生态损害、遗传损

---

① 阳露昭．环境污染责任保险基本法律问题研究［D］．青岛：中国海洋大学博士学位论文．2011年，第87页．

害、人身损害、财产损害以及环境清理费用等项目。

1. 人身及财产损害

对于被保险人依法因环境污染行为而应承担的人身及财产损害赔偿进行保险保障，乃是环境责任保险的核心所在。当被保险人因非故意或重大过失造成雇员以外的其他第三人的财产或者人身损害时，保险人需要在保险限额内承担起保险责任。

其中，对于财产损害，最高人民法院2006年7月21日公布的《关于审理环境污染刑事案件具体应用法律若干问题的解释》第4条规定："本解释所称'公私财产损失'，包括污染环境行为直接造成的财产损毁、减少的实际价值，为防止污染扩大以及消除污染而采取的必要的、合理的措施而发生的费用。"

2. 纯经济损失

纯经济损失（Pure Economic Loss or Pecuniary Loss），是英美法系中独有的概念，意指一种与人身伤害或财产损害之间没有任何关联的经济损失，亦即此种损失并不伴随有人身或财产损害的表现形式。我国台湾学者王泽鉴先生认为："所谓纯粹经济上损失，系指被害人直接遭受财产上不利益，而非因人身或者物被侵害而发生[①]。"但对于纯经济损失是否应予赔偿的问题，理论界仍存有否定论和肯定论两种学术观点。否定论认为，纯经济损失不能与被害人的人身或财产损害等量齐观，更何况纯经济损失还存在着范围、时间以及额度上的不确定性。肯定论则认为，纯经济损失与行为人特定行为之间存在有因果关系。该损失恰是因为行为人的原因所造成的，因此从因果关系的角度出发要求行为人承担纯经济损失的赔偿责任乃属理所应当。当然，为避免责任范围的漫无边际，肯定论者认为应以高度或然性作为判断基准。

除了对于纯经济损失是否应予以赔偿存在着理论上的分歧外，各国的环境责任保单是否将纯经济损失列为承保范围也并不完全一致。在澳大利亚、德国以及意大利，纯经济损失是可以承保的。但是在瑞典，纯经济损失被列为除外责任。

3. 生态损害

所谓生态损害，乃是环境污染事件对土壤、水、空气、气候和风景，生活在其中的植物群、动物群以及它们之间交互作用所造成的损害。生态损害，属于环境损害，而非人身或财产损害。

从理论上讲，生态损害赔偿应属于环境责任保险的承保项目无疑。但综观各个国家的保险实践，承保生态损害责任的保单并非常态。在法国和德国，环境责任保单不承保无主物的损害赔偿责任；而在瑞士和澳大利亚，对于生态环境损害则是属于保险人的承保范围。

（二）环境责任保险的除外责任

一般而言，对于被保险人故意、重大过失引起的损失，因受害人故意、重大过失引起

① 王泽鉴著．民法学说与判例研究（第七册）[M]．北京：中国政法大学出版社．1998年，第79-80页．

的损失，被保险人自身的人身伤亡和其所有、控制或管理的财产损失以及被保险人承担的刑事罚金和行政罚款等项目，保险人是不承担保险责任的。

三、产品责任保险

产品责任保险，是以产品的生产者或销售者因缺陷产品（具体包括设计缺陷、制造缺陷以及提示缺陷）引致的民事损害赔偿责任为保险标的的责任保险险种。

产品责任保险的承保人对被保险人依照法律规定，因其产品存在缺陷，造成使用、消费该产品的人或第三者的人身伤害、疾病、死亡或财产损失时应承担的经济赔偿责任在约定的赔偿限额内予以赔偿。另外，对于在损害赔偿金额度以内的诉讼费用以及经承保人事先同意支付的其他相关费用，保险公司也承担给付责任。我国《侵权责任法》第 41 条规定："因产品存在缺陷造成他人损害的，生产者应当承担侵权责任。"第 42 条规定："因销售者的过错使产品存在缺陷，造成他人损害的，销售者应当承担侵权责任。销售者不能指明缺陷产品的生产者也不能指明缺陷产品的供货者的，销售者应当承担侵权责任。"

产品责任保险最早始于 1910 年前后的英美国家，但关于产品责任保险的起源，有认为最早始于 1910 年的毒品责任保险，亦有认为起源于 1890 的英国保险公司承保的面包师在面团中意外添加蟑螂药粉的责任保单。后一种说法被认为因有具体的人物、事件和地点要素而更为可信[①]。最初的产品责任保险所承保的产品仅是一些与人体健康有关的食品或者药品。随着生产水平的不断提高以及商品经济不断发展，产品责任险承保的产品种类也开始从食品或药品扩展至机器设备、家用电器等。我国从 1980 年起，尝试推出了产品责任保险业务。1980 年，由当时的中国人民保险公司在涉外业务中开办了产品责任保险业务，随后于 1985 年开办了产品责任保险的国内业务。

产品责任保险的费率厘定主要参考产品特点、产品对人体或财产造成损害的风险大小、产品价格、产品数量以及产品销售范围等因素。

（一）产品责任保险的承保范围

在我国产品责任保险实践中，由于被保险人生产、出售的产品或商品在承保区域内发生事故，造成使用、消费或操作该产品或商品的人或其他任何人的人身伤害、疾病、死亡或财产损失，依法应由被保险人负责时，保险人在约定的赔偿限额内承担责任。除此之外，被保险人为应付索赔人而支付的诉讼费用以及事先经保险人同意支付的费用，保险人也承担保险责任[②]。

（二）产品责任保险的除外责任

产品责任保险的除外责任主要有以下几项：（1）被保险人的合同责任；（2）被保险

---

① 许谨良主编．财产和责任保险［M］．上海：复旦大学出版社．1993 年，第 464 页．

② 参见《中国太平洋财产保险公司产品责任险条款》．

人对其雇员的赔偿责任；（3）缺陷产品尚未转移至用户或消费者手中时所造成的损失赔偿责任；（4）因被保险人故意所产生的产品责任；（5）因产品缺陷造成被保险人所有、照管或控制的财产的损失；（6）被保险产品本身的损失及被保险人因收回、更换或修理有缺陷产品造成的损失和费用；（7）其他保单列明的除外损失和费用。

四、医疗责任保险

医疗责任保险，也被称为医生失职保险，是以医务人员依法应承担的医疗事故责任为保险标的的险种，该险种属于职业责任保险范畴。医疗责任保险承保的乃是医疗责任风险。所谓医疗责任风险，是指医疗机构或医生因医疗过失等原因，以及医院供应的药物、医疗器械以及食品等问题而造成病人的身体伤害，医疗机构以及医生应依法承担的责任[①]。保险人对于发生在保险期限或者追诉期限内，被保险人在从事与其资格相符的诊疗护理工作中，因过失发生医疗事故而依法应向受害人承担的损害赔偿责任进行保险保障。

医疗责任风险是医生治疗失误造成病人的伤害以及因医院供应的药物、医疗器械或食品有问题而引起病人伤害所导致医院或医生承担的责任风险[②]。世界上第一张职业责任保单即是由英国北方意外保险公司于 1885 年签发的药剂师过失责任保险单。

医疗责任保险是一种将医疗责任风险在医务人员（或者医院）、患者和保险人之间进行合理分配的制度安排。通过这种制度安排，患者遭受的医疗伤害风险转移给了医务人员，而医务人员又通过投保医疗责任保险的方式将风险转移给了保险人（实际上是进行了社会化的分散）。因此，该制度在一定程度上改变了过去因信息不对称造成的医疗风险由患者自担的局面，不仅降低了医患双方的交易成本，而且还在社会范围内实现了外部利益以及成本的内部化。

（一）医疗责任保险的承保模式

医疗责任保险的承保模式主要有以美国为代表的自保模式、以英国和加拿大为代表的政府投保模式以及以日本为代表的团体入保模式。

1. 自保模式

医疗责任保险自保模式，是以投保人自主选择是否投保的一种制度模式。

2. 政府投保模式

在采取政府投保模式的国家，医疗服务大多属于福利性质，医院的各项投入以及支出主要依靠政府财政资金支持。以医院和医生为被保险人的医疗责任保险费用也是由政府埋单。相较于自保模式而言，政府投保模式减轻了医院和医生的经济负担。

3. 团体入保模式

在日本，医师都可以参加日本医师会。该会于 1973 年创建了“医师职业责任保险制

---

① 谭湘渝著．医疗责任保险研究［M］．上海：上海财经大学出版社．2008 年，第 24 页．

② 樊启荣编著．责任保险与索赔理赔［M］．北京：人民法院出版社．2002 年，第 285 页．

度”，专门为医疗纠纷的处理提供一种法庭外的类似仲裁的调节机制，为医院或医生与患者之间发生的医疗纠纷，并就保险赔偿问题出面与保险公司进行协商。

（二）医疗责任保险的除外责任

医疗责任保险的除外责任主要有以下几方面：（1）被保险人或其医务人员的故意行为和非执业行为；（2）战争、敌对行为、军事行动、武装冲突、恐怖活动、罢工、骚乱、暴动、盗窃、抢劫；（3）核反应、核子辐射和放射性污染。但使用放射器材治疗发生的赔偿责任，不在此限；（4）地震、雷击、暴雨、洪水等自然灾害及火灾、爆炸等意外事故；（5）未经国家有关部门认定合格的医务人员进行的诊疗护理工作；（6）不以治疗为目的的诊疗护理活动造成患者的人身损害；（7）被保险人或其医务人员从事未经国家有关部门许可的诊疗护理工作；（8）被保险人或其医务人员被吊销执业许可或被取消执业资格以及受停业、停职处分后仍继续进行诊疗护理工作；（9）被保险人的医务人员在酒醉或药剂麻醉状态下进行诊疗护理工作；（10）被保险人或其医务人员使用伪劣药品、医疗器械或被感染的血液制品；（11）被保险人或其医务人员使用未经国家有关部门批准使用的药品、消毒药剂和医疗器械，但经国家有关部门批准进行临床实验所使用的药品、消毒药剂、医疗器械不在此限；（12）被保险人或其医务人员在正当的诊断、治疗范围外使用麻醉药品、医疗用毒性药品、精神药品和放射性药品。

另外，对于下列损失、费用和责任，保险人也是不负责赔偿的：（1）被保险人的医务人员或其代表的人身伤亡；（2）直接或间接由于计算机2000年问题引起的损失；（3）罚款或惩罚性赔款；（4）保险单明细表或有关条款中规定的应由被保险人自行负担的免赔额；（5）被保险人及其医务人员对患者在诊疗护理期间的人身损害无过失，但由于发生医疗意外造成患者人身损害而承担的民事赔偿责任；（6）被保险人与患者或其近亲属签订的协议所特别约定的责任，但不包括没有该协议被保险人仍应承担的民事赔偿责任；（7）自被保险人的医务人员终止在被保险人的营业处所内工作之日起，所发生的任何损失、费用和责任。

本章小结

责任保险，作为承保被保险人所面临之民事损害赔偿责任风险的财产保险险种，在其产生以及发展的过程中，一直因被认为放纵了责任人的民事损害赔偿责任而遭遇着诟病和指责。然而，责任保险，无论是商业责任保险，抑或是强制性责任保险，不但已经被社会公众作为一种有效的风险管理手段，在维系被保险人的行为自由以及减轻责任负担方面发挥着功效，而且还因其产生的外部性效应而在实现分配正义和矫正正义、维护社会公众财产以及人身权益以及提高社会保障水平等方面发挥着积极的作用。与此同时，也正因其较一般的财产损失保险承载着更多的社会使命，责任保险才得以在一片指责和异议声中逐渐发展壮大起来，并成为衡量一个国家和地区保险业发展水平的主要指标之一。

目前，各个国家和地区开办的责任保险险种主要有机动车辆责任保险、医疗责任保险、产品责任保险以及环境责任保险等。上述责任保险不但承保被保险人的侵权责任，而且还对被保险人因约定产生的合同责任提供保险的保障。但除强制责任保险外，保险人通常并不对因被保险人故意所致民事损害赔偿责任提供保险保障。而且，保险人还会在合同中约定有免赔条款以及共保条款来规避源自被保险人的道德风险以及逆选择风险。不过，在强制责任保险中，为更好地维护第三人的人身以及财产权益，保险人也会对因被保险人故意所致损害赔偿责任提供保险保障，只不过会伴随有保险人追偿权的行使。

责任保险中保险利益的一般性考察

第一节　责任保险中保险利益的理论基础

一、责任保险中保险利益的属性

通说认为，责任保险之保险利益，系属消极之保险利益。所谓消极保险利益，为特定人对于某一不利（Ungut）之关系，因为此“不利”之发生而使特定人产生财产上的损失①。消极之保险利益者，乃指要保人或被保险人，对于保险标的之不安全存在时，所可能遭受之不利益也。要保人或被保险人对此消极之不利益具有保险利益，须以有形或无形之财产利益作为依据②。埃尔登勋爵在 Le Cras v. Hughes 一案中指出，如果一个人处于损害财产的状态，并因之须承担法律上的损害责任时，例如保管受托人的情形，此人享有保险利益。同样，由于潜在责任的存在，一个人受合同约束为另一个人的财产投保以保障该财产，此人享有充分的保险利益，甚至可以以他自己的名义投保③。

依照美国法，责任保险的保险利益存在于投保人（被保险人）的全部财产上以及投保人顺利经营业务而得以获利的期待上④。投保人凭借此种保险措施对于因偶然事故发生所蒙受的金钱损失或不利益获得填补。而消极的期待利益之所以可以成为保险利益，是基于投保人对其现有的财产有利益⑤。台湾学者陈彩稚认为：“法定责任保险利益：此类保险

① 江朝国著．保险法基础理论［M］．北京：中国政法大学出版社．2002 年，第 107 页．

② 林群弼著．保险法论（修订三版）［M］．台北：三民书局．2008 年，第 477 页．

③ ［美］约翰·F. 道斌著．美国保险法［M］．梁鹏译．北京：法律出版社．2008 年，第 56 页．

④ 施文森著．保险法总论［M］．台北：三民书局，1985 年．第 47 页．转引自邹海林著．责任保险论［M］．北京：法律出版社．1999 年，第 135 页．

⑤ 樊启荣著．保险法［M］．北京：北京大学出版社．2011 年，第 61 页．

标的乃是为减轻被保险人因法律规定，而对第三人负有损害赔偿责任的不利关系[①]。”亦恰如邹海林所说：“被保险人致人损害的赔偿责任，为责任保险的标的。……被保险人因承担赔偿责任而将减少其现有的财产，或者失去应得之利益，从而与其赔偿责任的承担具有经济上的直接利害关系。被保险人对责任保险的标的具有保险利益[②]。”

虽通说皆认为责任保险的保险利益系属消极利益，但笔者却认为责任保险的保险利益并非消极利益。责任保险中的保险利益实与一般财产保险之保险利益无属性上的不同，应同属“积极”[③] 保险利益范畴，财产保险之保险利益亦因此无进行积极保险利益和消极保险利益区分之必要。

恰因所谓利益，简单地理解即是“好处”。这对于每一个稍有生活经验的人来说，都是可以理解的东西[④]。利益，这一积极层面的东西，本无正负之分，本无积极以及消极之类别。于责任保险，责任保险之保险利益亦实无“积极”与“消极”之分。责任保险之保险利益恰与学者们所认为的财产损失保险之积极保险利益一样。只不过于普通财产损失保险的场合，风险事故发生的结果表现为被保险人特定财产或权利的损失，该损失或表现为机动车辆受损，或表现为机器设备损失，抑或表现为稀有古玩的损失等，因特定财产或财产权利的损失，被保险人的整体财产状况亦随之发生贬损。因此，于财产损失保险中，被保险人的利益损失可以直观地通过有形财产的损失表现出来。应注意的是，在此情形之下，物或权利之缺失仅为表象，表象下面权利主体利益水平的下降才是事物之本质所在。所以，保险合同即属于表面保“物”，实则保“人”的合同类型。“人”之利益才是保险合同的客体，是保险合同当事人权利义务所指，亦只有“人”才是利益的主体，保险标的物仅为此等利益的载体而已，该载体或为有形之财产，或为无形之财产权利。

于责任保险之情形，责任保险中风险事故的发生，就如同一般财产保险中的火灾或机动车碰撞等风险一般，同样具有偶然性、客观性等风险的属性。虽然与财产损失险不同，责任事故的发生并未造成被保险人特定财产或财产权利的损失，但被保险人却也因责任的承担造成了整体财产水平的下降。即责任风险作用在于包括与责任发生有关之特定物在内的被保险人之财产整体以及未来预期收入之上。被保险人需要以其整体财产以及未来预期收入之全部对第三人承担责任，这无异于有形财产损失对于被保险人利益的影响，这无异于有形财产损失对于被保险人利益的影响。因此，笔者认为，责任保险中的保险利益仍应界定为被保险人与保险标的物之间存在的一种利害关系，而此种利害关系亦并非是消极利益关系，而是应与财产损失保险乃至所有的保险险种一样，同属于积极保险利益。

二、责任保险中保险利益的特征

与财产损失保险之保险利益相比较，责任保险中的保险利益有着很多显著的不同，以

① 陈彩稚著．财产与责任保险［M］．台北：台湾智胜文化出版社．2006 年，第 55 页．

② 邹海林著．责任保险论［M］．北京：法律出版社．1999 年，第 132 页．

③ 实则，本书认为利益并无积极消极之分．

④ 王伟光著．利益论［M］．北京：中国社会科学出版社．2010 年，第 26 页．

下详述之。

(一) 以民事损害赔偿责任为表征

责任保险的保险利益是被保险人对于保险标的物所具有的一种利害关系，该种利害关系，以被保险人之一般财产与预期利润所构成之保险标的物为承托载体，以被保险人应依法承担的民事损害赔偿责任为表征。

关于民事责任的概念，理论界并未达成观点上的一致。主要理论学说包括制裁说、担保说、制裁兼担保说和后果说四种主流学说。

1. 担保说

担保说是以日耳曼法中“责任是债务担保”观念为理论支撑的。“德国固有法，始将债务与责任截然区别，以债务为应给付之义务，责任为此义务之财产的担保。债务人不为给付时，债权人得为强制执行之方法，以实现其债权者，即以此也[①]。”诚如林诚二先生所言：“责任者，乃义务不履行之一种担保。言于债者，即债务不履行之担保，债务人之一般财产系债务不履行对债权之总的担保[②]。”

2. 制裁说

制裁说认为，民事责任乃是对行为人违反民事义务的一种制裁。如梁慧星教授认为：“民事责任意指不履行法律义务因而应受某种制裁[③]。”李宜琛先生亦认为：“责任盖处于违反义务而受制裁之地位[④]。”

3. 制裁兼担保说

制裁兼担保说是我国台湾学者所通采之理论观点。依其观点，民事责任有两种。第一种民事责任乃是对行为人违反民事义务的制裁；第二种民事责任乃是指债务人就其债务，应以其财产为之担保。

4. 后果说

后果说认为，民事责任乃是行为人因违反民事法律规定而应承担的不利后果。如我国台湾学者曾世雄认为，民事责任，指违反私法之义务，侵害或损害他人之权利或法益，因致必须承担私法关系之不利益之谓[⑤]。王利明教授亦是后果说的支持者之一。王利明教授认为：“民事责任，是指民事主体违反民事义务而应承担的民事法律后果[⑥]。”

笔者较为认同民事责任乃是行为人因违反民事法律规定而应承担的不利后果这一“后果说”的理论观点。

民事责任虽与行政责任和刑事责任同属于法律责任的下位概念，它们在保障法律实施

---

① 史尚宽著. 债法总论 [M]. 北京：中国政法大学出版社. 2000 年，第 3 页.

② 林诚二著. 民法理论与问题研究 [M]. 北京：中国政法大学出版社. 2000 年，第 219 页.

③ 梁慧星著. 民法总论 [M]. 北京：法律出版社. 1996 年，第 92 页.

④ 李宜琛著. 民法总则. [M]. 台北：正中书局. 1943 年，第 53 页.

⑤ 曾世雄著. 损害赔偿法原理 [M]. 北京：中国政法大学出版社. 2001 年，第 3 页.

⑥ 王利明主编. 民法 [M]. 北京：中国人民大学出版社. 2000 年，第 531 页.

方面各自扮演着重要的角色[①]，但民事责任不同于刑事责任和行政责任。刑事责任以惩罚功能和预防功能为主，行政责任以保障政府权力的合理与有效运行为目的，而民事责任侧重对于受害人的补偿和救济。因此，从责任功能角度，责任主体依法应承担的刑事责任与行政责任并不具有可转嫁性，仅民事责任可为转嫁之标的。

根据我国《侵权责任法》的规定，承担侵权责任的方式主要有：停止侵害、排除妨碍、消除危险、返还财产、恢复原状、赔偿损失、赔礼道歉、消除影响和恢复名誉。以上承担侵权责任的方式，可以单独适用，也可以合并适用。但基于保险合同之特性与侵权责任方式的属性，责任保险仅对于被保险人依法承担的民事损害赔偿责任为保险保障。

不过，现有理论认为，被保险人应依法承担的民事损害赔偿责任乃是责任保险的保险标的物，笔者却并不赞同。笔者认为，被保险人应依法承担的民事损害赔偿责任仅是责任保险中保险利益的表征，表征背后隐藏着的被保险人对于保险标的物所具有的财产上的利害关系，才是责任保险之保险利益的本体。

（二）利益数额的不确定性

责任保险虽是以被保险人之现有财产以及预期收入之总体为保险标的的一类较为特殊的财产保险险种，但却同属财产保险范畴而于保险利益的额度方面似应与财产损失险相同，利益额度以标的物价值为限且其具体数额依标的物使用以及市场价格变动情况进行具体确定。实则不然。通过对责任保险的具体考察可以发现，相较于财产损失保险而言，责任保险中的保险利益在数额确定方面具有很大的不确定性，其不确定性主要表现在以下几方面：

第一，责任限额的不确定性。保险利益的利益额度以标的物价值为限，此价值无论为风险事故发生时的市场价值，或为保险合同当事人之间的约定价值，抑或为标的物的重置成本，其数值于投保之时均可相对确定。但于责任保险情形，因保险标的物并非被保险人的特定财产或者财产权利，而为被保险人现有财产以及未来预期收入之整体，其利益额度极具变动性。另外，被保险人于保险合同期限内是否将承担民事损害赔偿责任以及因责任事故所将承担的损害赔偿额度亦是具有十分明显的不确定性。若非是责任主体寻求破产保护，责任人之责任承担并不以责任数额超出其现有财产水平而得以免除全部或其一部。因此，双重不确定性导致责任保险实务中本应以保险标的物为载体之保险利益额度为限加以确定的保险金数额，仅得以被保险人的责任预期及其保险费的缴纳能力为基础，而没有一个十分明晰的参考标准。也就是说，某次责任事故对被保险人将造成的财产利益损失程度完全不似财产损失保险一样相对容易确定。因此，被保险人似对其民事损害赔偿责任具有无限的保险利益。不过，Harnett 和 Thornton 认为责任保险的被保险人认为一个人对他自己的责任拥有无限可保利益的观点亦是遭到了 Clark 的批驳。

第二，损失与否的不确定性。对于绝大部分的财产损失保险而言，风险事故的发生通

---

① 张旭．民事责任、行政责任和刑事责任——三者关系的梳理与探究［J］．吉林大学社会科学学报．2012（3）：54.

常伴有损失的显现，风险事故多与损失结果处于同步状态。但是，责任保险中被保险人的损失发生于他向第三人完成实际损害赔偿之时。鉴于种种原因的存在，并不是所有的责任人都会遭到第三人的索赔。此时，风险事故发生了，但损失却未形成，保险利益自不会受损。另外，对于期内索赔制保单而言，只要第三人的索赔发生在责任保险合同的承保期限内，保险人就需要按照合同的约定承担保险责任。但是，也有一部分责任事故中的第三人由于各种主客观原因未能在保险合同有效期内及时向被保险人请求赔付。虽然超期的赔付并不会引致保险责任的承担，但对于被保险人而言，仍避免不了责任的承担。不过，此时的利益损失，由于已经脱离了保险法律关系而不再是“保险”利益的损失。

三、责任保险中保险利益的载体

保险标的物，保险利益的载体也。责任保险中的保险利益，亦是以保险标的物为具体承托的。通说认为，责任保险的保险标的物乃是被保险人应依法承担的民事损害赔偿责任。但是，笔者认为责任保险的保险标的物并非被保险人应依法承担的民事损害赔偿责任而仍应为被保险人的财产。被保险人应依法承担的民事损害赔偿责任仅为财产损失的外因，如火灾、地震，抑或是海上沉船等风险事故，风险事故引发承载于被保险人全部财产之上的利益水平下降。因此，笔者认为，责任保险仍以被保险人的财产为保险标的物。英国权威保险法学者 M·A. 克拉克教授曾形象地指出“责任保险的标的是被保险人不时拥有的财产，即容易受到损害赔偿的影响的家产。简而言之，标的就是他的‘钱袋’①”。因此，责任保险中保险利益的载体即为被保险人具有变动性的一般财产整体以及被保险人的预期收入。

（一）被保险人的整体财产

被保险人对第三人应依法承担的民事损害赔偿会首先作用于被保险人的现有财产之上，包括有形财产以及无形财产。对于超出其现有财产水平的损害赔偿责任，则将以债务形式继续存在。因被保险人之民事损害赔偿责任的承担通常须以货币形式完成（当然，此处所言的货币并非局限于现金形式，而是指广义上的货币），所以，对于非货币资产就涉及变现问题。就一般情况而言，流动性较强的资产变现能力也相对较强，而流动性差的资产就意味着相对大的价值损失。

对于一般性财产而言，因企业或者自然人开展各项日常生产生活活动所需，经常处于变动状态。于今日，可能会有财产的增加；于他日，尚有可能发生财产的减损或者被设定担保权的情况出现，可谓是极具变动之能事。财产细目的变化尚且如此，更何况各项财产价值乎！因此，责任保险中保险利益的变化就要较一般财产损失保险更为复杂，保险利益的衡量也越发困难。为了避免被保险人财产变动的不确定性对责任限额的确定造成困扰，

---

① ［英］M·A. 克拉克著．保险合同法［M］．何美欢等译，北京：大学出版社．2002 年，第 101 页．

在保险实践中，保险人通常并不核查被保险人整体财产的品类及其价值，而是确定几档保险责任限额供投保人选择。

从责任保险的发展实践来看，赔偿限额作为保险人承担赔偿责任的最高限额，通常有以下几种类型：（1）每次责任事故或同一原因引起的一系列责任事故的赔偿限额，它又可以分为财产损失赔偿限额和人身伤亡赔偿限额两项；（2）保险期内累计的赔偿限额，它也可以分为累计的财产损失赔偿限额和累计的人身伤害赔偿限额；（3）在某些情况下，保险人也将财产损失和人身伤亡两者合成一个限额，或者只规定每次事故和同一原因引起的一系列责任事故的赔偿限额而不规定累计赔偿限额①。

当然，责任限额的确定也是保险人在大数法则作用下，以保险精算技术为支持，并在考虑到了被保险人财产状况的基础上划定出来的。但因无法准确界定被保险人的利益范围，保险人还同时通过设定免赔额、免赔率、共保条款以及除外条款等方式控制可能承担的保险赔付责任。

（二）预期收入

责任保险中保险利益的载体除了涵盖被保险人的一般财产之外，还包括未来一段时期的收入，或为经营主体的预期利润，抑或为其他主体的预期收入。

对于经营主体而言，预期利润是其从事经营行为的“报酬”，尽管伊万米称未来利润保险是异化的但是获认许的，但对存在于还未缔结的交易之中的利润，必然还存在着一定的疑问②。但此处提到的利润，与利润损失险所承保的利润不同。责任保险承保被保险人因民事损害赔偿责任的承担而导致财产水平的下降，预期利润仅作为其总体财产之一部分存在，而利润损失险承保的被保险人利润损失是因为有形财产被损而致营业中断的原因发生的。更何况，责任保险之保险标的物扩至被保险人的预期利润，对于第三人的权益保护意义重大。

表 6－1 为新会计准则下的企业利润表，通过该表可以发现，企业的净利润组成项目之一的营业收入中包含着投资收益。虽然投资风险属于系统性投机风险的范畴，是影响所有资产的、不能通过资产组合而消除的风险，并不具有可保性，但责任保险并没有忽略这一点。投保人通过投保责任保险的方式进行规避的并不是投资环节的损失，而是责任事故对于被保险人整体财产的侵蚀。不过，恰如被保险人动态变化的整体财产难以估价一样，利润水平的确定也并非易事。这需要在考察供求状况、市场竞争的激烈程度等多种因素之后综合确定。然而，企业利润成果的核查是按照会计年度进行的，会计年度往往和保险周期或者是保险人的业务年度并不一致。因此，就只能按照以往经验以及对未来市场行情等因素的预期来确定一个大致的数额。

---

① 魏华林，林宝清主编．保险学（第二版）［M］．北京：高等教育出版社．2006 年，第 153－154 页．

② ［英］Malcolm A. Clarke 著．保险合同法［M］．何美欢，吴志攀等译．北京：北京大学出版社．2002 年，第 122 页．

表 6－1　　新会计准则下的企业利润表

项　　目	本期金额	本年累计金额
一、营业收入		
减：营业成本		
营业税金及附加		
销售费用		
管理费用		
财务费用		
资产减值损失		
加：公允价值变动收益（损失以“－”号填列）		
投资收益（损失以“－”号填列）		
其中：对联营企业和合营企业的投资收益		
二、营业利润（亏损以“－”号填列）		
加：营业外收入		
减：营业外支出		
其中：非流动资产处置损失		
三、利润总额（亏损总额以“－”号填列）		
减：所得税费用		
四、净利润（净亏损以“－”号填列）		
五、每股收益		
（一）基本每股收益		
（二）稀释每股收益		

对于非经营主体而言，预期收入受其收入结构的影响，究竟是以工资收入为主，还是以经营性收入为主，需要结合被保险人的具体情况进行考察。

四、责任保险中保险利益的归属主体

虽然保险实践之中投保人与被保险人身份剥离的现象日益普遍，但基于前述章节的论述，笔者认为于财产保险之中，保险利益的归属主体为被保险人才更为妥适。

责任保险属于广义财产保险之一分支，在保险利益归属主体上似应适用财产保险之保险利益的一般性理论，将责任保险之保险利益的归属主体界定为被保险人。但与普通的财产损失保险相比，责任保险有着太多的不同，以至于在保险利益的归属主体方面亦与一般的财产损失保险有明显的不同。

笔者认为，责任险之保险利益的归属主体并不应局限于记名被保险人，除了记名被保险人之外尚应包括附加被保险人，甚至还包括第三人。以下详述之。

（一）被保险人以及附加被保险人

一如本书前述所揭，财产保险之保险利益的归属主体当为被保险人才更加符合保险理论以及保险实践发展的需要。因此，从理论上讲，责任保险的保险利益亦应归属于被保险人。但责任保险毕竟是承保被保险人所面临之法律责任风险的一类较为特殊的财产保险险种，恰恰是因其承保风险的不同以及责任保险所承载之价值的不同，利益归属主体上亦存在显著不同之处。

责任保险中的被保险人作为保险利益的保有主体当无疑问，在此恕不赘述。而责任保险除了对记名被保险人提供保险保障之外，还可以通过"附加被保险人条款"（Omnibus Clause），将保障主体之范围加以扩充至附加被保险人。该条款通常约定：保险人对于与具名被保险人[①]（a named insured）有一定关系且经同意使用与该责任保险有关之保险标的物之人，因使用特定标的物而对第三人负有损害赔偿责任时，保险人对该具有一定关系之人亦付保险给付责任的契约条款[②]。例如，美国商业普通责任保险条款第二章"谁是被保险人"列示了除了指明被保险人之外的附加被保险人的情况，大致如下：（1）指明被保险人是自然人的时候，与被保险人共同作为一企业所有人的被保险人之配偶；（2）当指明被保险人是合伙或者合资企业的时候，被保险人的成员、合伙人以及上述人员的配偶；（3）当指明被保险人为有限责任公司的时候，被保险人的成员、管理人员；（4）当指明被保险人是除了合伙、合资企业以及有限责任公司之外的组织的时候，被保险人的"执行官员"、董事；（5）当指明被保险人是信托机构的时候，被保险人的受托人；（6）指明被保险人的"自愿"工人以及除了"执行官员"和董事之外的"雇员"；（7）指明被保险人的房地产管理人；（8）对指明被保险人的遗产进行临时管理和维护的任何个人或组织；（9）指明被保险人死亡之后的法律代表；（10）除了合伙企业、合资企业或者有限责任公司以外，指明被保险人新近收购或成立的组织，当指明被保险人对该组织具有所有权或主要利益而且该组织无其他类似保险的时候，该组织也是被保险人[③]。美国阿拉巴马州规定，机动车责任保险的被保险人除了具名被保险人之外，尚包括经具名被保险人明示或者默示许可使用机动车辆的其他主体。再如，我国台湾地区"保险法"第92条规定："保险契约系为被保险人所营事业之损失赔偿责任而订立，被保险人之代理人、管理人或监督人所负之损失赔偿责任，亦享受保险利益，其契约视同为第三人利益而订立。"

责任保险对于附加被保险人之保险利益提供保险保障，多出于以下的两点原因：

第一，更好地维护被保险人的财产安全。法律责任的承担将导致责任人之整体财产水平下降，进而影响生产经营活动的稳定性。而责任保险作为一种相对有效的风险管理手段，则可以在一定程度上避免此种不利局面的出现。但被保险人的财产状况有时亦会因与

---

① 即为本书所指之记名被保险人。

② 刘宗荣著．新保险法：保险契约法的理论与实务［M］．北京：中国人民大学出版社．2009年，第320页．

③ 厦门理工学院，深圳大华联合保险经纪有限公司编著．美国商业普通责任保险［M］．北京：中国金融出版社．2010年，第78－79页．

其财产具有利害关系之其他主体的责任承担而遭不利，如被保险人的配偶或其财产管理人。因此，为更好地维护被保险人的财产安全，实现其投保责任保险的目的以及实现第三人的权益保护，责任保险的保障主体通常扩充至记名被保险人之配偶、家庭成员以及财产管理人等，这些主体以附加被保险人的身份存在，责任保险的承保人亦对因上述附加被保险人应依法承担之民事损害赔偿责任提供责任保险保障。如我国《交强险条例》中明确将交强险的被保险人确定为投保人以及投保人允许的合格驾驶人员。

第二，充分实现责任保险之社会价值。民事损害赔偿责任乃因责任人的行为所致，而责任人的行为在相当一部分场合要与特定物联系在一起，如产品质量责任、机动车碰撞责任等。因此，为更好地实现责任保险之维护第三人合法权利的社会价值，责任保险保单亦会对得到记名被保险人允许而使用特定物品或经营特定场所之人的民事损害赔偿责任提供保险保障。即，Omnibus Clause 提供经被保险人同意而使用保险标的物之人（附加被保险人）以保险保障，透过责任保险，使社会上不特定之被害人能获得理赔之保障，对于社会安全，极具助益①。

但是，有学者以下述理由谈及责任保险之保险利益归属主体的问题，即认为：责任保险的被保险人因责任承担而蒙受财产的损失，享有保险利益当无疑问。根据保险利益的原理，被保险人以外的人若对被保险人的赔偿责任的承担具有法律上的利益，同样具有保险利益，可以为被保险人的利益订立责任保险合同。如债权人因对债务人的总财产具有“债权得以满足的期待利益”，对债务人的财产因承担赔偿责任而消极减少有利害关系，应当具有保险利益，可以债务人为被保险人，向保险公司投保责任保险②。即，责任保险的保险利益不仅存在于被保险人，亦可归属于投保人。只不过投保人的保险利益相对间接婉转而已。对此，笔者并不赞同。以其所举事例观之，即使债权人以债务人为被保险人投保责任保险是出于自身利益维护之目的，但因被保险人并非债权人，当风险事故发生造成损失之时，只有被保险人才有权申请并获得来自保险人支付的保险赔款，被保险人并无义务向投保人进行转移支付。

（二）第三人

目前来讲，无论是从理论角度，还是从实践角度考察，责任保险在保险限额的确定上并无任何实质性的限制，责任限额的确定仅以投保人的需要及其保险费的缴纳能力为基础。因此，当责任保险之责任限额超过被保险人整体财产及预期收入之和的时候，责任保险不仅仅在等额部分分散了被保险人的责任风险，维护了被保险人的财产安全以及经营绩效，更是在超过其一般财产及预期收入之整体价值以外部分，具有更强的利益第三人属性，这部分的保险利益因此相应地归属于责任事故之第三人。我国台湾地区的“行政院”甚至在制定“强制汽车责任保险法”草案时指出：现行汽车责任保险之被保险人，以列明被保险人或经其许可使用汽车之附加被保险人为限，本法则加以扩充，凡被保汽车所致之

① 刘宗荣著．新保险法：保险契约法的理论与实务［M］．北京：中国人民大学出版社．2009 年，第 321 页．

② 邹海林著．责任保险论［M］．北京：法律出版社．1999 年，第 135 页．

汽车交通事故，不论其加害人是否为被保险人本人，亦不论是否受被保险人雇用或经被保险人允许使用被保汽车，保险人均须对受害人给付保险金①。

假设投保人 X 投保之前的整体财产状况为 100 万元人民币，一起事故导致其应向 Y 承担 150 万元人民币的损害赔偿责任。在 X 被宣告破产的情况下，若不考虑其他因素，X 仅需向 Y 承担 100 万元人民币的损害赔偿责任，不足部分归于消灭。但若 X 投保了责任限额为 100 万元人民币以上的责任保险，即在超过 100 万元人民币的部分成立了以 Y 为被保险人的保险合同。只不过此部分的保险合同对于 Y 而言，兼具人身保险和财产保险的双重特性。

除此之外，责任保险中的保险利益归属于第三人的情况还具体表现在赋予第三人以直接支付请求权的场合。直接支付请求权的赋予，无论是由法律直接规定抑或是当事人在合同中约定的，第三人都可以绕开被保险人而直接向保险人请求支付，且保险人不得以其对抗被保险人的事由对第三人实施抗辩。对于第三人而言，直接支付请求权的赋予使得责任保险合同在某种意义上成为以第三人为被保险人的保险合同。在这个保险合同中，第三人得以“本人”的身份享有其中的保险利益，并在其利益受损时要求利益补偿。当然，第三人也要受到保险利益原则以及损失补偿原则方面的限制。

另外，按照投保方式的不同，责任保险尚有自愿保险（自愿保险亦被称为商业性责任保险）和强制保险的区分。对于商业性责任险而言，保险人并不承保因被保险人故意或重大过失产生的侵权损害赔偿责任。但对于强制责任保险而言，即使第三人的人身或财产损害是因被保险人的故意造成的，保险人亦会承担保险责任，只不过该责任的承担会伴随有保险人对被保险人的追偿。例如，我国《机动车交通事故责任强制保险条例》第 22 条规定，于下列情形，保险公司在机动车交通事故责任强制保险责任限额范围内垫付抢救费用，并有权向致害人追偿：（1）驾驶人未取得驾驶资格或者醉酒的；（2）被保险机动车被盗抢期间肇事的；（3）被保险人故意制造道路交通事故的。追偿权的设置实际上并未对被保险人责任利益加以保护，而是在保护第三人权益基础上对于责任人责任的追究。在此种情况下，保险利益乃是归属于第三人而非投保人或者是被保险人的。

五、责任保险中保险利益的存在时间

对于财产保险之保险利益的存在时间，我国大陆以及台湾地区的学者多认为应存在于风险事故发生之时即可，而不必于合同订立时存在。其说明大致为，“财产保险的目的在于填补被保险人所遭受的损害，保险利益原则要求被保险人在发生保险事故时对保险标的具有保险利益，就应当足够了；但订立合同时，对保险标的是否具有保险利益并无实际意义②”。我国《保险法》即采纳了此种理论观点。我国《保险法》第 48 条规定：“保险事故发生时，被保险人对保险标的不具有保险利益的，不得向保险人请求赔偿保险金。”只

① 江朝国著．强制汽车责任保险法［M］．台北：台湾智胜文化事业有限公司．1999 年，第 144 页．

② 樊启荣著．保险法［M］．北京：北京大学出版社．2011 年，第 62 页．

有保险事故发生在保险期间内，而且保险利益存在于保险事故发生之时，被保险人才可以向保险人申请保险赔付。但笔者认为此一观点却不能无障碍地于责任保险中适用。恰因理论界对于何为责任保险之保险事故并未达成观点上的一致。综观之，主要有以下四种理论学说：

（一）损害事故说

损害事故说认为引致被害人权益损害之偶发事故即为保险事故。例如，车祸、公众场所电梯事故、医疗事故等不一而足。该说认为，虽然第三人是否向被保险人请求损害赔偿乃一未知之数，但事故责任确定之后被保险人的整体财产却随时面临着承担责任的可能，这种可能恰恰符合风险事故所具有的发生上的不确定性特性。亦因责任是指“实际上担负或潜在可能一项义务，相对于一个确定的债务，它意味着一个潜在的、未来会确定的或未完善的义务[①]。” Inre Silicone Implant Insurance Coverage Litigation 一案中，法院即采纳了“实际伤害”标准，认定“保险事故的发生时间，并非实施不法行为的时间，而是原告方遭受实际损害的时间”，因此，保险人只对于发生在保单有效期内的人身伤害或者财产损失承担保险金给付的义务。即使伤害不具有“可诊断性”“可赔偿性”或者显现于保险期间内[②]。

但亦有反对者认为损害事故的发生并不必然伴随着损害赔偿责任的发生，损害责任是否产生尚属不确定。第三人发生之损害事故，并非被保险人发生损害之事故，被保险人应否负其责任，尚在未定之秋，纵令被保险人负责，尚需视第三人是否向被保险人提出请求，必须被保险人受第三人之请求，被保险人始负赔偿责任[③]。

（二）责任发生说

责任发生说以责任事故发生之后被保险人责任的确定作为责任保险的风险事故，其在保险合同中的惯常表示为：“于此保险，由于被保险人对他人身体之障碍或财产之损坏，负担法律上之赔偿责任而蒙受损害时，保险人负添补之责任[④]。”责任发生说乃是日本学术界的通说。按照 Charter Reinsurance Ltd v. Fagan 一案中主审法官的观点，投保人投保责任保险的目的即是为了补充赔偿能力的不足，因此对于受害人的赔偿请求，被保险人不必筹款，只需要求承保人支付即可。

但我国《保险法》第66条规定：“责任保险的被保险人因给第三者造成损害的保险事故而被提起仲裁或者诉讼的，被保险人支付的仲裁或者诉讼费用以及其他必要的、合理的费用，除合同另有约定外，由保险人承担。”若采责任发生说的话，将无法解释被保险人

---

① ［英］Malcolm A. Clarke 著．保险合同法［M］．何美欢，吴志攀等译．北京：北京大学出版社．2002年，第409页．

② ［美］肯尼斯·S. 亚伯拉罕著．美国法原理与实务（第四版）［M］．韩长印等译．北京：中国政法大学出版社．2012年，第472－473页．

③ 张国键著．商事法论（保险法）［M］．台北：三民书局．1985年，第188页．

④ 陈荣一．责任保险之保险事故［J］．台中商事学报．1990（2）：170.

胜诉时的费用负担问题。

（三）赔偿请求说

赔偿请求说认为只有当责任事故的第三人向被保险人为实际损害赔偿请求时，责任保险的事故才属发生，恰如火灾事故发生造成了被保险人实际财产损失一样。对于被保险人而言，只有造成被保险人实际损失的事件才能被称之为“事故”。如我国台湾学者郑玉波就曾指出：“责任保险虽以被保险人对于第三人之赔偿责任为保险标的，但若该项赔偿责任纵已发生，而第三人不向被保险人请求时，则被保险人仍无损害之可言，纵而保险人自亦不必对之负赔偿责任。所以责任保险之保险人于被保险人受第三人赔偿请求时，始对被保险人负其责任[①]。”我国台湾地区“保险法”即是采纳了赔偿请求说的观点，该法第90条规定：“责任保险人于被保险人对于第三人，依法应负赔偿责任，而受赔偿之请求时，负赔偿之责。”

（四）债务履行说

赔偿义务说认为只有当被保险人应第三人的请求对其实际承担了损害赔偿责任时，责任保险之风险事故才算发生。Collinge v. Heywood 一案的审理法院即认为，只有被保险人已经承担了损害赔偿责任后，才可以向保险人申请赔付。但此说被指置责任保险注重第三人权益保护的理念与立法实践于不顾，忽视了被保险人赔偿能力不足的现实问题。

综观以上四种主要的理论观点，笔者赞同损害事故说。乃因为危险，指人类可能遭遇之危害。具有法律意义的危险，将其纳入保险范围，而成为保险人保险给付的原因者，称为保险事故（Risk Hazards 或 Perils）[②]。责任保险之保险事故亦如财产损失保险一样，同样是因为车辆的碰撞、电梯的坠落、环境的污染以及人的行为等等原因而引致发生的。诚然，风险事故的发生会造成风险受体之人身损害或财产损失，风险事故会与损失同步发生，但在两者之间亦会存在时空上的脱节。风险事故仅仅是引致损失发生的诱因或前提条件，事故发生以及所造成的人身伤害和财产损失可能发生在不同的时间内。暴露于有害环境可能在后来造成人身伤害，发现人身伤害以及最终向责任方提出索赔的时间可能进一步延迟。事故发生、造成伤害和提出损害索赔可能发生在不同的保险期间，这种情况是很常见的[③]。因此，责任发生说、赔偿请求说以及债务履行说所指风险事故实为“损失”。

笔者认为，无论是普通的财产损失保险，还是责任保险，风险事故并无不同。普通财产保险中之所以要求被保险人在保险事故发生时对保险标的应当具有保险利益，完全是出于损害补偿目的的考虑。而对于责任保险，风险事故发生时，被保险人责任的发生尚未确定，即“风险”出现，但被保险人的“损失”尚未发生。与财产损失保险不同之处在于，

---

① 郑玉波著．保险法论（修订七版）[M]．刘宗荣修订．台北：三民书局．2007年，第113页．

② 刘宗荣著．新保险法：保险契约法的理论与实务［M］．北京：中国人民大学出版社．2009年，第11页．

③ 厦门理工学院，深圳大华联合保险经纪有限公司编著．美国商业普通责任保险［M］．北京：中国金融出版社．2010年，第57页．

对于一般的财产损失保险，风险事故发生之时即可判断被保险人是否有利益的损失。然而对于责任保险而言，此时判断被保险人是否有责任的产生为时尚早。因此，鉴于责任保险与普通财产保险存在的此种不同之处，责任保险的保险利益应于损害赔偿责任确定时（亦即损失发生时）存在较为妥帖。

第二节　责任保险之保险利益对责任限额的效力

保险利益之根本目的之一即在于防止被保险人的超额获益，防止保险这一风险管理手段沦为道德风险滋生的温床。因此，保险金额的确定要以保险利益为限，保险赔款数额也要受到保险利益额度的限制。被保险人不得超过保险利益额度投保超额保险，获得的保险赔付亦不得超过其实际利益损失。具体而言，责任保险中保险利益对于赔偿限额的效力主要体现在以下几方面：

一、责任限额的确定

保险金额是指保险人承担赔偿或者给付保险金责任的最高限额。财产保险中保险金额的确定，应以标的物价值为基础，同时亦不能超过被保险人保险利益额度。但当保险标的为被保险人与其他人共有时，投保人亦可以保险标的的全部价值投保，只不过超过被保险人保险利益部分，于其他未投保之共有人成立无因管理或无权代理。通过保险金与被保险人保险利益的数量对比关系，可以衡量保险合同对于被保险人利益的保障程度。

按照保险金额与保险标的物价值之间的关系，保险合同可以分为不足额保险合同、足额保险合同和超额保险合同。从损失补偿的角度讲，保险金额越接近于标的物的价值，被保险人获得的保险保障程度也就越高。但财产保险毕竟是一种补偿性质的保险，因此，即使保险金额超过了保险标的物的价值，被保险人亦不可能获得超过其利益损失程度的保险赔付。如我国《保险法》第 55 条第 3 款即规定：“保险金额不得超过保险价值。超过保险价值的，超过部分无效，保险人应当退还相应的保险费。”不过，除了按照保险金额与保险标的物价值之间的关系对保险合同进行分类以外，保险合同还会因是否于合同订立时确定保险标的物的价值而被区分为定值保险和不定值保险两类。不定值保险是财产保险的常态，定值保险仅适用于市场价格波动不大的特殊标的物的承保。

虽然责任保险亦是属于财产保险的范畴，但是在责任保险中并不存在保险金的概念。在责任保险中，保险人保险给付责任的承担是以责任保险合同中约定的责任限额为准的，责任保险之保险利益对赔偿限额的效力即首先体现在责任限额的确定方面。责任保险中的责任限额乃是保险人承担保险金给付责任的基础，在保险理论以及实践中发挥着避免被保险人超额获利的功能。与此同时，责任限额也是确定保险合同价格——保险费——的基础。保险人以投保人意欲投保的责任限额为基础，通过保险费率与责任限额之间的乘积计算出投保人所应缴纳的保险费额度。

责任保险中的责任限额，实为财产损失保险合同中的保险金于责任保险保单中的特殊称谓。虽通说认为责任保险不存在超额保险的可能，但笔者认为责任保险亦可存在不足额保险以及超额保险的情况。具体而言，当责任保险保险合同的责任限额小于被保险人保险利益时，为不足额保险；当保险合同的责任限额等于被保险人保险利益时，为足额保险；当保险合同的责任限额大于被保险人保险利益时，为超额保险。那么，责任保险中被保险人的利益额度如何确定就成为问题的关键。

在投保责任保险之前，投保人通常以投保时整体财产额以及预期收入为基础进行赔偿限额的确定。举例而言，ABC 公司财产总额为 500 万美元（暂不考虑预期利润），有 30%的风险概率使得 ABC 公司将承担 1000 万美元的损害赔偿责任。ABC 公司可以投保责任限额为 500 万美元或者是 1000 万美元的责任保险，当然 ABC 公司亦可投保其他限额的责任保险。为说明的方便，将 ABC 公司投保的责任限额分为小于等于 500 万美元和大于 500 万美元两种情况：其一，当责任限额小于等于 500 万美元的时候，1000 万美元损害赔偿责任中的 500 万美元部分由保险人承担，而其剩余部分会因被保险人的破产免责归于消灭。投保人为此仅需支付 15 万美元（500 × 30%）的对价；其二，当责任限额大于 500 万美元的时候，假设责任限额为 800 万美元，此时保险人要在 800 万美元的责任限额内承担保险责任，第三人的权益保护程度提高。而投保人为此支付的对价 24 万美元（800 × 30%）却大于第一种情况下的 15 万美元。这意味着投保人为了本不需要承担的 300 万美元部分的民事损害赔偿责任而被动地为了第三人的利益多支出了保险费。因此，作为理性经济人的投保人，在投保时多是会考虑到上例中所出现的情况，以其财产总额及预期利润构成的保险利益为基础与保险人协商确定责任保险的责任限额。

另外，责任保险是以赔偿限额作为保险人承担责任的最高限额。责任险保单中列明的责任限额主要有以下的几种形式：（1）每次责任事故或同一原因引起的一系列责任事故的赔偿限额。这种方式下，保险人责任的承担以保险期限内责任事故发生的次数为计算单位，保险人只对一次责任事故设定责任限额，超过以及不足部分均不可以流转使用。在这种方式下，保险人在整个保险期限内的保险责任会因责任事故次数的累积而有明显加重；（2）保险期内的累计赔偿限额。此种责任承担方式只对累计责任限额内被保险人应承担之损害赔偿责任进行保险赔付，而不论单次事故的责任限额究为几何。这种责任承担方式可以很好地控制保险人的责任负担。当然，责任限额可以按照财产损失限额和人身赔偿限额分别制定。但从责任保险的发展趋势来看，综合赔偿限额的制定方法被更广泛地采用着。

于一般的财产损失保险，在保险期间内被保险标的遭遇承保范围内风险事故侵袭，会发生全损或是部分损失。标的物全损时，保险合同终止；但当保险标的只发生部分损失时，除非当事人之间有特殊约定，否则保险合同效力依旧，保险人仍须对合同期间内再次发生的保险事故承担保险金给付责任。但在保险利益原则以及损失补偿原则的规制下，保险人向被保险人进行多次赔付的总和亦不会超过保险标的的价值或者被保险人的保险利益额度。然而到了责任保险中，情况似乎有所改变。全因在累计限额赔偿方式下，均未对合同期内已经出险赔付的情况进行考虑。也就是说，被保险人的保险利益实现了累加。保险补偿明显超过保险标的物价值，当然也逾越了保险利益的界限。

二、超额保险情境下的赔偿限额

保险金额是被保险人可以从保险人处获得的实际补偿的上限，但保险金额不得超过被保险人所拥有之保险利益的限度，否则将会导致不当得利的出现以及大规模道德风险的蔓延。恰如英国法官 Cock Burn 所言："你不能认为保单使人们按所付保险费所代表的被保险金额获偿……他只能获得货物的真实价值。法律不会允许以保险形式赌博。保险公司所受的欺诈已够了，如果允许人们对货物的投保超出其实际价值，那将打开欺诈和最可怕的邪恶之门①。"因此，投保人通过提高保险金额的方式意欲获得超额赔偿是不被保险法律所允许的。各个国家和地区的保险法律也都规定超额保险在保险金超过标的物价值部分不具效力。例如，《德国保险合同法》第 74 条规定：如果保险金额显著超过保险价值，而为了避免超额保险，投保人和保险人可以达成降低保险金额或减少保险费的协议，并且上述协议立即生效。但如果投保人为获取不合法的金钱利益而订立超额保险合同，则保险合同应归于无效。保险人可以保有自合同成立时起至其知晓保险合同无效时止的保险费。《意大利民法典》第 1909 条规定："保险金额超过保险物的实际价值的保险，如果被保险方有恶意，则保险无效；如果是善意的，保险人有权主张保险期间的保险费。投保人无欺诈的，契约在保险物的实际价值范围内有效，且投保人有权要求按比例减少嗣后的保险费。"《日本商法典》第 631 条规定："保险金额超过保险标的的价额时，保险契约就超过部分为无效。"

通说认为，超额保险的判断，是通过衡量保险金额与标的物价值之间数量关系的方式进行的。当保险金额超过保险标的价值时，即被认为是超额保险。因此，保险标的的价值成为判断是否存在超额保险现象的标尺。但笔者认为，判断超额保险是否存在的标尺应是保险利益才更为妥当。

在保险赔款、保险金额、保险利益以及保险标的物价值之间存在着如关系式一所表示出来的关系：

关系式一：保险赔款≤保险金额≤保险利益≤标的物价值

如关系式一所示，保险金额与保险利益以及保险价值之间存在着包含与被包含的逻辑关系。

保险法律规范对超额保险进行规制的目的无外乎是通过损失补偿功能的发挥而防止保险沦为赌博的工具，这一点与保险利益原则的目的并无二致。但是不以保险利益为标尺，而以保险标的的价值为尺度进行超额保险的判断，将使得上述立法目的的实现相对地迂回

---

① (1870) 22 LT306, 307. 转引自［英］Malcolm A. Clarke 著 . 保险合同法［M］. 何美欢，吴志攀等译 . 北京：北京大学出版社 . 2002 年，第 748 页 .

曲折。例如，张某将其拥有80%抵押权的李某价值80万元人民币的房屋投保了火灾损失险。按照超额保险判定的通说，只要保险金额小于80万元人民币，就不存在超额保险的现象，张某可以缴纳以80万元为基础计算得出的保险费。具体数量关系如下（其中F代表保险费，F（x）代表保险费率）：

$$F = 80 \times F(x) \tag{6-1}$$

另假设该房产在保险期限内因火灾发生全损，根据保险利益原则，保险人需要向张某支付保险赔款用S表示为64万元，即：

$$S = 80 \times 80\% = 64 \tag{6-2}$$

通过式（6-1）和式（6-2）之间的对比可以发现，张某购买的该保险并不属于超额保险，虽然如此，张某却不能在标的物全损时获得80万元的保险赔款，而是要受到保险利益的限制，只能获得64万元的保险赔款。不但如此，张某还多支付了与16万元保险金对应的保险费，即：

$$(80 - 64) \times F(x) = 16 \times F(x) \tag{6-3}$$

上述数量关系式清楚地表明，以保险利益作为判断超额保险的标准更具实效，也更加符合效率性原则。

具体到责任保险，通说认为责任保险并不以被保险人的特定财产为保险标的，责任保险的保险标的是被保险人应依法承担的民事损害赔偿责任，责任保险中保险标的物的价值也因此具有极强的不确定性。投保人所投保之责任保险的责任限额完全建立在对未来责任预期的基础上，因此，责任保险并不存在超额保险的可能。然而，笔者却认为，责任保险虽不以被保险人的特定财产为保险标的，但其保险标的物并非是被保险人依法应承担的损害赔偿责任，而应是被保险人的一般财产，具体包括现有财产以及预期收入。当损害赔偿责任确定时，被保险人的整体财产面临损失的可能，只不过这种损失并非以具体物之损失的形式得以表现出来。虽然这两项内容极具变动性，虽然超过保险标的物价值的责任保险可以提升第三人的权益保护程度，凡此种种却也并不能成为认定责任保险不存在超额保险的理由，而是仅能以此作为认定其不违反社会公共政策的一个事由。

当然，因责任保险之保险标的物乃是其一般财产以及预期收入之总体，且二者具有极强的变动性，精确计算被保险人的利益额度实属不易。但是我们仍应确定责任保险之超额保险的可能，并使其受到相应的法律规制。即：责任保险之投保人“他可以对一起财产投保一个超过本身权益价值的数额，并且索取该数额；但是，如果他这么做了，他必须为遭受了损失的第三人受托持有超额部分。他必须这样做，因为他的财产保险合同是一个损害补偿合同，他不能取得或为他自己保留超过他的损失。进一步说，必须强调，在相同的标的物中，不止一个人可以拥有可投保利益。实际上，他们权益的总和，可能超过标的物价值本身[①]。”

---

① ［英］Malcolm A. Clarke著．保险合同法［M］．何美欢，吴志攀等译．北京：北京大学出版社．2002年，第101页．

三、重复保险中的赔偿限额

亦如本书在“超额保险”部分论述的一样，在保险利益原则以及损失补偿原则的规制下，被保险人企图通过投保高额度之保险合同以期超额获益的目的并不能够得以实现，进而导致一部分被“利益”驱使的投保人就寻找到了投保多份不超额保险，即重复保险的方式以实现其不当得利目的的方法。然正所谓“法网恢恢，疏而不漏”，保险法律制度对于行为主体的此种行为亦有应对方法。

重复保险意在避免被保险人为获得超额利益而导致道德风险的发生。因此，当投保人的行为满足上述要件时，就要对其重复保险行为进行法律的规制，使其获得的保险赔款不得超过保险利益额度。不过，因数个保险合同中的保险人并不存在过错，因此规制目的的达成通常并不会以采取宣布其中的某个或某几个保险合同无效的方式进行，而是多采取重复保险的分摊方式分配各个保险人的保险赔付责任，使各个保险人给付之保险赔款总和不会超过被保险人对于标的物所拥有的保险利益额度。

重复保险制度是损失补偿原则的具体应用，目的在于避免被保险人利用重复投保而达超额获益的目的。因通说认为责任保险不存在超额保险现象，似乎也就不会构成重复保险。但亦如本章“超额保险”部分所阐释的一样，责任保险也是存在重复保险的。只不过是责任保险之保护受害人以及对于毫无过错之行为人补偿的角度出发，容忍了这一现象的存在。但为彻底贯彻保险的损失补偿原则，也为了实现第三人权益保护目的，对被保险人的“容忍”亦是有限度的。即，虽然被保险人可以投保远远高于其整体财产价值和预期利润的高限额“超额”责任保险，但是当损害赔偿责任发生时，被保险人获得的保险赔款却也是不能够超过其实际承担的损害赔偿责任的。因此，要在这种情况下适用重复保险的损失分摊原则以划分各个保险公司的给付责任大小。我国对于责任保险中出现的重复保险现象如同财产损失险一样，采取的是比例分摊方式。例如，《产品责任保险条款》即规定：“本保险单负责赔偿损失、费用或责任时，若另有其他保障相同的保险存在，不论是否由被保险人或他人以其名义投保，也不论该保险赔偿与否，本公司仅负责按比例分摊赔偿的责任。”另据《韩国商法典》第725条规定，在同时或者依次签订补偿被保险人因同一事故而向第三者承担赔偿责任所产生的损害的数个责任保险合同的情形下，该保险金额的总额超过被保险人对第三者的损害赔偿额时，准用重复保险的相关规定。

第三节　责任保险之保险利益在“量”上的影响因素

对于保险利益的研究，不仅仅是要探寻其“质”之层面的规定性，还要具体考察保险利益“量”的确定以及变化问题。保险利益“质”的确定，是对何种利益才可以投保的前提条件问题的解决，而保险利益“量”的确定则是要解决如何投保以及保险赔付的问题。具体而言，只有确定了保险利益的量，才能够判断是否存在超额保险；只有确定了保险利益的量，才能够确定合适的保险费水平；只有确定了保险利益的量，才能够更好地实现保险利益的损害填补目的。

于一般财产损失保险而言，保险利益的量主要受到标的物价值的影响。保险利益的数量以标的物的价值为限，两者之间的数量关系如下[①]：

公式一：保险利益≤保险标的物价值

在马克思看来，价值是凝结在商品中的人类无差别劳动。价值是价格的基础，在市场供求规律的决定下，价格围绕价值上下波动。由于市场行情变化以及自然损耗等原因，标的物的价值并不恒定。因此，核查保险利益的量，首先就要确定公式一中保险标的物的价值。

按照时间段划分，保险标的的价值可以分为投保价值、存续价值与出险时价值三个类别。在损失补偿原则的规制下，对于不定值保险而言，出险时的价值才可作为衡量保险利益额度的标尺，而对于定值保险而言，唯有投保价值才具有决定性意义。除了投保价值以及出险时价值以外，存续价值只是标的物价值动态变化的一个指标而已，并不具有过多的实际意义。另因不定值保险才是财产损失险的常态，定值保险只适用于一些市场价值波动不大的标的物，所以财产损失险中保险利益在量上的影响因素主要就是影响标的物价值的各因素。该等影响因素主要有物价变动情况、标的物磨损、折旧方法等。当然，除此之外，保险利益的量还要受到来自被保险人等归属主体自身发生的诸如共有份额变动等情况的影响。

但所罗门·许布纳教授曾指出“责任保险最重要的特征之一，或许就是无法对潜在损失做出充分精确的衡量，故无保险价值的观念[②]。”然而，笔者并不同意所罗门·许布纳教授的观点，因其混淆了预期损失与保险价值的概念。虽然就责任保险而言，损益关系的连接对象并非为被保险人的“特定财产”，而是存在于被保险人的“一般财产”上[③]，此“一般财产”因极具变动之能事而具有极强的不确定性，但此仅为技术性问题，而难谓“无价值”。而且，一般财产也是理性经济人确定责任保险之保险责任限额的“软约束”，尤其是对于企业法人而言。可以说，被保险人的一般财产即为其意欲保护之目标，而保险利益则为被保险人希望通过保险方式加以保护的利益，保险利益量涵盖于一般财产价值量范围内，而预期损失可谓是投射到保险利益上的阴影。若“阴影面积”恰巧在保险利益范围内，被保险人的利益损失得以保险方式进行了转嫁；若“阴影面积”超出保险利益范围，被保险人风险转嫁失败且固有财产利益受到侵蚀。由此动态关系可见，合理确定保险利益的“量”，对于被保险人而言意义重大。当然，对于第三人也具有间接保护之重要性。

---

① 需要说明的是，鉴于人身的不可估量性，人身保险中保险利益的确定并没有一个固定的参考尺度，其保险金额的确定主要以投保人的保险费缴纳能力为基础.

② ［美］所罗门·许布纳著．财产和责任保险［M］．陈欣等译．中国人民大学出版社．2002年，第368页．

③ 樊启荣，康雷闪．保险价值之法本质及功能解释［J］．法学．2013（4）：105.

责任保险虽属财产保险范畴，但其保险利益量的界定却与一般的财产损失险有着很大的不同。其利益量主要受到以下几方面因素的影响：

一、赔偿方式

按照《侵权责任法》第25条的规定："损害发生后，当事人可以协商赔偿费用的支付方式。协商不一致的，赔偿费用应当一次性支付；一次性支付确有困难的，可以分期支付，但应当提供相应的担保。"分期支付主要涉及死亡赔偿金、残疾赔偿金以及被扶养人生活费等所失利益，由于其系将来的利益损失，各国在对此赔偿实行一次性给付还是定期金给付上存在差异，主要做法有：（1）绝对的一次性给付；（2）以一次性给付为原则，而以定期金给付为例外；（3）以定期金给付为原则，而以一次性给付为例外；（4）采取一次性赔偿还是定期金赔偿，由法官自由裁量决定①。

然而当责任人投保有责任保险的情况下，责任限额内的损害赔偿责任是由保险人承担的，而保险人多采取一次性赔偿方式进行责任的承担。相较于分期支付而言，一次性支付需要考虑货币的时间价值问题。以赔偿第三人工资损失为例，简要说明如下：

假设2000年12月31日，30岁的吴某因陈某原因而致失能，完全丧失了劳动能力。吴某现每月工资收入为2000元人民币。工资年增长率为10%，市场利率为 i_n（n=1，2，3，…，29），通货膨胀率为 r_n（n=1，2，3，…，29）。吴某退休年龄应为60岁。为简单说明，吴某因其他原因致失能的原因亦不予考虑。以下比较在一次性赔偿以及分期支付方式下的不同。

1. 分期支付

在分期支付的情况下，可以以月为周期，也可以以年为周期。先假设以年为单位。此时，陈某应支付给吴某的工资损失赔偿金 P_n（n=1，2，3，…，30）为：

$$P_n = (2000 \times 12)(1 + 10\%)^{(n-1)}$$

2. 一次性支付

$$P = (2000 \times 12) + \frac{(2000 \times 12)(1 + 10\%)(1 + r_1)}{(1 + i)} + \frac{(2000 \times 12)(1 + 10\%)^2(1 + r_2)}{(1 + i)^2}$$
$$+ \frac{(2000 \times 12)(1 + 10\%)^3(1 + r_3)}{(1 + i)^3}$$
$$+ \cdots\cdots + \frac{(2000 \times 12)(1 + 10\%)^{29}(1 + r_{29})}{(1 + i)^{29}}$$

通过分期支付与一次性支付之间的比较，可以发现在一次性支付中，赔偿金额会受到市场利率以及通货膨胀率等因素的影响。且市场利率和通货膨胀率并不是恒定不变的，尤其是未来通胀预期较高时，这将导致一次性的赔付金额并不是一个简单的数字累加过程。

---

① 参见王利明主编．人身损害赔偿疑难问题（最高法院人身损害赔偿司法解释之评论与展望）［M］．北京：中国社会科学出版社．2004年，第105页．

另外，是复利计息还是单利计息，也会对赔偿金额产生不同的影响。

$$V_0 = V_n \times \frac{1}{(1+i)^n}$$

其中，V_0为复利现值；V_n为复利终值；i为利率；n为计息期数。

$$V_0' = V_n \times \frac{1}{1+i \times n}$$

式中，V_0'为单利现值。

二、物价变动情况

衡量物价水平变动的指标主要有居民消费价格指数（Consumer Price Index，简称CPI）、生产者价格指数（Wholesale Price Index，简称WPI）以及国民生产总值平减指数（Gross Domestic Product Deflator）。除此之外，通货膨胀率也是考察物价变动的指标之一。

CPI，是一个反映居民家庭所购买的消费商品和服务价格水平变动情况的指标，是通过一组代表性消费品及服务项目的变动，反映居民家庭购买消费品及服务价格水平变动情况。CPI能够反映出一定时期内居民所消费商品及服务项目的价格水平变动趋势和变动程度。

WPI是根据大宗物资批发价格的加权平均价格编制而得的物价指数，包括在内的产品有原料、中间产品、最终产品与进出口品，但不包括各类劳务。WPI主要反映大宗商品的物价变动趋势。

国民生产总值平减指数是按当年价格计算的国民生产总值与按不变价格计算的国民生产总值的比率，它可以反映全部生产资料、消费品和劳务费用的整体价格变动情况。

通货膨胀率反映的则是一段时期内物价水平的平均上升幅度。

当然，物价的波动，有正常的波动和不正常的、不合理的波动两种具体的表现形式，大规模的、剧烈的以及长期的物价不合理波动而带来的通货膨胀将会对人们的行为预期以及经济承受能力产生比较大的负面影响。美国学者唐·帕尔伯格曾如是描述通货膨胀："这个世界上的头号窃贼。它不声不响地从寡妇、孤儿、债券持有者、退休人员、年金受益人、人寿保险受益人手中窃取财富。小偷、抢匪、贪官污吏等所掠走的财富加在一起也比不上通货膨胀的祸害[①]。"通货膨胀对于中低收入者而言，因其缺乏如同富人一样的风险规避手段，物价波动对其造成的影响更甚。"风险分配的历史表明，像财富一样，风险是附着在阶级模式上的，只不过是以颠倒的方式：财富在上层聚集，而风险在下层聚集[②]。"

物价变动对于责任保险之保险利益的影响主要体现在因侵权行为致第三人人身损害而发生的医疗费、护理费以及营养费等的补偿方面。此乃因为责任人对于被害人之损害赔偿

---

① ［美］唐·帕尔伯格著．通货膨胀的历史与分析［M］．孙忠译．北京：中国发展出版社．1998年，第1页．

② ［德］乌尔里希·贝克著．风险社会［M］．何博闻译．南京：译林出版社．2004年，第36页．

责任的承担无论是一次性支付也好，还是分期支付也罢，在人身伤害的场合，都存在一个补偿的长期性问题。如果被保险人承担的损害赔偿责任没有很好地考虑到未来一段时间内物价波动情况，则会使其向受害人支付的损害赔偿金的实际购买力下降，不足以满足被害人未来医疗、康复等项目的支出。如果过高地错误估计了物价水平的变动趋势，则会导致被保险人责任的加重。

因此，在确定被保险人损害赔偿数额的时候，需要去除通货膨胀率的影响而考察支付与受害人之损害赔偿金的实际购买力，具体方法如下：

$$M_0 = \frac{M}{P}$$

其中，M_0为实际赔偿金数额，M 为名义赔偿金数额，P 为通货膨胀率。

三、行为范围

责任保险中的保险利益还会因被保险人行动范围的不同，而在保险利益额度上产生明显的影响。

伴随着社会交往范围的日益扩大以及社会分工精细化程度的加深，社会合作日益加深，人们早已不再固守原始社会刀耕火种的生活方式，人们生存的这个世界正逐渐转变为一个地球村。中国的茶叶、印度的香料、法国的香水、日本的汽车、美国的电子元器件等等产品，都可以漂洋过海地到达各国消费者的手中。人们在享受新产品带来的各种愉悦和便利的同时，却也较以往承受着更多的人身及财产损害风险。屡见报端的汽车召回、台湾塑化剂事件、三鹿奶粉等事件的发生，使得人们不得不去反思这样一个问题：全球化究竟给我们带来了什么？我们应该如何应对程度日益加深的全球化现象？是消极规避，还是勇敢面对，这成为一个问题。当然，更多的主体选择了积极去面对。自 1980 年以来，我国货物出口额逐年增加，销售范围遍布世界主要国家和地区（2000 - 2017 年的货物出口情况详见表 6 - 2）。但是，也正是在出口创汇增加国民生产总值的同时，产品侵权事件也较国内销售时有明显的增加，因此导致的损害赔偿责任的发生，一定程度上侵蚀了企业的经营绩效。可以说，损害赔偿额度是与行动范围呈现正比例关系的，当然也是与保险利益成正比例关系的。即，行动范围越大，预期的保险利益损失就越大，尤其是当被保险人的行动涉足于侵权法律规范比较严格的国家或地区的时候，其承担侵权责任的概率及其所承担责任的额度都会较其他地区有所提高。

正因被保险人行为范围的大小与保险利益之间所呈现出来的正比例关系，保险人保险险种的推出以及保险费率的确定也考虑到了这一因素。例如我国的各大财产保险公司，就分别有针对产品海外销售以及国内销售的涉外产品责任保险和国内产品责任保险两个细目。

表 6－2　　2000－2017 年中国货物出口额

年份	出口额（亿元）	年份	出口额（亿元）
2000	20634.44	2009	82029.69
2001	22024.44	2010	107022.84
2002	26947.87	2011	123240.56
2003	36287.89	2012	129359.25
2004	49103.33	2013	137131.43
2005	62648.09	2014	143883.75
2006	77597.89	2015	141166.83
2007	93627.14	2016	138419.29
2008	100394.94	2017	153311.19

数据来源：中国国家统计局网站.

四、责任事故概率

保险领域的概率，主要以贝叶斯方法为基础进行推算。贝叶斯定理的简要内容如下：

假设实验 T 的样本空间为 S，S_1，S_2，…，S_n 为 S 的一个划分，亦即 $S=\overset{n}{\underset{i=1}{U}}X_i$，且当 $i\neq j$ 时，$X_i\cap X_j=\Phi$，则有：

$$P\{X=x_0\mid Y=y\}=\frac{(P\{X=x_0)\cdot P\{Y=y\mid X=x_0\}}{\sum_x(P\{X=x)\cdot P\{Y=y\mid X=x\}}$$

其中，$P\{X=x\}$ 称作先验概率，$P\{X=x_0\mid Y=y\}$ 称作后验概率。

具体到责任保险，其风险事故发生的概率亦可依贝叶斯方法加以计算。一般而言，责任事故发生概率的高低与被保险人的保险利益是一种正相关关系。即概率越高，被保险人利益损失也就越大；反之则反是。然责任保险的事故概率与财产损失险之火灾、地震抑或是自燃等风险不同，除了致第三人人身或财产发生损害的概率之外，还需要考察第三人向被保险人索赔的概率，即预期索赔率的大小。至于预期索赔的概率，还要受到诉讼文化的影响。特定区域的诉讼文化是追求无诉，还是争讼，都将对预期索赔概率有所影响。

测算出责任事故发生的概率之后，通过责任事故概率与预期损害赔偿额之间乘积，即可以计算得出被保险人的预期利益损失。具体数量关系表述如下：

预期损失＝事故概率×损害赔偿预期

依照上述公式计算得出的预期损失，即是在一定风险概率下的利益损失预期。为经济利益考虑且从成本的有效性出发，被保险人只需以此作为确定其所投保之责任保险的责任限额标准。但为了纠正预期的偏离程度，还需要结合标准差以及方差进行利益损失预期的计算。标准差的计算公式如下：

$$\mu=\frac{1}{N}\sum_{i=1}^{N}x_i$$

$$\delta = \sqrt{\frac{1}{N}\sum_{i=1}^{N}(x_i - \mu)^2}$$

五、当事人诉讼策略选择

在阐述当事人之诉讼策略选择对于保险利益量的影响机理之前，让我们先了解一下发生在美国的 Crisic V. Security Insurance Co. 一案。在该案中，房屋所有人 Crisci 将其公寓出租，结果承租人踩楼梯时不慎摔倒受伤，并因此患上了精神病，承租人继而起诉了 Crisci。承租人称楼梯破损是由于 Crisic 疏于检查和维护所造成的，承租人因此向 Crisic 提出了 40 万美元的赔偿请求。在此之前，Crisci 投保了保险限额为 10 万美元的住宅责任保险。对 Crisic 承保的保险人为 Crisci 聘请了一位代表律师，虽然该律师和保险人的理赔部经理都相信，判决金额将会超过 10 万美元，但是原告律师提出一项 1 万美元的和解请求却遭到了保险人的拒绝。随后，承租人将和解金额修改为 9000 美元，但仍遭到保险人的拒绝。结果陪审团判决 Crisci 赔偿原告 10.1 万美元的损害赔偿金，其中的 1 万美元由保险人负担，其余部分则由 Crisci 自行承担。面对如此的判决结果，Crisci 遭遇了经济危机并因此感到精神痛苦而曾试图自杀，Crisci 因此向保险人提起诉讼。法院认为，保险人拒绝承租人的和解请求是不合理的，因此判决保险人不仅要承担 Crisci 对承租人的全部赔偿责任，还要赔偿 Crisci 因为保险人违反了和解义务而遭受的精神损失。

上述案件清晰地表明，侵权事件的发生，无论是对于被保险人、保险人，抑或是侵权事件的被害人而言，都会产生一定“负效应”。对于被害人，意味着财产以及人身权益的被侵害；对于被保险人而言，意味着损害赔偿责任的承担；对于保险人而言，则意味着保险责任的承担以及由此可能导致的经营绩效的减损。作为理性人的各主体，对于上述“负效应”，都会采取事前或事后的策略加以应对。被保险人、保险人以及第三人各方都希望实现成本——收益的最大化，并基于此展开了一场三方动态博弈。博弈的结局直接影响到被保险人和第三人的保险利益的维护程度以及保险预期。

在这场博弈中，保险人为控制被保险人与第三人之间的同谋或欺诈对其造成的不利影响，通常会在责任保险合同中列示诉讼参与条款。其大意为：“未经保险人同意，被保险人不得在诉讼中或诉讼外与第三人达成和解的协议，并不得以此对第三人进行赔偿。否则被保险人与第三人之间达成的协议对于保险人不具有约束力。”例如，《中国人保财险产品责任险条款》第 6 条规定：“被保险人或其代表一旦获悉受害人提出的索赔或者就产品责任赔偿向人民法院提出诉讼、向仲裁机构提出仲裁申诉，被保险人应当立即书面通知本公司，并配合本公司及时查勘处理。未经本公司书面同意，被保险人不得作出任何许诺或赔偿；本公司认为必要时，有权以被保险人的名义就任何索赔进行辩护和处理解决。”《平安保险公司公众责任险条款》亦规定：“未经本公司书面同意，被保险人或其代表对索赔方不得作出任何责任承诺或拒绝、出价、约定、付款或赔偿。在必要时，本公司有权以被保险人的名义接办对任何诉讼的抗辩或索赔的处理；本公司有权以被保险人的名义，为本公司的利益自付费用向任何责任方提出索赔的要求。未经本公司书面同意，被保险人不得接受责任方就有关损失作出的付款或赔偿安排或放弃对责任方的索赔权利，否则，由此引起的后果将由被保险人承担。”而对于被保险人和第三人而言，达成一个责任保险合同之责任限额内的和解是较为理想的。因此，于责任保险之中之复数主体各自的诉讼策略选择预期也会影响到保险利益的“量”之规定性。

（一）第三人

以受害人身份存在之第三人，在遭受归责于责任人之事件而造成人身或财产损害之后，责任人是否投保有责任保险对于第三人的损害赔偿请求权的行使有着不同的影响。总体而言，第三人的策略选择主要包括两方面：一方面是赔偿能力，另一方面即是赔偿数额。

首先对于赔偿能力，虽然责任保险仅为对第三人的一种相对间接的保障手段，但在第三人直接支付请求权存在的情形下，这种间接性保障即会转变为一种直接性保障。因此，在有直接支付请求权得以行使的场合，第三人更愿意首选保险人作为损害赔偿补偿的主体。

其次对于损害赔偿数额而言，第三人主张的损害赔偿数额会受到两个因素的影响。其一是责任人是否投保责任保险，其二是法院的态度。通常情况下，当责任人投保有责任保险时，第三人往往会提出相对较高的损害赔偿数额。另外，若第三人预期法院因责任方拥有责任保险而将做出慷慨判决，往往也会提出较高的损害赔偿请求。由此形成一种悖论，当事人往往出于对侵权诉讼的畏惧而购买责任保险，然而，当他们拥有责任保险后，反而更容易成为他人索赔的对象①。

（二）被保险人

保险人的策略选择主要体现在是否在保险合同约定的责任限额内接受第三人提出的和解请求。一般情况下，如果第三人提出的和解请求在责任保险的责任限额以内，被保险人是十分乐于接受和解的。但如果第三人提出的和解请求超过了责任保险的责任限额，且被保险人有着相对较高的胜诉预期的情况下，因超出部分要由被保险人承担，被保险人反倒并不会接受第三人的和解请求。不过基于对法院判决结果的不确定性预期，被保险人仍会选择接受第三人的和解请求，只要和解请求的数额不是十分离谱。当然，亦有为社会声誉维护之被保险人不以和解数额未超过责任限额而接受第三人的和解请求。

（三）保险人

面对第三人和被保险人将会采取的策略选择，保险人应该如何加以应对？是尊重责任事故当事人的意思自治？还是主动进行干预以实现经营效益的最大化？通常情况下作为理

---

① 周学峰．侵权诉讼与责任保险的纠结——从两方对抗到三方博弈［J］．清华法学．2012（6）：99.

性经济人的保险人是会选择后一种策略。在责任保险合同中，通常列示有保险人的诉讼参与权条款。保险人通过策略地行使其享有的诉讼参与权，可以有效地控制来自第三人与被保险人之间的合谋欺诈风险。但保险人在行使诉讼参与权的过程中，亦要受到最大诚信原则的限制，须基于同等考虑以尽量维护被保险人的利益。当其有违最大诚信原则导致被保险人利益损失时，保险人须对被保险人承担损害赔偿责任，甚至包括精神损害赔偿责任。

六、其他因素

其他的影响因素主要包括保险的自愿性以及免赔条款的设置等。

（一）责任保险的自愿性

以责任保险合同订立的自由程度为标准，责任保险有自愿责任保险（亦被称为商业责任保险）以及强制责任保险两种。普通商业责任保险广泛存在于产品责任、公众责任以及雇主责任等各个领域，而为了实现社会公平或者社会效率以及加强社会公众权益保护目的而实施的强制责任保险则仅局限于机动车事故责任以及环境污染责任等有限的几个领域。为了不过分地干预当事人的契约自由，强制责任保险一般都有明确的责任限额，而且责任限额一般仅为一个档次，投保人不具有选择的余地。超过强制责任保险限额的责任保险需求，则需另投保商业责任险加以补足。

在强制责任保险中，被保险人的保险利益只能与强制责任保险确定的责任限额相等，责任保险强制性地限定了该险种下被保险人能够得到保险保障的保险利益额度。例如，我国于 2008 年 2 月 1 日调整后的机动车交通事故责任强制保险责任限额的具体情况如下：

首先，机动车在道路交通事故中有责任的赔偿限额分别是：（1）死亡伤残赔偿限额：110000 元人民币；（2）医疗费用赔偿限额：10000 元人民币；（3）财产损失赔偿限额：2000 元人民币。

其次，机动车在道路交通事故中无责任的赔偿限额分别是：（1）死亡伤残赔偿限额：11000 元人民币；（2）医疗费用赔偿限额：1000 元人民币；（3）财产损失赔偿限额：100 元人民币。

强制责任保险较之普通商业责任保险具有更为明显的正外部性，对于第三人的权益保护范围更加的广泛。但其一般是实行低水平、广覆盖的原则，既不会给投保人造成过大的经济压力，又不会过分地侵占普通商业责任保险的经营空间。保险实务中，当同类型的强制责任保险与商业普通责任保险并存的情况下，商业责任保险的保险人仅负担强制责任保险额度不足部分的保险给付责任。因此，在进行普通商业责任保险投保时即可将其中的保险利益额度下调以减少保险费支出。

（二）免赔条款

为了规避道德风险以及逆选择行为的发生，保险人通常会在保险合同中与被保险人约定适用免赔条款，当然于强制责任保险之中尚有法定免赔率的适用且不得以约定方式加以排除。

在适用免赔条款的情况下，被保险人的利益保护程度亦将随之下降。经常被采用的免赔方式主要有以下的几种：

1. 免赔率

实行免赔率方式下，被保险人获得的保险赔付额为：

保险赔款 = 责任限额内的赔偿额 ×（1 − 免赔率）

这种免赔方式使得保险人和被保险人之间按比例承担了总体的损害赔偿责任，可以很好地规避来自被保险人的道德风险。

2. 绝对免赔额

在绝对免赔额方式中，保险人要将免赔额从被保险人的责任额度中剔除出去，保险人承担两者相减之后的净额部分。此时保险人须支付的保险赔款为：

保险赔款 = 责任限额内的赔偿额 − 绝对免赔额

3. 相对免赔额

相对免赔额与绝对免赔额虽然只是字面表示上的一字之差，但是这两种免赔方式却是存在着很大的不同。对于相对免赔方式而言，只要被保险人损害赔偿责任的数额超过了相对免赔额，保险人即须对被保险人的全部责任承担保险金给付责任；如果被保险人的损害赔偿责任数额小于相对免赔额的话，保险人则无须承担保险责任。可见，相对免赔额是一种要么全有，要么全无的保险责任承担方式。

无论是采取哪一种免赔方式，被保险人都面临着损害赔偿责任无法完全转嫁的风险，这也就意味着保险利益不能够获得全部的补偿。但于保险实务中，投保人可以投保不计免赔特约险这一附加保险以提升保险保障程度。

以上阐释了影响保险利益量的因素，但并不是穷尽式列举。因此，从理论研究的严谨性出发，笔者以函数式的形式表示各因素对于责任保险中保险利益量的影响关系：

$F(x)=f(x_1,x_2,x_3,\cdots,x_n,u)$

其中，x_1，x_2，x_3，…，x_n代表以上所阐述的各主要影响因素，u为其他不确定性的未知因素。

第四节　保险利益变动与责任保险合同效力的关系

一、责任保险合同的效力

市场经济必然与经济契约——合同相伴随，在有限的资源与无限的利益追求之间，合同是促进交换和资源分配的基本方式，市场交易活动必然由合同来构造和嫁接。合同的效力问题，事关能否产生当事人预期的拘束力，也直接关系到市场活动的秩序和效率[①]。

合同的效力具体是指依法成立的合同在合同当事人之间所产生的法律上的约束力，合同效力乃是法律对于当事人之间所形成合意的一种评价。当事人之间所订立的合同，仅在满足了法律规定的生效要件时，才是有效的合同，才能朝着当事人之间形成的合意方向发展。否则，当事人之间所成立的合同就会成为效力待定合同、可撤销合同或者无效合同。按照《合同法》的规定，除法律、行政法规规定应当办理批准、登记等手续生效的以外，依法成立的合同，自成立时生效。有下列情形之一的，合同无效：（1）一方以欺诈、胁迫的手段订立合同，损害国家利益；（2）恶意串通，损害国家、集体或者第三人利益；（3）以合法形式掩盖非法目的；（4）损害社会公共利益；（5）违反法律、行政法规的强制性规定。不过，因《保险法》并未对保险合同的成立设定需要批准或者登记之前提条件，因此当投保人提出保险要求，经保险人同意承保，保险合同即告成立。而且，只要合同当事人并未对合同的生效附期限或附条件，保险合同自成立时起生效，合同的主体即要受到生效之合同的约束。于投保人，需要履行缴纳保险费、危险增加的通知以及标的物转让的通知等义务；于保险人而言，则需要按规定提取责任准备金，并随时准备承担保险给付责任。

保险契约订立之后，其主体及内容原则上应持续至契约效力终止之时。尤其，保险契约为对人契约，当事人之间互信关系至为重要，故不得随意变更。而保险人所承担之危险性质，为计算保费之重要基础，保险金额为保险人所负赔偿金额最高限度，保险期间在于确定保险人之责任期间等契约内容，基于“契约必须遵守原则”（Pacta Sunt Servanda），有限制双方当事人之效力。然保险契约效力持续时间甚长，若有特殊情势发生，得改变之[②]。

我国《保险法》中规定的保险合同效力变更主要涉及保险标的物转让、保险合同解除、保险合同的中止以及复效等几种情况。例如，《保险法》第 49 条第 1 款规定，保险标的转让的，保险标的的受让人承继被保险人的权利和义务。《保险法》第 31 条第 3 款规定，订立合同时，投保人对被保险人不具有保险利益的，合同无效。《保险法》第 55 条第 3 款规定，保险金额不得超过保险价值。超过保险价值的，超过部分无效，保险人应当退还相应的保险费。但因《保险法》并未就责任保险合同的效力问题进行单独的规定，所以于责任保险的合同效力方面，自应适用一般性规定。责任保险合同成立后，投保人按照约定交付保险费，保险人亦应提存相应的责任准备金，并于约定的时间开始承担保险责任。如遇合同有效期内，保险标的的危险程度显著增加，被保险人应当按照合同约定及时通知保险人，保险人可以按照合同约定增加保险费或者解除合同。保险人解除合同的，应当将已收取的保险费，按照合同约定扣除自保险责任开始之日起至合同解除之日止应收的部分后，退还投保人。被保险人未履行通知义务的，因保险标的的危险程度显著增加而发生的

① 李仁玉等著．合同效力研究［M］．北京：北京大学出版社．2006 年，第 1 页．

② 江朝国著．保险法基础理论［M］．北京：中国政法大学出版社．2002 年，第 170 页．

保险事故，保险人不承担赔偿保险金的责任。

另外，保险人对责任保险的被保险人给第三者造成的损害，可以依照法律的规定或者合同的约定，直接向该第三者赔偿保险金。责任保险的被保险人给第三者造成损害，被保险人对第三者应负的赔偿责任确定的，根据被保险人的请求，保险人应当直接向该第三者赔偿保险金。被保险人怠于请求的，第三者有权就其应获赔偿部分直接向保险人请求赔偿保险金。而且，责任保险的被保险人因给第三者造成损害的保险事故而被提起仲裁或者诉讼的，被保险人支付的仲裁或者诉讼费用以及其他必要的、合理的费用，除合同另有约定外，由保险人承担。但是，在保险合同约定有“先诉条款”的情形下，责任保险的被保险人给第三者造成损害，被保险人未向该第三者赔偿的，保险人不得向被保险人赔偿保险金。

二、保险利益变动对责任保险合同效力的影响

保险利益，这一保险领域的“精灵”，总是以一种神秘面容出现在人们眼前。也正因其具有的神秘感，才使得理论研究的学者对其有着十分浓厚的研究热情。而保险利益动态变化对于合同效力之影响机理的研究，亦是人们为探寻责任保险中保险利益之真我面目而选定的路径之一。

致责任保险合同效力变化的因素有很多，但囿于研究目的的局限，笔者仅就因保险利益变动原因致保险合同效力改变的情形加以阐释。具体而言，保险利益的动态变化对责任保险合同效力的影响主要体现在利益载体的转让以及保险利益主体更迭两个方面。

（一）利益载体的转让

依保险理论可知，保险利益的载体乃是保险标的物。保险利益附着于保险标的物之上，因保险标的物的完好而得以保有，因保险标的物的损毁灭失而遭损失。因此，通说认为，保险标的物的转移，必然同时伴随有保险利益的转移。当保险利益发生转移的时候，原保险合同之被保险人因保险利益之载体已由实物形态转变成价值形态而使其保险利益得以有效地维护，日后自不会再发生因保险标的物损失而致其利益损失之可能。日后发生的保险标的物损失已与原被保险人的保险利益损失无关，原被保险人自不能向保险人申请保险赔付。对此，林宝清教授认为，“投保人或被保险人只有对保险标的拥有可保利益才能与保险人订立保险合同，从而取得保险利益。如果他们在保险合同有效期内失去对标的物的可保利益，比如由于财产所有权人的变更，保险合同失效，则他们也就同时失去了保险利益[①]。”但笔者认为，至保险合同到期之前，被保险人仍有该标的物权利复归之可能，且因财产保险中的保险利益仅须于损失发生时存在即可。因此，保险合同并不会因保险标的物的转让而失效，虽然这种权利复归的可能充满着不确定性。恰如英国学者 E. R. Hardy

① 林宝清．可保利益与保险利益之法论［J］．厦门大学学报（哲学社会科学版）．1986（6）：117.

Ivamy之观点一般，保险利益的缺失仅仅能够使得保险合同对于保险人失去约束力，而并非能够导致合同的无效。如果保险人愿意接受此保险合同的约束而对被保险人进行赔付，亦无不可。不过，在权利复归的过程中，保险利益的动态改变情况亦须加以仔细斟酌。

举例而言，保险合同订立时标的物的市场价格为50000美元，投保人投保了保险金额为50000美元的足额保险。合同有效期内，投保人将该标的物以60000美元的价格转让，并于合同有效期内以50000美元的价格再次受让。受让完成后，标的物出险造成60%的损失，出险时刻标的物市场价值为50000美元。此时对该被保险人进行保险赔付的额度应为：

50000×60% =30000(美元)

此例中，被保险人通过标的物转让而获得的10000美元的收入乃因市场价格变动所致，非为保险保障的纯粹风险范畴。通过此例足可见，保险保障的利益，即保险利益是需以标的物为载体，且以标的物的市场价值为“框架”。

在被保险人再次拥有承载于特定标的物上之保险利益之前，如果标的物遭遇保险合同约定风险事故的侵袭而发生损失，原被保险人自不会继续享受保险合同的保障，保险人亦无须继续承担保险责任。而标的物之受让人，因其并非是保险合同中的被保险人，虽然其有利益上的损失，但该利益损失并非保险利益损失，受让人亦不能向保险人提出赔付请求。然而，保险利益（Insurable Interest）系指特定人（即要保人）对于保险标的所存有之一种利害关系。不同之人对于同一标的所存有之利害关系本各有不同，故保险利益本不生转让问题[①]，这种观点符合保险的原理，但失之过严，有可能造成不利于更好地促进经济发展和社会稳定的后果，出现了很多貌似公正但实际不利的情况[②]。因此，出于经济上之理由，相当一部分国家和地区的保险法律都规定，如果保险标的物发生转让，受让人应承继原被保险人的各项权利和义务。如《韩国商法典》第679条规定：“被保险人转让保险标的时，推定为受让人承继保险合同中的权利与义务。”《意大利商法典》第1918条规定：“保险物的转让不是保险契约解除的原因。未通知保险人发生转让且未告知受让人存在保险契约的被保险人，承担自转让时起的保险费的支付义务。自转让后的第一个保险费期间届满时起的10日内，知道保险契约存在的受让人未以挂号信向保险人做出不替代被保险人在契约中的地位的意思表示，则被保险人的权利、义务移转于受让人。”但因受让保险标的物之主体并非保险合同之当事人或者关系人，受让人意欲受到保险合同的保障，还必须向保险人为转让通知。然而，主体的变更必然会影响到风险事故发生的概率，因此，保险人在接到保险标的物转让通知后，有权在核查风险状况之后要求增加保险费或者解除保险合同。保险人解除合同的，应当将已收取的保险费，按照合同约定扣除自保险责任开始之日起至合同解除之日止应收的部分后，退还投保人。如果被保险人或受让人未履行通知义务，对因转让导致保险标的危险程度显著增加而发生的保险事故，保险人不承担

---

① 施文森著．保险法判决之研究（总则篇）上册［M］．台北：三民书局．2001年，第151页．

② 徐卫东著．保险法论［M］．长春：吉林大学出版社．2000年，第275页．

赔偿保险金的责任[①]。

具体到责任保险，因责任保险之保险标的并非责任保险中所特别约定之机动车辆或者经营场所等特定之物，而是被保险人的一般财产与预期收入之整体。特定物之转让仅是标的物的部分转让而已，保险标的物之其他组成部分仍归于被保险人。为不确定之第三人利益计，按照我国《保险法》第49条第1款的规定，保险标的转让的，保险标的的受让人承继被保险人的权利和义务。不过，与特定物的转让不同，当被保险人之其他财产发生转让时，却不能使得受让人继受被保险人的权利和义务。乃是因为，被保险人之责任承担基础乃其一般财产之整体，该整体之具体范围会因被保险人日常生产以及生活之需要发生变化，其具体的细部构成处于一个动态变化的过程之中。且该部分标的物仅是作为利益的载体而存在，并非与责任的产生直接相关。更何况，特定物转让之后，原责任保险合同所约定的与特定标的物有关的法律责任已不能够产生。

因此，笔者认为，基于责任保险之保险利益的载体是包括特定物在内之被保险人的一般财产与预期收入润之整体之事实，标的物转移之后是否可以进行被保险人的变更，从而可以使得受让人承继被保险人的权利义务，应视转让标的之不同而有所不同。即：仅当转让之标的物包括与产生责任保险合同所约定之责任有关的特定财产时，保险标的物的受让人才可以承继被保险人的权利和义务。但若原被保险人并无意将保险契约利益向保险标的物受让主体进行移转的话，保险合同也并不因特定标的物的转让而失效。亦如英国学者John Birds所言，可保利益是任何保险合同的基本要求，除非能够合法放弃。这意味着合同当事人——无论被保险人还是保单持有人对保险标的必须有某种特殊的关系。依保险类型不同，可保利益的缺失会导致合同违法、无效或仅仅不能执行[②]。要保人所得转让者仅为基于标的物上所存有之财产权益，而受让人之所以对于标的物取得保险利益，系因其于受让财产权益与标的物另行结合而发生，并非径自让与人承受此种利害关系[③]。当发生特定物转让的时候，基于效率性的考虑，更是基于第三人利益维护的考量，受让人仅为可以继受原被保险人的权利和义务，而非当然承继原被保险人的保险契约利益。保险标的物受让主体承继原被保险人权利义务的立法例以“效率”理由混淆了保险契约利益与保险利益之区别，也忽视了当事人的契约自由，乃是立法对于现实的一种绑架。

（二）利益主体的更迭

此处所要论述的保险利益主体更迭对于责任保险合同效力的影响，仅限于被保险人死亡或者合并、分立情形。

按照承保方式的不同，责任保险有期内索赔制和期内发生制之区别，但其作用机理并无太大的不同。简而言之，责任事故发生后，被保险人将以其一般财产与预期收入之总体

① 不过，为了满足交易便捷性的需求，货物运输保险合同以及当事人之间特别约定的保险合同除外.

② ［美］缪里尔·L. 克劳福特著. 人寿与健康保险（第8版）［M］. 周伏平，金海军等译. 北京：经济科学出版社. 2000年，第226页.

③ 施文森著. 保险法判决之研究（总则篇）上册［M］. 台北：三民书局. 20001年，第127页.

作为对外承担责任的担保。但是，因第三人之索赔请求可能与事故发生并不同步，在此期间被保险人之整体财产会因被保险人死亡、合并以及分立等原因发生权利主体的更迭。具体过程恰如图 6－1 所示。权利主体发生更迭时，保险利益的变动对于责任保险合同的效力影响如何？根据美国《加利福尼亚州保险法典》的规定，被保险人死亡时，保险利益根据遗嘱或法定继承移转于被保险人的继承人，仍为继承人利益而存在。《法国保险法典》亦有类似规定，即当被保险人死亡时，保险合同应当为继承人的利益继续下去。另外，我国台湾地区“保险法”规定：被保险人死亡时，保险契约除另有订立外，仍为继承人……之利益而存在。在此方面，我国《保险法》却付之阙如。但《保险法司法解释（四）》第 3 条规定：“被保险人死亡，继承保险标的当事人主张承继被保险人的权利和义务的，人民法院应予支持。”

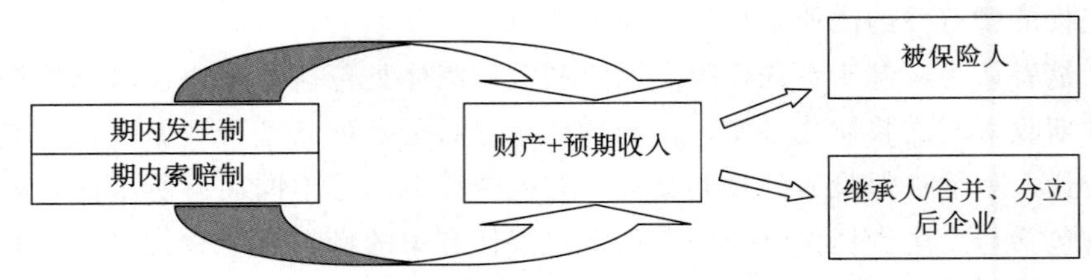

图 6－1　利益主体更迭图示

当发生被保险人合并、分立抑或是死亡等情形，合并或分立后的企业或者被保险人的继承人，因应承继被保险人的债权和债务而可能遭遇到财产的损失，且为第三人利益计，亦应由其承继原被保险人的权利和义务。在通知保险人进行保单批改之后，继续享受保险合同的保障。亦如在 Henkel Corporation v. Hartford Accident & Indemnity Corporation 一案中，加利福尼亚州最高法院之判决所阐释的，“在企业合并的情形下，继受责任的企业可以获得此种赔付，因为继受企业依法承担了赔偿责任，并成为合并前企业资产的所有人。但是，如果继受企业仅仅购买了合并前企业的财产和债务，并且通过合同受让了债务人的责任保险，则该等受让因为违反了保单中的“不得转让条款”而无效①。”但与企业分立或合并等情况不同的是，继承人仅于继承财产范围内对被继承人生前所欠合法债务承担责任。

本章小结

责任保险，仅仅因其所承保的风险种类及其所承载之社会使命的不同，就导致其保险利益与普通的财产损失保险相比较有着诸多的不同。然而责任保险之保险利益并非学者所指称之消极保险利益，而仍应归属于积极保险利益范畴。该利益以被保险人的整体财产以

① ［美］肯尼斯·S. 亚伯拉罕著. 美国法原理与实务（第四版）［M］. 韩长印等译. 北京：中国政法大学出版社. 2012 年，第 471 页.

及预期利润为承托载体，以被保险人应依法承担的民事损害赔偿责任为表征。从更为宽泛的角度讲，责任保险的保险利益是以记名被保险人、附加被保险人以及第三人为利益归属主体的，且责任保险中的保险利益应于损失发生时存在。另外，责任保险中的保险利益在数量的确定上并不完全受到保险标的物价值量的限制，除了保险标的物的价值量因素以外，还要受到损害赔偿方式、物价变动情况、被保险人行为范围、当事人的诉讼策略选择以及其他不确定性因素的影响而极具特殊性，具体的数量关系函数为：$F(x)=f(x_1,x_2,x_3,\cdots,x_n,u)$。但是，保险利益的确定仍需以保险标的物的价值为主要标准，因此，于责任保险之中，仍存在超额保险以及重复保险的可能。只是在超额保险情境下，基于第三人利益保护原因而默许了它的存在。但在重复保险的场合，却仍要以重复保险的分摊方式划分各个承保人之间的责任份额，以此避免超额获益现象的出现。

依法成立的责任保险合同，对当事人有约束力。在发生责任保险之保险利益载体转让的时候，仅当转让之标的物包括与产生责任保险合同所约定之责任有关的特定财产时，保险标的的受让人才可以承继被保险人的权利和义务。但是，当发生被保险人合并、分立抑或是死亡等情形，合并或分立后的企业或者被保险人的继承人，因应承继被保险人的债权和债务而可能遭遇到财产的损失，且为第三人利益计，应由其承继原被保险人的权利和义务。

对责任保险中保险利益的深度剖析

第一节 责任保险中保险利益“有”“无”之争

虽然对于责任保险之保险利益，究竟是属于积极利益，还是属于消极利益存有争论，但大部分学者均认为于责任保险之中有保险利益的存在。学者们或认为“被保险人致人损害的赔偿责任，为责任保险的标的。被保险人因承担赔偿责任而将减少其现有财产，或者失去应得之利益，从而与其赔偿责任的承担具有经济上的直接利害关系。被保险人对责任保险的标的具有保险利益[①],”或认为“责任保险之标的，为责任义务保险利益（Haftpflicht Interesse），其关系连接对象为对第三人之损害赔偿义务，即于保险事故发生时，被保险人对第三人负有损害赔偿之义务。而因这种责任义务之产生，将造成被保险人整体财产上之负担，故可借保险之制度将之分散于共同团体内其他之成员[②],”“此种对于第三人之赔偿责任，如不发生，则被保险人固无何种积极的利益，然若发生，则被保险人之全体财产即必减少。可见，此种保险，实等于以被保险人的全体财产为标的（火灾保险或运送保险则以被保险人的个别的具体的财产为标的），所以也属于财产保险[③]，抑或认为，“依据美国法院之见解，责任保险之要保人之保险利益，存在于要保人全部财之上，及要保人顺利地经营业务所可获得之一种经济利得上。要保人利用此种保险措施，对于因危险事故发生所蒙受之金钱损失或不利益，得以获得填补。此即所谓消极的保险利益[④]”。

但于晚近时期，在理论界却展开了一场有关责任保险之保险利益的“有”“无”之争，并因此形成了肯定论与否定论两种学术观点。

① 邹海林著．责任保险论［M］．北京：法律出版社．1999 年，第 132 页．

② 江朝国著．保险法基础理论［M］．北京：中国政法大学出版社．2002 年，第 73 页．

③ 郑玉波著．保险法论（修订七版）［M］．刘宗荣修订．台北：三民书局．2007 年，第 112 - 113 页．

④ 参见樊启荣 编著．责任保险与索赔理赔［M］．北京：人民法院出版社．2002 年，第 70 页．

一、肯定论

肯定论乃是目前学术界之通论。肯定论认为，直接或间接地负有法律上的责任的人，在相关财产中对损失或损坏享有可投保利益。因此，针对被保标的物的财产发生损失或损坏的事项，承保人对被保险人负有责任。显然，任何承诺，对财产承担责任的结果，将就该财产产生一个可投保利益[①]。“责任保险之保险利益固亦有寄存于有形之物体者，但大部分则属抽象的期待责任。被保险人对于因特定意外事故之发生，在法律上有无可拒却之责任者，对此责任有保险利益”。虽“责任保险之保险利益究属何如，殊难得一确切之概念：有关于物之存亡者，有关于行为或不行为者，有关于法定事故之发生或不发生者，不一而足[②]”。但“责任保险之保险利益，在性质上属于消极之保险利益，且为财产上之责任利益，故为财产上保险利益之一种。要保人或被保险人对此消极之不利益具有保险利益，须以有形或无形之财产利益作为依据[③]”。被保险人因承担赔偿责任而将减少现有财产，或失去应得之利益，从而与赔偿责任的承担具有经济上的利害关系，消极的期待利益之所以成为保险利益，是基于投保人对其现有的财产有利益[④]。责任保险之被保险人在订立保险合同时是否具有保险利益，确实令人怀疑，但是，被保险人在致人损害而应承担赔偿责任时，对其投保的责任危险有直接的利害关系，具有保险利益，责任保险合同为被保险人的利益而存在。因此，责任保险的性质默示地推定被保险人在订立保险合同时，具有保险利益[⑤]。

另外，肯定论的观点亦有法院判例的支持。其中，美国新罕布什尔州法院在审理Howe V. Howe一案时即指出，因被保险人不拥有汽车即否认其拥有责任保险单下保险利益的观点是站不住脚的。“尽管针对汽车没有任何权益，但是，被保险人因保险事件的发生，由于自身疏忽的行为给他人造成伤害而可能遭受损失，这足以使他享有责任保单下的可投保利益[⑥]。”审理露西那诉克劳福德一案的法官劳伦斯说：“利益并不必须意味着对一件东西的部分或全部的一项权益，也不是必须和仅限于是可被剥夺的标的，而是与保险标的有关系或有所涉及的；由于被保危险的发生，使这种关系和所涉及的受到影响足以导致对投保人构成一个损害、损失或侵害。并且，当一个人处于这样的环境下，即与面临着风险或危险的事物有关，若这些风险或危险没有发生，他肯定可以得益，他就可能对这件事物的安全感兴趣。对某些东西的存在存有利害关系是指这个关系，他将因其存在而获利，因其

① ［英］Malcolm A. Clarke 著．保险合同法［M］．何美欢，吴志攀等译．北京：北京大学出版社，2002 年．第 118 页．

② 桂裕著．保险法［M］．台北：三民书局．1984 年，第 336 页．

③ 林群弼著．保险法论［M］．台北：三民书局．2008 年，第 477 页．

④ 樊启荣编著．责任保险与索赔理赔［M］．北京：人民法院出版社．2002 年，第 70 页．

⑤ E. R. Hardy Ivamy，General Principles of Insurance Law，5th ed.，London Butterworth 1986，P. 22 转引自邹海林著．责任保险论［M］．北京：法律出版社．1999 年，第 134 页．

⑥ ［英］Malcolm A. Clarke 著．保险合同法［M］．何美欢，吴志攀等译．北京：北京大学出版社．2002 年，第 101 页．

毁坏而受损[1]。”

笔者并不否认责任保险中保险利益的存在，恰似英国著名保险学者 Clark 的看法一样，保险合同并不承保被保险人的任何东西，保险合同仅仅保障那些拥有某事物或者负有责任的人的利益。但是学界却普遍认为保险是针对某些物的，并因此将该物作为保险合同的标的。或许这对于一般的财产保险而言并不存在太大的不同，但是在利润保险和责任保险中，则是存在着很多让人模棱两可的地方[2]，保险乃是一种表面保“物”，实则保“人”的风险管理手段。但笔者观点与肯定论亦是存在一定的不同之处，笔者认为责任保险中保险利益的载体并非是被保险人的侵权损害赔偿责任或者是合同责任，而应该是被保险人不时拥有的财产，即容易受到损害赔偿影响的、他的“钱袋子”。责任只不过是作为被保险人为了保护其钱袋子而针对的事件存在罢了。“除了坚守清贫誓言的僧侣之外，每个人都是有一些财产的，虽然，可能只是他身上可以被拿走的一件衬衫。那就是责任保险的标的；其中，可投保利益不可避免地存在着[3]。”

二、否定论

否定论认为财产保险中的保险利益乃是被保险人与保险标的物之间存在的被法律认可的经济上的利害关系。保险利益原则的适用乃是为了规避赌博和道德风险，并在损失补偿原则的配合下防止出现当事人的不当获利现象。但是在责任保险中，似乎缺少了保险利益发挥上述功效的空间。责任保险的投保人可不受财产价值的限制投保高限额的责任保险。而且，因责任保险以被保险人应依法承担的民事损害赔偿责任为保险标的物，自不会发生故意损毁标的物以期不当获利之赌博行为的发生，在实际损失补偿原则的作用下，亦不会产生超额赔付之现象。因此，否定论者认为，保险利益之避免赌博以及规避道德风险的作用在责任保险中完全无用武之地，很难想象保险利益适用于责任保险的必要性。因此，在责任保险中要求保险利益的存在已显得那么不合时宜。

否定论在阐释其论点时，认为有必要弄清楚以下几个要素之间的逻辑关系：

（一）责任财产

责任财产是责任人承担侵权责任以及合同责任的基础，责任人须以其全部财产承担其依法应承担的损害赔偿责任。责任财产的有无以及大小，直接影响到了受害人损害赔偿请求权的实现。但基于破产免责的保护，在责任人破产的情况下，超出其破产财产部分的损害赔偿责任归于消灭。

---

① ［英］Malcolm A. Clarke 著．保险合同法［M］．何美欢，吴志攀等译．北京：北京大学出版社．2002 年，第 119 页．

② ［英］Malcolm A. Clarke 著．保险合同法［M］．何美欢，吴志攀等译．北京：北京大学出版社．2002 年，第 101 页．

③ ［英］Malcolm A. Clarke 著．保险合同法［M］．何美欢，吴志攀等译．北京：北京大学出版社．2002 年，第 101 页．

（二）保险标的物

责任保险的标的物是责任保险中保险利益的载体，与支持肯定论观点之学者的意见一致，否定论的支持者亦是认为责任保险的保险标的物乃是被保险人依法应承担的民事损害赔偿责任。

（三）与责任产生有关的物

与侵权责任产生有关的物主要是处于责任人所有、占有或使用等状态的，因与潜在责任人的行为（包括作为和不作为）直接或间接地相结合导致侵权责任发生之物，该物与被保险人的责任财产并不具有绝对的从属关系。需要说明的是，有时侵权责任的发生并不伴随有此种物的存在，单纯的行为即可导致责任的产生。

上述三个要素之间的关系如图 7－1 所示。

图 7－1　责任保险要素关系图

否定论认为，被保险人投保责任保险的目的仅仅是为了规避因其行为造成的责任风险。已有法院也认识到责任保险与一般财产损失保险的此种区别，并开始放弃在责任保险中适用保险利益要件。例如，美国第七巡回上诉法院认为，毫无疑问，当被保险标的物发生碰撞、火灾以及偷窃等风险事故时，保险利益的存在是被保险人要求保险赔付的必备条件之一。保险利益可以将具有损失补偿性质的保险与赌博区分开来，而且保险利益的存在也会规避被保险人故意致标的物损失的道德风险。不过，虽然财产损失险中被保险人必须证明保险利益的存在已是确定无疑，但却并不是责任保险中被保险人从保险人处获得保险赔款的必备条件。在 United Services Automobile Association v. Edwin Howe 一案中，明尼苏达州法院即认为，根据明尼苏达州的法律，保险利益是成立机动车责任保险的前提条件之一。该种利益并不是基于普通法抑或是衡平法而对机动车所拥有的权利，而是为避免因机动车使用而引发之法律责任所产生的。另外，在美国亦有保险之法理学著作认为，责任保险中的利益并不在于被保险人对于某项财产所具有的普通法或衡平法上的利益，而是仰仗于被保险人是否会因保险事故的发生而被课以普通法或衡平法上的责任。如果被保险事件的发生将会导致以法律责任形式表征的经济损失，法院总是试图寻找事件中的保险利益。在责任保险中，保险合同的承保范围并不包括被保险人实体财产的损失，而仅仅对于被保险人将依法承担的法律责任进行承保。因此，责任保险之被保险人即拥有无限大的责任利益。甚至被保险人的货币本不得成为保险标的，但在责任保险中却得以实现①。

基于肯定论与否定论之间展开的，有关责任保险之保险利益的“有”“无”之争，笔

---

① Hagglund, Clarance E. Insurable Interest as Applied to Liability Insurance. Insurance Counsel Journal, Vol. 30, Issue 2 (April 1963), P. 239.

者并不完全支持其中的任何一方而是持有一种折中的态度。

笔者认为，利益，“利”与“益”的结合，简单地理解即是“好处”，是社会主体对于一种物质存在的欲望或要求。好处本无“积极的好处”或者“消极的好处”之分，“消极的好处”并非是好处，而只能是责任或负担。另外，责任保险并非是以损害赔偿责任作为保险标的物的险种，责任保险的保险标的物仍是被保险人的财产。社会主体投保责任保险的目的乃是为了规避责任风险对其财产的侵蚀。而责任事故风险同样是火灾、盗窃等风险，因之导致发生的被保险人的民事损害赔偿责任仅为被保险人的财产利益损失。被保险人将因责任的不承担而得以保存现有财产，亦将因损害赔偿责任的承担而致财产水平下降。被保险人在民事损害赔偿责任的表征下，与其财产具有利害关系。因此，责任保险仍是存在着保险利益的，而且与普通的财产损失保险的保险利益在利益属性方面并无不同。不过责任保险中的保险利益在归属主体、“量”的影响因素等方面与一般的财产损失保险相比具有明显的不同之处。相较于财产损失保险中的保险利益而言，责任保险中的保险利益是一种需要进行全面修正的保险利益类型。恰如英国上诉法院的观点一样，为了在责任保险中对何为保险事件进行认定而类推试用财产保险法是不合适的。不过，如同任何成熟理论一样，对于很多保险规定和原则来说，它们有与其功能基础分离的倾向。思想本身有它的生命力，内在的统一、历史性的精确、语言的纯正和循环或重复的解释，这些比任何对潜在社会问题的分析都重要。这个倾向在保险法中特别显著，因为在很多纠纷中，当事人将他们事实上关注的问题隐藏在法律话语中，以至法律脱离了生活实际。在这些情况下，先检讨一下保险法的功能，很有必要[①]。

第二节　破产法语境下责任保险中的保险利益考察

债务人与债权人以及债权人之间，难以通过协商来解决债务纠纷和债务人财产的分配。如果市场交易费用为零，且契约是完全的，债务人与债权人在签订契约前即可约定，当企业陷于破产时企业如何做，是重组，还是清算，以及它的资产如何在不同债权人之间进行分配。但是，市场交易费用不仅存在，而且大到债权人与债务人，以及债权人之间的协商谈判不可能进行。市场这只“看不见的手”面对企业破产问题失灵了。为了公平、合理地解决债权人之间、债权人与债务人之间的利害关系冲突，就有必要设立破产法律制度[②]。破产法律规范为债务人提供了免受多重讼累、一体解决债务清偿纠纷的机会，并依法豁免其在破产程序终结后未能偿还余债的责任[③]。

---

① Baer, 22 Ottawa L Rev 389 (1990) 转引自［英］Malcolm A. Clarke 著．保险合同法［M］．何美欢，吴志攀等译．北京：北京大学出版社．2002 年，第 107 页．

② 崔之元．不完全市场与策略性破产——美国破产法第 11 章的历史演变及理论意义［J］．经济社会体制比较，1996，(1)．转引自李洪国．中国企业破产问题研究［D］．长春：吉林大学博士学位论文．2005 年，第 36 页．

③ 王欣新主编．破产法学（第二版）［M］．北京：中国人民大学出版社．2008 年，第 7 页．

于责任保险的保险利益方面，被保险人以及第三人的保险利益量亦因破产法律的此等效应而得以确定一个上限，此一上限的理论最大值即为债务人的破产财产总值。当然，责任保险之承保人的给付责任上限亦因此得以确定。但这对于责任保险之第三人的保险权益保护甚为不利。此乃因为，责任事故中的第三人，并不似破产人的其他债权人一样具有一套相对完善的风险核查机制，他们亦缺少在债权债务关系形成之前与债务人谈判的机会。另外，与破产人的其他债权人相比较，第三人将会因债务人的破产而面临生存权利的缺失，而一般债权人面临的可能仅仅是财产权利受损之风险。如果在破产分配中，第三人之损害赔偿请求权并不具有优先性的话，第三人即需要与破产人的其他普通债权人一样参与破产分配。基于此，学者认为在破产程序中赋予第三人之损害赔偿请求权以优先权的性质，提升其破产分配顺序，对于维护社会的稳定可谓是意义重大。但仅仅是权利位阶的提升，似仍不足以彻底解决问题，尤其是在债务人破产财产不足分配的情况下。虽然多数国家和地区的保险法律开始赋予或认可责任保险中第三人对于保险人享有直接支付请求权，但因没有很好地解决保险法与破产法之间的协调问题，导致权利行使遭遇重重阻滞。

因此，笔者即以责任保险中第三人的直接支付请求权为出发点，在破产法语境下分析责任保险中的保险利益保护问题。

一、破产撤销权对责任保险之保险利益实现的羁绊

虽然部分学者认为，责任保险是对责任事故的第三人提供直接利益保护的保险险种，但时至今日，仍有相当部分的责任保险条款规定，被保险人只有向第三人实际赔付之后，才获得向保险人申请赔付的权利①。如此规定，是因为责任保险属于损失补偿保险范畴，只有当被保险人向第三人为实际赔付之后，被保险人才得以产生损失，这时才有对被保险人的损失进行保险赔付的必要。这在被保险人具有足够赔偿能力的时候，并不是什么问题。但问题是，如果被保险人赔偿能力不足，甚至被保险人已被宣告破产，此时被保险人能够向第三人支付的赔款数额通常都不会满足第三人的全部权利诉求。此时受害人不仅遭遇到了责任事故对其财产和人身的伤害，还遭受到了致害人破产财产不足以抵偿其损失的风险。

因此，为了更加充分地保护受害人的权益，以及维护社会的稳定，部分国家和地区的保险法律或者以立法形式赋予第三人以直接支付请求权，或者认可保险人和被保险人以约定方式赋予第三人以直接支付请求权，抑或是在被保险人怠于向保险人请求保险赔付时，赋予第三人以代位权。例如《德国保险合同法》第 115 条、《意大利民法典》第 1917 条以及《俄罗斯联邦民法典》第 931 条都对第三人的直接支付请求权进行了明确的规定。

但是，第三人之直接支付请求权的赋予涉及债权人之间的权利平等问题。如果说在债务人有足够的清偿能力（未达到破产界限）的情况下，鉴于侵权之债与合同之债的受偿结

① 例如，《中国人民财产保险股份有限公司产品责任保险条款（1995）》即规定，被保险人给受害人造成损害，被保险人未向该受害人赔偿的，保险人不负责向被保险人赔偿保险金．

果并没有太大的差异而没有必要对两种债权在救济的顺位等方面加以区分的话，那么，当债务人的财产面临不能清偿或者资不抵债从而使侵权之债不能获得充分的救济或者救济无望时，仍然将具有自愿属性的合同之债与具有非自愿和不可预见属性的侵权之债放置在同一个平衡称上，必将在两者之间产生厚此薄彼的失衡待遇，最终使侵权之债的受害人在破产清算程序中处于“霜雪交加”的境地[①]。当然，从权利位阶来讲，第三人的债权属于一种被动债权，且相当一部分是人身损害债权，赋予其直接支付请求权而使其权利位阶上升似乎也并不存在理论上的障碍。但是直接支付请求权有法定取得和约定取得之分，对于约定取得之直接支付请求权是否会受到破产撤销权的限制？

破产撤销权，在不同国家或地区破产法中的称谓有所不同。日本破产法称之为否认权，我国台湾地区“破产法”称之为撤销权，英美法系的一些国家则称之为可撤销交易制度。无论具体名称如何，破产撤销权乃是指破产管理人拥有的对债务人临近破产程序开始的期间内实施的有害于债权人利益的行为，在破产程序开始后予以撤销并将撤销利益复归破产财团的权利[②]。撤销权的设立，是为防止债务人在丧失清偿能力、对破产财产无实际利益的情况下，通过无偿转让、以明显不合理的价格交易，或者偏袒性清偿债务等方法损害全体或多数债权人的利益，破坏破产法的公平清偿原则[③]。破产撤销权的具体行使，需要满足以下主客观方面的各项条件：

1. 主观要件

主观要件考察的是当事人的主观恶意是否构成撤销权行使的条件之一。对此，各个国家的法律规定并不一致。不以当事人主观心理状态为要件的，有如美国。在美国破产法律中有一项“优惠无效制度”，该制度即不考虑当事人的心理状态，即使转得人或受让人出于善意，也阻止不了撤销权的行使。只不过，善意受让人会得到优先受偿权。而诸如德国和日本，撤销权的行使则要考察相关主体的主观恶意。但也并非绝对，上述两个国家破产法律对于无偿行为的撤销，也不考虑当事人的主观恶意。

2. 客观要件

（1）损害债权人利益的行为持续有效存在。撤销权行使的目的乃是为了纠正债务人行为偏差以维护全体债权人的合法权益。因此，只有当撤销权意欲行使之际这种偏差仍然存在，撤销权的行使才具实际意义。

（2）行为发生在破产程序开始前的法定可撤销期间内。在维护破产债权人权益的基础上，出于维护社会交往之安全性的考虑，只有对发生在破产程序开始前一段时期内的优惠清偿等行为，破产撤销权才得以行使。因此，当管理人行使此项权利的时候，即需要对这一时间要件进行充分证明。而破产人和相对人也可以通过举证其行为并不在可撤销期间内以维持行为的效力。例如，《中华人民共和国企业破产法》（以下简称《破产法》）第31条规定：人民法院受理破产申请前一年内，涉及债务人财产的下列行为，管理人有权请求

① 韩长印．破产优先权的公共政策基础［J］．中国法学．2002（3）：34.

② 韩长印主编．破产法学［M］．北京：中国政法大学出版社．2007年，第120页．

③ 王新欣．破产撤销权研究［J］．中国法学．2007（5）：147.

人民法院予以撤销：（1）无偿转让财产的；（2）以明显不合理的价格进行交易的；（3）没有财产担保的债务提供财产担保的；（4）对未到期的债务提前清偿的；（5）放弃债权的。另外，该法第 32 条规定："人民法院受理破产申请前六个月内，债务人有本法第二条第一款规定的情形[①]，仍对个别债权人进行清偿的，管理人有权请求人民法院予以撤销。但是，个别清偿使债务人财产受益的除外。"可见，我国《破产法》针对债务人行为种类以及所处状态的不同，分别规定了不同的时间要件。

（3）须在法定期间内行使。破产撤销权尚需在法律规定的期间内行使才为有效。《日本破产法》第 85 条规定："否认权自破产宣告日起 2 年间不行使时，因时效而消灭。自行为日起经过 20 年时，亦同。"而按照我国《破产法》的规定，管理人在整个破产程序中都可以行使撤销权，而且《破产法》第 131 条还规定，自破产程序终结之日起两年内，债权人可以请求人民法院行使撤销权，追回财产，以进行追加分配。

下面考察第三人直接支付请求权的实现，是否会遭遇到破产撤销权的限制。

所谓第三人直接支付请求权，是指责任事故中的被害人依法或依约享有的、向承保被保险人之责任保险事故的保险人为请求保险金支付的权利。第三人直接支付请求权可以避免因责任人清偿能力的不足给第三人带来的不利影响，也可以使得收受合同对价的保险人在发生保险事故时承担起本应该承担的保险给付责任。此举既能够实现对第三人利益保护的目的，又符合市场经济的效率原则。因此，在保险法律规范中直接赋予或者承认第三人之直接支付请求权已经成为立法趋势。如《德国保险合同法》第 115 条即在投保人下落不明以及投保人的破产程序已经启动等情形下，赋予了第三人以法定的直接支付请求权。我国台湾地区"保险法"第 94 条第 2 款规定："被保险人对第三人应负损失赔偿责任确定时，第三人得在保险金额范围内，依其应得之比例，直接向保险人请求给付赔偿金额。"

第三人直接请求权的权利性质主要有法定权利说、原始取得说、权利继受说以及权利代位说等。

1. 法定权利说

法定权利说，以英美法系国家保险立法实践为基础，认为第三人对保险人的直接支付请求权源自法律的明确规定，第三人因法律规定得以取得径行向保险人为保险赔款支付的权利，保险人不得以其对抗被保险人的事由对抗第三人。

2. 原始取得说

原始取得说认为，即使责任保险在实然层面上保护了第三人的合法权益，但基于合同的相对性原则，保险人并不存在向第三人为保险赔款支付的义务。第三人直接支付请求权的获得只能源自于被保险人与保险人在保险合同中的特别约定，而且保险人得以对抗被保险人的事由对第三人的权利请求进行抗辩。因此，若依照责任保险合同的约定，在被保险人对第三人应当承担赔偿责任时，第三人得直接请求保险人给付保险赔偿金；第三人对保险人行使保险单约定的保险给付请求权，保险人未依照约定给付保险赔偿金的，第三人得

---

① 即"企业法人不能清偿到期债务，并且资产不足以清偿全部债务或者明显缺乏清偿能力的，依照本法规定清理债务。"

以保险人违反合同提起诉讼[①]。

3. 权利继受说

权利继受说则认为，第三人直接支付请求权的取得乃是因为被保险人对其所为的权利转让。当然，这种权利转让只能发生在保险责任确定之后。保险人的保险责任确定之后，被保险人的保险金支付请求权随之产生财产价值，作为权利归属主体的被保险人可以进行自由的转让。在向第三人为此等转让之后，只需通知保险人即可使得第三人取得直接支付请求权。

4. 权利代位说

权利代位说认为，当被保险人怠于行使保险金支付请求权的时候，第三人即可基于此事实且以被保险人的名义向保险人申请保险赔付。但权利代位说不符合第三人保护的目的。恰因第三人代位权行使的结果要计入被保险人的一般财产，当被保险人破产的时候要作为破产财产参与破产分配。为避免第三人面临如此不利之境地，英国于 1930 年颁布了《第三人对保险人的权利法》（Third Parties Rights Against Insurers Act）。该法第 1 条即规定："以其对第三人承担的赔偿责任投保的被保险人破产或与其债权人进行和解，其对保险人享有的、与其对第三人的赔偿责任有关的权利，移转于该第三人。"

笔者认为，第三人直接请求权无外乎是一种第三人的救济权，权利主旨是为了避免被保险人怠于请求保险赔付抑或是资力不足时第三人权益无以为继情况的出现。在被保险并未破产的情况下，无论是以法定权利说、原始取得说、权利继受说，还是以权利代位说为直接支付请求权的理论基础均无不可。不过，当发生被保险人破产的时候，以原始取得说或权利继受说为理论基础的直接支付请求权即会因被指满足了上述破产撤销权的构成要件而遇权利障碍。相较于其他理论学说而言，法定权利说则可以更好地避免破产撤销权的羁绊，有效地实现对于责任事故第三人的保险利益保护。但法定权利说却也无法解决被保险人破产时的权利同等保护问题。另外，无论是法定权利说、原始取得说、权利继受说还是权利代位说，都没有解决直接支付请求权的权利数额问题。第三人是能够在责任限额内申请全部损害赔偿，还是仅能以破产分配额度为限申请保险利益保护。如果严格遵照责任保险的损失补偿特性，只有当被保险人对第三人的责任确定时，第三人才可以行使直接支付请求权的话，第三人即只能以破产分配程序中确定的数额向保险人申请支付。此时，第三人的保险利益保护甚是堪忧。

二、被保险人破产时的第三人保险利益保护

权利冲突的产生乃是与人类逐利本性以及社会资源的稀缺性密不可分的。正所谓"天下熙熙，皆为利来；天下攘攘，皆为利往[②]"。"因为权利常常冲突，而当冲突之时，我们

---

① 邹海林著．责任保险论［M］．北京：法律出版社．1999 年，第 238 页．

② 《史记·货殖列传》．

便希望指出由于某种原因一种权利优先于另一种权利[①]。”由于权利冲突的形式与种类是纷繁复杂的，某一个单独的理论是不可能完全解决权利冲突问题的。对于权利冲突问题，必须具体情况具体分析，采用综合方法来予以解决，而在解决这一问题的过程中，必须始终贯彻一条根本原则，即正义的原则[②]。科斯主张，在权利冲突的时候，法律应按照能避免较为严重的损害的方式或者产出最大化的方式来配置权利。当上位权利与下位权利发生冲突时，上位权利应得到优先的保护；而当相互冲突的权利属于同一位阶时，就需要按照利益衡量的方法来确定优先保护的对象。“人的权利的最终基础是人本身”[③]，“在人类所能掌握的用于满足人们的权利要求的资源有限的情况下，权利冲突是不可避免的。当立法设定诸种权利时，必须注意这些多种权利之间的协调。当存在着权利冲突的必然性时，应当将权利的等级序列加以规定，或明确地规定某种权利对他种权利的优先性，以保证在资源有限的情况下，人们在实践中能够依法将有限的资源用于满足较重要的权利，并尽可能地兼顾性地满足较次要的权利[④]。”

责任保险中的被保险人破产时，在第三人的直接支付请求权与破产管理人的破产撤销权之间就会产生权利冲突，这种权利冲突实则属于破产人的债权人之间的权利冲突。如果权利冲突不能得到很好地解决，势必将影响到责任保险第三人的保险利益保护，甚至有碍责任保险于提升社会保障水平以及实现正外部性等方面所具有的积极作用的实现。因此，进行保险法与破产法之间的协调，并以立法形式赋予第三人以直接支付请求权并提升其于破产分配中的权利位阶正成为解决这一问题的潮流。例如，日本在 1955 年颁布实施的《机动车损害赔偿保障法》中规定，在机动车的驾驶人或者所有人应对第三人负损害赔偿责任的时候，第三人即可在责任保单的责任限额内直接向保险人申请赔付。英国 1988 年《道路交通法》第 153 条规定，第三人得拥有被保险人的所有权利，第三人可以直接向保险人申请责任限额内的保险赔付。于保险法与破产法的协调方面，美国《纽约州保险法》第 3420 条第 1 款规定：“被保险人被清算或者破产，或者其财产被清算，不得免除保险人给付赔偿金的责任，若损害或者损失发生在该保险单或合同的有效期间，且属于保险单或合同约定的保险责任范围；就发生在该保险单或合同的有效期间，且属于保险单或合同约定的保险责任范围的损害或损失的赔偿，对被保险人或其代表请求赔偿而提起诉讼，该诉讼的判决在送达被保险人或其代理律师以及保险人后经过 30 日，仍未获得执行的，除非对被保险人中止或者限期中止执行该判决，依照保险单或者合同约定的条款，以保险单或者合同约定的保险责任范围内的赔偿金额为限，受害人得以判决确定的赔偿额对保险人提起诉讼。”在英国，为了能够对于一家曾作为被保险人存在但已经清算的公司起诉，要求其承担侵权责任，自 1989 年起，可以由法院酌情决定是否对被保险人恢复注册。但是在《1930 年第三方（对承保人的权利）法案》施行以前，如果投保了责任保险的被保险人破

---

① ［美］布兰特．道德权利概念及其功能［J］．程立显译．哲学译丛．1991（5）：29.

② 潘华志．权利冲突的法理思考［D］．北京：中共中央党校博士学位论文．2011 年，第 91 页．

③ 夏勇著．中国当代宪政与人权热点［M］．北京：昆仑出版社．2001 年，第 3 页．

④ 张恒山著．法理要论（第三版）［M］．北京：北京大学出版社．2009 年，第 389－390 页．

产，第三人并不具有优于被保险人之其他债权人的权利，除非在被保险人破产前，第三人已经取得了法院的判决并已执行完毕。在《1930 年第三方（对承保人的权利）法案》实施后，被保险人对于保险人的损害赔偿请求权即因被保险人的破产①而转移给了第三人。

除此之外，亦有国家和地区于其破产法中以提升侵权损害赔偿请求权的破产分配顺序的方式，对第三人的权益进行保护。例如，《法国商法典》规定破产财产的清偿顺序是：工资债权；诉讼费用；给予企业主、企业负责人或其家庭的补贴；享有特别优先权、质权或抵押权的担保债权或者一般优先权的债权；其他顺位的债权②。《俄罗斯联邦民法典》第 855 条规定，对银行账户资金注销时，如果账户资金不足以全部满足已提出的请求，资金销账的第一顺序为：按照为满足因致人生命和健康损害的赔偿请求权，以及追索赡养费的请求权所规定的从账户上划拨或者支付资金的执行文件销账。另据俄罗斯《无支付能力法》第 134 条的规定，进行债权清偿时，除去各种费用外，清偿债权人债权时，第一顺序结算的是债务人对其承担生活或健康损害赔偿责任的公民的债权，按相应时间折算应付款，并且赔偿所造成的精神损害。另外，一般情况下，享有抵押权的债权人优于一般债权人，但如果其承担的生活或健康损害赔偿之债发生于抵押合同之前，则此种抵押权不具有优先性③。另外，在澳大利亚，当发生自然人破产的时候，死亡债权人的财产管理费用和丧葬费，破产人侵权致人伤害的赔偿费也是享有优于普通债权受偿的优先受偿权的。《德国保险合同法》第 110 条规定："在针对投保人的破产程序已经开始的情况下，第三人可要求其对于投保人之赔偿请求权在投保人之破产债权中别除受偿。"《德国保险合同法》第 115 条规定，关于投保人的破产程序已经启动，或者由于投保人未达到破产状态或已经委派临时破产管理者而导致破产申请被驳回时，第三人可以直接向保险人请求赔偿，该请求由保险人以货币形式支付但应局限在保险人的责任范围内。

责任保险中第三人的保险利益保护于我国的实际情况，却是因《保险法》与《企业破产法》的立法缺陷以及不协调而遭遇到了权益保护困境。

首先，我国《保险法》第 65 条规定："保险人对责任保险的被保险人给第三者造成的损害，可以依照法律的规定或者合同的约定，直接向该第三者赔偿保险金。责任保险的被保险人给第三者造成损害，被保险人对第三者应负的赔偿责任确定的，根据被保险人的请求，保险人应当直接向该第三者赔偿保险金。被保险人怠于请求的，第三者有权就其应获赔偿部分直接向保险人请求赔偿保险金。"按照该条的规定，第三人直接支付请求权究竟是法定权利，还是约定权利语焉不详。于保险人角度，是否直接向第三人进行保险赔款的支付，是保险人的一项权利，而非义务。虽在满足被保险人怠于请求的前提条件下，第三人亦可以向保险人申请赔付，但这仅是一种权利的代位，而并非真正意义上的直接支付请求权。

---

① 除此之外，还包括有清算、接管以及与债权人达成和解协议或安排的情况在内。但是《1930 年第三方（对承保人的权利）法案》并不适用于再保险合同以及仅为重组或与其他公司合并而自动清算的公司.

② 李飞著. 当代外国破产法［M］. 北京：中国法制出版社. 2006 年，第 346 页.

③ 李飞著. 当代外国破产法［M］. 北京：中国法制出版社. 2006 年，第 270－272 页.

其次，我国《企业破产法》第113条并未明确人身侵权之债在破产清偿中的优先地位。因此，即使是在保险人按照合同约定而直接向第三人进行保险赔付的时候，第三人的受领权也会受到破产撤销权的影响而不得实现。

第三节 强制责任保险中的保险利益

强制责任保险是国家以立法的形式要求在一定领域和范围内的特定义务主体必须购买的责任保险品种。《德国保险合同法》第11条规定，如果法律规定投保人必须购买某种强制保险，则投保人必须与被授权在德国开展保险业务之公司签订上述合同。强制责任保险与普通商业责任保险的最大区别即在于投保的强制性，虽然在一定程度上牺牲了效率和契约自由，但“经济学家对效率的意见是一致的。……但是，他们对公平的意见并不一致，……理由是公平的思想并不仅仅是经济思想，公平涉及政治学、伦理学和宗教……所有关于公平的思想都可以分为两类，分别是：如果结果是不公平的，这就是不公平，如果规则是不公平的，这就是不公平①。”

从本质上说，保险合同是缔约当事人基于契约自由原则而订立的，“只需基于缔约双方的合意即可产生债②”。契约自由乃是民事合同领域中的基本原则之一，但20世纪以来，人类越来越多地从事高风险活动，法律思想在寻求解决社会问题、缓和社会矛盾的途径之中，发生了根本的转变。民法对新的身份关系的调整即是要使个人自由意志的发挥与社会性要求相协调，当“契约”与“身份”产生冲突时，“身份”优于“契约”，对债务人的平等保护转为特殊情况下对特殊债务人给予特别保护③。强制责任保险也开始逐渐地从传统的责任保险中脱离出来，通过国家公权力对保险政策的干预，把社会进步中难以解决的问题纳入责任保险的运作体系中，这种基于公共利益的政策考量使得强制责任保险呈现出与其他类型保险不同的“异质性”特点④。

一、利益保护之强制性

强制责任保险更多地体现出了一种利益保护的强制性。这种强制性既体现在被保险人之利益保护方面，又体现在第三人的利益保护方面。但在强制保护的理念下，却也一定程度上干预了当事人的契约自由。

对于契约自由，恰如康德所言：“自由是独立于别人的强制意志，而且根据普遍的法

① ［英］迈克尔·帕金著．经济学（第五版）［M］．梁小民译．北京：人民邮电出版社，2004年．转引自张磊．中国强制责任保险制度研究［D］．厦门：厦门大学博士学位论文．2007年，第24页．

② 丁玫译．民法大全选译Ⅳ.1债．契约之债［M］．北京：中国政法大学出版社．1992年，第13页．

③ 孙东雅．民事优先权研究［D］．北京：中国政法大学博士学位论文．2003年，第46页．

④ 郭锋，胡晓珂．强制责任保险研究［J］．法学杂志．2009（5）：45.

则，它能够和所有人的自由并存，它是每个人由于他的人性而具有的独一无二的，原生的，与生俱来的权利[①]。”在18世纪和19世纪以前，当事人之间的契约自由是要受到家长主义影响的。国家总是试图通过国家干预的形式对个人自由所可能引发的合同纠纷进行解决，直至家长主义的日渐式微，契约自由才逐渐发展起来。恰如英国法学家亨利·梅因所总结的，“迄今为止，所有进步社会的运动，都是一个‘从身份到契约’的运动[②]”。

作为一个理性的经济人，“在这场合，像在其他许多场合一样，他受一只看不见的手的指引，去尽力达到一个并非他本人想要达到的目的。也并不因为事非本意，就对社会有害，他追求自己的利益，往往使他能比真正出于本意的情况下更能有效地促进社会的利益[③]。”如此，法律的任务就是要充分保护当事人的这种自由。但那只“看不见的手”也存在着调节失灵的情况，尤其是自由竞争过渡到垄断阶段之后，一味地贯彻契约自由的原则导致了贫富分化程度的加剧，人们亦逐渐对绝对的契约自由原则进行反思。以此为契机，凯恩斯的国家干预学说开始进入了人们的视野，公序良俗以及公共秩序等理念也开始萌发，契约自由原则受到了严峻的挑战。恰如1804年《法国民法典》第6条规定的：“个人不得以特别约定违反有关公共秩序和善良风俗的法律。”我国《合同法》第7条规定：“当事人订立、履行合同，应当遵守法律、行政法规，尊重社会公德，不得扰乱社会经济秩序，损害社会公共利益。”

在大机器生产的现代，人类社会整体科技水平不断提高，人们之间的交往日益频繁，社会化程度不断加深。但与此同时也面临着比以往任何时代都高程度的风险事故，危险活动所造成的损害也日渐大规模化。在侵权责任领域中有很多的情况，受害人都把救济的希望寄托在故意侵权行为人的保险人身上。如果通过保险获得赔偿的机会被否认，受害人可能根本就不能得到赔偿，因为受害人的唯一赔偿来源就是加害人的保险人[④]。面对这种情况，如果责任人因风险厌恶偏好导致其购买责任保险的动机降低，抑或是责任人不具有赔偿能力的话，第三人的损害赔偿请求权只能存在于犹如“空中楼阁”的应然层面而不获实现。因此，主要基于加强第三人权益保护等社会公共政策的原因，强制责任保险得以存在并发展起来了。虽然强制责任保险从社会公平或者社会效率的角度，保护了侵权事件中受害人的合法权益，使得侵权责任人转嫁给受害人的风险损失能够通过强制责任保险得以补偿，从而产生正外部性效应，但是强制责任保险仍是对契约自由原则有着一定程度的违反，因此只有在特殊风险领域才适合推行强制责任保险。在世界范围内，汽车强制责任保险以及员工赔偿、雇主责任保险以及环境责任保险是较为普遍的强制责任保险险种。相当一部分国家和地区通过立法的形式，规定某些领域的行为人必须投保强制责任保险。例

---

① ［德］康德著．法的形而上学原理［M］．沈叔平译．北京：商务印书馆．1991年，第50页．

② ［英］亨利·梅因著．古代法［M］．沈景一译．北京：商务出版社．1959年，第97页．

③ ［英］亚当·斯密著．国民财富的性质和原因的研究（下卷）［M］．郭大力，王亚南译．北京：商务印书馆．1988年，第27页．

④ Russell B. Wueh ler, Rethinking Insurance s'Public Policy Exclusion: California s'Befuddled Attempt to Apply an Undefined Rule and a Call for Reform, 49 UCLA L. Rev. 651, 2001: 672. 转引自袁文全．论公共政策对契约自由原则的矫正［J］．法学评论．2009（5）：26.

如，我国《机动车交通事故责任强制保险条例》第2条规定："在中华人民共和国境内道路上行驶的机动车的所有人或者管理人，应当依照《中华人民共和国道路交通安全法》的规定投保机动车交通事故责任强制保险。"可以说，法律的明确规定，限制了人们的契约自由，但强制责任保险却使得责任保险之保险利益有了被强制保护之特性。当然，强制的边界是动态变化的。

二、利益的异质性

强制责任保险中保险利益的异质性，主要体现在利益归属主体、责任基础以及保险利益额度的界定标准等方面。

（一）利益归属主体不同

任意责任保险的立法精神，在于填补被保险人赔偿第三人所致之损害；强制责任保险的宗旨在于保障第三人，使第三人能获得保险的保障。因此，强制责任保险，相当部分具有安定社会的功能[①]。强制责任保险中保险利益除了归属于具名被保险人和附加被保险人以外，于第三人具有更强的归属性。而第三人之所以成为强制责任保险中保险利益的归属主体，是因为强制责任保险在相当程度上忽略了投保人的风险偏好而对第三人实行强力保护所致。

面对各种责任风险，行为人的风险偏好是不同的。对于那些风险厌恶者，是否投保责任保险，要考察成本收益的对比结果是否理想。

假如，某人拥有的财产总额为20万美元，其从事某行为致他人价值为50万美元的财产发生损害的概率为15%。这意味着当损害事故发生的时候，该人只需要承担20万美元的损害赔偿责任。如果他购买了保险金额为50万美元的全额责任保险，他需要支付的保费为75000美元（500000×15%），此时他实际剩余的资产额为125000美元。全部保费中的60%都是为了获得30万美元（500000－200000）的责任保险额度而支付的。然而当他不购买责任保险的时候，则有85%的机会保有20万美元的财产，其预期额度为17万美元，境况明显好于投保责任保险的时候。此时，行为人的投保激励明显不足。如果在特殊风险领域仍贯彻契约自由的原则，必定会对社会公众的权益形成潜在的威胁。而强制责任保险不但具有为投保人利益的责任保险属性，还具有为第三人利益的意外保险属性，从而使得责任保险中的保险利益成为投保人以及第三人利益的混合体，其保险利益不但归属于被保险人所有，而且还有部分利益归属于第三人所有。虽然普通商业责任保险亦有此种情况存在，但强制责任保险的此一特性更加明显。尤其是在保险人因被保险人故意所致侵权损害赔偿责任产生而仍须对第三人为保险赔付的时候，此时似可认为投保人为第三人利益投保了强制责任保险。当然，将此义务强加于责任主体更加符合成本效益原则。

---

① 刘宗荣著．新保险法：保险契约法的理论与实务［M］．北京：中国人民大学出版社．2009年，第342－343页．

（二）保险利益的责任基础不同

普通商业责任保险仅承保被保险人非故意过错的损害赔偿责任，保险人对被保险人故意侵权所产生的损害赔偿责任是不承担保险责任的。但于强制责任保险，保险人尚承保被保险人的故意侵权责任。即使被保险人故意致第三人人身或财产损害，保险人也需要在责任限额内承担保险给付的责任，而保险人只能在极为有限的范围内对于被保险人享有追偿权。例如，我国《交强险条例》第21条第1款规定："被保险机动车发生道路交通事故造成本车人员、被保险人以外的受害人人身伤亡、财产损失的，由保险公司依法在机动车交通事故责任强制保险责任限额范围内予以赔偿。"保险实践中的此种做法导致被普遍认为"对于故意侵权责任予以承保违反公共政策"的观点遭到了严峻的挑战，有学者认为这样将导致因被保险人道德风险激增而带来的出险率的提高。不过在强制责任保险之配套措施的配合下，上述担心成可避免。因强制责任保险的责任限额一般都不是很高，且当被保险人故意致被害人人身财产损害时，垫付抢救费用的保险人对其具有追偿权，更何况责任事故发生之后的纠纷解决过程还会造成被保险人机会成本的增加以及社会声誉的损失。当然，强制责任保险对于被保险人故意侵权产生的损害赔偿责任进行承保的最主要原因乃在于其承载了更高的公共利益使命。

另外，虽说对于被保险人故意侵权所致损害进行垫付涉及公共政策问题，但在责任保险中适用公共政策时，法院强调指出，如果对已经知道的违法行为造成的损失承保，它将增加违法行为发生的可能性。如果责任保险承保故意违法行为造成的损失，它就可能鼓励违法行为的发生，这与公共政策的要求相违背，而不是说责任保险通过对故意行为造成的损失承保而使被保险人得到了其不应该得到的利益①。

（三）保险利益额度的界定标准不同

普通商业责任保险的保险利益的额度，需要以赔偿方式、物价变动情况以及行为范围等等因素为参考，并以此为基础结合保险人所提供保单中列示出来的责任限额的多种档次进行选择。例如，CGL的责任限额有6种方式：（1）总累计责任限额；（2）产品完工运作累计责任限额；（3）个人和广告伤害责任限额；（4）每次事故责任限额；（5）出租给你的场所损坏的责任限额；（6）医疗费用限额。

强制责任保险通常忽略了潜在加害人之间上述各因素的差异性，一刀切地确定了强制责任保险的责任限额，也因此限定了保险利益的额度。以在我国实行的机动车强制责任保险为例，在中华人民共和国境内（不含港、澳、台地区），被保险人在使用被保险机动车过程中发生交通事故，致使受害人遭受人身伤亡或财产损失，依法应当由被保险人承担的损害赔偿责任，保险人按照交强险合同的约定对每次事故在下列赔偿限额内负责赔偿：（1）死亡伤残赔偿限额为110000元；（2）医疗费用赔偿限额为10000元；（3）财产损失

---

① 袁文全．论公共政策对契约自由原则的矫正［J］．法学评论．2009（5）：25.

赔偿限额为2000元；（4）被保险人无责任时，无责任死亡伤残赔偿限额为11000元；无责任医疗费用赔偿限额为1000元；无责任财产损失赔偿限额为100元。

第四节 利益冲突与责任保险之保险利益的关系

马克·拉德特曾有一段比较经典的论断：保险通常决定着是否提起侵权之诉，诉谁，要求多少赔偿额，由谁进行抗辩，如何进行诉讼，诉外和解的可能性以及原告最终获得的赔偿额[①]。"……不可否认的事实是，随着现代保险法的运用，'义务（Duty）'（以及因果关系）等概念时常被用来掩盖保险的主导地位，而'过失（Negligence）'这一术语则用来指称被告对避免意外发生力不所逮的情况[②]。"

在20世纪80年代，美国的法院在事故判决中采用无过失责任制，最大限度地追求对受害人的保护，只要致害人投了责任保险，往往就会败诉。在此种形势下，众多保险公司由于无法支付责任保险业务所产生的众多大额赔偿，纷纷提高了责任保险的保费和投保条件，最终导致普通民众基本很难获得责任保险保单，演化成一场影响恶劣的"责任保险危机"[③]。

需要的无限性与需要实现的有限性之间的矛盾使利益冲突成为社会生活的常态。利益冲突普遍存在于社会生活的各个领域，具有不可避免性。在人类社会生活中，不同利益主体在维护和实现自身利益的过程中难免与其他利益主体发生利益冲突。从人类社会发展的历史进程分析，人类社会的历史实质上就是一部利益冲突与协调相互交织的历史[④]。

在责任保险中，保险人、被保险人、第三人之间基于合同相对性之原理，存在着"保险关系""责任关系"两个独立的法律关系，两者分别认定，互不影响，此即"分离原则"[⑤]。但是责任保险机制的运行，涉及保险人、被保险人以及第三人这样的三方主体，三方主体都有着各自不同的利益诉求，在利益实现的过程中避免不了地会存在利益的冲突。对上述主体之间存在的利益冲突加以调节，不但会促进责任保险之功效的发挥，同时亦将有效提升相关主体保险利益的维护绩效。

---

① Robert H. Jerry, II&Douglas R. Richmond, The Insurance Aspects of Damages, J. Disp. Resol. 107, 2004: 107.

② S. Deakin/A. Johnson/B. Markesinis, Tort Law (5th edn. 2003), 3. 转引自［德］格哈德·瓦格纳．比较法视野下的侵权法与责任保险［M］．魏磊杰，王之洲，朱森译．北京：中国法制出版社．2012年，第79页．

③ 张瑞纲，许谨良．责任保险、社会责任与法庭诉讼——基于博弈论的分析［C］．中国保险学会学术年会入选文集（理论卷）．2011：456.

④ 孙百亮．当代中国市民社会的利益冲突与均衡［D］．西安：山西师范大学博士学位论文．2010年，第23页．

⑤ 温世扬．"相对分离原则"下的保险合同与侵权责任［J］．当代法学．2012（5）：89.

一、利益冲突的表征

责任保险中的利益冲突主要体现在以下几方面：其一，保险人和被保险人之间；其二，被保险人和第三人之间；其三，保险人和第三人之间，但上述利益冲突以存在于保险人和被保险人之间以及被保险人和第三人之间的利益冲突为主要表现形式。上述主体之间的利益冲突对于保险利益的影响，主要体现在保险利益受损的可能性以及利益损失的数量额度这两个方面，而具体的利益冲突则表征于保险人索赔参与权的行使以及是否与第三人达成和解的过程之中。

（一）索赔参与过程中的利益冲突

通常于不存在第三人直接支付请求权的场合下，责任保险人无须在被保险人对第三人为实际赔偿前向被保险人支付保险金。例如，我国《保险法》第65条第3款规定："责任保险的被保险人给第三者造成损害，被保险人未向该第三者赔偿的，保险人不得向被保险人赔偿保险金。"被保险人与第三人之间就赔偿责任的承担及其具体数额的确定，或采取协商、调解方式，亦可采取诉讼或者仲裁的方式。无论采取的是上述方式中的哪一种，其结果不仅仅影响到了当事人的权益，甚至影响到了保险人的权利。因此，被保险人与第三人之间存在的损害赔偿数额对于保险人的责任承担具有非常重要的意义。可以说，被保险人与第三人之间所确定的损害赔偿数额直接决定了保险人的责任大小及其责任保险业务的经营绩效。于事实方面，责任人是否有责任保险对于其与第三人之间的责任承担不无显著的影响。相当程度上，有责任保险的责任人会对于责任保险责任限额的损害赔偿请求为消极的抗辩；得知责任人有责任保险的第三人亦会提出相对高的损害赔偿数额。此时，在被保险人与第三人之间似有"慷"保险人之"慨"而解决双方纠纷的心理状态。虽然保险人可以无独立请求权之诉讼第三人的身份参加被保险人与第三人之间的诉讼以维护自身权益，如根据《中华人民共和国民事诉讼法》（以下简称《民事诉讼法》）第56条第2款："对当事人双方的诉讼标的，第三人虽然没有独立请求权，但案件处理结果同他有法律上的利害关系的，可以申请参加诉讼，或者由人民法院通知他参加诉讼。"但是，对于被保险人与第三人之间采取的其他纠纷解决方式却也是无能为力。而且，即使是以无独立请求权之第三人的身份申请或被通知参加诉讼，保险人的权利维护亦是存在极大的被动性的。

（二）和解过程中的利益冲突

和解过程中的利益冲突是围绕着是否与第三人达成和解的控制权展开的。

为了更好地维护保险人的利益，在责任保险合同中，保险人通常会明确约定被保险人与第三人之间和解协议的达成必须经过保险人的同意。否则，保险人可以拒绝承担保险责任。基于利益一致性的考虑，保险人往往乐于接受保单责任限额内的和解请求。例如，被保险人投保责任险的保险金限额为50万元人民币，第三方向其提出的损害赔偿请求是100

万元人民币。但第三方经细致调查后得知被保险人并不具备完全的赔偿能力，因此向被保险人提出了50万元人民币的和解请求。如若双方达成和解，被保险人需要向第三人支付50万元人民币。被保险人可以从保险人处获得50万元的保险赔付，而保险人亦并未超限额承担责任，这似乎是一个比较令人满意的结果。

但在有些时候，尽管和解数额在保险金额限度内，保险人仍不同意被保险人与第三人达成和解。因为在保险人看来，无论第三人和被保险人以何种方式解决纠纷，保险人承担责任的最大限额就是50万元人民币。如果通过诉讼的方式，保险人承担的赔付责任或许还有可能小于50万元人民币。即使法院判令被保险人承担的损害赔偿责任超过50万元人民币，对于超过责任保险之责任限额部分，被保险人也只能自掏腰包。但对于被保险人而言，在预期损害赔偿数额将超过保单限额时，与第三人达成和解或许才是最为理想的。此时保险人与被保险人之间即发生了和解过程中的利益冲突。对此，格鲁吉亚法院在United States Fidelity & Guaranty Co. v. Evans一案中以同等对待标准，要求保险人必须基于同等程度的善意，如同对待自己的利益一样来对待被保险人的利益诉求。如果保险人未能基于此标准同意与责任事故的被害人和解，而法院判决的损害赔偿金额超过责任保险之责任限额的情况下，保险人须就超出部分对被保险人承担侵权责任。也就是说，“当时被保险人面对的不利判定可能导致超过保险限额，被保险人几乎在所有情况下都会希望和解，即使是达到保单限额的和解，因为诉讼只有损而无利。相反……承保人会希望审讯，因为相对于和解，这样做对它不会带来更大的责任。‘同等考虑’要求禁止承保人进行一项只有被保险人会输的赌博。为了避免这一结果，拒绝考虑真诚地作出的和解邀约的承保人，可能要为整个不利于被保险人的判决负责[①]。”不过纽约州法院却在审理Auerbach v. Maryland Cos. Co.一案时指出，如果被保险人自己愿意给自己机会的话，保单中没有任何能够使保险人承担和解义务的因素。

二、利益冲突的解决

在庞德看来：“丰富的经验表明，如果人类自由的自我主张的欲望遭到压制的程度超出了为保护其他社会利益所要求的合理妥协的限制，那么，其后果是十分严重的。法律是必要的邪恶，法规必须通过表明它能促成最大限度的个人自我主张来证明自己。必须把法律限制到能够表现出其足以把自由作为一种观念实现的最低限度之内，所有这些都是为了一个被合理执行的合理计划的缘故而向法律压制提出的抗议[②]。”

针对本节第一部分所述之利益冲突，保险立法以及实践环节的主要解决方法有以下几种：

（一）赋予保险人以索赔参与权

责任保险涉及的主体关系较一般的财产损失保险更为复杂。其中不仅有被保险人和保

---

① Magnum Foods v Continental Cas Co, 36 F 3d 1491, 1504.

② ［美］罗斯科·庞德著．法律史解释［M］．曹玉堂，杨知译．北京：华夏出版社．1989年，第112－113页．

险人之间的保险合同关系，还有被保险人和责任事故第三人之间的侵权法律关系，甚至还存在着第三人和保险人之间的支付请求关系。不过，这复杂的主体关系，仍以被保险人和第三人之间的民事赔偿法律关系为基础。因其不仅关涉到被保险人责任的有无，还关系到具体责任数额的多少，且以此为出发点，才引出保险人保险责任的承担问题。因此，被保险人和第三人之间的民事法律关系对于保险人而言不失存在着重大意义。我国以及德国已有判例使得法院在侵权诉讼中所作出的判决对于未参加该诉讼的保险人同样具有约束力。审理法院认为，虽然保险人并不是侵权诉讼的当事人，但其完全可以通过责任保险的合同安排参与到诉讼中去维护自身利益，在这种情况下，如果允许保险人撇开侵权诉讼而事后又在保险诉讼中就相同事项要求重新审理，不仅会增加诉累，而且还可能损害被保险人或第三人的利益①。因此，保险人通常会在保险合同中列示诉讼参与条款。例如《平安环境污染责任保险条款》第 21 条规定："被保险人收到受害人的损害赔偿请求时，应立即通知保险人。未经保险人书面同意，被保险人对受害人作出的任何承诺、拒绝、出价、约定、付款或赔偿，保险人不受其约束。对于被保险人自行承诺或支付的赔偿金额，保险人有权重新核定。在处理索赔过程中，保险人有权自行处理由其承担最终赔偿责任的任何索赔案件，被保险人有义务向保险人提供其所能提供的资料和协助。"

责任保险的承保人依照保险合同的约定，对于被保险人就其和第三人之间的损害赔偿责任的有无、大小，享有决定、和解以及进行抗辩的权利，称之为保险人的索赔参与权②。1931 年，马萨诸塞州最高法院在审理 Long v. Union Indemnity Co. 一案时即指出："一个保险公司有权处理他人对保险公司的被保险人提出的诉讼。这样的方式可以最好地实现保险公司的利益③。"综观各主要国家和地区的保险立法，保险人的索赔参与权或为法定权利或为约定权利，意在避免被保险人与第三人之间的通谋欺诈行为对保险人权益造成的不利影响。如韩国《商法典》第 723 条第 3 款："保险人得以被保险人对第三人进行清偿、承认或者和解未经其同意为由，依照契约拒绝承担保险给付责任"；再如德国《保险合同法》第 105 条："投保人未经保险人许可而满足或者承认第三人之权利当属无效，保险人有权拒绝承担保险责任"。我国《保险法》并未就保险人的此项权利进行规定，因此保险人的此等权利于我国属于约定性权力。例如我国《中国人民财产保险股份有限公司雇主责任保险条款（2015 版）》第 20 条："被保险人收到受伤害雇员或其代理人的损害赔偿请求时，应立即通知保险人。未经保险人书面同意，被保险人对该雇员或其代理人作出的任何承诺、拒绝、出价、约定、付款或赔偿，保险人不受其约束。对于被保险人自行承诺或支付的赔偿金额，保险人有权重新核定，不属于本保险责任范围或超出应赔偿限额的，保险人不承担赔偿责任。"

在行使索赔参与权时，保险人得以被保险人的名义参加索赔争议的解决或者诉讼，以此达到维护自身利益的目的。保险人应基于诚实信用原则进行索赔参与权的行使，在权利

---

① 周学峰．侵权诉讼与责任保险的纠结——从两方对抗到三方博弈［J］．清华法学．2012（6）：84.

② 邹海林著．责任保险论［M］．北京：法律出版社．1999 年，第 267 页．

③ ［美］约翰·F. 道斌著．美国保险法［M］．梁鹏译．北京：法律出版社．2008 年，第 268 页．

实现过程中兼顾保险人以及被保险人的利益，保险人得以被保险人的名义并以被保险人所拥有之抗辩事由对抗第三人的索赔请求，被保险人不得以其未能主导索赔过程为由拒绝承担保险人基于诚实信用原则行使索赔参与权而产生的不利结果。作为一项权利，保险人可以自由决定是否行使索赔参与权，如其意欲放弃索赔参与权，则应向被保险人明示。不过即使保险人未加以明示，只要其依除外责任条款拒绝被保险人的索赔请求，亦足以表示其对于索赔参与权的放弃。通过抗辩与和解控制模式，使得保险人能够间接地参与到民事赔偿过程，"遥控"被保险人在责任赔偿中对第三人的抗辩与和解的行为及结果，能够最大限度地维护其自身利益，防范被保险人与第三人在确定赔偿结果时的道德风险①。保险人诉讼参与权的行使须有被保险人提供必要的协助。但是，被保险人的协助义务在性质应属于"对己义务"或称为"不真正义务"，保险人通常不得请求履行，被保险人违反该义务亦不发生损害赔偿责任，仅受到权利减损或丧失的不利益而已②。

虽然保险人的保险责任需以被保险人的损害赔偿责任为基础，两者之间存在利益的一致性，保险人在行使索赔参与权时亦会顾及被保险人的利益，但是，仍不免存在因保险人滥用索赔参与权而导致的保险人与被保险人之间的利益冲突。例如，当第三人提出的赔偿请求或者法院的判决结果有可能超过保险人所承保保单的责任限额时，保险人就会放弃索赔参与权或者在纠纷处理的过程中消极抗辩。如此一来，保险人仅需承担责任限额内的保险金给付责任，而被保险人却要对超过保单责任限额的部分继续承担损害赔偿责任，被保险人的保险利益损失程度因此扩大。即使是被保险人可以独立抗辩，但是对于被保险人而言，因其与保险人相比处于资金实力以及专业实力的弱势一方，处理相关事件的经验不足，急需得到保险人的帮助。保险人索赔参与权的放弃或消极抗辩，会有使其利益损失额度增加之虞，于其保险利益保障极其不利。

就此，英国法院有判决认定，保险人应基于诚实信用原则行使索赔参与权，并对于第三人的请求进行妥当的抗辩。如若因保险人抗辩过程中存在的消极抗辩行为导致被保险人需超过保单责任限额承担责任，保险人应就被保险人损害赔偿责任的全部承担保险责任。不过，在英美国家保险实践发展早期的判例法一致认为，保险人并不需要考虑被保险人的利益。

（二）保险人抗辩义务的承担

侵权诉讼一直都是在责任保险的阴影下进行的，而责任保险的制度安排亦是以侵权诉讼为参照来制定的，侵权诉讼的问题与责任保险的问题往往交织在一起，并涉及保险法、侵权法和民事诉讼法的诸多方面③。

被保险人致人损害而应当承担赔偿责任时，第三人向被保险人提起索赔（诉讼）的，保险人以被保险人的名义，对第三人的索赔（诉讼）请求予以抗辩或达成和解的争议解决

---

① 董惠江，徐广海．责任保险人参与赔偿模式的路径选择［J］．学术交流．2013（1）：89.

② 王泽鉴著．民法债编总论［M］．中国政法大学出版社．2001年，第34－35页．

③ 周学峰．侵权诉讼与责任保险的纠结——从两方对抗到三方博弈［J］．清华法学，2012（6）：83.

过程，称之为抗辩与和解的控制[①]。英美国家责任保单中的抗辩条款通常表示如下："无论对于被保险人提起的诉讼是否合理，保险人均应承担诉讼抗辩的义务。但是保险人有权基于有益性判断做出调查或者与第三人进行和解。"当第三人起诉被保险人要求其承担损害赔偿责任时，保险人为被保险人的利益，对第三人之索赔进行抗辩的义务即为保险人的索赔抗辩义务。

在全球责任保险发展最蓬勃的市场——美国，因保险人自行于保险契约中约定有抗辩义务作为长久以来的招揽手段，法院据此保险业界之作为及现代责任保险之功能，认定抗辩义务为责任保险的主要义务，且美国有越来越多的法院倾向扩张保险人抗辩义务之范围[②]。在美国，越来越多的法院认为保险人的抗辩义务，应是一项基于诚实信用原则的独立义务，该义务与对被保险人的责任予以补偿没有关系，因此，不管保单限额赔付于何人，保险人均有为被保险人抗辩的义务[③]。一旦保险人不履行抗辩义务，保险人将会对被保险人独立抗辩过程中所支付的费用、对于第三人的损害赔偿以及被保险人因承担超额责任所造成的精神痛苦等项目承担赔偿责任。而且保险人还会因为抗辩义务的拒绝承担而丧失诉讼参与权。不过，在英国，承保人没有义务针对被保险人的索赔进行辩护，除非保险合同中进行了明确的约定，而且措辞亦是"承保人应被授权进行诉讼辩护"，保险人则会基于对事态发展情况的综合考虑来决定是否为被保险人进行抗辩。

保险人抗辩义务的触发以法院对于第三人之索赔请求的实质性考察为依据，以免允许第三方为了控制保险合同而采取的诉讼策略和异想天开的索赔[④]。在抗辩过程中，保险人得以援引的被保险人的抗辩事由，构成保险人的抗辩事由。保险人为被保险人的利益进行抗辩，其抗辩的效果应当有利于被保险人。对于被保险人否认的事实，在对抗第三人的索赔时，保险人不得予以承认[⑤]。

另外，尽管在大多数情况下，被保险人和保险人的利益是一致的，但是当第三人诉请的损害赔偿金额超过责任保险的责任限额时，被保险人和保险人的利益即会出现分歧。这时，由保险人出面聘请的律师也会面临着处理利益冲突的两难境地[⑥]。对此，被保险人只要向保险人披露利益冲突的事实，被保险人即有权拒绝由保险人提供的律师为其提供抗辩服务，但保险人却仍须对由被保险人自行抗辩产生的费用承担责任。

（三）被保险人之和解同意权的赋予

为防止被保险人与第三人间不当和解损害保险人的利益，保险人通常会在保险合同中

---

① 邹海林著．责任保险论［M］．北京：法律出版社．1999 年，第 264 – 265 页．

② 林建智．李志锋．论责任保险人之抗辩义务——以美国发展为重心［J］．东吴法律学报．第二十三卷（2）：121.

③ ［美］约翰·F. 道斌著．美国保险法［M］．梁鹏译．北京：法律出版社．2008 年，第 237 – 238 页．

④ ［英］Malcolm A. Clarke 著．保险合同法［M］．何美欢，吴志攀等译．北京：北京大学出版社．2002 年，第 421 页．

⑤ 邹海林著．责任保险论［M］．北京：法律出版社．1999 年，第 268 页．

⑥ Conflicts of Interest in the Liability Insurance Setting. Georgia Law Review，Vol. 13，Issue 3（Spring 1979），P. 973.

列示和解条款来控制被保险人与第三人的和解。这种和解控制权体现在正反两方面：其一是被保险人与第三人之间的和解及其数额必须经过保险人的同意；另一方面为未经保险人同意的和解，保险人有拒赔的权利。《保险法司法解释（四）》第19条："责任保险的被保险人与第三者就被保险人的赔偿达成和解协议且经保险人认可，被保险人主张保险人在保险合同范围内依据和解协议承担保险责任的，人民法院应予支持。被保险人与第三者就被保险人的责任达成和解协议，未经保险人认可，保险人主张对保险责任范围以及赔偿数额重新予以核定的，人民法院应予支持。"足可见，和解同意权对于被保险人与第三人之间的意思自治是一种强有力的干预。对此，目前的审理法院采取了有限度认可的立场，即法院既初步认可了保险人经由和解条款所创设出的和解控制权，又同时对保险人拒绝赔付等过度扩张性的权利予以限制①，而加以限制的一个表现即为赋予保险人善意和解的义务以及被保险人的和解同意权。

对保险人拒绝赔付等过度扩张性的权利予以限制基于被保险人投保目的的实现，保险人应对最初对于保险人是否承担和解义务的观点是，不管最终和解的金额是否在保险责任限额之内，保险人对于超出责任限额的和解请求并没有和解的义务。近来的理论观点却是，鉴于保险人与被保险人的和解利益冲突以及保险人对于是否和解的超强控制力对于被保险人利益的影响，保险人被普遍认为应承担和解义务，而且无论这一义务是否在保单中有着明确清晰的表述，保险人都应基于合理做出的利益判断决定是否与原告进行和解。但是保险人在进行利益判断时如何对待被保险人的利益，存在分歧。大部分法院的观点是保险人要基于同等重要原则顾及被保险人的利益，甚至有部分法院认为被保险人的利益需要优先考虑。

Harbin v. Assurance Co. of America 一案审理法官认为，当保险人和被保险人之间存在利益冲突的时候，保险人所处的境地十分尴尬，保险人很难做到对双方利益同等程度上的维护。如果保险人通过证明被保险人乃是故意侵权而免除己方责任的时候，被保险人就会被置于承担较大额度损害赔偿责任甚至是承担惩罚性赔偿责任的境地。如果证明被保险人非故意侵权，保险人责任的免除就需要证明被保险人的损害赔偿责任并不在保险合同承保范围内。下面通过一个简单的例子对此加以说明。

假设责任事故的侵权人与被侵权人之间存在着损害赔偿额度为20000美元的侵权纠纷，被侵权人预计自己在诉讼中将有70%的机会胜诉。当然，这意味着还有30%的可能败诉，那么被侵权人预期获得的损害赔偿额度为14000美元（20000×70%）。被侵权人是否对侵权人提起诉讼还要考察其诉讼成本的数额，只要诉讼成本小于14000美元，被侵权人对侵权人提起诉讼即是经济的。此时假设被侵权人的诉讼成本为3000美元，则被侵权人的预期收益为11000美元（14000－3000）。同时假设侵权人预计自己胜诉的可能性为30%，而对方胜诉的可能性为70%，预期诉讼成本为2000美元，此时侵权人的预期损失为16000美元（70%×20000＋2000）。在这种情况下，双方当事人之间即存在着极大的和

① Panasia Estates, Inc. v. Hudson Ins. Co. 10 N. Y. 3d. 200, 203 (2008).

解可能性。只要和解的数额不低于 11000 美元，不超过 16000 美元，在侵权人和被侵权人诉讼成本总和的范围内波动，就会使得和解的效果要比进入诉讼程序更为理想。保险人在决定是否与第三人进行和解的时候，即可以此为参照。但是保险人对胜诉可能性的估计可能与侵权人不同。现假设保险人预期胜诉可能性为 60%，诉讼费用 2000 美元，损失预期将是 10000 美元（40% ×20000 +2000）。这种情况下，保险人不会接受被侵权人提出的 10000 美元以上的和解请求。对此，当被侵权人预期胜诉可能性较高时，他的策略选择一般会是提出一个会被保险人拒绝的、较高金额的和解请求，即使遭到拒绝后进入诉讼程序，对于被侵权人而言，结果也是理想的。而保险人面对第三人提出的高额和解请求，通常情况下也不会同意接受，而是进入到诉讼程序。

进入诉讼程序，如果判决结果超过第三人和解请求数额时，于侵权责任方的被保险人而言，似乎就要被动承受这样的结局。因为，一旦法院判决其承担的损害赔偿额度超过责任保险之责任限额的时候，保险人仅承担限额以内部分的保险给付责任，超出部分需要由被保险人自己承担，被保险人利益维护的主动性极大丧失。英国第七巡回法院在审理 Prince v. Royal Indemnity Co. 一案时指出："今天，在责任保险下，证明某一责任索赔诉讼的和解是一个真诚的妥协，依保单的索赔主张就被确立，而不必证明那个责任是确定的①。"不过，随着加利福尼亚州上诉法院对 Brown V. Guarantee Insurance Company 一案的审结，被保险人的一个特别的诉讼理由得以创立。即：被保险人可以以保险人拒绝第三方和解时未能充分考虑被保险人的利益为由对保险人提起诉讼，加利福尼亚州法院也因此被认为创设了恶意诉讼理由的理论。因此，在实践中为保护被保险人的权益，通常会赋予其和解的同意权。和解同意权的赋予可以一定程度上制约来自保险人的权利滥用。在大陆法系国家，权利不得滥用原则是诚信原则的当然内容，或者说是诚信原则的反面规范，即权利之行使有违诚信原则者，是为权利滥用②。不过，在我国保险人的诉讼参与权并非法定权利，而仅为一项约定权利。保险人可以自由决定是否行使该等权利，一旦其决定放弃索赔参与权，即不得申请权利的回复。

本章小结

有学者认为，于责任保险之中，并无保险利益在避免将保险作为赌博工具、防止被保险人不当获利等方面发挥作用之空间，而且也不存在被保险人故意致风险事故发生的可能，因此建议放弃在责任保险中适用保险利益要件。理论界因此展开了一场有关责任保险中保险利益的"有""无"之争。在这场学术观点的论战中，肯定论占据了主导地位。

---

① ［英］Malcolm A. Clarke 著．保险合同法［M］．何美欢，吴志攀等译．北京：北京大学出版社．2002 年，第 105 页．

② 陈铳雄著．民法总则新论［M］．台北：三民书局．1982 年，第 920 页．

鉴于商业责任保险对于第三人权益保护力度方面的欠缺，同时为了切实有效地维护责任保险之第三人的保险利益，各个国家和地区逐渐在一些特殊领域开始实施强制责任保险制度。强制责任保险中的保险利益具有明显的强制保护特性，而且强制责任保险中的保险利益还在利益归属主体以及责任基础等方面表现出了较为强烈的异质性特点。不过，无论是商业性的责任保险也好，还是强制性的责任保险也罢，都存在着保险人、被保险人以及第三人之间的利益冲突。各国和地区的保险立法多以对保险人赋予索赔参与权、对保险人施以抗辩义务以及和解义务等方式来调和上述主体之间的利益冲突。但从更为广泛的层面考察，利益冲突绝不仅存在于保险人、被保险人以及第三人之间，主体的利益冲突还存在于第三人和被保险人的其他债权人之间。因此，为了避免因被保险人破产等不利情况对于第三人之保险利益的影响，赋予第三人以直接支付请求权便成为立法趋势。但第三人之直接支付请求权，也会受到破产撤销权的影响。因此，在赋予第三人直接支付请求权的同时，仍需要以提升第三人直接支付请求权之权利位阶的方式进行保险法与破产法之间的协调。

第八章

我国责任保险中保险利益立法的考察与完善

第一节　对我国责任保险中保险利益立法之现实考察

中国近代的保险立法以《大清商律草案》以及南京政府制定并颁布实施的《保险法》为代表。

清末《大清商律草案》即已经引入了保险利益原则。该草案第228条规定，缔结因他人之死亡而支付生命保险金额之契约者，须得其人之同意，但生命人即为受领生命保险金额者不在此限。让与应前项契约所生之权利，须得生命人之同意，投保人为被保险人者，保险金受领人让与其权利或第一项但书情形之权利受让人，更让与其权利时亦同。对于责任保险，《大清商律草案》仿照日本商法而于其第221条规定，赁借人、仓库业者及其他保管他人之物者，为欲得损害赔偿之支付以其物付火灾保险时，其物之所有人，得直接向保险人对于火灾保险业者请求。

南京政府1929年制定的《保险法》在其第一章总则部分规定了有关保险利益的相关内容。但1929年《保险法》并未直接出现“保险利益”的措辞，直到1937年对其进行修改时，才在修正后的《保险法》的第8条、第9条以及第10条规定了对于保险利益的要求。其中第8条规定，“运送人或保管人对于所运送或保管之货物，以其所负之责任为限，有保险利益”；第10条规定，“要保人或被保险人对于保险标的无保险利益者，保险契约失其效力”。

但1929年《保险法》对于责任保险并未直接给出定义，而是通过对于责任保险之保险人责任的描述给我们展示出了其所规定之责任保险的大致轮廓：责任保险人于被保险人对于第三人负损害赔偿责任而受赔偿之请求时负清偿之责。直到1937年进行法律修正时，才在修正后的1937年《保险法》中给出了责任保险的定义，即：责任保险契约系为被保险人所营之事业而订立者，被保险人之代理人、管理人或监督人所负之损害赔偿责任，亦享受保险之利益。其契约视同并为第三人之利益而订立。而且鉴于责任保险的特殊性，

1937 年的《保险法》将责任保险单独地列为一节。

1983 年 9 月 1 日，国务院颁布实施了《中华人民共和国财产保险合同条例》（以下简称《财产保险合同条例》）以对我国的财产保险实践进行法律层面上的规范。《财产保险合同条例》共计 5 章 23 条，立法技术相对落后。

1993 年 12 月 31 日提请审议的《中华人民共和国保险法（送审稿）》（以下简称《1993 年送审稿》）第 47 条规定，保险利益，是指被保险人对保险标的具有法律上认可的经济上的利害关系，即当保险事故发生时，被保险人将遭受的经济损失。《1993 年送审稿》第 48 条规定，保险事故发生时被保险人没有保险利益的，合同无效。而在《1993 年送审稿》中的"人身保险合同"部分并没有使用"保险利益"概念，也没有表述为"保险利益"的相关法律条文。

1995 年 6 月 30 日，中华人民共和国成立后的第一部《保险法》（以下简称 1995 年《保险法》）经第八届全国人民代表大会常务委员会第十四次会议表决通过，并自 1995 年 10 月 1 日起正式实施。经历了保险业停滞发展 20 年之久的历史伤创后，1995 年《保险法》的正式实施，在规范保险市场的发展、保障保险合同主体合法权益等方面都发挥了积极的作用。虽然 1995 年《保险法》仍不免带有计划经济的色彩，但仍在我国保险法立法进程中留下了浓墨重彩的一笔。

2000 年我国加入世界贸易组织（简称 WTO）以后，就保险领域做出了四项"入世"承诺：（1）放宽企业形式以及合资比例限制；（2）逐步取消地域限制并确定开放时间；（3）逐步扩大开放的业务范围；（4）有关营业许可方面的承诺。为满足"入世"要求，实现我国作出的"入世"承诺，各界人士要求修改保险法的呼声亦是日益强烈。因此，2002 年 10 月 28 日对于 1995 年《保险法》的修订稿正式通过，并于 2003 年 1 月 1 日起正式实施（以下简称 2002 年《保险法》）。2002 年《保险法》在 1995 年《保险法》的基础上，修改的法律条款多达 38 条，修改的重点包括：扩大保险公司的业务范围；拓宽保险资金运用渠道；增加监管手段；增加保险行业协会的内容；完善关于保险合同的规定等等。此次修改被学者归纳为"放松管制、加强监管以及培育诚信①"。保险监督管理委员会主席吴定富认为，《保险法》的此次修改贯穿了五个指导思想：一是履行"入世"承诺；二是加强对被保险人利益的保护；三是强化保险监管；四是支持保险业的改革和发展；五是促进保险业与国际接轨②。

随着保险实践的迅猛发展，保险法再一次面临着修改的压力。2004 年下半年，《保险法》被提上二次修改的日程，并于 2004 年 9 月出台了《中华人民共和国保险法（修改建议稿）》（以下简称《修改建议稿》）。2005 年 9 月 21 日，保险监督管理委员会组织最高人民法院、保险业律师、保险学者、保险公司以及消费者代表就《修改建议稿》进行了长达

---

① 孙祁祥．道德调节无可替代——从《保险法》的修改谈起［J］．中国金融．2002（12）：19.

② "《保险法》二次修改猜想可能在四方面重点突破"，来源于 http：//www. ins. com. cn/news/2004/09/29/08230173. html 转引自杨芳著．可保利益效力研究——兼论对我国相关立法的反思与重构［M］．北京：法律出版社．2007 年，第 267 – 268 页．

3 天的讨论。《修改建议稿》对保险合同部分提出的修改建议较多。2009 年 2 月 28 日，第十一届全国人民代表大会常务委员会第七次会议对 2002 年《保险法》进行了修订（以下简称 2009 年《保险法》），修订后的保险法自 2009 年 10 月 1 日起施行。2009 年《保险法》第 12 条将保险利益界定为，投保人或被保险人对于保险标的具有的法律上承认的利益。人身保险中的保险利益应于合同订立时存在，财产保险中的保险利益存在于事故发生时即为已足。不过，2009 年《保险法》对于责任保险的规定仅有第 65 条、第 66 条和第 95 条三个法律条文。其中，第 65 条规定："保险人对责任保险的被保险人给第三者造成的损害，可以依照法律的规定或者合同的约定，直接向该第三者赔偿保险金。责任保险的被保险人给第三者造成损害，被保险人对第三者应负的赔偿责任确定的，根据被保险人的请求，保险人应当直接向该第三者赔偿保险金。被保险人怠于请求的，第三者有权就其应获赔偿部分直接向保险人请求赔偿保险金。责任保险的被保险人给第三者造成损害，被保险人未向该第三者赔偿的，保险人不得向被保险人赔偿保险金。责任保险是指以被保险人对第三者依法应负的赔偿责任为保险标的的保险。"第 66 条规定："责任保险的被保险人因给第三者造成损害的保险事故而被提起仲裁或者诉讼的，被保险人支付的仲裁或者诉讼费用以及其他必要的、合理的费用，除合同另有约定外，由保险人承担。"从第 65 条和第 66 条所处的位置来看，责任保险应于保险利益方面适用财产保险的一般性规定。另外，最高人民法院《关于审理保险纠纷案件若干问题的解释（征求意见稿）》（以下简称《保险纠纷（征求意见稿）》第 1 条规定："（保险利益）保险法第十二条所称保险利益，即可保利益，应当是可以确定的经济利益。"《保险纠纷（征求意见稿）》第 2 条规定："（保险利益的时效）财产保险合同订立时被保险人对保险标的具有保险利益但保险事故发生时不具有保险利益的，保险人不承担保险责任；财产保险合同订立时被保险人对保险标的不具有保险利益但发生保险事故时具有保险利益的，保险人应当依法承担保险责任。人身保险合同订立时投保人对保险标的不具有保险利益的，保险合同无效；人身保险合同订立时投保人对保险标的具有保险利益但是保险事故发生时不具有保险利益的，不因此影响保险合同的效力。"除此之外，《保险纠纷（征求意见稿）》第 14 条（可转让保险单范围）、第 24 条（保险标的转让对保险合同效力的影响）、第 26 条（定值保险与不定值保险）、第 41 条（寿险保单转让）、第 49 条（团单）对可保利益做了间接规定①。

2014 年 8 月 31 日第十二届全国人民代表大会常务委员会第十次会议决定对 2009 年《保险法》作出修改："（一）将第八十二条中的'有《中华人民共和国公司法》第一百四十七条规定的情形'修改为'有《中华人民共和国公司法》第一百四十六条规定的情形'。（二）将第八十五条修改为：保险公司应当聘用专业人员，建立精算报告制度和合规报告制度。"

于强制责任保险方面，2006 年 3 月 1 日国务院第 127 次常务会议通过了《机动车交通事故责任强制保险条例》，该条例自 2006 年 7 月 1 日起施行。2012 年 3 月 30 日国务院决

---

① 杨芳著．可保利益效力研究——兼论对我国相关立法的反思与重构［M］．北京：法律出版社．2007 年，第 270 页．

定根据《国务院关于修改〈机动车交通事故责任强制保险条例〉的决定》对其进行修改，并自2012年5月1日起施行修改后的《机动车交通事故责任强制保险条例》。根据该条例的规定，在中华人民共和国境内道路上行驶的机动车的所有人或者管理人，都应当依照《中华人民共和国道路交通安全法》的规定投保机动车交通事故责任强制保险，对于投保人的投保请求，有经营机动车交通事故责任强制保险业务资格的保险公司不得拒绝或拖延承保。为了保障非机动车辆驾驶一方之交通参与者的权益，除非有被保险机动车被依法注销登记的、被保险机动车办理停驶的以及被保险机动车经公安机关证实丢失的情况，否则投保人不得解除保险合同。不过该条例仅仅规定保险人可以向被保险人支付保险赔款，也可以向受害人支付保险赔款，却没有明确被害人是否享有直接支付请求权。另外，如果机动车辆的所有权发生转移，投保人应当办理机动车交通事故责任强制保险合同变更手续。不过，该条款将机动车作为机动车强制责任保险的保险标的。

从我国保险法律规范演进的历史脉络中可以发现这样一个问题：于我国保险立法及其完善的动态进程中，责任保险一直被认为属于财产保险的一个险种，在保险利益方面自应同样适用财产保险中保险利益的一般性规定。因此，在具体法律条文的设计上亦是秉承了这一立法理念，责任保险的特性并未得到应有的重视，遑论责任保险中的保险利益。

第二节　责任保险中保险利益之体系完善

韩非子云："法与时转则治，治与世宜则有功。"法律的形成无非是"依据人类的能力，在对抗的利益中找到最好的平衡（Bester Ausgleich）①"。

虽然我国的保险立法一直处在不断完善的过程之中，但不乏有令人遗憾之处。其中对于责任保险之保险利益的立法现状，即不甚令人满意。因此，对我国责任保险中保险利益制度进行体系性完善，实属有益。

笔者认为，鉴于责任保险在保险价值、保险利益归属主体以及保险利益存在时间等方面所具有之独特之处，应从以下几个方面进行完善：

一、合理使用保险利益之概念

概念，在法律系统中都与权利和义务相关联。因而，当我们把某人（自然人、法人、群体组织）归属于一个涉人概念，把某个事件、行为归属于一个涉事概念，或者把某物、某时、某地归属于一个涉物概念时，有关的权利和义务的规定即可适用。

概念确定了法律事实的本质，既确定事件、行为和物品等的"自然性质"和"社会

① 吴从周著. 概念法学、利益法学与价值法学：探索一部民法方法论的演变史［M］. 北京：中国法制出版社. 2011年，第223页.

性质”，又确定事件、行为和物品等的“法律性质”，因而为人们认识和评价法律事实提供了必要的结构。没有这个结构，就无法对事件、行为和物品等做出法律评价和法律处理[①]。当然，进行概念的界定脱离不开合适的词语选择。词语的选择不仅仅是理论研究的一个起点，准确的词语选择对透彻地认识保险利益的本质、深层次发掘责任保险中的保险利益属性，以及系统建构责任保险之保险利益的相关法律制度都是至关重要的。“Insurable Interest”作为英美法律中的专用词汇，在中文语境下究竟应如何进行翻译，不仅关涉到是否能够探究“Insurable Interest”本质含义以及该原则功效发挥等根本性问题，而且亦会对相关法律体系的建构有显著的影响。我国内地以及台湾地区学者普遍将“Insurable Interest”翻译为保险利益，如桂裕、施文森、孙祁祥以及邹海林等学者都是以“保险利益”为语言介质展开其相关论述的。李玉泉教授在其所著《保险法》一书中，亦是持有“保险利益就是指可保利益，两者并没有区别”之观点[②]。但亦有学者认为，将“Insurable Interest”翻译为“保险利益”的这一译法与英文原意不符，没有把握这一概念强调的是“可以用来投保的利益”的真谛，在具体适用中易发生歧义[③]。因此，建议将“Insurable Interest”翻译为“可保利益”，并以此展开理论研究更为妥适。

但笔者认为，“保险利益”之译法才更加贴近该外来语的本意以及保险的本质。

以词语构成观之，“保险利益”与“可保利益”的定语结构不同，此一不同是否会造成保险理论研究的重大差异？如是，则有必要对保险领域之此“利益”进行准确的定语选择以避免理论研究的不严谨以及理论对于实践指导作用发挥方面产生的阻滞。笔者认为，“保险利益”与“可保利益”虽均属与保险有关的利益并无二致，但是此两概念界定的出发点却存在着明显的不同。对于“可保利益”，表示的是可以投保的利益，该词语乃是从投保人角度出发进行具体界定的，表示的是一个事前概念。然而，从投保人角度出发的利益可谓种类繁多，既有主观利益，又有客观益；既有现有利益，亦有期待利益等等。但是因利益承载着一定的社会性因素，体现着一定的社会生产关系，因此能够以保险形式进行保障的利益必须是法律认可的利益、可以用货币计算和估价的利益，除此之外还必须是可以确定的利益，对于非法利益以及纯主观利益是不能够以保险方式进行保障的。而“保险利益”一词，按照笔者的理解则可以具体解释为“保险合同保障的利益”，此乃属于可以进入保险法律关系的利益，该利益经过了保险合同的甄选而得以成为保险利益。利益到保险利益的转换，可见图 8－1 所示。

图 8－1　利益与保险利益转换图

① 张文显著．法哲学通论［M］．沈阳：辽宁人民出版社．2009 年，第 207－208 页．

② 李玉泉著．保险法［M］．北京：法律出版社．1997 年，第 69 页．

③ 杨芳著．可保利益效力研究——兼论对我国相关立法的反思与重构［M］．北京：法律出版社．2007 年，第 281 页．

保险利益与可保利益的关系可以理解为：保险利益的具体利益范围包含于可保利益之内，但考察范围要较“可保利益”更加具有针对性以及保险合同的可履行性。“保险利益”不仅涉及何种利益可以通过保险方式予以保障的问题，而且还涉及保险合同成立以后的保险赔付问题。可以说，“保险利益”乃是一个能够更加全面地覆盖保险合同动态发展过程的用语，较“可保利益”更具有可理解性与针对性。

举例而言，M 公司有一台价值 300 万美元的机器设备，该机器设备因遭遇火灾而发生全损的概率为 1%。M 公司向 Y 保险公司投保了保险金额为 200 万美元的机器设备损失保险。合同有效期内，因有承保范围内的火灾事故发生造成了该机器设备全损。此例中，按照“可保利益”的标准，M 公司对其所有的机器设备具有 300 万美元的“可保利益”无疑。但按照保险的损害补偿本质，M 公司只能在 200 万美元“保险利益”范围内，申请获得 200 万美元的保险赔付，其额度为 300 万美元的“可保利益”将会因其并未将所有利益投保而致不获全部赔付。以此为例可以发现，“可保利益”只存在于保险实践的应然层面，而“保险利益”不仅存在于保险实践的应然层面，更加存在于保险实践的实然层面。因此，笔者在词语的选择上，亦是采用了目前保险界的惯用词汇，即保险利益。

就我国目前的保险立法而言，我国《保险法》第 12 条第 5 款对保险利益的界定是：“保险利益是指投保人或者被保险人对保险标的具有的法律上承认的利益。”因此，笔者认同该条款所使用的“保险利益”一词。但基于前述章节的理由，笔者建议采用经济利益标准对该条款进行修改得以明确其经济利益的本质属性，即：保险利益是指投保人或被保险人对保险标的具有的被法律承认的经济利益。

二、明确责任保险中保险利益的积极[①]利益属性

责任保险之保险利益，实则与财产损失保险一样，同属积极保险利益。学者们之所以将其划归入消极保险利益范畴，乃是因为并没有很好地辨识出责任保险的保险标的物并非是被保险人应依法承担的民事损害赔偿责任所致。因此，在将责任保险中的保险利益划归回积极保险利益范畴之前，还必须明确责任保险的保险标的物乃是被保险人的整体财产及其预期利润之整体。

（一）明确责任保险的保险标的物

远古时代，由于生产力水平的低下，人们的理论思维亦是十分的匮乏。对于很多的社会现象以及自然现象只能求助于神学观点加以解释，这种对于神学理论的膜拜并未因私有制的出现而终止，私有制生产方式下的统治阶级仍需要用“精神鸦片”来对人们进行麻痹以维护其统治地位。但勇敢的理论探索者仍以其敏锐的思维来洞察社会发展的根本动力究竟何在，追求真理的脚步从未停歇。但囿于主客观条件的限制，人们仍在探究事物本质的

① 虽然本书作者并不认同对于保险利益进行积极保险利益和消极保险利益的划分方法，而之所以仍以“积极”为定语，乃是为了与现有之消极保险利益相区别。

道路上艰难前行。然，时至今日，民智已开，技术先进，科学昌明，理论研究的结果亦在逐渐接近事物之本质。

保险标的是保险法律关系的对象，是保险合同确认保险利益的物质载体，也是保险事故所致损害后果的对象[①]。保险利益与保险标的物紧密联系，保险标的物是保险利益的载体，保险利益因保险标的物而产生，如无保险标的物，保险利益也无从谈起。保险利益是保险合同成立的要素[②]。于责任保险，责任保险的保险利益，虽依存于有形物体上，但在性质上属于抽象之责任。而一般财产保险，其保险利益，必附着于保险标的物[③]。因此，通说认为，责任保险的保险标的物，既不是特定的动产与不动产，也不是人身，责任保险的保险标的物是被保险人应依法承担的民事损害赔偿责任。该责任范围的大小需以被侵权人的权益损害程度进行测定，与侵权人的财产状况无绝对关系。在被保险人对第三人应依法承担的民事损害赔偿责任之上，存有被保险人的保险利益。在责任保险中，原则上无保险价值的概念，保险人仅在所约定的保险金额限度内负赔偿责任。因此，一般财产保险中的超额保险、一部保险或重复保险的规定，原则上于责任保险不适用[④]。被保险人责任利益的额度亦是与其财产水平无涉，因而并不受被保险人财产价值量的束缚。如樊启荣教授认为，我国《保险法》在篇章结构上将责任保险合同的相关内容置于第二章“保险合同”之第二节“财产保险合同”之中，而且我国《保险法》也明确规定，财产保险合同不仅包括财产损失险，还包括责任保险以及信用保证保险。因此，有关财产保险合同的一般性规定，自应适用于责任保险合同乃属确定无疑。不过，鉴于责任保险承保的是被保险人应依法承担的民事损害赔偿责任，责任保险中保险利益并不存在实体的载体[⑤]。

笔者认为，于责任保险之中，被保险人因法律责任的承担而遭致损失，此等情形看似并无实体财产受损，但被保险人的利益仍是以其动产或不动产为载体的。恰如美国普通商业责任保险（Commercial General Liability Insurance，简称 CGL）中的表述一样，CGL 是为实际遭受法律诉讼或受到法律诉讼威胁这一不可预测的实践提供保障。有些人可能将不可预测的事件定义为法律责任的产生，但实际上它只是普通责任保险所承保的经济损失的一部分[⑥]。责任保险的保险利益在性质上与一般的财产损失保险并无本质上的不同，不同之处也仅在于外在承托的载体不同而已：一般财产损失保险以特定物为保险标的物，而责任保险以被保险人之整体财产以及一定时期的预期利润为保险标的物。如我国台湾学者郑玉波所言，责任保险下的赔偿责任“系以被保险人之全部财产为总担保，故在实质上，责任保险之标的，应为被保险人之全体财产，而非被保险人之特定财产也[⑦]”。认为责任保险

---

① 贾林青著．保险法［M］．北京：中国人民大学出版社．2009 年，第 61 页．

② 孙积禄．保险利益原则及其应用［J］．法律科学．2005（1）：78.

③ 梁宇贤著．保险法新论［M］．北京：中国人民大学出版社．2004 年，第 216 页．

④ 梁宇贤著．保险法新论［M］．北京：中国人民大学出版社．2004 年，第 216 页．

⑤ 参见樊启荣编著．责任保险与索赔理赔［M］．北京：人民法院出版社．2002 年，第 14－30 页．

⑥ 厦门理工学院，深圳大华联合保险经纪有限公司编著．美国商业普通责任保险［M］．北京：中国金融出版社．2010 年，第 1 页．

⑦ 郑玉波著．保险法论［M］．台北：三民书局．1992 年，第 192 页．

之保险标的乃是被保险人的民事损害赔偿责任的理论观点，仅仅是触探到了责任保险的表象，而并未深入其本质。

引致责任产生的风险事件，对于被保险人而言，同样是火灾、碰撞、泥石流、溺水、死亡等风险，同样是一种与损失相关的不确定性事件。风险，何时发生不确定、何地发生不确定，会造成何等程度的损失亦不确定。但亦如其他纯粹风险一样，火灾的发生造成财产的损失、溺水的发生造成人身上的伤害，责任保险所承保之风险的发生引致被保险人责任的产生。责任的产生，虽不以特定财产损失为必然表现，但却需要由被保险人以其财产为限对于第三人遭受的人身或财产损害进行赔偿。只不过发生责任保险所承保之风险事故时，被保险人财产权益的贬损要较财产损失保险更为间接而已。因此，实难区分财产损失保险所承保之风险与责任保险所承保之风险对于被保险人财产权益的影响有何不同。

《保险法》第 65 条第 4 款规定："责任保险是指以被保险人对第三者依法应负的赔偿责任为保险标的的保险。"此一条款混淆了保险标的物与承保范围之间的区别，于保险之本质不相符合。不过，饶有兴味的是，《保险法》第 65 条第 4 款之规定却并未给保险实践带来困扰。我国各大财产保险公司推出的责任保险合同条款中，均未列明何为责任保险合同的保险标的物。这种奇趣现象的出现乃因在实践领域，保险标的究竟为何物，对于责任保险实践而言并无绝对意义。无论被保险人责任的产生是因其驾驶特定机动车辆所致，还是因为其经营特定的经营场所所致，抑或是其雇员行为所致，保险人对责任事故中造成的被保险人有形财产损失均不承担损害赔偿责任，侵权人亦不得以责任的产生与其特定财产有关而用该特定财产的财产价值来承担对于被侵权人的损害赔偿责任。侵权人承担责任的基础乃是包括该特定财产在内的所有财产，同时包括未来实现的收益。但为理论研究的科学性，仍需要清楚地将财产保险的保险标的物界定为被保险人的整体财产以及预期利润。

（二）纠正责任保险中保险利益之消极利益属性

"权利是利益的法律外衣，利益是权利的核心结构，抽掉利益这个内容，权利便丧失了财富和资源，成为无用的、虚假的空壳[①]"。利益的发展是导致权利体系变动的原动力，利益是构成权利的重要要素，也是权利构成的本原因子[②]。我国古籍《后汉书·循吏列传》中最早出现了利益一词，即"勤令养蚕织履，民得利益焉"。"今人之性，饥而欲饱、寒而欲暖、劳而欲休，此人之情性也[③]"。总之，利益是在需要的基础上形成的，是人对需要的兴趣、认识、追求、分配和满足，反映了人与人之间对需求对象的分配关系、社会关系[④]。

通说认为，保险利益有积极的保险利益与消极的保险利益之分，而责任保险中的保险利益乃属于消极保险利益的范畴。学者对此的阐释大致是，积极保险利益和消极保险利益

---

① 王启富，马志刚．权利的法律结构分析［J］．中央政治干部管理学院学报．1999（5）：1.

② 征汉年，章群．利益：权利的价值维度——权利本原解析之一［J］．国家教育行政学院学报．2006（7）：39.

③ 《荀子·性恶》.

④ 王伟光著．利益论［M］．北京：中国社会科学出版社．2010 年，第 79 页．

的差别集中体现为，财产所有人因为保险标的安全，仍能占有使用保险财产而受益，责任承担人却会因拥有保险标的（赔偿责任）而受损[①]。消极保险和积极保险之主要区别在于后者保护之对象乃是已存在或将来可得之利益，前者则是非针对被保险人现存之特定标的，而是为防止任何因法律规定、契约义务或事实上之必要费用而产生被保险人财产上之负担而设[②]。消极之期待利益者，因特定意外事故之发生，将使被保险人蒙受不利益，或直接受金钱上损失者，对其不利益或损失，有保险利益，此即所谓责任保险之保险利益[③]。对于被保险人而言，一般财产损失险的保险利益属于积极的保险利益，被保险人因承载该利益之保险标的不发生损失而得以享有其此等利益，因保险标的的损毁灭失遭受利益损失。而责任保险的保险利益乃属于消极利益，被保险人因责任的不发生而保有当前财产，因责任的发生而造成财产水平的下降。

但笔者对于上述理论观点却不甚赞同。本书认为，利益，即所谓的好处，对于利益主体而言，利益永远都是一种积极的东西，并无积极或者消极之分。如庞德所说："就目前论题而言，我将利益定义为某种要求或欲望。这是人类（以个人、团体、社会或相互关系的形式）希望得到满足的东西，因此，是在规范人们相互关系时必须考虑的[④]。"利益的本质是一定社会生产力发展水平条件下，在物质外壳掩盖下的生产关系的一定性质的表现形式[⑤]。按照经济人的假设，每个人都能通过成本—收益比较或依趋利避害原则，对其面临的一切机会和目标以及实现目标之手段进行优化选择，使其在经济活动中追求自身经济利益最大化[⑥]。利益作为需要与满足之间的耦合关系，其基础是对资源的占用，利益的实现必须依托于资源。人们可以从社会资源中获得好处，满足自己的一定的需要、愿望或要求，得到效用满足。而人们并不能随心所欲地分配这些资源，是要受到客观条件限制的。这些客观条件指的是客观规律的许可程度和人们所处社会环境及社会制度的约束[⑦]。责任保险与财产损失保险同属于财产保险范畴，责任保险中的保险利益与一般财产损失保险之保险利益在利益属性上并无根本不同，责任保险亦是对被保险人的财产利益提供保障，被保险人希冀通过责任保险的投保避免风险事故所引致发生的责任侵蚀其财产状况，被保险人同样寄希望于风险事故的不发生而使其现有财产得以有效保存。只不过，责任保险因承载了更多的社会性因素而使其保险利益具有了一个利益混合体特性。该利益不但具有财产保险中的保险利益属性，又在利益第三人角度具有意外保险以及财产保险方面的保险利益属性。将责任保险之保险利益划归到消极利益范畴的理论观点，并没有透过责任承担的本质去辨识责任保险的保险标的物，而且也没能很好地把握利益的本质。因此，笔者认为实无为了凸显责任保险的特性而对其进行单独界定的必要。但为避免混淆，完全可以参照我

---

① 杨玉如．责任保险中保险利益的变动对保险合同效力的影响［J］．上海保险．2010（6）：52.

② 江朝国著．保险法基础理论［M］．北京：中国政法大学出版社．2002 年，第 107 页．

③ 桂裕著．保险法论［M］．台北：三民书局．1984 年，第 63 页．

④ 张乃根著．西方法哲学史纲［M］．北京：中国政法大学出版社．1997 年，第 301 页．

⑤ 王浩良．利益的哲学探析［D］．乌鲁木齐：新疆大学硕士学位论文．2007 年，第 4 页．

⑥ 毕可志．法律、利益与权利［J］．烟台大学学报（哲学社会科学版）．2005（4）：154.

⑦ 法丽娜．法制利益论［D］．上海：复旦大学博士学位论文．2009 年，第 36 页．

国台湾地区的做法，在对何为责任保险进行定义时，规避掉保险标的因素，将责任保险界定为：责任保险是保险人于被保险人对于第三人依法应付赔偿责任而受赔偿之请求时，负赔偿责任之一种财产保险。

三、增容责任保险中保险利益归属主体

一般而言，财产保险中的保险利益归属主体应为被保险人，只有被保险人在发生保险利益损失时有权向保险人申请保险赔付，也只有对于拥有保险利益的被保险人进行赔付，才能符合保险这一损失补偿手段的本质。

我国《保险法》第12条规定，保险利益是指投保人或者被保险人对保险标的具有的法律上承认的利益。《保险法》第二章（保险合同）第三节（财产保险合同）的第48条规定："保险事故发生时，被保险人对保险标的不具有保险利益的，不得向保险人请求赔偿保险金。"可见，我国《保险法》将财产保险中保险利益的归属主体界定为被保险人。将被保险人明确列示为财产保险之保险利益的归属主体，可以彰显财产保险的损失补偿特性，也更加符合投保人与被保险人已不完全局限于同一主体的保险实践。但责任保险的存在价值决定了它必定与一般的财产损失保险有很大的不同，即使是在保险利益归属主体上亦不例外。此项例外表现在，责任保险的保险利益，除了归属于被保险人（包括附加被保险人），尚归属于第三人。第三人以"本人"的身份享有责任保险的保险利益，并在其利益受损时有权要求获得利益补偿。正如审理"罗兰德（马克）有限公司诉贝尼旅店有限公司"一案的大法官Kerr所言，"如果一个拥有有限权益的人就保险标的享有一项可保利益……那么，对在标的的可保利益范围内，由另外的人所完成的保险合同，对于其权益有效的主张，不存在法律上的障碍……可以导致这种结果的关系的例子有被寄托人和寄托人、按揭人和受按揭人之间的关系[①]"。亦如西班牙最高法院曾宣称的一样："保险合同保护保险业务中当事人的合法权益的同时，也注重社会的需要，受害人进入合同领域，合同的效力扩展到受害人，这是传统保险合同相对性原则的突破[②]。"而责任保险之第三人即是属于此种情况。

虽然责任保险曾一度被认为是放纵了侵权人的侵权责任而不被认可，持此种观点的各界人士认为责任人借助保险这一手段转嫁了责任风险，不仅使得侵权法律的惩罚功能不得实现，而且还导致了侵权法律对于社会公众的威慑功能消失殆尽。但是责任保险仍基于第三人利益保护的理由而发展至今，并成为社会保障体系的一个必要补充。第三人对被保险人的赔偿请求，是责任保险合同得以成立和存在的基础。若没有第三人的存在，被保险人

---

① ［英］Malcolm A. Clarke 著．保险合同法［M］．何美欢，吴志攀等译．北京：北京大学出版社．2002年，第100页．

② Eliseo Sierra Nogoureo，"Third Parties Against Insurer Under Spanish Law"，British Business Law，2004，November Issue；Sweet & Maxwell and Contributors. P. 715 - 716. 转引自李青武著．机动车责任强制保险制度研究［M］．北京：法律出版社．2010年．第215页．

的损害赔偿责任无从发生，当无责任保险的适用①。因此，责任保险合同被普遍认为具有利益第三人的性质，尤其是在强制责任保险的场合。对此，美国学者 Robert H. Jerry 精辟地指出，责任保险合同最终保护的是被保险人的行为所损害的第三人的利益，相对于第三人的直接损失来说，被保险人的损失是间接损失②。

笔者认为，在一定意义上，可以说第三人所拥有的保险利益乃是被保险人保险利益保护的前提和基础。责任保险的保险利益不仅包括被保险人，还应该包括责任事故的第三人。因此，应将第三人增容至责任保险中保险利益的归属主体范围之内，且基于侵权责任与保险合同责任的非完全分离之事实，将第三人的利益作为确定被保险人责任保险限额的主要参考因素之一。与此同时，也可以在一定程度上对责任保险的正外部性以及第三人的直接支付请求权得以很好地宣示。

第三人的保险利益与责任保险之被保险人的保险利益不同，该利益并不是一种责任财产上的利益。第三人不因责任保险之标的物的完好保有而受益，亦不因被保险标的物之损失而受损，且与责任保险之被保险人规避责任风险的目的不同，第三人意欲规避的乃是作为被保险人之赔偿能力不足的风险，避免因责任人赔偿能力不足而导致其人身或财产损害不获补偿的风险。对于第三人而言，他对于以潜在责任人为被保险人的责任保险合同具有其自身财产或人身上的保险利益，第三人拥有的保险利益仍须符合保险利益在界定标准以及存在时间等方面的构成要件。只不过，于责任保险场合，第三人的保险利益是处在一个被动保障的状态之中。不过需要提及的是，责任保险中保险利益的归属主体除了被保险人和第三人以外，尚有学者认为投保人也是责任保险中保险利益的归属主体，并举例说明到，投保人对债务人因有债权债务关系的存在，债务人财产的减少或增多对债权人的债权的实现具有利害关系，债权人对债务人的总财产具有“债权得以满足的期待利益”，对债务人的财产因承担赔偿责任而消极减少有利害关系，应当具有保险利益，可以债务人为被保险人向保险公司投保责任保险③。若以此例进行类推可知，对于被保险人之财产具有利害关系的人，如依靠被保险人扶养或赡养的人、被保证人等均可以具有保险利益为前提投保责任保险。但笔者认为，这种观点有两点不妥之处。其一，错将保险利益作为责任保险合同的生效要件；其二，混淆了风险受体与保险利益归属主体在具体保险合同中的区别。对于第一个不妥之处，保险利益有人身保险之保险利益和财产保险之保险利益的区分。目前理论界基本一致地认为，保险利益仅是人身保险合同的生效要件，并非是财产保险合同的生效要件。对于第二点不妥，风险受体是风险发生所造成之不利后果的承受者，风险事故的发生会造成风险受体一定程度的人身或者财产上的损失。而保险利益的归属主体是被保险合同保障的主体，当发生保险合同约定范围内风险事故的时候，保险利益归属主体可以利益损失为由，在保险金额限度内申请保险赔付。因此，风险受体想要以保险形式进行风险的转嫁，则必须以自己为被保险人才能够使其目的得以实现。若投保人投保以他人为

---

① 吴荣清著．财产保险概要［M］．台北：三民书局．1992 年，第 225 页．

② 姜南．论责任保险的第三人利益属性——解析新《保险法》第六十五条［J］．保险研究．2009（12）：107.

③ 邹海林著．责任保险论［M］．北京：法律出版社．1999 年，第 135 页．

被保险人的责任保险，即使其与被保险人面临的风险种类同属责任风险，责任事故的发生不仅造成了被保险人的财产损失，同时也间接造成了投保人的财产损失，但鉴于合同的相对性原则，投保人仍不得向保险人申请保险赔付，具有保险金赔付请求权的人仅为被保险人以及有限情况下的责任事故中的第三人。投保人投保以他人为被保险人的责任保险合同之行为，仅仅能使该合同成为利益第三人合同。

四、明确界定责任保险中保险利益的存在时间

损失乃利益的反面，如果保险事故发生时保险利益不存在，即意味着被保险人并未遭受利益上的损失，自无对其进行补偿的必要。因此，通说认为，从保险的损失补偿本质出发，财产保险中的保险利益应于保险事故发生时存在。于一般的财产损失保险而言，保险事故无外乎是清晰可见的火灾、地震、泥石流、车辆碰撞事故等，人们对于"保险事故"的界定并无异议。但对于何为责任保险的保险事故，则存在着四种主要的理论学说，即：损害事故说、责任发生说、赔偿请求说以及债务履行说，而笔者认为损害事故说对于责任保险之保险事故的界定较为准确。

但是，风险事故的发生并不必然伴随损失的发生。风险，损失发生的可能性也，具体由风险因素、风险事故以及损失这三个要素构成。其中，风险事故是引致损失发生的原因，损失则是事故发生的可能性结果。风险事故与损失之间的关系如图 8－2 所示。

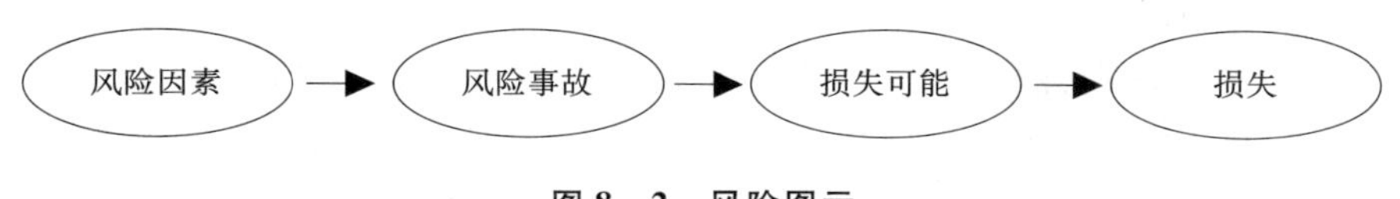

图 8－2　风险图示

风险事故的发生并不必然伴随有风险受体的人身或财产上的损害，风险事故与损失结果存在着时间以及空间上不同步的可能。例如，火灾事故。保险领域所谓之火，必定是敌意之火，而不能是善意之火，才得以构成灾害。此火灾应有发光、发热以及燃烧的现象，并且超过人力所能控制的范围。因此，类似垃圾箱焚烧垃圾的行为一般不能称为火灾。火灾，程度亦有大小，大到可以致严重之人身或财产损害，小亦可能因及时扑救而无任何损害后果。但若于火灾事故发生时损失并未得以显现，而是间隔了一段时间，那么此时即出现了风险事故与损失不同步的现象。因此，笔者认为，保险利益应于损失发生时存在才更加符合保险之损失补偿的本旨。如果被保险人于损失发生时并不存在保险利益，他也就没有任何的损失。对没有利益损失的主体进行补偿，将使得保险沦为赌博的工具①。英国《1906 年海上保险法》确立了海上保险可保利益的时间效力规则——被保险人须在损失发生时对保险标的具有保险利益。该规则同时也成为以财产保险为代表的补偿性保险可保利

① Vukowich, William T. Insurable Interest: When It Must Exist in Property and Life Insurance [J]. Willamette Law Journal, Vol. 7, Issue 1, P. 12.

益时间效力的主要规则[1]。该法第6条第1款规定:“虽然投保时被保险人无须对保险标的具有保险利益,但保险标的发生损失时,被保险人必须对其具有保险利益。”甚至 Sparkes v. Marshall 一案的主审法官 Tindal 认为,保险利益仅需于损失发生时存在即可,即使是损失发生后被保险人又复失去了此利益亦无所谓。正如著名学者亚诺(Arnould)在其巨著《保险法论》中曾云:若要保人于损失发生时对保险标的物有保险利益即为已足,要保人无须证明于保险契约生效时具有保险利益[2]。

要求保险利益存在于保险事故发生时存在仅能符合保险事故与利益损失同时显现的情况,尽管二者在大多数情况下是相伴而生的,但却并不能适用于二者相分离之特殊情况。因此,具体到责任保险,其基本原理并无不同。

责任保险以被保险人应依法承担的民事损害赔偿责任为承保范围,该项责任的承担将导致被保险人整体财产水平的下降。在此情形,引致责任产生的风险事故为“因”,被保险人财产状况的恶化为“果”,责任事件只不过是引致损失发生的前提或诱因。风险事故发生时,得以引致责任产生的风险事件着实发生了,但若被保险人并未受到第三人的赔偿请求,被保险人自无须承担损害赔偿责任,被保险人因此也就没有保险利益方面的损失,自无对其进行补偿的必要。且责任保险之实践已经认识到于损失发生时对被保险人进行补偿所具有的重要意义,并于责任保险合同中存在着期内发生制与期内索赔制之合同区分。因此,笔者认为,责任保险中的保险利益应于损失发生时存在才更加符合保险利益原则之本质。亦如有“美国保险教育之父”美称的 S. S. Huebner 教授认为,可保利益有法定可保利益(Statutory Interest)和约定可保利益(Contarctual Interest)之分。对于法定可保利益而言,何时须具有可保利益取决于相关法律的规定;对于约定可保利益而言,有可保利益是首要的(Allimportant),除非投保“无论损失与否”(Lost Or Not Lost)保险,在这种特殊情形下,可保利益可以在损失发生后获得[3]。不过为有效规避道德风险,在保险合同成立时,合同当事人必须对其利益有一个合理的预期。如果以风险事故的发生作为判定责任保险中保险利益存在时间的标准,将会发生理论或保险立法与实践不相符合的现象,也会因此导致保险利益功能发挥的偏差。因此,实有必要对于保险利益的存在时间进行重新的界定。建议将财产保险中保险利益的存在时间条款作如下的修订:损失发生时,被保险人对保险标的不具有保险利益的,不得向保险人请求赔偿保险金。

---

① 杨芳著.可保利益效力研究——兼论对我国相关立法的反思与重构[M].北京:法律出版社.2007年,第136页.

② I Perkins' Arnould Insurance 238. 转引自施文森著.保险法论文(第一集)[M].台北:三民书局.1988年,第44页.

③ Solomon Stephen Huebner and Kenneth Black. Life Insurance, 10th, (Englewood Cliffs, NJ: Prentice - Hall, 1982), P. 49. 转引自杨芳著.可保利益效力研究——兼论对我国相关立法的反思与重构[M].北京:法律出版社.2007年,第140-141页.

五、扩充责任保险中保险利益的责任范围

一般谓损害乃财产或法益所受之不利益，包括财产上及非财产上之积极的损害、履行利益及信赖利益[①]。从赔偿全部损害观之，关于损害之意义，主要有差额说和组织说之区分。

第一，差额说。差额说，亦被称为利益说，乃是由德国学者 Mommsen 首倡。该说认为，损害是受害人因遭受特定损害事故而受到之不利益，具体表现为损害事故发生前后被害人之总体财产水平的变化。利益说是最为符合全部赔偿理念的，德国判例及学说一直沿用之于现行“民法”上，时至今日，虽非直接，却也如影随形。但有学者认为依利益说衡量损害是否存在，其结果间或与公平正义之观念相背悖[②]。

第二，组织说。鉴于利益说存在的上述弊端，组织说因势而起。组织说的创始人是德国学者 Neuner。组织说认为，损害是主体之人身被伤害或财物被损毁、剥夺而生之结果。即，损害是以一种人身或特定财物被侵害的客观结果所显现出来的。虽然组织说可以避免差额说在解决实际问题方面的某些弊端，但亦存在着某些不足。例如，当损害事故并非作用于被害人特定财产或人身而是作用于其整体财产的时候，组织说中所谓之客观损害并未显露。

民事损害赔偿责任与刑事责任不同，其目的乃是着重于损害的填补。但对于损害，究应如何填补，于德国、法国、英国以及美国等国家的法律中，虽制度设计并不完全相同，甚至出入甚大，但一般都贯彻着“赔偿被害人所受之损害，使其处于损害未曾发生之状态”的立法指导原则，或以赔偿义务人为标准，将义务人的损害预期以及过错程度考虑在内，此如法国法；或以赔偿权利人标准，以其所受全部损害计算赔偿数额，并不考虑赔偿义务人的过错程度，此如德国法；或是采取客观第三人标准，在赔偿权利人和义务人之间进行一定的折中处理，此如英国普通法。不过，无论是采取什么样的标准，当被保险人投保有责任保险的情境下，法院更乐于从赔偿权利人角度出发，确定相对较高的损害赔偿数额，甚至包括较高额度的精神损害赔偿，乃至惩罚性赔偿。因此，笔者认为，为了更好地实现社会主体投保责任保险的预期，同时也为了有效提升社会保险的社会价值，实有必要将精神损害赔偿责任以及惩罚性损害赔偿责任扩充至责任保险的承保范围，明确认可精神性损害赔偿和惩罚性损害赔偿的可保性。

（一）明确认可精神性损害赔偿的可保性

精神损害赔偿，亦有以“非财产上损害”加以称谓之立法，如德国和我国的台湾地区。然而，此亦仅为措辞上的不同而已，含义并无实质不同。精神损害赔偿制度从 1804 年《法国民法典》及司法判例确认以来，经过几十年法律界、立法界和司法界的争论和实

---

① 史尚宽著．债法总论［M］．北京：中国政法大学．2000 年，第 287 页．

② 曾世雄著．损害赔偿法原理［M］．北京：中国政法大学出版社．2001 年，第 119－120 页．

践检验，由于法律文化继承性的效绩作用，在时代潮流的推动下，各国基本上共识其作为一项独立的制度在侵权行为法和人权法中的重要地位①。

精神损害的产生与财产权利的变动并无关系，具体表现为当事人生理或者心理上的痛苦。但生理或心理层面的痛苦，其种类和范围相当之广泛，因此对于此等表现为生理上或心理上之精神损害的赔偿应以有法律规定为准。一般对于较低程度的心理上的不快以及心情压抑等是不能给予精神损害赔偿的。

对于精神损害，无论是否承认以恢复原状的方法作为承担责任的方式，金钱赔偿都是被惯常采用的责任承担方式。但精神损害赔偿的数额，在计算方法上却有主观的计算方法和客观的计算方法之分。笔者认为，精神损害乃是被害人的生理或心理层面的痛苦，不同主体之痛苦感受程度自不相同，因此似采主观的计算方法才更加符合精神损害赔偿的本旨。但因主观感受不似财产损失一样具有客观性而难以把握，因此在实践中还应结合客观标准加以具体衡量。

虽然我国的民事立法存在精神损害赔偿制度，且并未否认精神损害的可赔偿性，但在我国各保险公司开展的责任保险业务中，保险人多基于精神损害赔偿数额的不确定性之原因将精神损害赔偿作为除外责任不予承保。当然，在契约自由原则下，当事人通过约定将精神损害赔偿作为除外责任并无不妥。但保险合同作为具有强烈格式合同特性的合同，保险人在制定保险合同条款时并未能够很好地顾及投保人的权益。除此之外不保条款是否具有法律效力呢？按照我国《合同法》规定，采用格式条款订立合同的，提供格式条款的一方应当遵循公平原则确定当事人之间的权利和义务，并采取合理的方式提请对方注意免除或者限制其责任的条款，按照对方的要求，对该条款予以说明。如果提供格式条款一方免除其责任、加重对方责任、排除对方主要权利的，格式条款无效。如果保险人在保险费率的计算过程中并未去除精神损害赔偿因素的话，将精神损害赔偿列为除外责任则有违保险合同的等价性原则。

另外，基于保险精算技术的复杂深奥，普通公众根本无法了解保险费率制定之基础，投保人在投保责任保险的时候多是关心责任保险是否能够有效地规避责任风险。精神损害赔偿的除外不保，不仅将使得对被保险人之保险利益的保障程度明显下降，而且对于第三人的利益保护程度也并不十分理想，尤其是在被保险人赔偿能力不足的时候。更何况，无论损害赔偿责任的承担是为了对第三人的财产损失或人身损害加以补偿，抑或是对第三人的精神痛苦加以抚慰，对于被保险人而言，都只不过是其财产权益的损失而已，都是被保险人希望通过责任保险合同进行社会化分散的。另外，从责任保险之利益第三人的角度，精神损害亦是损害，只不过与财产损失或人身损害表现不同而已。因此，笔者认为，明确精神性损害赔偿的可保性实在可为。

（二）认可惩罚性赔偿的可保性

惩罚性赔偿是损害赔偿的一种，与补偿性损害赔偿相对，是指当被告以恶意、故意、

---

① 关今华．中国精神损害赔偿制度确立的法哲理基础［J］．福建政法管理干部学院学报．2003（1）：5.

欺诈或放任之方式实施加害行为而致原告受损时，原告可以获得除实际损害赔偿金之外的损害赔偿[①]。惩罚性赔偿的适用需要以当事人的主观恶意为构成要件，如果侵权责任人仅具有过失，则不得对其施以惩罚性损害赔偿的责任。但因责任保险中因被保险人的故意侵权行为所致之损害赔偿责任，属于责任保单的除外责任，保险人自无须对被保险人故意侵权所招致惩罚性损害赔偿责任提供保险保障。因此，惩罚性赔偿的可保性问题仅仅涉及被保险人存在重大过失以及轻率或放任的行为时才被提及。

虽然否定论者认为，承认惩罚性损害赔偿的可保性将使得“惩罚性”目的不获实现，不能有效遏制侵权行为的发生。但笔者认为，过失与重大过失之间并不总是泾渭分明，在司法实践中对过失和重大过失进行区分并不十分容易，而且实践证明认可惩罚性损害赔偿的可保性并不会导致侵权事件发生概率的明显提高。况且，认可惩罚性赔偿的可保性还可以增强第三人的权益保护力度，避免第三人因举证困难造成的补偿不足。美国纽约上诉法院在审理 Walker v. Sheldon 一案时指出，惩罚性赔偿不完全在于对被告方实施一种惩罚。惩罚性赔偿还有对其他社会公众的威慑作用。另外，对被告施以惩罚性赔偿，也并不会导致原告的不当获利，超出原告实际损失的部分不过是对于原告索赔成本的补偿[②]。

可以说，对于不特定之第三人的权益维护，即是对社会公益的维护。如果不允许惩罚性赔偿责任加入责任保险，则不仅潜在的加害人之权益有可能受损，还极有可能导致企业经营者停止或放弃对社会有益但却可能产生责任危险之活动，比如外科医生可能拒绝进行某些手术，或航空器制造公司可能停止生产飞机[③]。因此，美国的绝大多数法院都基于公共政策的考虑，倾向于认定惩罚性损害赔偿的可保性。

我国《保险法》并未明确否定惩罚性损害赔偿的可保性，这也就意味着我国的保险立法并未否认责任保险之保险利益可以涵盖惩罚性损害赔偿责任。因此，惩罚性赔偿的可保性就进入了责任保险合同之当事人之间的自由约定范畴。如果当事人明确将惩罚性损害赔偿责任划归到除外责任范畴，被保险人应依法承担惩罚性损害赔偿责任自不会得到保险合同的保障。但是，如果当事人之间对于惩罚性损害赔偿责任的可保性问题并未明确列示于合同条款之中，那么，基于不利解释原则以及合理期待原则的限制，保险人即应对被保险人依法承担的惩罚性损害赔偿责任提供保险保障。例如在 Valley Foege Insurance Co. v. Fefferson 一案中，法院依照传统合同的解释原则，即“有疑义者，不利于拟文者”的解释原则，换句话说，即对于保险人为不利益的解释，而判断本案合同条款应包括惩罚性损害赔偿责任在内[④]。

但保险人通常会以违反社会公共政策为由对被保险人抑或是第三人的索赔请求提出抗辩。因此，笔者认为，为了更好地实现保险的损害补偿目的以及责任保险之利益第三人属

---

① 张新宝，李倩．惩罚性赔偿的立法选择［J］．清华法学．2009（4）：6.

② Anderson，Roy R. Jr. Indemnity against Punitive Damages：An Examination of Punitive Damages，Their Purpose，Public Policy，and the Coverge Provisions of the Texas Standard Automobile Liability Insurance Policy［J］．Soutewestern Law Journal，Vol. 27，Issue 4（1973），P. 595.

③ 余艺．惩罚性赔偿研究［D］．重庆：西南政法大学博士学位论文．2008 年，第 165 页．

④ 参见林建智．论合理期待原则［J］．保险专刊．1993（9）：160.

性，我国《保险法》应改变对于惩罚性损害赔偿之可保性问题的回避态度，明确认可惩罚性损害赔偿的可保性。

六、构建完善的利益冲突解决机制

耶林指出："利益是法律规则得以产生的基础，利益以及对利益的衡量是法学研究的出发点[①]。""法律的目的是平衡个人利益与社会利益，实现利己主义和利他主义的结合，从而建立起个人与社会的伙伴关系[②]。"然而，需要的多样性决定了利益的多样性。利益体系中各种利益主体相互交错、相互作用，构成各种利益矛盾和冲突。利益冲突可能是由于根本利益不一致、不相容造成的，也可能是根本利益是一致的，但由于实现条件的制约，两种利益不能同时实现或不能充分实现造成的。一般来说，前者是对抗的，后者是非对抗的[③]。利益冲突是人类社会的普遍现象，利益冲突具有鲜明的特点，从时间的维度来看，具有长期性；从空间的维度来看，具有普遍性；从类型的维度来看，具有多样性[④]。利益冲突源于人们不断增长的各类需要与相对落后的社会生产力之间的矛盾，源于利益生产和分配制度的内在缺陷[⑤]。如果某项法律所规范的社会关系主要不是阶级利益关系而是不同行业、不同阶层的国民之间的利益关系，则这一法律就应当体现不同行业、不同阶层国民利益的平衡：最大限度地体现不同行业、不同阶层国民的共同利益；最大限度地避免不同行业、不同阶层国民的利益冲突；当不同行业、不同阶层国民的利益冲突不可避免时，设计公平合理的救济机制和纠纷解决程序[⑥]。而法的功能在于调节、调和与调解各种错杂和冲突的利益，以便使各种利益中大部分或我们文化中最重要的利益得到满足，而使其他的利益最少的牺牲[⑦]。

投保保险是人们追求利益的一种具体形式，尽管保险这种风险管理方式有着损失补偿以及分散风险等诸多功能，但是以保险方式维护主体的利益，避免各种风险带来的不利影响，仍是人们投保保险的最为朴素的想法。投保人以及被保险人所关注的是自己的何种利益可以获得保险的保障以及保险保障的程度有多高的问题，保险人关心的则是赔付责任的有无以及赔付的具体数额问题。但因保险合同具有的条件性色彩，在更多的时候，被保险人与保险人处在利益的对立面上。保险人多寄希望风险事故于保险合同有效期内不发生，即使发生，保险人也希望能够尽可能支付最少的保险赔款以保证其行业竞争力以及较为理想之资本回报率的实现[⑧]。但因责任保险中保险人责任的承担要以第三人对被保险人的索

---

① 吕世伦主编．现代西方法学流派［M］．北京：中国大百科全书出版社．2000 年，第 302 页．

② 张文显著．二十世纪西方法哲学思潮研究［M］．北京：法律出版社．2006 年，第 108 页．

③ 罗海钢．利益与利益冲突［J］．哲学动态．1989（3）：49.

④ 杨炼著．立法过程中的利益衡量研究［M］．北京：法律出版社．2010 年，第 17 页．

⑤ 杨炼著．立法过程中的利益衡量研究［M］．北京：法律出版社．2010 年，第 26 页．

⑥ 张新宝．侵权责任法立法之利益平衡［N］．法制日报，2009 年 4 月 22 日（12）．

⑦ 张文显主编．法理学（第三版）［M］．北京：法律出版社．2007 年，第 23 页．

⑧ John k. Morris. Conflicts of Interest in Defending Under Liability Insurance Policies：A Proposed Solutions［J］. Utah Law Review. Vol. 1981，Issue 3. P. 459.

赔为基础，保险人通常会采取帮助被保险人对抗第三人之索赔请求或者是直接对抗被保险人的索赔请求为策略选择。如此一来，必然又涉及第三人的利益保护问题。而现代责任保险的一个典型特征即在于，当第三人向被保险人提出责任保险承保范围内的索赔请求时，由保险人对于被保险人提供抗辩支持[①]。因此，在责任保险运行架构中，形成了保险人、被保险人以及第三人之间三方动态信息博弈。任何一方都基于利益最大化的动机制定并实施自己的行动策略，具体策略的实施直接影响到了各方的利益实现。

又因责任保险与侵权诉讼之间，并非是两条并行无交集之平行线。虽然被保险人责任的确定才能够引发保险人之保险赔付责任的承担，但责任确定的过程与结果对于责任保险的承保人而言，有着十分重大的意义。目前，包括德国、美国以及我国在内的诸多国家的司法实践已经表明，法院针对发生在第三人和被保险人之间的侵权诉讼所做出的判决对于保险人是具有既判力上的效力的，即使保险人未参加该诉讼，保险人仍得受其约束，且保险人不得在保险诉讼中就法院已决事项提出异议或要求重新审理。为避免被保险人和第三人合谋欺诈保险人等风险，以保证保险人的权益不被恶意侵蚀，各国的保险法律规范普遍地认可保险人之契约性诉讼参与权。但保险人与被保险人毕竟是不同的主体，双方在诉讼策略、风险偏好、价值取向、诉讼和解等问题上的态度不可能完全一致。

就被保险人和保险人之间存在的利益冲突，在责任保险立法领域主要是以赋予保险人以诉讼参与权以及施加抗辩、和解义务的方式加以协调的。在诉讼参与的过程中，保险人得以被保险人的名义对抗第三人的索赔请求。因此，诉讼参与权可以使得保险人不致因被保险人和第三人之间的同谋或欺诈而遭利益损失。抗辩与和解义务则可以在贯彻诚信原则的基础上，更好地借助保险人的力量来维护被保险人的利益。例如，《德国保险合同法》第 100 条规定："在责任保险中，对于保险期间内发生事故导致第三人向投保人提出索赔请求或第三人向投保人恶意诉讼的，保险人都有义务代替投保人应诉。"不过，英国法院虽然承认保险人有参与被保险人与第三人之间的诉讼的权利，但却并不认为保险人因此承担有抗辩的义务，除非保险合同中有明确的约定。因此，即便是侵权法规则自身没有受到直接影响，保险依然能够"隐性地"（Invisibly）影响个案裁判的结果[②]。尽管责任保险无疑会带来一定的影响，但不可否认，在很大程度上它被夸大了。如果在这一领域能够找到一个公正不阿的观察者（Dispassionate Observer），其可能……得出的结论是保险对于侵权法产生的"影响"是极其轻微的；而目前被指出的大多数变化是基于其他原因而造成的……[③]

我国《保险法》对发生于责任保险合同之当事人之间的利益冲突，并未有一个完善的利益冲突解决机制，这不能不说是一个立法的疏漏。因此，笔者认为应从以下三方面构建

① John k. Morris. Conflicts of Interest in Defending Under Liability Insurance Policies: A Proposed Solutions [J]. Utah Law Review. Vol. 1981, Issue 3. P. 457.

② J. Fleming, Accident Liability Reconsidered: The Impact of Liability Insurance, [1984] 57Yale Law Journal, 549 at 551.

③ W. L. Prosser, Law of Torts (4th edn. 1971), 547.

责任保险中的利益冲突解决机制：

（一）明确索赔参与权的契约权利性质

索赔参与权意在使保险人通过参加或者干预被保险人有关赔偿责任的诉讼、仲裁或者和解之行为，避免因遭遇被保险人和第三人和欺诈合谋而致利益损失。但在契约自由原则以及诚实信用原则的作用下，却也实无必要将索赔参与权作为保险人之一项法定权利列示于保险法之中。此乃因为在保险合同之法律关系中，相较于投保人而言，保险人处于相对的强势地位，合同条款多是由保险人拟定的，保险人完全可以在合同条款中表明其具有参与被保险人与第三人之间发生之索赔或诉讼的权利。但因索赔参与权毕竟是对被保险人权利处分行为的一种干预，因此有必要以法律条文的形式昭示此种权利具有合法性，以避免被保险人以格式条款限制其主要权利为由主张该条款无效。就此，我们可以借鉴我国台湾地区“保险法”第 93 条之规定，即：保险人得约定对于第三人关于其损害赔偿责任的承诺、和解或者赔偿，未经其参与者，不受约束。

保险人须基于诚实信用原则行使索赔参与权，如因其在抗辩过程中之过失行为致使被保险人承受不利判决，保险人应对此负赔偿责任。当然，保险人可以以明示或默示形式放弃索赔参与权，但此等权利放弃行为，要受到弃权与禁止抗辩原则的限制。

（二）创设保险人的和解义务和被保险人的和解同意权

保险人的和解义务是经由判例法发展起来的，最初起源于发生在美国加利福尼亚州的卡姆勒诉讼案。审理该案的美国加州最高法院认为：“若被保险人的赔偿有超出保险单的责任限额的巨大危险，以致处理索赔要求的最合理方式，是在保险单的赔偿限额内达成和解的，以诚实信用考虑被保险人的利益，则要求保险人对索赔达成和解。保险人不做任何保证或拒绝和解，构成违反其依照诚实信用和公平交易原则所承担之默示义务①。”由此，在美国，与第三人进行和解，不仅是保险人的一项权利，也是保险人的一项义务。但在英国，保险人并没有为了被保险人利益而与第三人进行和解的义务。当第三人提出一项和解请求时，保险人可基于其享有的索赔参与权决定是否同意和解。如果同意，保险人对于和解协议自应承担责任。不过，对于超过责任限额的和解要求，还是需要由被保险人承担超过部分的损害赔偿责任的。因此对于超过责任限额的和解请求，保险人在同意和解之前必须征得被保险人的同意。如若被保险人拒绝和解，保险人依然可以通过和解控制权的行使来主张接受和解，但保险人必须就全部的和解赔偿金承担给付责任。

我国《保险法》并未就保险人的和解义务有任何的规定，而是默认了保险人有以约定方式享有与第三人和解的权利。保险公司在保险合同中列示出来的和解条款通常为：“发生保险责任时，未经保险人书面同意，被保险人或其代表自行对索赔方作出任何承诺、拒绝、出价、约定、付款或者赔偿，保险人不承担责任。必要时，保险人可以被保险人的名

---

① Comunale V. Traders & General Ins. Co.，50 Cal. 2d 659，328 P. 2d 201（1858）. 转引自邹海林著. 责任保险论［M］. 北京：法律出版社. 1999 年，第 323 页.

义对诉讼进行抗辩或处理有关索赔事宜[①]。”虽然是否与第三人进行和解应是保险人行使索赔参与权的具体表现，但因该权利的行使直接影响到被保险人的保险利益保护，需要加以特殊对待。因此，笔者认为，是否与第三人和解，应是保险人的一项义务而非权利，而且该义务应属于一项法定义务。该义务乃是在责任保险中诚实信用原则、禁止权利滥用原则以及信赖利益原则发挥作用的结果。保险人在决定是否与第三人达成和解时，要尽量考虑被保险人的利益，对于第三人之索赔请求有超出责任保险赔偿限额之高度可能时，经被保险人请求，保险人有义务在保单责任限额内接受和解。但因被保险人有时亦基于社会声誉维护的考虑而不愿意接受第三人于保险限额内的提出的和解请求，所以还应赋予被保险人以和解同意权以尊重当事人的主观意愿。

（三）增设保险人的抗辩义务

我国《保险法》第66条规定：“责任保险的被保险人因给第三者造成损害的保险事故而被提起仲裁或者诉讼的，被保险人支付的仲裁或者诉讼费用以及其他必要的、合理的费用，除合同另有约定外，由保险人承担。”但该条款并未明确保险人是否需要对被保险人承担抗辩义务。而责任保险的实践表明，正是抗辩义务的存在，使被保险人享受到了免受诉讼拖累的利益，使其可以置身于诉讼之外而专注于自身的工作与生活。如果不能免除周旋于损害赔偿的时间、精力和费用之中，不仅会使被保险人身心疲惫，也必然会影响到其日常的工作和生活[②]。相较于被保险人而言，保险人具有更强的抗辩能力，保险人作为责任保单约定之损害赔偿的将来可能之支付者，是最理想的抗辩人。抗辩义务的承担可以避免因保险人滥用索赔参与权所导致的被保险人利益损失。因此，笔者认为，实有必要在《保险法》中增设保险人的抗辩义务。

在对保险人施以抗辩义务的同时，还必须明确保险人之抗辩义务的范围。一般而言，保险人仅需对保险合同约定范围内的索赔请求承担抗辩的义务。如果第三人的索赔请求不在承保范围之内，保险人亦无须对被保险人承担抗辩义务。对此，我们可以借鉴美国马里兰州的经验，即：如果第三人对被保险人提起的索赔请求属于保单的承保范围，则保险人应当履行抗辩义务。如果第三人对被保险人的索赔请求并不属于保单的赔偿范围，但是可能导致保险人承担补偿责任，则保险人也应当履行抗辩义务。只有当第三人向被保险人提起的索赔请求明显的被排除在保单的承保范围之外并且保险人不会承担任何保险责任的时候，保险人才被免除抗辩义务[③]。实际上，较为复杂之情形乃是源于第三人的混合请求。即，第三人之赔偿请求一部分落在承保范围之内，另一部分却落在了承保范围之外。于此情形，加利福尼亚州最高法院在审理 Buss v. Superior Court 一案时支出，保险人有权就没有落入承保范围可能性之赔偿请求所支出的抗辩费用请求偿还[④]。另外，保险人应当在发

---

① 梁鹏．我国责任保险和解制度之改进［N］．中国保险报，2009年10月27日（7）．

② 陈静．责任保险人的抗辩义务初探［J］．西部法学评论．2008（3）：79.

③ 陈静．责任保险人的抗辩义务初探［J］．西部法学评论．2008（3）：80.

④ 林建智，李志锋．论责任保险人之抗辩义务——以美国发展为重心［J］．东吴法律学报．第二十三卷（2）：132.

现其与被保险人的抗辩利益存在冲突的时候，及时通知被保险人存在利益冲突的事实，并暂停为被保险人进行抗辩，除非被保险人仍要求保险人继续为其利益进行抗辩[①]。

不过，在保险人没有尽到合理的注意义务并导致被保险人损害时，被保险人可以提起违约之诉，亦可以提起侵权之诉，两者可以选择其一。如果被保险人提起违约之诉，其所得请求的赔偿数额限于保险合同中可预期之利益；如果被保险人提起侵权之诉，对于一切损失均可请求赔偿，在故意或过失的场合下，还可能获得惩罚性赔偿金或者精神损害赔偿[②]。

七、明确保险利益的合同效力要件强度

按照我国《合同法》规定，依法成立的合同，自成立时生效。当事人对合同的效力可以约定附条件。附生效条件的合同，自条件成就时生效。附解除条件的合同，自条件成就时失效。除此之外，当事人还可以对合同的效力约定附期限。附生效期限的合同，自期限届至时生效；附终止期限的合同，自期限届满时失效。生效的合同对当事人具有约束力，当事人依据合同享有权利并承担义务。如若当事人不履行合同义务，就要承担相应的违约责任。虽然合同是当事人之间意思表示一致的结果，但是合同对当事人以及第三人具有约束力，乃是因为当事人之间的合意符合统治阶级的意志以及社会公共利益所致。具体到保险合同，我国《保险法》规定，保险合同自成立时生效。保险合同成立后，投保人按照约定交付保险费，保险人按照约定的时间开始承担保险责任。不过保险合同亦会因法定或约定事由而失效。如《保险法》第 49 条规定，保险标的转让的，保险标的的受让人承继被保险人的权利和义务。这一条款即意味着原保险合同对于原被保险人而言处于失效状态。但在英美法系，财产保险标的发生意定转让，受让人并不当然继受保险合同当事人地位，而是由保险人对保险标的的危险程度重新评估以决定是否继续合同效力，但保险标的法定转让者除外[③]。

但亦如本书以上部分所阐释的一样，责任保险的保险利益乃是存在于被保险人的整体财产以及预期利润之上的，与普通财产保险的保险利益并无本质区别的利益种类。在发生保险标的物转让的时候，责任保险的保单并不应自动随财产的转让而转让，也就是说，保险并不随财产流通。保险标的物的转让必须在转让人、转得人以及保险人之间存在特定的合同，如果转让并未经得保险人的同意，保单转让对保险人不生效力，但转让人与转得人之间的合同仍为有效合同。不过，如果保单没有特别约定的话，转让人仍得以继续保有被保险人的身份，而保单仅是暂时失去强制执行力而已。但我国《保险法》却规定受让保险标的的主体承继被保险人的权利和义务。这意味着保险利益将会因保险标的物的转移而发

① 梁研．医疗责任保险法律制度研究［D］．长春：吉林大学博士学位论文．2010 年，第 123 页．

② 邵海．责任保险影响下现代侵权法的嬗变［D］．重庆：重庆大学博士学位论文．2008 年，第 59 页．

③ 金东辉．我国保险合同法之立法评析——以保险利益、告知制度、保险标的的转让制度为例［J］．郑州航空工业管理学院学报．2012（4）：116.

生转移，且这种利益的转移是法定原因的转移。虽然，如此的规定较为符合市场经济的效率性原则，但却也在相当程度上绑架了当事人的契约自由。

笔者认为，那些认为保险利益与保险标的物同时转移的理论观点以及立法例与要求保险利益于保险事故发生时存在之通说，或本书认为之保险利益须于损失发生时存在的观点出现了理论悖反。因此，在责任保险合同有效期间内，对于被保险人而言，无论是特定财产还是整体财产的转让，只要被保险人之主体资格依然存在，转得人就不能够自动承继被保险人的权利和义务。转得人因标的物的受让仅仅获得了与该物的一种利害关系而已，在经保险人同意承保之前，该利益仅为利益，而非保险利益。我国《保险法》应纠正保险利益的合同效力要件强度，但为昭示相关主体之间的权利义务关系，建议将《保险法》第49条作如下的修改："保险标的转让的，保险标的的受让人可以承继被保险人的权利和义务。保险标的转让的，被保险人或者受让人应当及时通知保险人，并取得保险人的同意，但货物运输保险合同和另有约定的合同除外。因保险标的转让导致危险程度显著增加的，保险人可以要求增加保险费或者对受让人拒绝承保。被保险人、受让人未履行本条第二款规定的通知义务的，因转让导致保险标的危险程度显著增加而发生的保险事故，保险人不承担赔偿保险金的责任。"

但须强调的是，为保障第三人之合法权益，于强制责任保险的场合，与责任产生有关之保险标的物发生转让的，保险利益应随之转移。

八、协调保险法与破产法之间的关系

为了有效地保障责任保险之第三人的保险利益，实有必要协调保险法与破产法之间的关系，在《保险法》中赋予第三人直接支付请求权，并于《企业破产法》中赋予其有限的优先权特性。

（一）赋予直接支付请求权以法定权利性质

保险给付请求权，为被保险人依照保险合同的约定享有的债权，被保险人可以将之转让与他人或者提供担保。但立法例日益表现出要求保险人直接向被保险人之行为的受害者给付保险金的趋势，禁止被保险人将责任保险金债权转让给受害之第三人以外的他人，或者向受害之第三人以外的他人为支付或提供担保，承认责任保险的第三人对责任保险金债权享有法定的优先受偿权利①。因为，既允许被保险人对保险人缴付保险费，保持责任保险的趋势，又允许保险人隐藏在侵权被保险人不能清偿的盾牌之后，对第三方受害人的判定债务不予赔付，在这些情况下，受害人和被保险人都没有从保险中获得任何利益。因此，受害第三人、被保险人与保险人之间的不公平成为立法最先攻击的领域之一②。而因之发生的赋予责任保险中第三人以直接支付请求权，似乎成为一种立法趋势。《意大利民

---

① 邹海林著．责任保险论［M］．北京：法律出版社．1999 年，第 253－254 页．

② ［美］约翰·F. 道斌著．美国保险法［M］．梁鹏译．北京：法律出版社．2008 年，第 167 页．

法典》第2767条规定："在责任保险的情形下，受害人的损害赔偿的债权，对保险人应当给付的赔偿金，有先取特权。"《中华人民共和国民用航空法》（以下简称《民用航空法》）第169条规定，地面第三人责任保险应当专门指定优先支付民用航空器对地面第三人损害的赔偿；第170条规定，保险人应当支付给经营人的款项，在第三人的赔偿请求未获满足前，不受经营人的债权人的扣留和处理[①]。

我国《保险法》在第65条第2款就第三者直接支付请求权进行了集中规定，但该条款所指之直接支付请求权，并非真正意义上的直接支付请求权。所以，就我国目前立法情况而言，仅有《民用航空法》赋予了第三人在被保险人破产等特定情况下的直接支付请求权。除此之外，第三人向保险人申请直接支付的权利就只有当被保险人怠于向保险人请求时，才可代为行使。否则的话，第三人是否可以获得来自保险人的直接支付，就有赖于保险人意欲何为。但是当被保险人破产的时候，这一本非真正意义的直接支付请求权却又再一次失去了权利行使的基础。这主要表现在以下两方面：（1）被保险人主体资格的变化将导致"被保险人怠于请求"要件不得实现。（2）被保险人的破产也会导致第三人可以获得的损害赔偿额度降低，继而致使第三人向保险人申请直接支付的数量也会受到影响。

因此，笔者认为，出于责任保险之第三人利益保护以及维护社会公益的角度，我国《保险法》应顺应国际范围内的立法潮流，从权利主体角度明确赋予第三人以法定的直接支付请求权。这样既可以避免被保险人主体资格变化对于第三人的影响，又可以避免损害赔偿额度确定上的不效率以及额度过低等问题对于第三人权利保护效果的侵蚀。更为重要的是，法定的直接支付请求权还可以避免由破产撤销权带来的权利束缚。该条款的立法理由为："若被保险人无足够资力赔偿第三人时，受害人不但无法从被保险人获得清偿，又无法向保险人请求，则责任保险保护被保险人及第三人之功能完全丧失，唯独保险人无须理赔。为维护受害第三人之权利，并确保保险人之给付义务，……在被保险人对第三人应负损失赔偿责任确定后，受害第三人得直接向保险人请求赔偿[②]。"

（二）赋予直接支付请求权以有限的优先权属性

权利冲突的实质是利益冲突和价值冲突。解决权利冲突就是在不同的利益之间或者不同的价值观念之间寻找冲突双方均可接受的平衡点或者论证出一方享有优先性的充分理由[③]。罗马法上的优先权，"为享有此种权利之债权人于债务人之财产不足清偿其债务时，有优先于其他债权人受偿之权利"[④]。从优先权制度的起源和发展来看，优先权制度源于对弱势群体的特别关注，它破除债的平等性，对某些特殊群体或特殊权利予以保护，保障人的基本生存权益，以维护实质正义和社会秩序[⑤]。

一个社会在面对因形式机会与实际机会脱节而导致的问题时，会采取这样一种方法，

---

① 邹海林著．责任保险论［M］．北京：法律出版社．1999年，第254页．

② 林群弼著．保险法论（修订三版）［M］．台北：三民书局．2008年，第494页．

③ 李常青．权利冲突之辨析［J］．现代法学．2005（3）：43.

④ 郭明瑞，仲相，司艳丽著．优先权制度研究［M］．北京：北京大学出版社．2004年，第19页．

⑤ 卢春荣．人身侵权之债债权人在破产清偿中的优先权分析［J］．行政与法．2012（2）：118.

即以确保基本需要的平等去补充基本权利的平等，而这可能需要赋予社会地位低下的人以应对生活急需之境况的特权①。恰如霍布斯那句“人的安全乃是至高无上的法律”一样。为正义而斗争，在许多情形下都是为了消除一种法律上的或为习惯所赞同的不平等安排而展开的，因为这种不平等安排既没有事实上的基础，也缺乏理性②。正如德国学者 Karl Larenz 所言：“一旦冲突发生，为重建法律和平状态，或者一种权利必须向另一种权利（或有关的利益）让步，或者两者在某一程度上必须各自让步。于此，司法裁判根据它在具体情况下赋予各该法益的‘重要性’，来从事权利或法益的‘衡量’。然而，‘衡量’也好，‘称量’也罢，这些都是形象化的说法；于此涉及的并非数学上可得测量的大小，毋宁是评价行为的结果③。”“无论从纯粹的法学理论上还是从实定法的实际运作上来看，权利类型之间的平等，恐怕都是一种独特的臆想”④。民主社会往往不能单赖权利者的抽象身份确定优位者，而须在多元的价值中进行博弈，依据多样化的价值标准确定排序以尽量确保平等与自由；效率与公平、个人利益与社会利益等诸元价值同时实现⑤。

权利位阶并非是法律位阶，而是一种权利在效力或者价值方面体现出来的层次性。对于权利位阶的处理，可以采取意定规则和法定规则两种方式进行。当然，试图以制定法的方式规定全部的权利位阶规则亦属枉然。为弥补权利位阶规则的缺失所带来的法律问题，充分发挥权利位阶在解决权利冲突中的作用，法官可按照当然解释、类推适用、目的扩张、反对解释等方法扩张权利位阶规则的适用范围⑥。不可衡量的价值与可衡量的价值间或不可衡量的价值间异质性太强，以至于在价值权衡时存在难以在两项价值间寻找共同的、客观的衡量尺度的难题⑦。

法律秩序所保护的利益会随着客观情况的改变而发生各种各样的变化。在一定的时期可能优先考虑一些利益，而在另一时期则应该优先考虑其他一些利益。法学家所必须做的就是认识这个问题，并意识到这个问题是以这样一种方式向他提出的，即尽其可能保护所有的社会利益，并维持这些利益之间的、与保护所有这些利益相一致的某种平衡或协调⑧。在庞德看来，应该尽可能多地去满足一些利益，与此同时将牺牲和摩擦程度降低到最小限度。人的确不能凭借哲学方法对那些应得到法律承认和保护的利益做出一种普遍有效的权威性的位序安排。然而，这并不意味着法理学必须将所有利益都视为必定是位于同一水平

① ［美］E. 博登海默著．法律哲学与法律方法［M］．邓正来译．北京：中国政法大学出版社．2004 年，第 310 页．

② ［美］E. 博登海默著．法律哲学与法律方法［M］．邓正来译．北京：中国政法大学出版社．2004 年，第 316 页．

③ ［德］Karl Larenz 著．法学方法论［M］．陈爱娥译．台北：五南图书出版有限公司．1996 年，第 313 页．

④ 林来梵，张卓明．论权利冲突中的权利位阶——规范法学视角下的透析［J］．浙江大学学报．2003（11）：8.

⑤ 张平华．权利位阶论——关于权利冲突化解机制的初步探讨［J］．清华法学．2008（1）：52.

⑥ 张平华．权利位阶论——关于权利冲突化解机制的初步探讨［J］．清华法学．2008（1）：61.

⑦ Kent Greengwalt，Objectivity in Legal Reasoning，in：Greengwalt，Law and Objectivity. Oxford and New York，1992. P. 205.

⑧ ［美］博登海默著．法理学——法律哲学与法律方法［M］．邓正来译．北京：中国政法大学出版社．2004 年，第 155 页．

上的，亦不意味着任何质的评价都是行不通的[①]。因此，基于利益衡量的考虑，赋予责任保险之第三人以优于被保险人之一般债权人的优先受偿地位就成为保险立法以及实践相对发达之国家和地区所普遍采用的做法。

例如，在美国，就被保险人破产时的第三人权益保护问题，美国责任保险保单的一般条款部分通常会规定：“‘被保险人’破产或无力偿付债务不会减少我们在本保单中的任何责任。”美国《纽约州保险法》第 3420 条第 1 款规定：“被保险人被清算或者破产，或者其财产被清算，不得免除保险人给付赔偿金的责任，若损害或者损失发生在该保险单或合同的有效期间，且属于保险单或合同约定的保险责任范围；就发生在该保险单或合同的有效期间，且属于保险单或合同约定的保险责任范围的损害或损失的赔偿，对被保险人或其代表请求赔偿而提起诉讼，该诉讼的判决在送达被保险人或其代理律师以及保险人后经过 30 日，仍未获得执行的，除非对被保险人中止或者限期中止执行该判决，依照保险单或者合同约定的条款，以保险单或者合同约定的保险责任范围内的赔偿金额为限，受害人得以判决确定的赔偿额对保险人提起诉讼。”又如《德国保险合同法》第 110 条规定：“在针对投保人的破产程序已经开始的情况下，第三人可要求其对于投保人之赔偿请求权在投保人破产债权中别除受偿。”《德国保险合同法》第 115 条规定，在强制责任保险的场合，当投保人下落不明、投保人的破产程序已经启动、投保人未达到破产状态或已经委派临时破产管理人而导致破产申请被驳回等情况，第三人即可享有对于责任保险之承保人的直接支付请求权。在《1930 年第三方（对承保人的权利）法案》施行以前的英国，如果投保了责任保险的被保险人破产，第三人并不具有优于被保险人之其他债权人的权利，除非在被保险人破产前，第三人已经取得了法院的判决并已执行完毕。但为了能够对于一家曾作为被保险人存在但是已经清算的公司起诉，要求其承担侵权责任，法院还乐意酌情决定是否对被保险人恢复注册以满足诉讼上的要求。而且在《1930 年第三方（对承保人的权利）法案》实施后，被保险人对于保险人的损害赔偿请求权会因为被保险人的破产[②]而转移给第三人，第三人可借此向保险人申请保险赔付，且获赔的保险金并不归于破产财团。

而我国的现实情况是，不仅《保险法》没有赋予第三人以法定的直接支付请求权，而且《企业破产法》对于第三人的直接支付请求权于破产清偿顺序方面的规定亦是付之阙如。此于第三人的权利保护，实为不利。因为与责任保险之第三人相比较，被保险人的债权人在以往的交易中已经通过与许多债务人之间进行的各种交易而取得丰富的风险防范经验，因此是风险的优位承担者。在债权人对债务人的财产状况进行充分的预警基础上，他们可以通过投保信用保险、保证保险、要求被保险人提供担保以在破产程序中享有别除权等手段确保自身债权的实现。而责任保险中的第三人，作为责任事故中的被害人，实难通

① ［美］博登海默著．法理学——法律哲学与法律方法［M］．邓正来译．北京：中国政法大学出版社．2004 年，第 417 页．

② 除此之外，还包括清算、接管以及与债权人达成和解协议或安排的情况在内。但是《1930 年第三方（对承保人的权利）法案》并不适用于再保险合同以及仅为重组或与其他公司合并而自动清算的公司．

过有效手段防范因非交易行为造成的人身或财产损害的风险。相较于被保险人之债权人，第三人处于主动性权利保护的弱势地位，尤其是在社会保障体系不甚完善的时候更是如此。赋予第三人之直接支付请求权以优先权的性质，对于被保险人之债权人给予次位保护，不但能够弥补社会保障体系的不足、加强弱势群体的保护，而且还能够实现对体系性过剩信用问题的必要矫正。而依靠立法手段对相互对立的利益进行调整以及对他们的先后顺序予以安排，是被经常采用的手段。当立法者确定了相对明确的权利位阶后，司法、执法、守法就有了较为明确的行为准则。如果没有法律上的权利位阶，每一次权利发生冲突进入到司法、执法领域，都要由相关的司法、执法人员根据具体情况作出具体判断，将极大地增加司法和执法的成本，也不利于实现公平（给具体的司法和执法人员太大的自由裁量空间）和法制的统一①。因此，在被保险人破产的情况下，为更好地实现对第三人的权益保护，就需要进行保险法和破产法的协调，以立法手段维护不确定之第三人的权益，并以此维护社会的稳定，促进社会的和谐发展。

但笔者不赞同将第三人的直接支付请求权定位为别除权，原因有二：其一，别除权乃是针对担保物权而设，别除权的标的物乃是破产人的特定财产，在保险人向被保险人进行保险赔付之前，该笔保险金并不属于被保险人所有，而且鉴于货币的特殊性，保险金亦并不就有特定性。因此，保险赔款并不具有担保物的性质；其二，按照我国《企业破产法》第 75 条第 1 款②以及 96 条第 2 款③的规定，别除权在破产重整以及和解程序中要受到一定的限制，这亦不利于第三人的权益保护。因此，笔者认为，赋予第三人以别除权的做法无外乎是要赋予权利以优先权的性质。对责任保险之第三人进行保护并非一定要将其直接支付请求权归入别除权的范畴，而是可以单独创设归属于责任保险之第三人的独特的优先权种类，并且明确该优先权并不受破产重整及和解制度的约束。但是，权利的赋予也不能够以肆意侵害其他主体的合法权益为代价。因此，并不宜对第三人的直接支付请求权赋以绝对的优先权属性，而仅应赋予第三人于人身损害方面的直接支付请求权以优先权的性质。至于其因被保险人原因而致财产损害，仍应与破产之被保险人的普通债权人同等顺位清偿。

本章小结

新中国保险业的发展并非一帆风顺，在开办了短暂的几年之后即遭遇了长达 20 年的停办，直至十一届三中全会的胜利召开，保险业才得以恢复，保险立法才逐渐步入正轨，

① 马岭．权利冲突与权利位阶［J］．云南大学学报法学版．2008（9）：30.

② 《企业破产法》第 75 条第 1 款：“在重整期间，对债务人的特定财产享有的担保权暂停行使。但是，担保物有损坏或者价值明显减少的可能，足以危害担保权人权利的，担保权人可以向人民法院请求恢复行使担保权。”

③ 《企业破产法》第 96 条第 2 款：“对债务人的特定财产享有担保权的权利人，自人民法院裁定和解之日起可以行使权利。”

但保险立法一直是以移植引进为主。

因对责任保险之特殊性认知的不足，有关责任保险的法律条款在保险法中并未取得独立之地位，有关责任保险中保险利益的法律条文更是付之阙如。在现行的法律框架中，仍存在着保险标的物与保险利益的认知混淆、保险利益属性不明、保险利益归属主体范围狭窄以及保险利益存在时间不符合实际需求等诸多方面的不足。为了更好地实现责任保险对于保险人、被保险人以及第三人的经济价值，同时也为了更好地实现责任保险在实现分配正义和矫正正义以及提高社会保障水平等方面的社会价值，以现行《保险法》为基础，对其中有关责任保险之保险利益的法律条款进行完善，实属有益。

立法的完善首先要从区分保险利益与保险标的物入手，明确保险标的物仅为保险利益之载体，而非保险利益之本体。责任保险中的保险利益亦并非学界所指称之消极保险利益，而是与财产损失保险中的保险利益一样同属积极保险利益范畴。另外，为了有效地实现保险利益的保险保护，并促进保险实践更好地发展，亦需要将责任保险之保险利益的时间要件确定在损失发生时点，并将精神损害赔偿以及惩罚性损害赔偿扩充至责任保险承保范围之中，认可精神损害赔偿和惩罚性赔偿的可保性。当然，完善的法律体系离不开健全的纠纷解决机制的配合，因此，通过明确索赔参与权的契约权利性质、创设保险人的和解义务和被保险人的和解同意权以及增设保险人的抗辩义务的方式，建立一整套完善的利益冲突解决机制以实现利益主体的权益保护也是必不可少的。另外，亦须在进行《保险法》与《企业破产法》协调的过程中，赋予第三人直接支付请求权以法定权利属性，并提升第三人之人身损害债权的破产分配顺序。

结　论

“人并不邪恶，但却是服从于自己的利益的[①]”，“趋利避害” 和 “自爱” 乃是人类的本性所在。“鄙俗的贪欲是文明时代从它存在的第一日起直至今日的起推动作用的灵魂；财富……是文明时代唯一的、具有决定意义的目的 [②]”，“人们奋斗所争取的一切，都同他们的利益有关[③]”。但 “人为了自身的利益必须要爱别人，因为别人是他自身的幸福所必须的……” “爱别人……就是把自己的利益同我们同伴的利益融合在一起，以便为共同的利益而工作……美德不外就是组成社会的人们的利益[④]”。

保险，是人们基于趋利避害之本性而创造出来的一种风险管理方式。但在保险制度形成的初期，保险合同的订立并不以被保险人与保险标的物之间具有利害关系为必须，此种利害关系的缺失曾一度导致保险沦为人们赌博的工具，财产被恶意损毁以及故意伤害等事件频发。人们开始反思，究竟是什么原因导致保险制度发生了从 “天使” 到 “魔鬼” 之身份的转变。于是，人们逐渐将视线聚焦到了保险利益之上，期望从保险利益角度寻求解决问题的突破口。因此，以查理三世于 1774 年颁布的《人寿保险法案》为开端，保险利益进入了人们的视野，并成为保险领域的基本原则之一。

在保险利益发展以及演变的过程中，对于保险利益的界定标准问题曾发生一场法律权利论与经济利益论之间的争论。法律权利论认为，只有法律明确认可之权利，才得以成为保险利益并获得保险合同的保障，对于事实上的期待，无论其可能性有多大都不足以成为保险利益。而经济利益论则认为，保险乃是人类互助共济之手段，只要不违反社会公共政策，基于当事人的意思自治，单纯的期待亦足已构成保险利益，至于利益的范围，乃是属于技术手段问题，并不足以否定利益的可保性。从各个国家和地区的保险立法以及司法实践可知，经济利益论在这场争论中占据了先导，此乃因为经济利益理论更为符合人们的利益诉求。

保险利益，不但可以避免使保险沦为赌博的工具，而且在防范保险欺诈、保险诈骗、

---

① 《精神论》第 1 卷［M］. 1982 年巴黎版，第 117 页 .

② 《马克思恩格斯全集》第 4 卷［M］. 北京：人民出版社 . 1995 年，第 82 页 .

③ 《马克思恩格斯全集》第 1 卷［M］. 北京：人民出版社 . 1995 年，第 177 页 .

④ 《社会体系》［M］. 1982 年巴黎版，中文版第 1 卷 . 第 76 – 77 页 . 转引自王伟光著 . 利益论［M］. 北京：中国社会科学出版社 . 2010 年，第 10 页 .

维系保险的损失补偿原则以及维护保险人利益等方面有着十分积极的功效。于人身保险之中，社会公众可基于其与被保险人之间所具有的人身上的利害关系而成为包括意外伤害保险以及死亡保险等险种在内的人身保险合同中的受益人，只要这种利害关系得以以经济关系表现出来并征得被保险人同意即为已足。而于财产保险之中，人们亦可基于与保险标的物之间具有的所有权、保管权以及抵押权等财产权益与保险人订立各种财产保险合同。

责任保险，作为财产保险合同中发展历史较为短暂的险种，虽日益呈现出迅猛的发展势头，但也一直饱受着各方的异议和指责。有学者认为责任保险使得侵权法律规范的目的并不能够很好地实现，从而使得侵权法律规范面临着前所未有的“危机”。但事实证明，责任保险并非造成了侵权法律规范的危机，而是与侵权法律规范一道促进着人类社会的稳步发展。责任保险，不但可以提升保险人的经营绩效，提高责任事故第三人的权益保护程度，而且还可以在一定程度上实现分配正义和矫正正义，并在提升社会保障水平方面发挥着不可替代的作用。

虽同属财产保险范畴，责任保险却在保险利益方面有着与财产损失保险相比的诸多不同之处。责任保险中保险利益的归属主体，不但包括记名被保险人，而且还包括附加被保险人，甚至还包括责任事故中的第三人。但责任保险仍是以被保险人的一般财产以及预期收入为保险利益之载体——保险标的物的，且在利益属性上与财产损失保险不存在区别，而是同属积极保险利益范畴。另外，责任保险的保险利益亦须以保险标的物的价值为量上的确定标准。但除此之外，责任保险的保险利益在量的确定上，还要受到损害赔偿方式、物价变动情况以及当事人诉讼策略选择，甚至是其他未知的不确定因素的影响。因此，在多因素的影响下，责任保险在保险利益量的确定方面亦呈现出很大的不确定性。

鉴于责任保险在保险利益方面并不能完全适用财产保险之一般理论以及我国《保险法》对于责任保险特殊性认知的不足，也为了促进责任保险立法以及实践的发展，实有必要对我国现行《保险法》进行适度的完善，以使得保险法律规范成为责任保险实践发展的助推器，而非现实羁绊。因此，从纠正对于责任保险之保险利益乃属消极保险利益的理论观点入手，明确保险利益与保险标的物之间的依托与被依托的关系，增容责任保险中保险利益的归属主体，合理界定责任保险中保险利益的存在时间，并认可精神损害赔偿以及惩罚性损害赔偿的可保性乃属当务之急。当然，构建完善的利益冲突解决机制对于责任保险中利益归属主体的利益保护而言，亦是不可或缺。就此，应参酌其他国家的立法经验并结合我国的实际情况，在承认保险人享有索赔参与权这一契约性权利的同时，在保险领域之最大诚信原则的基础上，对保险人施以抗辩以及和解义务，并相应赋予被保险人以和解同意权。另外通过赋予第三人直接支付请求权以法定权利属性，并提升第三人之人身损害债权的破产分配顺序的方式进行《保险法》与《企业破产法》协调亦是十分重要。

主要参考文献

中文著作：

[1] 余立力．信赖利益新论［M］．武汉：武汉大学出版社，2009年．

[2] 梁慧星．民商法论丛第7卷［M］．北京：法律出版社，1997年．

[3]［英］戴维·M. 沃克．牛津法律大辞典［M］．李双元等译．北京：法律出版社，2003年．

[4]［法］霍尔巴赫．自然的体系［M］．管士滨译．北京：商务印书馆，1964年．

[5] 张江河．论利益与政治［M］．北京：北京大学出版社，2002年．

[6] 葛力．十八世纪法国哲学［M］．北京：商务印书馆，1963年．

[7] 吴从周．概念法学、利益法学与价值法学：探索一部民法方法论的演变史［M］．北京：中国法制出版社，2011年．

[8]《马克思恩格斯全集》第4卷．

[9]［美］马斯洛．马斯洛人本哲学［M］．成名编译．北京：九州出版社，2003年．

[10]［苏］M·米哈伊洛夫、A·英特列夫．社会主义和利益［M］．莫斯科：莫斯科出版社，1970年．

[11] 王伟光．利益论［M］．北京：中国社会科学出版社，2010年．

[12]［苏］普列汉诺夫．论一元历史观之发展［M］．上海：生活·读书·新知三联书店，1961年．

[13]［美］E·博登海默．法理学：法律哲学与法律方法［M］．邓正来译．北京：中国政法大学出版社，2004年．

[14] 费安玲，丁玫，张宓．意大利民法典［M］．北京：中国政法大学出版社，2004年．

[15] 黄道芬．俄罗斯联邦民法典［M］．北京：北京大学出版社，2007年．

[16] 吴日焕．韩国商法［M］．北京：中国政法大学出版社，1999年．

[17] 江朝国．保险法基础理论［M］．北京：中国政法大学出版社，2002年．

[18] 张文显．法哲学范畴研究［M］．北京：中国政法大学出版社，2001年．

[19] 张文显．法哲学通论［M］．沈阳：辽宁人民出版社，2009年．

[20] 林群弼．保险法论（修订三版）［M］．台北：三民书局，2008年．

[21] 郑玉波，刘宗荣修订．保险法论（修订七版）［M］．台北：三民书局，2008年．

[22] 刘宗荣．新保险法：保险契约法的理论与实务［M］．北京：中国人民大学出版

社，2009 年．

[23] 徐卫东．保险法论 [M]．长春：吉林大学出版社，2000 年．

[24] 孙祁祥．保险学 [M]．北京：北京大学出版社，2005 年．

[25] 樊启荣．保险法 [M]．北京：北京大学出版社，2011 年．

[26] 樊启荣．责任保险与索赔理赔 [M]．北京：人民法院出版社，2002 年．

[27] 桂裕．保险法论 [M]．台北：三民书局，1984 年．

[28] 陈欣．保险法 [M]．北京：北京大学出版社，2000 年．

[29] 李秀芬．保险法新论 [M]．北京：中国人民公安大学出版社，2004 年．

[30] 秦道夫．保险法论 [M]．北京：机械工业出版社，2000 年．

[31] 沙银华．日本经典保险案例评释 [M]．北京：法律出版社，2002 年．

[32] 王军．美国合同法 [M]．北京：中国政法大学出版社，1996 年．

[33] 王萍．保险利益研究 [M]．北京：机械工业出版社，2004 年．

[34] 王卫耻．实用保险法 [M]．台北：文笙书局，1981 年．

[35] 吴荣清．财产保险概要 [M]．台北：三民书局，1992 年．

[36] 许谨良，魏巧琴．人身保险原理和实务 [M]．上海：上海财经大学出版社，1996 年．

[37] 应世昌．中外精选保险案例评析 [M]．上海：上海财经大学出版社，2005 年．

[38] 袁宗蔚．保险法 [M]．台北：三民书局，1969 年．

[39] [日] 园乾治．保险总论（中译本）[M]．李进之译．北京：中国金融出版社，1983 年．

[40] 周玉华．保险合同法总论 [M]．北京：中国检查出版社，2000 年．

[41] [英] Malcolm A. Clarke. 保险合同法 [M]．何美欢，吴志攀等译．北京：北京大学出版社，2002 年．

[42] 崔建远．物权法（第二版）[M]．北京：中国人民大学出版社，2011 年．

[43] 王利明．物权法研究（修订版）下卷 [M]．北京：中国人民大学出版社，2007 年．

[44] 王利明．侵权行为法研究（上卷）[M]．北京：中国人民大学出版社，2004 年．

[45] 王利明．民商法研究（第 1 辑）[M]．北京：法律出版社，2001 年．

[46] 王利明．民法 [M]．北京：中国人民大学出版社，2000 年．

[47] 王利明，崔建远．合同法新论·总则 [M]．北京：中国政法大学出版社，1996 年．

[48] 胡长清．中国民法总论 [M]．北京：中国政法大学出版社，1997 年．

[49] [意] 彼得罗·彭凡德．罗马法教科书 [M]．黄风译．北京：中国政法大学出版社，1992 年．

[50] 施文森．保险法论文集（第一集）[M]．台北：三民书局，1988 年．

[51] 施文森．保险法总论 [M]．台北：三民书局，1990 年．

[52] 施文森．汽车责任保险之研究（第 2 版）[M]．北京：商务印书馆，1980 年．

[53] 施文森．保险法判决之研究（总则篇）（上、下册）[M]．台北：三民书局，2001 年．

[54] 邹海林．责任保险论 [M]．北京：法律出版社，1999 年．

[55] [美] 缪里尔·L. 克劳福特．人寿与健康保险（第 8 版）[M]．周伏平，金海军等译．北京：经济科学出版社，2000 年．

[56] 魏华林，林宝清．保险学（第二版）[M]．北京：高等教育出版社，2006 年．

[57] 唐钧．市场经济与社会保障 [M]．哈尔滨：黑龙江人民出版社，1995 年．

[58] 史尚宽．民法总论 [M]．北京：中国政法大学出版社，2000 年．

[59] 史尚宽．债法总论 [M]．北京：中国政法大学出版社，2000 年．

[60] 王泽鉴．民法学说与判例研究（第二册）[M]．北京：中国政法大学出版社，2005 年．

[61] 王泽鉴．民法学说与判例研究（第三册）[M]．北京：中国政法大学出版社，2005 年．

[62] 王泽鉴．民法学说与判例研究（第五册）[M]．北京：中国政法大学出版社，2009 年．

[63] 王泽鉴．民法学说与判例研究（第一册）[M]．北京：中国政法大学出版社，1998 年．

[64] 王泽鉴．民法学说与判例研究（第七册）[M]．北京：中国政法大学出版社，2009 年．

[65] 张俊浩．民法学原理（修订版）[M]．北京：中国政法大学出版社，1997 年．

[66] [美] 约翰·罗尔斯．正义论 [M]．何怀宏，何包钢，廖申白译．北京：中国社会科学出版社，1988 年．

[67] 张军．价值与存在 [M]．北京：中国社会科学出版社，2004 年．

[68] [德] 汉斯—贝恩德·舍费尔，克劳斯·奥特．民法的经济分析 [M]．江清云，杜涛译．北京：法律出版社，2009 年．

[69] [古希腊] 亚里士多德．尼各马科伦理学 [M]．苗力田译．北京：中国社会科学出版社，2003 年．

[70] [澳] 维拉曼特．法律导引 [M]．张智仁等译．上海：上海人民出版社，2003 年．

[71] 龚维斌．中外社会保障体制比较 [M]．北京：国家行政学院出版社，2008 年．

[72] [美] 罗斯福．罗斯福选集 [M]．关在汉选译．北京：商务印书馆，1982 年．

[73] [美] 波斯纳．法律的经济分析 [M]．蒋兆康译．北京：中国大百科全书出版社，1997 年．

[74] [德] 冯·巴尔．欧洲比较侵权行为法（上卷）[M]．张新宝译．北京：法律出版社，2001 年．

[75] 朱岩．侵权责任法通论 [M]．北京：法律出版社，2011 年．

[76] 张民安．过错侵权责任制度研究 [D]．北京：中国社会科学院博士学位论文，

2002 年.

[77] [德] 黑格尔. 法哲学原理 [M]. 范阳, 张企泰译. 北京: 商务印书馆, 1961 年.

[78] 王卫国. 过错责任原则: 第三次勃兴 [M]. 北京: 中国法制出版社, 2000 年.

[79] 厦门理工学院, 深圳大华联合保险经纪有限公司. 美国商业普通责任保险 [M]. 北京: 中国金融出版社, 2010 年.

[80] 曾世雄. 损害赔偿法原理 [M]. 北京: 中国政法大学出版社, 2001 年.

[81] 杨立新. 《中华人民共和国侵权责任法》精读 [M]. 北京: 知识产权出版社, 2010 年.

[82] 杨立新. 侵权损害赔偿 (第五版) [M]. 北京: 法律出版社, 2010 年.

[83] 许传玺等. 侵权法重述 (第二版): 条文部分 [M]. 北京: 法律出版社, 2012 年.

[84] 张新宝. 精神损害赔偿制度研究 [M]. 北京: 法律出版社, 2012 年.

[85] 全国人大常委会, 法制工作委员会民法室. 侵权责任法: 立法背景与观点全集 [M]. 北京: 法律出版社, 2010 年.

[86] [美] 肯尼斯·S. 亚伯拉罕. 美国法原理与实务 (第四版) [M]. 韩长印等译. 北京: 中国政法大学出版社, 2012 年.

[87] [日] 铃木辰纪. 新保险论 (第 2 版) [M]. 成文堂, 2005 年.

[88] 李青武. 机动车责任强制保险制度研究 [M]. 北京: 法律出版社, 2010 年.

[89] 许谨良. 财产和责任保险 [M]. 上海: 复旦大学出版社, 1993 年.

[90] 谭湘渝. 医疗责任保险研究 [M]. 上海: 上海财经大学出版社, 2008 年.

[91] [美] 约翰·F. 道斌. 美国保险法 [M]. 梁鹏译. 北京: 法律出版社, 2008 年.

[92] 邹海林. 责任保险论 [M]. 北京: 法律出版社, 1999 年.

[93] 陈彩稚. 财产与责任保险 [M]. 台北: 台湾智胜文化出版社, 2006 年.

[94] 许飞琼. 责任保险 [M]. 北京: 中国金融出版社, 2007 年.

[95] 李加明. 财产与责任保险 [M]. 北京: 北京大学出版社, 2012 年.

[96] 文才. 论完善我国的责任保险法律制度 [M]. 成都: 西南交通大学出版社, 2010 年.

[97] 刘金章. 财产与责任保险 [M]. 北京: 清华大学出版社, 2010 年.

[98] 张国键. 商事法论 (保险法) [M]. 台北: 三民书局, 1985 年.

[99] 林诚二. 民法理论与问题研究 [M]. 北京: 中国政法大学出版社, 2000 年.

[100] 李宜琛. 民法总则 [M]. 台北: 正中书局, 1943 年.

[101] [美] 唐·帕尔伯格. 通货膨胀的历史与分析 [M]. 孙忠译. 北京: 中国发展出版社, 1998 年.

[102] 乌尔里希·贝克. 风险社会 [M]. 何博闻译. 南京: 译林出版社, 2004 年.

[103] 夏勇. 中国当代宪政与人权热点 [M]. 北京: 昆仑出版社, 2001 年.

[104] 张恒山. 法理要论 (第三版) [M]. 北京: 北京大学出版社, 2009 年.

[105] Karl Larenz. 法学方法论 [M]. 陈爱娥译. 台北: 五南图书出版有限公司,

1996 年.

［106］［德］康德. 法的形而上学原理［M］. 沈叔平译. 北京：商务印书馆，1991 年.

［107］［英］亚当·斯密. 国民财富的性质和原因的研究（下卷）［M］. 郭大力，王亚南译. 北京：商务印书馆，1988 年.

［108］［美］罗斯科·庞德. 法律史解释［M］. 曹玉堂，杨知译. 北京：华夏出版社，1989 年.

［109］陈铣雄. 民法总则新论［M］. 台北：三民书局，1982 年.

［110］梁宇贤. 保险法新论［M］. 北京：中国人民大学出版社，2004 年.

［111］贾林青. 保险法［M］. 北京：中国人民大学出版社，2009 年.

［112］张乃根. 西方法哲学史纲［M］. 北京：中国政法大学出版社，1997 年.

［113］吴荣清. 财产保险概要［M］. 台北：三民书局，1992 年.

［114］吕世伦. 现代西方法学流派［M］. 北京：中国大百科全书出版社，2000 年.

［115］张文显. 二十世纪西方法哲学思潮研究［M］. 北京：法律出版社，2006 年.

［116］郑玉波. 民商法问题研究（二）［M］. 台北：三民书局，1980 年.

［117］王欣新. 破产法（第三版）［M］. 北京：中国人民大学出版社，2011 年.

［118］王欣新，尹正友. 破产法论坛（第七辑）［M］. 北京：法律出版社，2012 年.

［119］范健，王建文. 破产法［M］. 北京：法律出版社，2009 年.

［120］徐国栋. 民法基本原则解释［M］. 北京：中国政法大学出版社，2004 年.

中文论文：

［1］李琳，游桂云. 保险中的法律利益原则与经济利益原则［J］. 齐鲁学刊，2006（6）.

［2］曾东红. 论保险利益的法理观［J］. 中山大学学报（社会科学版），1997 年增刊.

［3］姚菊芬. 从英美国家保险利益原则的理论发展看我国立法之完善［J］. 学术交流，2005（7）.

［4］朱文胜. 保险利益原则是保险合同成立的前提条件［J］. 保险研究，2000（5）.

［5］高薏. 论可保利益与保险利益的关系［J］. 山东科技大学学报（社会科学版），2001（6）.

［6］邢海宝. 从法律上可保利益到经济可保利益［J］. 法学家，2005（3）.

［7］孙积禄. 保险合同效力研究［J］. 政法论坛，2012（5）.

［8］孙积禄. 保险利益原则及其应用［J］. 法律科学，2005（1）.

［9］荆真. 论可保利益的检验标准［J］. 中国海洋大学学报（社会科学版），2008（1）.

［10］邹海林. 论保险利益原则及其适用［J］. 中外法学，1996（5）.

［11］高宇. 保险合同权利结构与保险利益归附之主体——评《中华人民共和国保险法（修改草案送审稿）》［J］. 当代法学，2006（7）.

［12］孙玉芝. 财产保险的保险利益［J］. 当代法学，2003（2）.

［13］温世扬，黄菊. 保险利益的法理分析——以人身保险为重点［J］. 河南省政法管理干部学院学报，2004（1）.

[14] 樊国昌. 逆选择和道德风险对保险供需影响的实证分析 [J]. 生产力研究, 2009 (2).

[15] 谢俊. 分配正义理论及其当代价值 [J]. 学术交流, 2011 (5).

[16] 贾中海. 法与社会分配正义 [J]. 当代法学, 2002 (3).

[17] 崔文奎. 康德分配正义理念与和谐社会的构建 [J]. 生产力研究, 2009 (3).

[18] 文长春. 基于能力平等的分配正义观——阿马蒂亚·森的正义观 [J]. 学术交流, 2010 (6).

[19] 胡雅妮. 论保险利益对保险合同效力的影响 [J]. 法制与社会, 2007 (9).

[20] 邬宗明. 论保险利益原则对保险合同效力的意义 [J]. 法制与社会, 2007 (8).

[21] 宋金辉. 试论保险利益对保险合同效力的影响 [J]. 法制与社会, 2007 (6).

[22] 王利明. 论合同的相对性 [J]. 中国法学, 1996 (4).

[23] 刘承韪. 合同相对性理论的起源与流变——现代意义合同相对性在两大法系确立过程之比较 [J]. 南京大学法律评论, 2007 (8).

[24] 田云鹤. 利益的悖谬与哲学透视 [J]. 理论观察, 2009 (5).

[25] 周旺生. 论法律利益 [J]. 法律科学 (西北政法学院学报), 2004 (2).

[26] 胡玉鸿. 关于"利益衡量"的几个法理问题 [J]. 现代法学, 2001 (8).

[27] 蔡恒松. 论法的利益本位 [J]. 前沿, 2010 (23).

[28] 毕可志. 法律、利益与权利 [J]. 烟台大学学报 (哲学社会科学版), 2005 (4).

[29] 郭灿鹏. 对利益矛盾与社会稳定关系的哲学思考 [J]. 北京大学学报 (哲学社会科学版), 1995 (4).

[30] 沈宗灵. 法·正义·利益 [J]. 中外法学, 1993 (5).

[31] 李英田. 利益关系变迁与意识形态更新 [D]. 北京: 中共中央党校博士学位论文, 2008.

[32] 任广浩, 叶立周. 论权利冲突——以利益冲突为线索的考察 [J]. 河北法学, 2004 (8).

[33] 张瑞纲, 许谨良. 责任保险、社会责任与法庭诉讼——基于博弈论的分析 [C]. 中国保险学会学术年会论文, 2011.

[34] 汤维建. 论破产法上的撤销权 [J]. 法律科学, 1995 (6).

[35] 王欣新. 破产撤销权研究 [J]. 中国法学, 2007 (5).

[36] 甘露, 薛丰民. 破产程序中债权人的撤销权 [J]. 法制与社会, 2010 (7).

[37] 张丽敏. 我国破产法上的破产撤销权问题探究 [J]. 法制与社会, 2009 (1).

[38] 李伟. 从人与人的关系考察法的概念——关于法的概念的哲学思考 [J]. 河北法学, 2006, (9).

[39] 焦宝乾. 法概念: 诠释转向和本体回归——当代西方法律本体论的一种走向 [J]. 求是学刊, 2004 (3).

[40] 石声萍. 经济外部性问题研究 [D]. 重庆: 西南农业大学博士学位论文, 2004.

[41] 孙东雅．民事优先权研究［D］．北京：中国政法大学博士学位论文，2003.

[42] 宋宗宇．优先权制度研究［D］．重庆：西南政法大学博士学位论文，2006.

[43] 陈晓峰．《侵权责任法》立法通过及其对我国责任保险发展的影响［J］．保险研究，2010，(3).

[44] 李晓燕，石小航．日本责任保险的发展及其对中国的启示［J］．上海保险，2006 (11).

[45] 卢翔．论我国责任保险的发展［J］．保险研究，2002 (11).

[46] 杨华柏．德国侵权法与责任保险的互动关系及对中国的启示［J］．保险研究，2009 (3).

[47] 胡吕银．从责任保险看侵权法之嬗变［J］．扬州大学学报（人文社会科学版），1999 (3).

[48] 唐金成，孙灵刚．责任保险社会管理功能简论［J］．上海保险，2012 (1).

[49] 邵海．责任保险影响下的现代侵权法的嬗变［D］．重庆：重庆大学博士学位论文，2008.

[50] 郭峰，胡晓珂．强制责任保险研究［J］．中国商法年刊，2007.

[51] 杨鹏艳．侵权立法对责任保险市场的影响机制［J］．保险研究，2011 (4).

[52] 赵正堂，徐高峰．从经济学视角看责任保险归责原则的变迁［J］．中国保险管理干部学院学报，2003 (5).

[53] 周学峰．论责任保险的社会价值及其对侵权法功能的影响［J］．甘肃政法学院学院学报，2007 (5).

[54] 刘桂琴．论责任保险与侵权损害赔偿的社会化［J］．前沿，2003 (3).

[55] 周学峰．侵权诉讼与责任保险的纠结——从两方对抗到三方博弈［J］．清华法学，2012 (6).

[56] 王运福．责任保险人赔参与权初探［J］．中国保险管理干部学院学报，2004 (3).

[57] 曹兴权．走出责任保险伦理困境的观念路径［J］．贵州财经学院学报，2012 (3).

[58] 陈静．责任保险人的抗辩义务初探［J］．西部法律评论，2008 (3).

[59] 孙宏涛．论董事责任保险中赔偿责任与抗辩、和解费用之分摊［J］．比较法研究，2010 (4).

[60] 陈会平．责任保险第三者索赔权探析［J］．上海保险，2010 (8).

[61] 陈亚芹．责任保险第三人直接诉讼法律适用国际比较研究——从法律选择方法的价值目标及其实现路径的维度［J］．保险研究，2011 (8).

[62] 王京．责任保险利益平衡理论研究［J］．山西政法管理干部学院学报，2008 (6).

[63] 梁研．医疗责任保险法律制度研究［D］．长春：吉林大学博士学位论文，2010.

[64] 张磊．中国强制责任保险制度研究［D］．厦门：厦门大学博士学位论文，2007.

[65] 陈向聪．重复保险法律问题研究［J］．行政与法，2006 (4).

[66] 初澈．两岸保险法重复法律效力比较 [J]. 中国保险，2010 (7).

[67] 王俊．重复保险若干法律问题探析 [J]. 保险研究，2001 (4).

[68] 邢海宝．论保险法上的因果关系 [J]. 保险研究，2012 (1).

[69] 唐金成．美国保险法合理期待原则的核心思想及对我国的启示 [J]. 海南金融，2011 (3).

[70] 张昊，王静．英美保险法上合理期待原则的生命力 [J]. 保险职业学院学报，2011 (8).

[71] 樊启荣．中国保险立法之反思与前瞻——为纪念中国保险法制百年而作 [J]. 法商研究，2011 (6).

[72] 姜江．财产权的法理研究——以宪政为视角 [D]. 北京：中国社会科学院博士学位论文，2008.

[73] 朱凯．惩罚性赔偿制度在侵权法中的基础及其适用 [J]. 中国法学，2003 (3).

[74] 黄鸿图．惩罚性损害赔偿制度之研究．[D]. 北京：中国政法大学博士学位论文，2006.

[75] 王利明．建立和完善多元化的受害人救济机制 [J]. 中国法学，2009 (4).

[76] 关今华．中国精神损害赔偿制度确立的法哲理基础 [J]. 福建政法管理干部学院学报，2003 (1).

[77] 陆荣华．谈《保险法》中关于保险金额不得超过保险价值的规定 [J]. 保险研究，1996 (5).

[78] 温世扬．给付性保险中保险利益的制度构造——基于比较法的视角 [J]. 中国法学，2010 (2).

[79] 钱玉林．禁止权利滥用的法理分析 [J]. 现代法学，2002 (2).

[80] 武长海．论民法之权利不得滥用原则 [J]. 政法论丛，2009 (12).

[81] 翟羽艳，吕秀军．公平责任三论 [J]. 求是学刊，2000 (3).

[82] 董惠江，严城．论我国精神损害赔偿金的功能 [J]. 甘肃政法学院学报，2012 (1).

英文文献：

[1] Lewis, Alan M. Insurable Interest in Lives [J]. John Marshall Law Quarterly, Vol. 4, Issue 3 (March 1939).

[2] Nelson, Sydney B. Insurance-Insurable Interests [J]. Louisiana Law Review, Vol. 22, Issue 4 (June 1962).

[3] Dahl, Paul R. Insurable Interest and Incontestability [J]. Albany Law Review, Vol. 16, Issues 2 (1952).

[4] Seng, Lee Kiat. Insurable Interest in Singapore [J]. Singapore Journal of Legal Studies, Vol. 1997, Issue 2 (1997).

[5] Harnett, Bertram; Thornton, John v. Insurable Interest in Property [J]. Insurance Law Journal, Vol. 1949, Issue 6 (June 1949).

[6] Swift, James P. Insurable Interest Changes [J]. Insurance Law Journal, Vol. 1953, Issue 10 (October 1953).

[7] Leflar, Robert A.; Bullion, Bruce T. Jr. Insurable Interest in Arkansas [J]. Law School Bulletin, Vol. 6, Issue 2 (June 1938).

[8] Birchfiel, Ross E. Jr. Insurable Interest in Life Insurance [J]. Tennessee Law Review, Vol. 28, Issue 4 (Summer 1961).

[9] Best, Franklin L. Jr. Defining Insurable Interest in Lives [J]. Tort & Insurance Law Journal, Vol. 22, Issue 1 (1986 - 1987).

[10] Fuchs, Stanley. Significance of Insurable Interest [J]. New York State Bar Journal, Vol. 47.

[11] Gibb, G. Stegmann. Insurable Value in Marine Policies [J]. Law Magazine & Review and Quarterly Digest of All Reported Cases, Vol. 1 Issue 2 (February 1876).

[12] Mcfee, John R. What Is an Insurable Interest [J]. Lawyer and Banker and Southern Bench and Bar Review, Vol 12, Issue 3 (May - June, 1919).

[13] Hollman, Telford F. Doctrine of Insurable Interest [J]. Insurance Law Journal, Vol. 1978, Issue 3 (March 1978).

[14] Pinzur, Robert Stuart. Insurable Interest: A Search for Consistency [J]. Insurance Counsel Journal, Vol. 46, Issue 1 (January 1979).

[15] Taylor, Herman Leroy. Law of Insurable Interest in North Carolina [J]. North Carolina Law Review, Vol. 24, Issue 2.

[16] Van Niekerk, J. P. Insurable Interest of a Trustee in Trust Property [J]. Jota's Business Law, Vol. 15, Issue 1.

[17] Bryan, Chilton. Some Observations on the Problem of Insurable Interest [J]. Insurance Law Journal, Vol. 1948, Issue 12.

[18] Levit, Victor B. California Courts Hold That Punitive Damages Are Not Insurable [J]. Insurance Law Journal, Vol. 1979, Issue 3.

[19] Harris, Geo. D. Insurable Interest in the Life of a Person [J]. Central Law Journal, Vol. 52, Issue - May 17, 1901.

[20] Slaymaker, Glenda Burke. Insurable Interest of a Stockholder in Corporate Property [J]. Central Law journal, Vol. 56, Issue - April 10, 1903.

[21] Hoelljes, Henry. Insurable Interest in the Law of Life-Insurance [J]. Columbia Law Times, Vol. 5, Issue 2.

[22] Fegan, Hugh J. Notes on the Development of the Doctrine of Insurable Interest [J]. Georgetown Law Journal, Vol. 8, Issue 2.

[23] Cairns, J. Donald. Life Insurer Liable for Death Caused by Beneficiary without Insurable Interest in Decedent [J]. Ohio State Law Journal, Vol. 19, Issue 3.

[24] Reinecke, M. F. B. ; van der Merwe, Schalk. Insurable Interest and Reasonable Precautions: Blessed be the Meek (and Gullible) [J]. South African Law Journal, Vol. 101, Issue 4.

[25] Hall, Robert E; Tilghman, Henry A. (Fire Insurance Law)-Insurable Interest and the Interest and the Interest of the Insured [J]. American Bar Association. Section of Insurance, Negligence and Compensation Law. Proceedings, Vol. 1952.

[26] Worker, Tanya. Problem of Insurable Interest Yet Again: with Particular Reference to Extension Clauses [J]. South African Mercantile Law Journal, Vol. 8, Issue 3.

[27] Stuesser, L. Insurable Interest: The Supreme Court of Canada Adopts the Factual Expectancy Test [J]. Canadian Business Law Journal, Vol. 13, Issue 2.

[28] Camera, Paul G. Torts: Duty of Life Insurance Companies to Observe Insurable Interest Rule [J]. Hastings Law Journal, Vol. 10, Issue 3.

[29] Petrie, Richard E. Insurance-Company Liability for Wrongful Death When Insured Murdered by Purchaser with No Insurable Interest [J]. Nebraska Law Review, Vol. 38, Issue 3.

[30] Dunbar, C. M. Insurable Interests of Beneficiaries in Life Policies-Rights of Assignees under the Policies [J]. Western Jurist, Vol. 12, Issue 12.

[31] Morrison, Gerald K. Dursie v. American Union Ins. Co. : Insurable Interest in Eminent Domain Proceedings [J]. Dickinson Law Review, Vol. 71, Issue 4.

[32] Presta, Frank P. ; Fisher, Gorge A. Insurable Interest of a Shareholder in His Corporation's Property and Key Men [J]. Georgetown Law Journal, Vol. 49, Issue 3.

[33] Caha, Jean. Insurance: When Must an Insurable Interest in Property Exist in Nebraska [J]. Nebraska Law Review, Vol. 31, Issue 4.

[34] Loshin, Jacob. Insurance Law's Hapless Busybody: A Case against the Insurable Interest Requirement [J]. Yale Law Journal, Vol. 117, Issue 3.

[35] Lipscomb, A. E. Necessity of Insurable Interest in the Beneficiary of a Life Insurance Policy [J]. Texas Law Review, Vol. 10, Issue 1.

[36] Long, Julian. Concept of Insurable Interest and the Insurance Law Reform Act 1985 [J]. Auckland University Law Review, Vol. 7, Issue 1.

[37] Vukowich, William T. Insurable Interest: When It Must Exist in Property and Life Insurance [J]. Willamette Law Journal, Vol. 7, Issue 1.

[38] Ingram, John Dwight. Insurable Interest: Who Can Question it-Do Waiver and Estoppels Apply [J]. Insurance Counsel Journal, Vol. 52, Issue 4.

[39] Ingram, John D. Valuing an Insurable Interest in Property Where the Insured Is Not the Sole Owner [J]. Idaho Law Review, Vol. 17, Issue 3.

[40] Collins, Eric. Doctrine of Insurable Interest in Illinois as Applied to Life Insurance [J]. Chicago – Kent Review, Vol. 9, Issue 3.

[41] Hopkins, James L. Requisite Insurable Interest in an Assignee of a Policy of Life Insurance [J]. Central Law Journal, Vol. 40, Issue - May 24, 1895.

[42] Stockton, John M. Analysis of Insurable Interest under Article Two of the Uniform Commercial Code [J]. Vanderbilt Law Review, Vol. 17, Issue 3.

[43] Hasson, R. A. Reform of the Law Relating to Insurable Interest in Property-Some Thoughts on Chadwick v. Gibraltar General Insurance [J]. Canadian Business Law Journal, Vol. 8, Issue 1.

[44] Daukantaite, Dagne. Is a Family Relationship Alone Enough to Create an Insurable Interest in the Life of the Other [J]. International Journal of Baltic Law, Vol. 1, Issue 2.

[45] Ford, James T. Validity of Assignments of Life Insurance Policies to Persons Having No Insurable Interest in the Life of the Insured [J]. Central Law Journal, Vol. 58, Issue - March 4, 1904.

[46] Fischer, Emeric. Rule of Insurable Interest and the Principle of Indemnity: Are They Measures of Damages in Property Insurance [J]. Indiana Law Journal, Vol. 56, Issue 3.

[47] Lansverk, C. Duane. Charities: Liability Insurance without Liability [J]. University of Kansas Law Review, Vol. 2 Issue 2 (December 1953).

[48] Hellner, Jan. Tort Liability and Liability Insurance [J]. Scandinavian Studies in Law, Vol. 6 (1962).

[49] Dunnan, Nancy. Saving on Liability Insurance [J]. ABA Journal, Vol. 74, Issue 2 (February 1, 1988).

[50] Strahl, Ivar. Tort Liability and Insurance [J]. Scandinavian Studies in Law. Vol. 3 (1959).

[51] Arnold, Suel O. Products Liability Insurance [J]. Insurance Counsel Journal, Vol. 25, Issue 1 (January 1958).

[52] Smith, Culver. Other Clauses of Liability Insurance Policies [J]. Insurance Counsel Journal, Vol. 23, Issue 1 (Journal 1956).

[53] 2 N. Y. L. Rev. Value of Liability Insurance [J]. New York Law Review, Vol. 2, Issue 7 (July 1924).

[54] Hawes, Gilbert Ray. Law of Liability Insurance [J]. American Lawyer, Vol. 6 (1898).

[55] Smithson, Spurgeon L. Philosophy of Liability Insurance [J]. Insurance Law Journal, Vol. 1953, Issue 10 (October 1953).

[56] Goode, Rory A. Self Insurance as Insurance in Liability Policy Other Insurance Provisions [J]. Washington and Lee Law Review, Vol. 56 Issue 4 (1999).

[57] Pottier, Steven W.; Witt, Robert C. On the Demand for Liability Insurance: An Insurance Economics Perspective [J]. Texas Law Review, Vol. 72 Issue 6 (May 1994).

[58] Roach, John L. Evidence of Liability Insurance in Texas [J]. Texas Law Review, Vol. 29 Issue 7 (October 1951).

[59] Baker, Tom. Liability Insurance, Moral Luck, and Auto Accidents [J]. Theoretical Inquires in Law, Vol. 9, Issue 1 (January 2008).

[60] Vogel, Jon N. Insurance—Duty to Defend under Liability Policy [J]. North Dakota Law Review, Vol. 31, Issue 1 (January 1955).